华夏人文历史

姚著中国史 ④

中国世界的全盛

姚大中 著

华夏出版社
HUAXIA PUBLISHING HOUSE

作者简介

姚大中，一九二四年生于江苏省吴县。中央大学（南京）法商学院政经系毕业，日本大东文化大学做政治经济研究，台湾东吴大学历史系教授。

目 录

世界帝国的荣光
隋唐新汉族与大统一成立　003
从"贞观之治"到"开元之治"　018
"天可汗"国际秩序轴心　028
国家规模的超越与政治平等的复活　066
社会关系与均田法施行实况　093
大运河与产业·经济发展　113

开放性的生活、思想与文化
大唐的荣华　139
条条大道通长安　170
外来宗教与佛教思想的百花齐放　188
学问、科学与文学平民化　212
有容乃大　东西吞吐（一）　天竺、大食、新罗　235
有容乃大　东西吞吐（二）　日本　252

中天之日换入斜阳期
盛唐明暗面——八世纪前半　287
盛世倾斜起点的安史之乱　305
均田制堕坏期的变貌——八世纪后半　320
藩镇／宦官／朋党　340
九世纪社会·经济新境界　359

巨大帝国崩裂的震力与转运期开创
　黄巢之乱前后的唐朝五十年暮运　　　　　　381
　新时代诞生的阵痛期——五代十国　　　　　410
　八至十世纪的东方世界　　　　　　　　　　423

主要参考书　　　　　　　　　　　　　　　　　431

世界帝国的荣光

隋唐新汉族与大统一成立

　　二世纪后半汉末以来，动荡颠簸的中国四百年大分裂时代，终以经过五胡乱华的极度混乱期，脱了轨的社会秩序从疲惫瘫痪渐渐回复正常运行，产业复活与政治重建，而归纳到南北朝初步收拾分裂局面。南北朝新秩序稳定约一个世纪后，南、北同时出现的再分裂反常现象，似同万里晴空前的短暂时间阴霾，北朝北魏分解为东魏—北齐、西魏—北周；南朝历宋、齐、梁三朝而后梁与陈朝分立，一时四国并存。但待北齐向北周回归而北朝单一主权支配再建，北周又于纪元五八一年蹈袭南北朝朝代变易一贯法则，禅让由权臣杨坚的新朝代"隋"嬗代时，大统一气运已自此北朝系的新朝代把握。六年后的纪元五八七年，废并南朝系的北朝保护国江陵后梁，再两年的纪元五八九年，江南陈朝续在隋朝大军未经激战的情况下覆亡，总结汉族中国离析历史，南、北回复合一。

　　如上连续的大事件，自六世纪三十年代四分中国所代表反常而又具世纪性巨人胎动意味时起算，未满六十年，一气呵成。新气运统一朝代的名词由来，系沿袭杨坚之父，西魏命运掌握者与北周创业主宇文泰股肱大臣之一的杨忠，受封随国公，杨坚自身又晋封随王的原名号,只以"随"字带"辶"为不吉利而改书"隋"字。但"隋"字仍非吉利,世局推移的大动力第二波又再兴起,七世纪初而万丈光芒的世界大帝国唐朝接替隋朝诞生。

基于此,是隋朝开启大唐三百年历史之门,前导或过渡朝代的性格颇为明朗。

隋朝历史评价,中国史学家基于传统的道德标准,推崇文帝(纪元581—604年在位)开皇、仁寿之治的节约与勤政爱民,啬于自奉而厚于赏赐,重视民生,减轻课役,废止酒税与盐税,健全又统一流通的货币制定,以及开皇(元年,纪元581年)律与其后继颁开皇令的全国颁行,指其"躬节俭,平徭赋,仓廪实,法令行。君子咸乐其生,小人各安其业,强无陵弱,众不暴寡。人物殷阜,朝野欢娱,二十年间天下无事,区宇之内晏如"(《隋书》高祖纪史臣曰),却已批评其"无宽仁之度,有刻薄之资"的对人猜疑与擅用权术。于其子杨广,次代或末代皇帝炀帝(纪元604—618年在位)政绩,则一律以"恶政",以及基于私欲目的与夸大心理的奢侈、荒乱、黩武概括。唯物史观学者尤其对之猛烈抨击,范文澜笔下的炀帝,乃是"历史上著名的浪子、标准的暴君",谓其奢侈生活与残虐政治乃中国历史上前所未曾有的人物①。

隋朝诚然是失败的,炀帝也诚然是失德的亡国之君,朝代自坏非为无因。然而"炀"字系隋唐交代后所谥,《隋书》又是唐初的官修史书,为须辨明。惟其如此,脱出推翻隋朝的唐朝政治立场,或非故意强调其罪恶的话,也可以发现,炀帝同样存在性

---

① 引文艺春秋版《大世界史》4大唐之春,第116页语。

情可爱的一面，乃与其父文帝极端理智性格相背的感情型人物，此正是《隋书》浮现炀帝放浪面影另一角度的了解，堪注意与《晋书》诸载记与南北朝史书记录的帝王同一范式。南北朝多数统治者兼具善、恶双重性格，南朝君主且是饱学之士，个人智慧特高，炀帝毋宁便偏向于南方型。一部较早期的历史教科书[①]，列数炀帝恶迹所附注语："隋炀帝集六朝昏主之大成，然其人有特长。史称其好读书著述，自经术、文章、兵、农、地理、医、卜、释、道乃至鹰、犬之类，皆为新书，无不精洽。除去猥杂，尚存三万七千余卷（系聚百数学士共著），则学术可谓博矣。又于观文殿为书室十四间，每三间开方户，垂锦幔，上有二飞仙，户外地中施机，践之则飞仙收幔，厨扉皆开，去则垂闭如故，其技巧亦有过人者"，不难想见其人。炀帝诗文、书法俱优，《隋书》文学传曾录其《与越公书》《建东都诏》《冬至受朝诗》《拟饮马长城窟》等篇名。诗的闻名，且传诵国外，日本圣武天皇御笔缮抄炀帝作品之一《净土诗》，现尚存日本正仓院[②]，《隋书》炀帝纪也未吝言其人"美姿仪，好学书属文，沉深严重，朝野属望"。史称炀帝弑父（文帝六十四岁卧病时，被置毒于药中），杀兄（同母兄原皇太子勇，受谮废，杨广由原封晋王继立为皇太子，父崩矫诏赐勇死），性格也仍只赵翼《廿二史劄记》宋子孙屠戮之惨、后魏多家庭之变等篇之续，上承宇文护连弑其叔宇文泰二子（北周第一、二代孝闵帝与明帝）前例，下启唐初玄武门之变，李世民杀同母兄弟皇太子建成与齐王元吉，由秦王继为皇

---

① 罗元鲲《高中本国史》（开明版），第一册，第 206 页。
② 人物往来社《东洋历史》5. 隋唐世界帝国，第 28 页注及附图。

太子后受父高祖禅，登位为太宗的大事件，简言之，南北朝骨肉相残遗风的残余。

相对方面，南北朝朝代变易，后朝尽杀前朝皇族的残暴政治，却自此际一变。隋周交代，虽续演"隋文帝杀宇文氏子孙"（《廿二史劄记》篇名）惨剧，但灭南朝，陈朝皇族已全获善待，并多显贵。尤堪重视的，同系隋朝建国有力功臣与开皇之治两大灵魂人物高颎与苏威（苏绰之子），前者北齐系而后者北周系，无歧视被重用，统一政治的府兵制固蹈袭北周，均田制土地制度与律令系谱，继承的却都是北齐，以及炀帝时代南朝文学风行全国，都已破除地域观念。炀帝自身且以晋王时代统率水陆大军平陈，留镇江都（今江苏省扬州）的因缘，非只结束个人生命之地便在江都，也铸定一生便是个南方文化爱好者，日常生活深染江南习俗与爱用吴语①。统一政治必需的祥和气氛，以及中国南北统一时代，北方—政治、南方—文化的调和征兆，都已初现。

然而，隋朝却二世（依唐朝官方纪录则须加恭帝为三世）三十八年，短命覆亡。覆亡原因，《通典》的总结说明有二：

其一："（大业初为隋之极盛，炀帝）承其全实，遂恣荒淫。登极之初，即建洛邑，每月役丁二百万人（炀帝时代隋朝政治中心也因之移至东都洛阳，而非长安，为异于文帝时代）。导洛至河及淮，又引沁水达河，北通涿郡；筑长城，东西千余里。皆征百万余人，丁男不充以妇人兼役，而死者大半。及亲征吐谷浑，驻军青海，遇雨雪，士卒死者十二三。又三驾东征辽泽，皆兴百余万众，馈运者倍之。又逆征数年之赋，穷侈极奢，举天下之

---

① 如天下已乱，炀帝在江都语萧后："外间大有人图侬。"

人,十分九为盗贼,身丧国灭,实自取之,盖资我唐之速有天下也"(食货七历代盛衰户口项隋条)。

其二:"大业以后,王纲弛紊,巨奸大猾,遂多私铸,钱转薄恶……,货贱物贵,以至于亡"(食货九钱币下隋条)。

便是说,连续的劳役与兵役征发逾度,以及恶性通货膨胀的并发症。农民群由怨尤而愤怒,铤而走险,大业六年(纪元610年),自称弥勒佛的盗贼数十人闯破洛阳皇城城门,已是信号,大业八年第一次高句丽征伐大挫败,各地盗贼武装蜂起之势终于形成。然而,堪注目系此一形势成立之际,《通典》所说明"盖资我唐速有天下"的大转捩——

隋朝全寿命,炀帝十四年治世约占后半五分之二。其三十六岁登位后第十年(大业九年,纪元613年),杨玄感震撼爆发,乃导引动乱事态一发不可收拾。杨玄感非隋朝皇族成员,却是拥高位、负盛誉的名门世族,其父越国公杨素,乃文帝重臣,平定江南陈朝的统帅部执行首脑,因之与名义的统帅晋王(炀帝)感情亲密,晋王时代的炀帝也因与之相结,得其协力而被立皇太子登位,死后玄感继承其父煊赫余绪,自身又具才能,好宾客,为国内名士所倾向。炀帝当各地盗贼横行之势已成之际,第二度发动高句丽亲征,杨玄感充漕运监督,全权负责后方补给勤务,忽然自黎阳(今河南浚县东北,黄河与通往涿郡永济渠的交会点)蠢起叛旗。结局,以攻击洛阳不成,再攻长安,战线拉长时,被高句丽征伐军回师追击,自杀,反乱落幕。但其携手者另一高教养世族,西魏—北周时最大名门之一的后裔李密,已立即接替杨玄感领导地位,占领洛阳东方洛口仓城,洛口仓城位当洛水流入黄河的今河南巩县之地,城郭周围延长至九十公里,内置三千窖，每窖储藏八千石米，隋朝全国民生、战略物资最重要的储备地。李密以此据点，又夺洛阳北方回洛仓城（周围五公里，窖数三百）为犄角，大规模叛变之势确立。前此处处散布，性质都只破坏、掠夺本位，假托依附了弥勒佛降世信仰的暴民、农民、小地主、无赖之徒、地方官衙的小服役者、低级官吏等小野心家与不满分子所制造低层次暴动，由是获得鼓励而相互统合，叛乱层次升高，指导权多移入地方豪族出身者与利用了镇压暴动之名的政府高位次野心家。不数年间，群雄割据态势已成，而其时，炀帝正居江都离宫。便在此全国大动乱漩涡中，大业十三年（纪元617年），留守晋阳（今山西太原）的唐公李渊也受其二十岁次子李世民怂恿起兵，结合变局中求安定、图保全的诸大家族之力，南下突袭长安得手，立炀帝南方行幸时留镇长安的十五岁之孙代王侑（其父原皇太子已先死）为傀儡皇帝，而遥尊炀帝太上皇，全权的李渊进位唐王。周隋交代前夕一幕重演。次年（隋炀帝大业十四年、代王侑或恭帝义宁二年、唐高祖武德元年、纪元618年），炀帝在江都被侧近少壮幸臣宇文化及（非被隋文帝尽杀的北周皇室宇文氏同宗）绞杀，立炀帝侄秦王浩为帝，长安乃正式禅代，唐朝开国，李渊登位为唐高祖（纪元618—626年在位）。

如上事件的另一方面意义，也指示唐朝初兴，尚只关中为中心的诸割据势力与地方政权之一，同时期与"唐"同在的国号，出现至十余之数，实力雄厚诸集团均对汉族中国心脏地区虎视眈眈：江都宇文化及的部队也北上参加争夺中原，据魏（今河北大名）弑浩自立，国号许；李密仍控制扼运河口的洛口仓城，国号魏；东京洛阳于西京长安变易朝代之际，臣下立侑之兄越王侗为帝，暂仍拥有隋朝名义，但次年（唐武德二年）便上演大臣王世充（父系归化粟特人，父死母改嫁，随汉人后父姓王）的弑篡，国号郑；地方豪族出身，以洺（今河北永年）为中核而奄有河北、河南、山东三省接合地带的是窦建德，国号夏；后梁皇室后裔的萧铣分割长江中流域，仍都江陵，国号也仍是梁。唐朝号令全国的第一步，先并合西北方面的次要割据者，稳固背面，乃跃马洛阳，投入中原战场，展开群雄的中国统一主权争夺战高潮。唐朝气势如虹，中原诸割据者先后倒下后，余势再削平北方与南方边缘的各霸一方人物。自隋亡至唐武德七年（纪元624年），七年间天下全定，仅余长安正北方，受北方草原突厥势力庇护的陕西北部梁师都"梁"国，延至四年后的贞观二年或纪元六二八年被最后收拾。旋风式武力回复统一，具有非常才能的秦王李世民是最大功劳者，却不幸于武德九年，也以之为主角而兄弟阋墙，上演宫城北门玄武门之变家庭流血悲剧。同年胜利的秦王由被册封皇太子而登位，年二十九岁，六十一岁的高祖让位为太上皇。新皇帝便是文治、武功同博极峰盛名，中国抑或世界历史上最伟大帝王之一的唐太宗（纪元626—649年在位）。

隋唐交代媒介作用的天下大乱，从其过程，可发现系以名门世族的插手而升高。析言之，最初的农民暴动蜂起，基本原因乃隋朝统一天下，由文帝时代财力、物力、人力俭约运用，猛烈转变为炀帝的极度扩张，波动太剧与太快，人民不能适应时的反响，也便是说，非社会、经济因素而系政治性的，因应本非艰难，却反以杨玄感震撼而注入更大政治因素，终致于海内崩析。继起逐鹿中原的群雄，也几乎无不出自同一的贵戚大臣背景。所以，是统一政治的矛盾导发变乱，世族政治余势又激化，也相对写下全国动乱的休止符。南北朝独特发达的世族政治陪伴南北朝时代结束而入末期状态，隋末反动正是最后挣扎的强弩之末征象，但厌恶兴风作浪破坏和平的世族，毋宁仍占多数，唐朝掌握此一心理而共同携手，乃是唐朝短暂用兵便回复统一，迅速再收拾、再整理中国政治秩序成功的凭藉。《唐会要》卷三六氏族类苏氏议曰："创业君臣俱是贵族，三代以后，无如我唐。高祖八柱国唐公之孙，周明懿、隋元真二皇后外戚，娶周太师窦毅女，毅则周太祖之婿也。宰相萧瑀、陈叔达，梁、陈帝王之子；裴矩、宇文士及，齐、隋驸马都尉；窦威、杨恭仁、封德彝、窦抗，并前朝师保之裔。其将相裴寂、唐俭、长孙顺德、屈突通、刘政会、窦轨、窦琮、柴绍、殷开山、李靖等，并是贵胄子弟"，足资说明其事。于此，唐朝建国，不过因势利导，具有幸运成分可见。

惟其如此，中国自隋朝实现再统一固已瓜熟蒂落，隋末大乱只是统一政治建设期，赛车式冲力过大与太过急驰时的翻覆意味；但南北朝政治的终结，实质非隋朝而须延长到代兴的唐初为可了然。也因此隋唐朝代改易，本质不变，抑且唐朝接受隋朝教训而愈坚定统一的行进脚步，历史进程视八百年前秦朝与汉朝间的关系，初无二致。这层意义上，秦朝、隋朝之于汉朝、唐朝此两最堪代表汉族中国的伟大朝代，都得谓之先行的试验性朝代。以唐太宗贞观年号而名的"贞观之治"稳固中国再次大统一磐石，也正如同汉初"文景之治"保证了中国最早统一事业的稳定进步。

唐朝初期直结隋朝，隋朝又便是前期唐朝的历史性格，至为明晰。以均田制为基盘的支配组织与周密的中央集权新政治制度所支持国家机能,推行到包括原南朝领土的中国全域,法律体制整备,全国性整理地方行政区划与行政体制,重建西京、东京两都而创中国计划都市之始,予南北朝学术、文学以集大成的文化事业展开,宗教的保护,突厥降伏,汉族直辖领土伸入新疆范畴,西域与东南亚、南洋方面的国力大发展,中国文明之光耀目四射,而文化内涵要素又相对广泛国际化,唐朝傲视历史的世界性大事业诸分野,堪注意均自隋朝发轫而一体化。特别关于:其一,南北朝世族政治特权被剥夺,九品中正法退潮而"科举"官吏登用制度萌芽,铸定自此一千三百年中国政治人才选拔准则,系自隋文帝而创始;其二,与秦朝大长城工事同系人类文明伟大表征之一,人力所制造世界最长距离交通大动脉,今日的南北大运河原型,又便自博有恶名的隋炀帝而实现。虽然,以其系牺牲役丁数字过巨,甚且动员了妇女才开凿完成,向被历史界与营建东都新洛阳城并太多离宫同列,归纳为恶政事实的举证,但大运河的利用,对中国南北经济调和与物资流通的嘉惠迄今,也必须承认。

所以,隋朝与炀帝尽管值得批评,也不能对其历史意义积极的一面轻描淡写,抑或一笔抹煞。如谓炀帝对外好大喜功,则贞观之治同样不排除外征。《隋书》炀帝纪史臣曰:"爰在弱龄,早有令闻。南平吴、会,北却匈奴,昆弟之中,独著声绩",于其继位后又是:"地广三代,威振八纮,单于顿颡,越裳重译。赤仄之泉,流溢于都内,红腐之粟,委积于塞下",如果不连读下文贬非笔诛之词,直可移用之为唐太宗事业的褒语。隋朝的存在,昙花一现为诚然,但其事业、其精神,与所导引后续的汉族中国标准长期朝代唐朝,则是一体的、连贯的,由是可得概知。

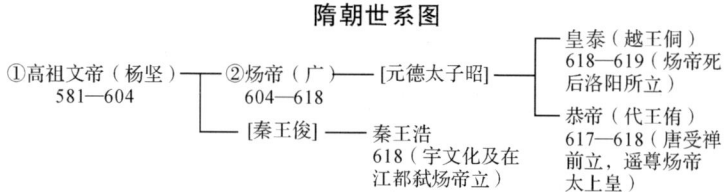

外国历史界研究中国史,态度原较客观,却于隋唐创业,往往落入东西洋史民族大移动与蛮族入侵为同一公式的主观意识,概认北朝诸朝代系"胡"系,隋朝传承出自北朝系统,所以怀疑杨坚乃是汉化鲜卑人①,理由系以杨坚之父杨忠于北魏分裂了的西魏时代,一度赋有"普六茹"的鲜卑姓,情况与唐朝开国君主李渊之祖,与杨忠同时代也同等高官的李虎一度姓"大野",正相仿佛,唐朝系谱因之也被疑出自鲜卑②。实则,此等人物与其指为汉化的鲜卑人,不如谓之鲜卑化了的汉人,《隋书》《唐书》两高祖纪都曾明言,普六茹氏、大野氏均宇文泰时代对汉裔功臣的赐姓,李渊祖先且是五胡十六国中汉人国家之一、五凉国中西凉建国者李暠,经历七世而至李渊。《周书》文帝(宇文泰于北周建国时追谥尊号)魏恭帝元年条对此背景的说明:"魏氏之初,统国三十六,大姓九十九,后多绝灭。至是,以诸将功高者为三十六国后,次功者为九十九姓后,所统军人,亦改从其姓"。洪迈《容斋随笔》(三笔第三卷)元魏改功臣姓氏篇的补充尤为详细:"魏孝文自代迁洛,欲大革胡俗,既自改拓跋氏为元氏,

---

① 日本东洋史学者往往持此意见,如文艺春秋版《大世界史》4.大唐之春,第109页;人物往来社版《东洋历史》5.隋唐世界帝国,第12页;诚文堂新光社《世界史大系》8.东亚I,铃木俊、青山定雄《隋唐帝国》政治篇,第188页。

② 如人物往来社版《东洋历史》5.隋唐世界帝国,第60页。

而诸功臣旧族自代来者,以姓或重复,皆改之……然至于其孙恭帝,翻以中原故家,易赐蕃姓,如李弼为徒河氏、赵肃、赵贵为乙弗氏,刘亮为侯莫陈氏,杨忠为普六茹氏,王雄为可频氏,李虎、阎庆为大野氏,辛威为普毛氏,田宏为纥干氏,耿豪为和稽氏,王勇为库汗氏,杨绍为叱利氏,侯植为侯伏侯氏,窦炽为纥豆陵氏,李穆为擒伐氏,陆通为步六孤氏,杨纂为莫胡卢氏,寇儁为若口引氏,段永为尔绵氏,韩褒为侯吕陵氏,斐文举为贺兰氏,王轨为乌丸氏,陈忻为尉迟氏,樊深为万纽于氏,—何其不循乃祖彝宪也。是时盖宇文泰颛国,此事皆出其手,遂复国姓为拓跋,而九十九姓改为单者,皆复其旧"。为何一时突又出现反汉化运动的原因,从北魏分解东、西魏时的形势容易了然,便是:关中的西魏鲜汉联合政权成立,形式固仍鲜主汉从,力量的鲜卑弱势,却反较东魏所蜕化汉主鲜从的北齐明显,汉裔实力者赐与鲜卑姓,动机无非在加重鲜卑系精神分量。宇文泰智囊团领袖汉人苏绰创制著名的府兵制,内涵汉族实质而外貌反采用鲜卑汉化前早期的八部大人遗制,无非同一意味。却是,任何意识上的迁就或反抗,都已无可违拗"鲜卑"族名词从历史上退隐的现实走向,尤其北齐向北周合流后的北朝,汉裔主导全然明朗化,回复汉族中国的时机注定成熟,而有结局的隋朝成立。所以,果尔杨坚,抑且李渊均系鲜卑系,或所谓汉化的鲜卑人,则对隋、唐如何忽然一变便以标准的、纯粹的汉族中国面貌屹立,将无由解释,也全无如北魏孝文帝时代明晰的转捩线索可循。

  历史的轨道上,北朝上承五胡十六国,拓跋部领导的鲜卑系诸部族移住长城以内,已系投入"中国"范围非汉族诸集团的最后一波巨潮。北魏朝代建设,对连续数世纪的胡人汉化运动也具有总结意味，特别是五世纪末孝文帝的时代，而堪注意，孝文帝生母、祖母便均系汉人，早年摄政的嫡祖母，北魏史上一大女杰的冯太皇太后，也是。至此阶段，已非仅禁胡服、胡语法令断行而已，胡姓改定汉姓乃为必然，籍贯改系所居住郡县，等于意识上向汉族认同的正式宣告。因之北魏分裂之初，西魏一度返还胡姓的反动政策，难挽既倒狂澜乃是意料中事。北周成立，一切立即复旧，返回北魏孝文帝的轨迹，而且已等于广泛的北魏所谓"北族"死亡善后料理性质。所以，六世纪北朝分裂期的北齐著作《魏书》官氏志，所录入纪元四九六年姓族分定诏颁布时，胡族如何更改汉姓的调查资料，已系新汉族组成时，仅存得以识别原北族或胡人系谱的依凭——

（一）与皇族拓跋氏（改元氏）同血统诸部族，合共十姓：

纥骨氏——胡氏　普氏——周氏　拓拔氏——长孙氏
达奚氏——奚氏　伊娄氏——伊氏　丘敦氏——丘氏
侯氏——亥氏　乙旃氏——叔孙氏　车焜氏——车氏

（二）北魏朝代成立以前服属诸部族（官氏志之语系"〈始祖〉神元皇帝〈力微〉时，余部诸姓内入者"）：

丘穆陵氏——穆氏　步六孤氏——陆氏　贺赖氏——贺氏
独孤氏——刘氏　贺楼氏——楼氏　勿忸于氏——于氏
是连氏——连氏　仆阑氏——仆氏　若干氏——苟氏
拔列氏——梁氏　拨略氏——略氏　若口引氏——寇氏
叱罗氏——罗氏　普陋茹氏——茹氏　贺葛氏——葛氏
是贲氏——封氏　阿伏于氏——阿氏　可地延氏——延氏
阿鹿桓氏——鹿氏　他骆拔氏——骆氏　薄奚氏——薄氏
乌丸氏——桓氏　素和氏——和氏　吐谷浑氏（未改）

胡古口引氏——侯氏　　贺若氏（未改）　　谷浑氏——浑氏
匹娄氏——娄氏　　　俟力伐氏——鲍氏　吐伏卢氏——卢氏
牒云氏——云氏　　　是云氏——是氏　　叱利氏——利氏
副吕氏——副氏　　　那氏（未改）　　　如罗氏——如氏
乞扶氏——扶氏　　　阿单氏——单氏　　俟几氏——几氏
贺儿氏——儿氏　　　吐奚氏——古氏　　出连氏——毕氏
庾氏（未改）　　　　贺拔氏——何氏　　叱吕氏——吕氏
莫那娄氏——莫氏　　奚斗卢氏——索卢氏　莫芦氏——芦氏
出大汗氏——韩氏　　没路真氏——路氏　扈地于氏——扈氏
莫舆氏——舆氏　　　纥干氏——干氏　　俟伏斤氏——伏氏
是楼氏——高氏　　　尸突氏——屈氏　　沓卢氏——沓氏
嗢石兰氏——石氏　　解枇氏——解氏　　奇斤氏——奇氏
须卜氏——卜氏　　　丘林氏——林氏　　大莫干氏——郃氏
尔绵氏——绵氏　　　盖楼氏——盖氏　　素黎氏——黎氏
渴单氏——单氏　　　壹斗眷氏——明氏　叱门氏——门氏
宿六斤氏——宿氏　　馥邗氏——邗氏　　土难氏——山氏
屋引氏——房氏　　　树洛于氏——树氏　乙弗氏——乙氏

（三）统一北部中国期间所服属：

（东方）归纳为宇文、慕容两大姓。

（南方）茂眷氏——茂氏　　　宥连氏——云氏

（次南）纥豆陵氏——窦氏　　侯莫陈氏——陈氏　　库狄氏——狄氏

太洛稽氏——稽氏　　　　　　柯拔氏——柯氏

（西方）尉迟氏——尉氏　　　步鹿根氏——步氏　　破多罗氏——潘氏

叱干氏——薛氏　　俟奴氏——俟氏　　辗迟氏——展氏

费连氏——费氏　　其连氏——綦氏　　去斤氏——艾氏

渴侯氏——猴氏　　叱卢氏——祝氏　　和稽氏——缓氏

宽赖氏——就氏　　唱盆氏——温氏　　达勃氏——褒氏

独孤浑氏——杜氏

（北方）贺兰氏——贺氏　郁都甄氏——甄氏　纥奚氏——嵇氏

越勒氏——越氏　　叱奴氏——狼氏　　渴烛浑氏——味氏

库褥官氏——库氏　　乌洛兰氏——兰氏　一那蒌氏——蒌氏

羽弗氏——羽氏

胡汉文化、血统混合，朝往汉化的大方向固至鲜明，但进程中汉人胡妻，以及倒反的生活习俗方面若干程度胡化，其不可避免也容易想见。北齐创业主高欢是现成的例子，其子第一代文宣帝高洋，母娄氏便是鲜卑裔。所以，谓之汉人或胡人，残余已仅依父系空悬其名，实质往往反而母系成分愈累积愈浓厚。相对而言，母系却又正从逆方向作相同的转变，自五胡十六国到北朝落幕前夕，北周末两代宣帝与静帝，其母非只汉人，且均系南方汉人（一楚人、一吴人），尤增加了相互间血统关系的复杂化。惟其如此，连锁反覆出现的任何胡汉联合政权，外貌仅有胡主汉从抑汉主胡从之别，本质则一，过程中帝王系原汉人抑原胡人（鲜卑人）？意义上已无关重要。重要在嬗变的结局：第一，结束北朝历史的最终主导者是汉人父系杨氏；第二，并合南朝而统一的汉族中国再现，又便自汉裔世族杨氏建设的隋朝；第三，接替隋朝，稳固再统一基盘与光大统一事业的唐朝，续由汉裔世族李氏所创造，而有新汉族与新的汉族中国实至名归诞生与壮大。

下表，可供参考前引姓族分定表，透视新汉族形成期间胡（鲜卑）——汉血统如何复杂渗合的内情，虽然仍只能部分了解（资料依《周书》《隋书》《唐书》有关传记）。

便在如此北朝貌"胡"实"汉"或貌"汉"实"胡"的父系、母系血统相互又不断渗合，中国统一重现后又加入南朝汉人血统的状况下，到唐朝向稳定建设再统一的汉族中国之途迈进时，凡历史上进入汉族"中国"范围的所有胡人，或者鲜卑人汉化浪潮中所谓的北族，已一概了无踪影。汉族中国全域惟一的民族已只是"汉族"，却又已非早期或秦汉时代汉族，而是注入了新生命、新活力的新汉族。世界文化史上高评价的中国文明，也以中国新的朝代、新的汉族成长，而以更成熟、更进步的姿貌展现于全世界人类眼前。

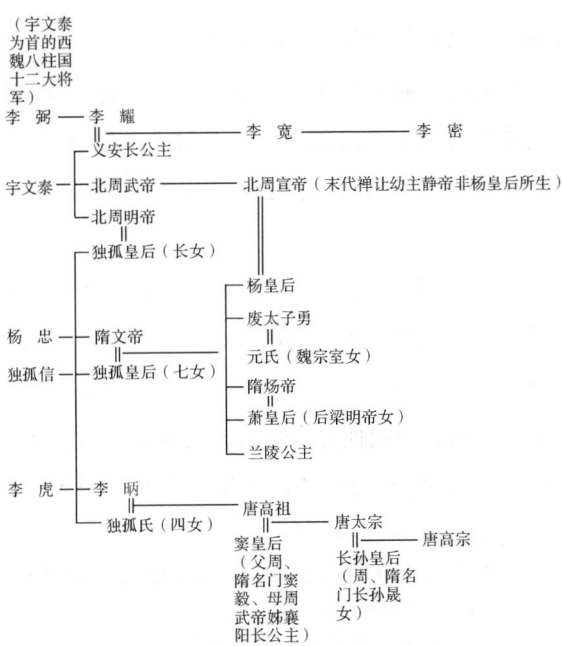

从"贞观之治"到"开元之治"

唐太宗天纵英姿,是不世出的伟大帝王典型。其所以异于历史上所有雄才大略君主之处,系如秦始皇、汉武帝的对外事业发展大成功,另一方面却都须以牺牲国民安居乐业的生活为条件,惟唐太宗则未。唐朝世界帝国之光自其手上照耀千古,国内政治同时表现国民生活安定与社会康乐安谧的最美好境地。"于是帝即位四年,岁断死二十九,几至刑措。米斗三钱"(《新唐书》魏徵传),传为美谈,《唐书》太宗纪赞尤其大书:"贞观之风,到今歌诵。"

唐太宗在位二十四年,即位翌年改元贞观,"贞观之治"因之已系中国历史的理想治世,也被引为后世政治的模范,最成功政治的借镜。太宗在位时与臣下有关政治方针、政治伦理的讨论记录,后代中宗时吴兢编集为《贞观政要》十卷,分论君道、论政体以至论慎终等四十篇,非只后世有为天子所必读①,也已系东洋—中国文明圈内各国,凡君主、政治家均共同研修的帝王学教科书②。

《贞观政要》开宗明义之语:"为君之道,必须先存百姓。若损百姓以奉其身,犹割股以啖腹,腹饱而身毙"(论君道第一)原理,以及"凡事皆须务本,国以人为本"(论务农第三十)的民本主义思想高扬,鲜明便是贞观政治方针,以及由此方针贯彻而后世敬羡的贞观之治实现。"民为贵"原系孟子理想,一千年

---

① 民国以来,清朝退位皇帝溥仪仍受温肃进讲《贞观政要》,见罗香林《唐代文化史》第 52 页,《贞观政要》述记篇注七。
② 日文著作中惯用此形容词,且多以德川家康爱读举证。

后，却由帝王肯定民为国本，唐太宗无愧最高级天子，旷古的第一人。

念念以人民足衣食与登升平为帝王义务，隋文帝为相同；睿智雄略，廓伸国威于北、东亚洲，自身出生于北朝系而热爱南朝文化，用绝大政治力提倡各种文化事业，又便是隋炀帝写照。唐太宗伟业，实质即此前朝两帝王统一政治的合影，以及隋炀帝之梦实现。但为何唐太宗得兼其功，独享令名？原因端以其性格中，不存在隋文帝对民宽仁而待臣下苛严阴沉，以及隋炀帝刚愎自用的双方缺陷，待人至诚系其出乎自然的至性。贞观之治的堪景仰由此，也以此构成唐太宗之为名天子的条件。于此，《贞观政要》的一段文字值得注视：

贞观四年，太宗问萧瑀曰："隋文帝何如主也？"对曰："克己复礼，勤劳思政，每一坐朝，或至日昃。五品以上，引坐论事；宿卫之士，传飧而食，虽性非仁明，亦是励精之主。"太宗曰："公知其一，未知其二。此人性至察而心不明，夫心暗则照有不通，至察则多疑于物。又欺孤儿寡妇以得天下，恒恐群臣内怀不服，不肯信任百司，每事皆自决断，虽则劳神苦形，未能尽合于理。朝臣既知其意，亦不敢直言。宰相以下，惟即承顺而已。朕意则不然，以天下之广，四海之众，千端万绪，须合变通，皆委百司商量，宰相筹画，于事稳便，方可奏行。岂得以一日万机，独断一人之虑也？且日断十事，五条不中，中者信善，其如不中者何？以日继月，乃至累年，乖谬既多，不亡何待？岂如广任贤良，高居深视，法令严肃，谁敢为非？"因令诸司，诏敕颁下有未稳

便者，必须执奏，不得顺旨便即施行，务尽臣下之意。(论政体第二)

秦王时代从事平定群雄，激战之地建立佛寺，祈赐敌对双方阵亡将士冥福，各寺哀悼追思死者的纪念碑，文章均出自颜师古等当时著名文人并书写，残存迄今仍有邠州昭仁寺、汜水等慈寺等遗迹供凭吊。这是从来未见的为政者心迹表露，悯惜生命之情发乎内衷，今日阵亡将士纪念碑的最早原型。

秦王府邸西侧开设学士馆，由王府官属为中核兼任的十八学士（杜如晦、房玄龄、虞世南、褚遂良、姚思廉、李玄道、蔡允恭、薛元敬、颜相时、苏勖、于志宁、苏世长、薛收、李守素、陆德明、孔颖达、盖文达、许敬宗）分番入值，于秦王公余，相与畅论学问上问题。登位后续由此幕府集团扩大为弘文馆，延揽高教养人物，各以本官兼任弘文馆学士，应召入太宗内殿议论古今政事与学问，企画政治兴革蓝本。君臣间前后此等场合的问答内容，便是《贞观政要》所选录，论慎终也特被列为最末第四十篇篇名，兢兢业业的勤政不懈，又显见不含揉作成分。

玄武门流血大政变是太宗继位的决定性关键，而参与核心机密的，除太宗妻兄长孙无忌外，房玄龄、杜如晦乃太宗时代并称的股肱辅佐名宰相，史家赞美房谋杜断，系贞观之治展开要素之一，而两人固以十八学士幕府中人博信任，参与此集团以前却对秦王时代的太宗毫无渊源，政变企画成功便是此二人之力。另一临场最重要主角尉迟敬德，当秦王坠马，素以勇猛擅骑闻名的齐王元吉已赶上将加不利，事变成败间发之际，及时力卫秦王，射杀格斗脱逃中的元吉，稳定局面的关键人物，却是秦王前此削平群雄时的战场上降将。相同之例，导引唐朝声威四播域外，前后破灭突厥、薛延陀、吐谷浑、高句丽等四方大活跃统帅，熠熠两大武功巨头的李靖与李勣，前者是被捕虏的隋朝地方属吏，后者则原李密麾下而随李密归顺，却都得自身便具丰富实战经验的太宗倚重。以上房、杜、长孙无忌、李靖，以及魏徵，均名列七位配享太宗庙功臣（李勣则配享次代高宗庙）。七人中另两人，高士廉系太宗长孙皇后与长孙无忌舅父，屈突（复姓）通乃隋朝重臣，于太宗已系长两辈人物，唐朝起兵之初拒战败俘而降，担当太宗为秦王时的行军幕僚长，太宗即位未久老迈去世。于太宗次代高宗时代，与李勣同具再添世界帝国荣光大功勋，平定西突厥与百济的大将苏定方，原先也系仕于窦建德。所以，太宗伟业，个人的智力、毅力、卓越的指导力，自是成功条件，知人善任，真挚化敌人力量为自身力量，携手合作，尽忘过去一切，只前瞻共同的未来，才得开广创造唐朝黄金时代眼光远大、魄力雄浑的将相之才泉源。

引原敌对或反对派人物为股肱大臣的最有名例子是魏徵，传为历史美谈的是魏徵直言无忌的净谏与太宗的接纳其谏言。善谏非只魏徵，以同等性格受太宗尊敬的王珪是另一名臣，两人也同样原系被斗倒的太子建成派。魏徵事迹尤堪举证，以最早且乃随李密降唐，从太子建成期间又是推倒秦王的积极主张者。而太宗登位，了无芥蒂，臣则"每以谏净为心，耻君不及尧舜"（《贞观政要》论任贤第三，王珪评魏徵语），君则"常念魏徵随事谏正，多中朕失，如明镜鉴形，美恶必见"（《贞观政要》论求谏第四，魏徵去世后太宗语房玄龄等言），肝胆相照，流传为最足感动后人的君臣相处典范。《贞观政要》四十篇中，论求谏第四、论纳谏第五占有两篇的分量,太宗如何鼓励建立鞭策自己的力量,其热望与诚意都可想见,《唐书》太宗纪史臣曰:"听断不惑,从善如流,千载可称一人而已",是恰切的。

贞观之治,便以如上特征,君臣间推心置腹,水乳交融,相互激励,一方面是知人善用而不问由来,一方面又是鼎盛的人才乐为所用,所以贞观之治本质异乎历史上任何治世。"商旅野次,无复盗贼,囹圄常空,马牛布野,外户不闭。又频致丰稔,米斗三四钱。行旅自京师至于岭表,自山东至于沧海,皆不赍粮,取给于路。入山东村落,行客经过者,必厚加供待,或发时有赠遗"(《贞观政要》论政体第二)的政治表现也特可贵,乃得稳固唐朝近三百年长期朝代基石,以及开创自此迄于玄宗,超过百年的唐朝隆盛期。

太宗、玄宗间中介的历史大事件,枢轴人物是一位家喻户晓的杰出女性武则天——

纪元六四九年,太宗享年五十二岁而崩,二十二岁的皇太子继位为高宗,却是壮年便患神经性病痛。所以,纪元六六〇年(显庆五年)起,自昭仪继位皇后才五年的三十八岁武后,已协助其年龄为轻的夫君,担当政治实任,十四年后的上元元年或纪元六七四年,再与高宗分别以天皇、天后并称二圣(《唐书》则天皇后纪的记录:"帝自显庆之后,多苦风疾,百司表奏,皆委天后详决",《新唐书》后妃传则天武皇后条又说明高宗疾状为"头眩不能视")。纪元六八三年高宗崩,武后继续总揽统治权,七年间连废两位徒有帝位虚名的亲生儿中宗与睿宗,自累积已三十年的政治经验上,天授元年或纪元六九〇年突破性发展,正式自登帝位,改朝代名为"周",武周革命正式实现,时年六十八岁。在位十五年后的纪元七〇五年（神龙元年），已届八十三岁的此一老妇人，终在重臣张柬之等策动禁卫军支援下，衰病中被迫内禅由中宗复位，回复唐朝之名，同年崩，历史界"武则天"或"则天武后"称谓，便以其时由原上尊号则天大圣皇帝改谥则天大圣皇后而得。武则天通半个世纪旺盛的政治生命力，其光辉自照耀以至熄灭，从来的历史界评价，则是"女祸"。

"女祸"尚续激起余波，中宗韦皇后系同一类型政治欲望炽热的女性，懦弱的中宗复位仅四年，便遭强悍精明的韦后与助母威福的亲生女安乐公主，合谋于食物中置毒弑害，立少子殇帝（未列唐朝帝系）而韦后摄政，韦氏亲党布列朝廷，图上演第二武则天事件。同年（纪元710年，睿宗景云元年），中宗亲弟睿宗（时封相王）之子临淄王隆基发动近卫兵推翻韦后，拥其父睿宗复位，隆基被立为皇太子，两年后实行内禅，英明的皇太子隆基于纪元七一二年继位为第六代皇帝。这位二十八岁年轻天子，便是唐朝历史上另一闻名君主玄宗，续再扑灭政治上强大的反对势力，其姑（高宗与武后之女）太平公主所代表的一派（《资治通鉴》唐纪二六谓太平公主"擅权用事，与上有隙。宰相七人，五出其门。文武之臣，大半附之"），唐朝盛期所谓"女祸"的汹涌逆流，至是始告平息。

中国史上空前绝后惟一正位的女皇帝武则天，其"女祸"的轩然大波兴起，非无历史由来。中国自女权未被压抑的近代以前，女子的社会地位，特别是支配阶层间女子政治发言的存在伸展力，非近代社会基准可以评估，汉族以外的历史上游牧民族如此，汉族自身也如此。距武则天时代较远的汉朝吕太后，较近的北魏文明冯太后，都与武则天事迹无实质区别，所缺只未冠正式的"皇帝"尊号而已。唐初之例，非天子配偶，也不属包括了气焰万丈，炙手可热的太平、安乐姑侄两公主"女祸"范畴的女性英雄，晋阳起义时高祖之女平阳公主统军转战疆场，发展至七万人大部队，与其夫柴绍各置幕府，营中号"娘子军"的佳话，又是另一类型。所以，立于男性本位观点，视女性权力膨胀便谓之"祸"的后代理念，须不适用于中世与其以前的中国社会。

"女祸"加涂的色彩是失德，武后老而弥淫，前则薛怀义（六十岁以后），后则张易之、昌宗兄弟（七十岁以后），为史所共加渲染。而武后时代奖励密告，酷吏网检察体制成立与酷刑的滥用，又被引为超越了律令国家治安维持与保障人民生活安定限度的恐怖手段。清朝赵翼《廿二史劄记》的武后之忍篇，便是《唐书》《新唐书》中武后心狠手辣记事的归纳，包括其与高宗亲生诸子中，年长于中宗、睿宗，也前此先后已立为皇太子的两子宏、贤（后一人即特以学者素质著誉的追谥章怀太子，生前邀集专家完成而以"章怀太子注"具名的《后汉书》注释，博有后世学界高评价）相继惨死，甚且"薛怀义入侍床笫，宠冠一时，至命为行军大总管，率十八将军击默啜，以宰相李昭德、苏味道为其长史、司马，可谓爱之极矣，后以嫌即令太平公主伏有力妇人数十，缚而杀之，畚车载其尸还白马寺"。《廿二史劄记》专记武后之事共两篇，而第二篇武后纳谏知人篇相关述论则谓："直陈其淫秽……，直揭后之燕昵嬖幸，可羞可耻，敌以下所难堪，而后不惟不罪之，反赐（朱）敬则彩百段，曰：非卿不闻此言。而于（宋）璟、（桓）彦范，亦终保护倚任。夫以怀义、易之等床笫之间，何言不可中伤善类，而后迄不为所动摇，则其能别白人才，主持国是，有大过人者。其视怀义、易之等，不过如面首之类。人主富有四海，妃嫔动至千百，后既身为女主，而所宠幸不过数人，固亦无足深怪，故后初不以为讳，并若不必讳也。至用人行政之大端，则独握其纲，至老不可挠撼"。则据如上资料，以下事实为可澄清——

第一，私行为的纵欲淫秽，无损于其政治清明，赵翼武后之忍篇结论："《新唐书》谓其当忍断，虽甚爱不少隐也。真千古未有之忍人也哉"。"忍断"正是保证公私分明的果断力，政治家的条件，毋宁与赵翼此篇文末按语誉武后为"雄才"，同系对这位女性政治家的赞美词。

第二，惟其《廿二史劄记》武后之忍篇之后，便接续武后纳谏知人篇的另一角度长文，酷吏、酷刑的恐怖印象便必须修正。武后时代此等手段自已超越律令国家治安维持与检察社会秩序的限度，却未至纳粹（NAZIS）德国 Gestapo（盖世太保）警察国家的程度，相反还是此一老妇人统御力坚强的指示。《新唐书》是对武后持极度厌恶态度的史书，传记分见本纪与后妃传上，两文赞曰，前一篇愤然于"武后之恶不及于大戮，所谓幸免者也"，后一篇已不得不承认"僭于上而治于下"，这个"治"字，便明显未含恐怖统治的成分。

所以，唐朝"女祸"丑恶面应不值得强调，伦理道德树立为衡量人与事的惟一准则也宜放宽，武后时代治绩的积极面才是据以裁判的最重要凭证，此于传统道德派史学界同所景仰的八世纪末唐朝德宗时代名相陆贽评论风范已然。较宋朝《新唐书》早过一个多世纪，十世纪前半五代分解唐朝后撰定的《唐书》，其则天皇后纪之末史臣曰，"其不道也甚矣"之后，所续书也是"然犹泛延谠议，时礼正人。初虽牝鸡司晨，终能复子明辟……尊时宪而抑幸臣，听忠言而诛酷吏。有旨哉！有旨哉！"然而，即使立定道德历史观点的宋朝以后，仍有如赵翼《廿二史劄记》的上承宋朝以前原基准，武后纳谏知人篇结语："陆贽谓后收人心，擢才俊，当时称知人之明，累朝赖多士之用。李绛亦言后命官猥多，而开元中名臣多出其选。旧书（指《唐书》）本纪赞谓后不惜官爵，笼豪杰以自助，有一言合辄不次用，不称职亦废诛不少假，务取实才真贤。然则区区帷薄不修，固其末节。而知人善任，权不下移，不可谓非女中英主也"。而堪注视，"纳谏知人"的篇名，正是历史界对唐太宗几乎公式化了的赞美词。

第三，武后之父武士彠，最初系以山西（并州）木材巨商资助高祖起义而仕途得意，家庭背景原已与唐初多数功臣之为世族有异，武后自身夺得皇后之位，又系斗倒元老派宰相长孙无忌（被迫自杀）、褚遂良（谪死）为首的旧权力者集团的结果。所以，武后时代的政治特色，便在勇敢向南北朝以来根深蒂固的名望旧势力挑战，排除传统政治伦理束缚，一个以才能为基准的、自由化的新兴政治集团与导航方式，因武后强力的领导与提携而被培育。也惟其如此，武后时代大臣多以刚正贤明受后世景仰的另一面，又在此等新进政治人才所具的平民色调，自科举之门而登用。《唐书》赞"终替武氏，光复唐基，功之莫大，人无以师"的名相狄仁杰是明经出身，推翻"周"朝的行动领导人两位宰相张柬之与崔玄暐，前者太学生而进士出身，后者与两位禁军高级将领之一敬晖同系明经出身，另一将领桓彦范才由门荫。便是说，通过科举之门的有能力人士，即以武后之世的半个世纪为关键时代而大量登场，世族子弟以科举出身为荣的观念渐渐与平民齐一，用人行政的铨选与任子（门荫）平行两途，开始向前者倾斜。国家政治中心于武后时代转移以洛阳为司令台，改易中枢组织官职名称，无非都是刺激除旧布新、加速效率的动力意味，革命的决心表现。以前的隋炀帝同具此大魄力，以后的玄宗也曾变更官名。而又堪注意，抑压名门社会地位与世族政治上势力的强力意志表示，切离父祖官爵关系的科举制度推进，却都非始自武后，而又是太宗遗意。

第四，唐朝文化事业由太宗以绝大热忱奖励为起点，接棒的更坚实推动人，便是武后。与高宗对称天皇、天后时期，周围大量结集高教养文化人，号北门学士，从事各种编纂事业也担当政治顾问，建立天后为中心的侧近政治，已系太宗秦王时代文学馆十八学士的直接模仿。武周革命实现，控鹤府（改奉宸府）内供奉网罗文人学士的范围愈广，出入宫廷，宴会赋诗，文化人受优渥待遇蔚为风尚，武氏一族权力诸王武承嗣、武三思、太平、安乐诸公主与宠臣张易之、张昌宗邸宅，竞相仿效。唐诗风靡之势初展，"初唐四杰"耽美诗风的形成，使由此似于十七、十八世纪欧洲沙龙文化的背景下培育，以及便在武后时代，而敞开光辉耀目盛唐之诗的康庄大道。另一方面，科举制度所谓"殿前试人"的天子亲试与进士科加试诗赋（所谓"杂文"），也都自武后创始，非只增大科举考试参与者的荣誉感，进士科也以加试文学的鼓励，自此发达为士人最感兴趣，应考人数最多，以及国家汲引人才最盛的方向。史学界的一项惊人发现：《唐书》文苑传三篇，所列文学家一百余人中，武后一朝几占三分之一[①]，文化史上唐朝所以文运昌隆，武后占有的地位可知。由书法表现的个人

---

① 章群《唐史》第一册，第46页。

才气,太宗为有名,高宗《李勣碑》、武后《升仙太子碑》等遗留今日的优美书迹,同样都堪代表。武周革命前(载初元年,即位改天授元年,纪元690年)制颁新字,又系大魄力手笔(新字非新增加之意而乃更改部分既有文字的书写形式),自身之名"照"因而变形为"曌"。新字于武后时代结束虽仍废弃不用,但自此时传入日本后,其一的"囻"字却迄今通用。此类武后更定而今日仍能考定的文字,日本学者常盘大定考证其时书迹,发现包括"曌"字已共十七个①。

可以明了,武后政治文化实质,其严肃意义,乃在太宗"贞观之治"的再强化,对唐朝国家奠基同具正面意义而非负数。顺此方向,而得有媲美"贞观之治"的"开元之治"唐朝盛世第二高潮期,随玄宗即位翌年(纪元713年)改元开元而展现。玄宗事业核心的先后两位宰相姚崇与宋璟,正又都是进士出身而自武后时代所遗留。则玄宗政治精励意愿如何继承其祖母武后,依循脉络,可谓显而易见。

"天可汗"国际秩序轴心

"至是天下大治,蛮夷君长,袭衣冠,带刀宿街。东薄海,南逾岭,户阖不闭,行旅不赍粮,取给于道"(《新唐书》魏徵传),乃是唐太宗贞观之治,浮现四海一家,天下升平的平实又中肯写照。

---

① 人物往来版《东洋历史》5.隋唐世界帝国,第205页。

太宗昭陵营造于长安城西北直径距离五十公里九嵕山，陵侧刻立唐朝世界大帝国象征的阿罗那顺（印度）、弃宗弄赞（吐蕃）与龟兹、高昌诸王石像。周围贞观一代皇族诸王、公主与功臣等墓陪葬之数且至百数十，墓碑均出当时具代表性诸文人、书法家之手，夸视陪陵为无上荣誉。而《唐会要》卷二一"陪陵名位"项列举陪葬昭陵名氏，归化外籍人士中，突厥可汗系便有衡阳公主驸马阿史那社尔、右卫大将军、可汗阿史那思摩（赐姓李）、薛国公阿史那忠、大将军阿史那道真、大将军、可汗阿史那步真、大将军阿史那德昌，藩属国王题名又有于阗王尉迟光、萨宝王赞善、新罗王女德真。太宗声威与德泽，激发汉族中国域外的巨大回响，也正是贞观之治创造大唐世界帝国，光辉照耀如何泛远的现实说明。

次代高宗继续增大世界帝国之光至极致，弘道元年（纪元683年）之崩，各国首长（王）亲来会葬者六十一人，立彼等石像六十一座，布列高宗乾陵前供纪念。今日石像数虽已破灭不齐全，所留存的，头部也已全失，但体躯仍多巍然屹立陵前，堪资想见千数百年前，众星拱月的大唐世界帝国气概。

在于欧洲，今日各国均由古代史上罗马帝国衍化，所以，罗马立于自此之后欧洲历史共通源流的位置，其系世界帝国堪谓名实相符。中国"普天之下，莫非王土"的无际限天下观念下，秦汉予周围诸地域未开化民族以启蒙指导，已系罗马帝国同一意味，东亚全域以中国中心的世界大帝国展现，则是隋唐业绩。自雄浑的唐朝成立，而有近代中国的再形成，以及政治上、文化上孕育今日东亚各国的存在。

隋唐的朝代性格是一体的，唐朝世界帝国蓝图也由隋朝设定——

纪元六世纪后半，于亚洲是个大并合的时代，五十年代，北方游牧世界由迅速茁壮巨大的突厥统一北、中亚细亚；七十年代，中国北方再统一；八十年代，中国由隋朝回复南北大统合。以长城分隔的草原、农耕两大势力顺随几乎同时统一的进程而对立态势升高，冲突的激化为无可避免。隋唐世界帝国实现，因之注定自隋朝的北方事业起步。

突厥对于尚在分裂期的汉族中国，抗争原居优势，但届统一中国的主导者隋文帝接收北朝政权之初，形势便形倒转。长城外强大的统一势力受隋朝离间分化，开皇二年（纪元582年）决定性东西分裂，而且以后续在隋朝一贯的反间政策下，完全丧失复合可能，是中国方面的决胜关键，外交上绝大成功。隋朝剑及履及的远交近攻，一方面怀柔以伊犁河谷为中心的西突厥，一方面对蒙古高原的东突厥，亦即突厥主体，翌年（开皇三年，纪元583年）立即发动军事攻击，东突厥溃败被迫臣伏隋朝。隔离东西突厥，交互加以压制与利用的效率，至隋朝从突厥际遇的逆方向已统一汉族中国全域的时期，陪伴制造突厥同盟主成员铁勒诸部的叛离，而愈益稳定。《隋书》对文帝次代炀帝大业三年（纪元607年）北巡时的有关记录：

> 车驾北巡狩，次赤岸泽。五月，突厥启民可汗遣子拓特勤来朝，（又）遣其兄子毗黎迦特勤来朝，（又）遣使请自入塞奉迎舆驾，上不许。六月，次榆林郡，启民可汗来朝，吐谷浑高昌并遣使贡方物。上御北楼观渔于河，以宴百僚。七月，启民可汗上表请变服袭冠带，诏启民赞拜不名，位在诸侯王上。上于郡城东御大帐，其下备仪卫，建旌旗，宴启

民及其部落三千五百人，奏百戏之乐，赐启民及其部落各有差。八月，车驾发榆林，启民饰庐清道，以候乘舆，帝幸其帐，启民奉觞上寿，宴赐极厚，皇后亦幸义成公主帐。（炀帝纪）

大业三年，炀帝幸榆林，欲出塞外，陈兵耀武，经突厥中，指于涿郡。仍恐染干（启民可汗）惊惧，先遣晟往喻旨，称述帝意。染干听之，因召所部诸国，奚、霫、室韦等种落数十酋长咸萃。晟以牙中草秽，……染干乃悟曰：奴罪过，奴之骨肉，皆天子赐也，得效筋力，岂敢有辞？特以边人不知法耳，赖将军恩泽而教导之。将军之惠，奴之幸也。遂拔所佩刀，亲自芟草，其贵人及诸部争仿效之。乃发榆林北境至于其牙，又东达于蓟，长三千里，广百步，举国就役而开御道。（长孙晟传）

大业三年四月，炀帝幸榆林，启民及义成公主来朝行宫，前后献马三千匹。帝大悦，赐物万二千段。启民上表曰：已前圣人先帝莫缘可汗（指文帝）存在之日，怜臣，赐臣安义公主，种种无少短。臣种末为圣人先帝怜养，臣兄弟妒恶，相共杀臣，臣当时无处去，向上看只见天，下看只见地，实忆圣人先帝言语，投命去来。圣人先帝见臣，大怜臣，死命养活，胜于往前，遣臣作大可汗坐著也。其突厥百姓，死者以外，还聚作百姓也。至尊今还如圣人先帝，据（捉）天下四方坐也。还养活臣及突厥百姓，实无少短。臣今忆想圣人及至尊养活事，具奏不可尽，并至尊圣心里在。臣今非是旧日边地突厥可汗，臣即是至尊臣民，至尊怜臣时，乞依大国服饰法用，一同华夏。臣今率部落，敢以上闻伏愿天慈不违所请。表奏，帝下其议，公卿请依所奏。帝以为不可，乃下诏曰：先王建国，夷夏殊风，君子教民，不求变俗。断发文身，咸安其性；旃裘卉服，各尚所宜，因而利之，其道弘矣。何必化诸削衽，縻以长缨，岂遂性之至理，非包含之远度。衣服不同，既辨宴荒之叙；庶类区别，弥见天地之情。仍玺书答启民，以为碛北未静，犹须征战，但使好心孝顺，何必改变衣服也。帝法驾御千人大帐，享启民及部落酋长三千五百人，赐物二十万段，其下各有差。复下诏曰：德合天地，覆载所以弗遗；功格区宇，声教所以咸洎。至于梯山航海，请受正朔，袭冠解辫，同彼臣民。是故王会纳贡，义彰前册，呼韩入臣，待以殊礼。突厥意利珍豆启民可汗志怀沉毅，世修藩职。往者挺身违难，拔足归仁，先朝嘉此款诚，授以徽号。资其甲兵之众，收其破灭之余，复祀于既亡之国，继绝于不存之地。朕以薄德，只奉灵命，恩播远猷，光融令绪，是以亲巡朔野，抚宁藩服。启民深委诚心，入奉朝觐，率其种落，拜首轩墀，言念丹款，良足嘉尚。宜隆荣数，式优恒典。可赐路车乘马、鼓吹、幡旗，赞拜不名，位在诸侯王上。帝亲巡云内，溯金河而东北，幸启民所居。启民奉觞上寿，跪伏甚恭。帝大悦，赋诗曰：鹿塞鸿旗驻，龙庭翠辇回。毡帐望风举，穹庐向日开。呼韩顿颡至，屠耆接踵来。索辫擎膻肉，韦韝献酒杯，何如汉天子，空上单于台。（北狄传突厥条）

大业三年……及帝西巡，次燕支山，高昌王、伊吾设等及西蕃胡二十七国谒于道左。皆令佩金玉被锦罽，焚香奏乐，歌舞喧噪。复令武威、张掖士女，盛饰纵观，骑乘填咽，周亘数十里，以示中国之盛。帝见而大悦。竟破吐谷浑，拓地数千里，并遣兵戍之。每岁委输巨亿万计，诸蕃慑惧，朝贡相续。其冬，帝至东都，矩以蛮夷朝贡者多，讽帝令都下大戏。征四方奇技异艺，陈于端门街，衣锦绮、珥金翠者，以十数万。又勒百官及民士女列坐栅阁而纵观焉。皆被服鲜丽，终月乃罢。又令三市店肆皆设帷帐，盛列酒食，遣掌蕃率蛮夷与民贸易，所至之处，悉令邀延就坐，醉饱而散。蛮夷嗟叹，谓中国为神仙。（矩）从帝巡于塞北，幸启民帐……（裴矩传）

所以，可以发现——

第一，突厥闪电暴雷似征服北方欧亚大陆东半部，加诸汉族中国巨大压力匹敌汉初匈奴。但隋朝化消这股压力，成立前汉—呼韩邪匈奴相仿的突厥关系，非如汉朝付出重大军事代价，而系熟练的外交策略运用结果，最高政治艺术的表现。迄于隋末大乱，与直接接壤的东突厥间非只特形亲密，且是牢固的控制，尤堪誉为成功。

第二，北方关系带动西方关系，隋朝也如同汉朝。于此，《隋书》西域传两段记录值得注意：

序："炀帝时，遣侍御史韦节、司隶从事杜行满使于西蕃诸国。至罽宾得玛瑙杯，王舍城得佛经，史国得十舞女、师子皮、火鼠毛而还。帝复令闻喜公裴矩于武威、张掖间往来，以引致之。其有君长者四十四国，大业年中相率而来朝者三十余国。帝因置西域校尉述追以应接之"。

吐谷浑条："铁勒遣使谢罪请降，帝遣黄门侍郎裴矩慰抚之，讽令击吐谷浑以自效。铁勒许诺,即勒兵袭吐谷浑,大败之,(吐谷浑主)伏允东走,保西平境。帝复令观王雄出浇河,许公宇文述出西平以掩之,大破其众。伏允遁逃,部落来降者十万余口,六畜三十余万。述追之急,伏允惧,南遁于山谷间,其故地皆空,自西平临羌城以西,且末以东,祁连以南,雪山以北,东西四千里,南北二千里,皆为隋有,置郡县镇戍"(炀帝纪大业五年条:"置西海、河源、鄯善、且末等四郡")。

隋朝短命而亡,一切成就全倾覆于隋末大动乱中。但继起却是更雄伟而气概磅礴的唐朝。一个气象万千的世界大帝国如何自太宗、高宗父子两代约五十年间完成建设,学者间曾有如下一份年代表制成[1]:

> 贞观二年(628),靺鞨酋长突地稽率全部内附。
> 同年,真腊王刹利氏臣贡。
> 贞观三年(629),霫臣服。
> 同年,室臣服。
> 同年,党项大酋细封步赖举部内属。
> 同年,牂柯蛮大酋谢龙羽臣属。
> 同年,东谢蛮大酋谢元深内属。
> 同年,东谢蛮大酋谢强内属。
> 同年,西赵蛮大酋赵磨内属。
> 贞观四年(630),灭东突厥,俘颉利可汗。

---

[1] 摘引吴其昌《隋唐边政之借镜》二续:唐太宗、高宗两朝主宰全亚洲之综合大事年表(民国三十三年《边政公论》三卷八期)。

同年，朱俱波国臣附。

同年，伊吾酋长以七城降。

贞观五年（631），蒙瓦臣服。

同年，康国臣附。

同年，林邑国王范头黎臣贡。

同年，婆利国王护路那婆臣贡。

同年，罗利国臣贡。

贞观六年（632），乌罗浑臣服。

同年，契苾羽大酋何力尚纽举部来归，内徙甘凉。

同年，安国臣附。

同年，西羌族多弥国臣附。

贞观七年（633）以后，陆续讨平龚州、巫州诸叛獠。

贞观八年（634），破吐蕃（十五年〈641〉，以文成公主降弃宗弄赞，吐蕃臣服）。

同年，谕降南平獠叛酋，南方遂定。

贞观九年（635），破吐谷浑，可汗伏允自杀，更立其子，臣服。

同年，疏勒王裴阿摩支臣属。

同年，喝盘陀国臣服。

同年，盘盘国臣贡。

贞观十二年（638），阇婆国臣贡。

同年，堕和罗国臣贡。

同年，婆登国臣贡。

贞观十四年（640），流鬼国臣服。

同年，灭高昌，擒其王麴智盛。

同年，诃陵国臣贡。

贞观十五年（641），印度戒日王朝 Harsha 尸罗迭多 Siladitya 王上表臣附。

贞观十六年（642），乌苌国王达摩因陀诃斯臣服。

同年，罽宾国王曷撷支臣附。

同年，俱密国臣附。

贞观十八年（644），亲征高丽。

同年，灭焉耆，俘王龙突骑支，更立其弟。

同年，陀洹国王察利臣贡。

贞观二十年（646），破薛延陀。

同年，俱兰国王忽提婆臣附。

同年，识匿国臣附。

同年，似没国臣附，役乐国称臣。

同年，戒日王之臣阿罗那顺 Arjene 篡位，自为摩揭陀 Magadha 国王，唐灭其国，俘王。

贞观二十一年（647），拔野古大酋屈利失举部内属。

同年，仆骨大酋歌滥拔延举部内属。

同年，同罗大酋时健啜举部内属。

同年，浑大酋汪，及阿贪支，举部内属。

同年，多览葛大酋多览葛末举部内属。

同年，阿跌（阿拔）大酋举部内属。

同年，都波臣属。

同年，骨利干举部内属。

同年，白霅内属。

同年，奚结部内属。

同年，思结部内属。

同年，斛薛部内属。

同年，铁勒十一部归命内属。

同年，回纥大酋吐迷度举部内属。

同年，灭龟兹国，俘王诃黎失毕，更立王弟。

同年，降于阗国，擒其王伏阇信。

同年，尼婆罗国王那陵提臣附。

贞观二十二年（648），契丹大酋窟哥举部内附。

同年，库莫奚大酋可度者举部内附。

同年，立西突厥可汗阿史那贺鲁。

同年，黠戛斯内属，大酋失钵屈阿栈入朝。

同年，讨平松外蛮叛酋双舍，谕降七十余部。

同年，西洱河蛮酋杨盛、东洱河蛮酋杨敛，率部落内附。

贞观二十三年（649），新罗真德女王献臣唐太平颂。

同年，拔悉密臣属。

同年，西爨蛮弘达率领徒莫只蛮、俭望蛮等举部内属。

高宗永徽元年（650）灭东突厥余众，俘车鼻可汗。

同年，葛逻禄之谋落、炽俟、踏实力三族举部内属。

同年，吐火罗臣附。

永徽二年（651），灭处月、处密二部沙陀突厥。

显庆元年（656），拔汗那国臣属。

显庆二年（657），灭西突厥，俘其可汗阿史那贺鲁父子。

显庆三年（658），突骑施黄、黑二部同臣属。

同年，臣石国。

同年，臣米国。

同年，臣何国。

同年，臣史国。

同年，臣梵衍那国。

同年，臣护密国。

显庆四年（659），臣东安国。

显庆五年（660），灭百济，俘其王义慈。

龙朔元年（661），儋罗臣服。

同年，波斯萨珊王朝末王卑路斯 Pirouz 上表臣附。

龙朔三年（663），败日本于朝鲜白村江口，覆其全军。

同年，昆明蛮内附。

乾封初（666），南海单单国臣贡。

乾封三年（668），灭高句丽，俘其王藏。

咸亨初（670），室利佛逝国臣贡。

咸亨五年（674），讨平永昌蛮之叛。

调露元丰（679），灭东突厥余众，斩其酋阿史那泥熟匐。

同年，灭西突厥余众，俘其酋阿史那都支。

永隆元年（680），灭东突厥余众，斩其酋阿史那伏念。

就上表条目年代顺序可以明了，其涉外关系基点仍蹈袭隋朝，以太宗时平东突厥而高宗时再平西突厥为全事业轴心。

然而，毕竟唐朝北、西事业，建设的层面已高过隋朝，便是天可汗统制网成立，与所附着羁縻府州制度的展开。唐朝世界大帝国秩序，非只力量较汉朝西域都护制度强化，支配圈也继汉朝的包含中亚细亚，再扩大弘布到西亚细亚地域。经约一个半世纪，八世纪中玄宗—肃宗之交，安史乱后，大唐世界帝国之光才渐渐黯淡，天可汗统制自式微而步上解体之途。

"天可汗"尊号，系太宗即位第五年的贞观四年（纪元630年）灭亡东突厥，原服从东突厥的众多北、西游牧部族或国家，全行转移入唐朝势力支配之下，诸酋长于东突厥崩坏同年，共同朝觐长安时自发的、一体的所奉上。《唐书》太宗纪贞观四年条："夏四月丁西，御顺天门，军吏执（东突厥）颉利（可汗）以献捷。自是西北诸蕃咸请上尊号为天可汗。于是降玺书册命其君长，则兼称之"；《唐会要》卷一百杂录"（贞观）四年三月，诸蕃君长诣阙，请太宗为天可汗，乃下制，令后玺书赐西域、北荒之君长，皆称皇帝天可汗。诸蕃渠帅有死亡者，必下诏册立其后嗣焉。统制四夷，自此始也"（同书卷七三安北都护府条，语略同），都是说明。"天可汗"乃 Tangri Khagh（Khaghan）的音译，前一字为突厥（土耳其）语与蒙古语"天"之义，后一字则君长意味，由是唐朝皇帝兼以天可汗名义而君临北亚细亚、中亚细亚，以至西亚细亚，犹之二次世界大战前英国国王的加印度皇帝尊号，以支配 Raja、Nawab、Nizam 等邦藩王。所以，唐朝"天可汗"所含还是"可汗之可汗"与"普天之下的可汗或皇帝"双重意识。《唐会要》卷九六铁勒条："贞观二十年（既灭突厥同种族铁勒诸部盟主薛延陀），十一月，太宗至灵州，铁勒诸部俟斤颉利发等诸姓至灵州数千人，咸请列其地（外蒙古与南西伯利亚）为州县。又曰：愿得天至尊为奴等作可汗，子孙常为天至尊作奴，死无恨"的记事固早在太宗治世，以届《册府元龟》①收录天可汗制度屹立国际间已一个世纪的玄宗开元时代体系内诸国表文，仍然强烈表现：

开元七年（纪元719年）二月，安国笃萨波提遣使上表论事曰：臣笃萨波提言：臣是从天主领普天下贤圣皇帝下，百万重草类奴，在远义手，胡跪礼拜天恩威相，如拜诸天……（卷九九九）

开元七年二月庚午，康国王乌勒伽遣使上表曰：臣乌勒伽言：臣是从天主普天皇帝下百万里马蹄下草土类奴……（卷九九九）

开元十五年（纪元727年），吐火罗叶护上言曰：奴身罪逆，不孝慈父，身被大食统押，应彻天聪，颂奉天可汗进旨云……（卷九九九）

天可汗制度原型，可了解便是汉朝宗主—藩属关系、天子册封—外臣朝贡关系的再推进，乃有君（主）—臣（奴）名分的维系。《册府元龟》所保留颇多册文，尤具兴味：

（卷九六四，开元二十一年或纪元733年，册封个失密国王文）"册曰：维开元二十一年，岁次癸酉，四月丁酉朔，五日辛丑，皇帝若曰：咨尔个失密国王木多笔，呜呼，奕叶师顺，远输诚节，修职贡之礼，受藩落之寄，时有代谢，兄亡弟袭，保界山川，辑率黎庶，国有制度，俗尚清静，可不勉欤。今命尔为个失密国王，恭膺册命，往钦哉"——这是父死子承、兄亡弟袭场合的最通常册封国王文。

---

① 《册府元龟》，计一千卷，宋朝王钦若等奉勅修撰历朝君臣事迹，自帝王以至陪臣、外臣，区分部门甚细，史料按年代顺次分类排列，宋真宗大中祥符六年（纪元1013年）撰定。此书于唐朝与五代，颇见不载于正史的重要史料。

（卷九六五，天宝四年或纪元745年，册罽宾国王文）"册曰：维天宝四年，岁次乙酉，九月乙卯朔，二十二日丙子，皇帝诏曰：于戏，远方恭顺，褒赐宜优，累代忠勤，宠章斯及。咨尔罽宾国王男勃准，宿承信义，早竭款诚，宁彼下人，二蕃安静，继其旧业，万里来朝，秉节不渝，恳怀弥著，愿情之至，深可嘉焉。是用命袭罽宾国王及乌苌国王，仍授右骁卫将军，往钦哉。尔其肃恭典册，保尚忠义，承膺于宠命，以率于遐蕃，可不慎欤"——这是册命曾朝长安者承袭父位，加授朝廷官位之例。

　　（卷九六四，开元十六年或纪元728年，册疏勒国王文）"册曰：维开元十六年，岁次戊辰，正月戊戌朔，十四日辛亥，皇帝若曰：万邦述职，无隔华夷，五等疏封，式固藩屏。咨尔疏勒阿摩支知王事左武卫将军员外置裴安定，诞灵蒲海，禀秀葱山，蕴义以立名，蹈仁而成德，虽日月所炤，莫非王土，而烽燧时警，犹曰外廷，遂能扞彼边陲，归我声教，载阐畴庸之义，俾弘利建之风。今遣大理正摄鸿胪少卿乔梦松册尔为疏勒王，于戏，允迪彝庚，勿替敬典，绥厥戎落，永为汉藩，尔往钦哉"——这又是留住京师已具官位的王子，被遣返本国册立为国王之例。

　　所以，三世纪晋朝统一朝代崩坏而五世纪南北朝再建册封—朝贡网，同时付藩属国王以宗主国爵位、官等的新猷，唐朝天可汗制度中非只接纳，且是广泛适用。东、西突厥亦然，自主的可汗名位陪伴其国覆亡而消灭，登可汗之位概由唐朝册封，原统治阶层首长也分授唐朝官位。东突厥最早于贞观时被灭，《新唐书》突厥传上的记载便是："剖颉利（可汗）故地左置定襄都督、右置云中都督二府统之。擢酋豪为将军、郎将者五百人,奉朝请者且百员(《唐会要》卷七三安北都护府条:"五品已上,有百余人,殆与朝士相半"),入长安自籍者数千户"(《唐会要》卷七三安北都护府条称"入居长安者近万家"),两位领袖人物突利任右卫大将军而封北平郡王,思摩任右武侯大将军而封怀化郡王(后立为可汗,又归朝),被俘的颉利可汗也授右卫大将军。自此北方与西方诸国一方面继承君位必须经由天子册封,才被承认为合法。另一方面,诸国统治阶层子弟群集长安,直接环绕到天子周围,《册府元龟》卷九九九且录入吐火罗国王子嫉妒同辈高秩而诉屈的表文:

"(开元)六年(纪元718年)十一月丁未,阿史特勤仆罗上书诉曰:仆罗克吐火罗叶护部下管诸国王都督刺史总二百一十二人,谢䭂国王统领兵马二十万众,罽宾国王统领兵马二十万众,骨吐国王、石汗那国王、解苏国王、石匿国王、悒达国王、护密国王、护时健国王、范延国王、久越得健国王、勃特山王,各领五万众。仆罗祖父已来,并是上件诸国之王,蕃望尊重,仆罗兄般都泥利承嫡继袭,先蒙恩勅,差使持节就本国册立为王,然火罗叶护积代已来于大唐忠赤,朝贡不绝。本国缘接近大食、吐蕃,东界又是西镇,仆罗兄每征发部落下兵马讨击诸贼,与汉军相知,声援应接在于边境,所以免有侵渔。仆罗兄前后屡蒙圣泽,媿荷国恩,遂发遣仆罗入朝,侍卫玉阶,至愿献忠殉命,以为臣妾。仆罗至此,为不解汉法,鸿胪寺不委蕃望大小,有不比类流例,高下相悬,即奏拟授官。窃见石国、龟兹并余小国王子、首领等入朝,元无功效,并缘蕃望授三品将军,况仆罗身恃勤,本蕃位望与亲王一种,比类大小,与诸国王子悬殊,却授仆罗四品中郎。但在蕃王子弟婆罗门瞿昙金刚、龟兹王子白孝顺等,皆数改转位,至诸卫将军,唯仆罗最是大蕃,去神龙元年(纪元705年)蒙恩勅授左领军卫翊府中郎将,至今经一十四年,久被沦屈,不蒙准例授职,不胜苦屈之甚。勅鸿胪卿准例定品秩,勿令称屈。"此文所反映,可全知帕米尔东西、锡尔河、阿姆河以南诸国如何通过名分关系与唐朝相结,以及天可汗支配下种族间无差别待遇,与汉族自身一律平等。由此精神力所吸引向心的诸国王子、首领布列唐朝朝堂,宿卫天子宫廷,又如何重视唐朝所给付官职。也惟其已系袪除了华、夷之别,无视种族、血统一视同仁的统合统治,唐朝堪夸名副其实开放性的"世界"帝国。此其一。

其二,学术界以突厥为对象的研究发现,隋唐世界帝国的性格,与突厥、薛延陀(铁勒诸部)名分关系,非只维系于册立—被册立、君—臣,以及羁縻府州体制,也连接了舅婿关系、父子关系。国际秩序便依此各种关系的组合而维持安谧,虽然因子关系乃单纯抑复合,并复合程度,也对应结合双方势力关系的变化,而非公式化固定①。舅婿关系所依附的和亲,毋宁早自汉朝已制定国家政策加以运用,且以系特为成功的外交手段而被以后朝代一贯蹈袭。突厥的场合,自六世纪中勃兴之初的第一代伊利可汗(土门),已与中国北朝初现分裂的西魏缔姻和亲,历北周至隋朝,开皇四年(纪元584年),沙钵略可汗兵败之后,隋文帝应下嫁的北周千金公主之请,赐公主姓杨,承认转变为隋朝义女身份,所以沙钵略可汗上书:"皇帝是妇父,即是翁;此是女夫,

---

① 参阅护雅夫《隋唐和突厥国家》,学生社版《古代史讲座》10.世界帝国诸问题,第111—117页。

即是儿例"，隋文帝报书："既是沙钵略妇翁，今日看沙钵略共儿子不异"（《隋书》突厥传），此乃隋唐与外国君主舅婿关系的最早成立。关系的续向里层推展，便有据于《唐书》突厥传上，开元九年（纪元 721 年）"（毗伽可汗）乞与玄宗为子，上许之"（《新唐书》之语系"请父事天子，许之"），十三年（纪元 725 年）"（毗伽可汗）宴谓（唐朝使者袁）振曰：吐蕃狗种，唐国与之为婚；奚及契丹，旧是突厥之奴，亦尚唐家公主，突厥前后请结和亲，独不蒙许，何也？袁振曰：可汗既与皇帝为子，父子岂合为婚姻"之记事，以及引证玄宗时代名臣张九龄《曲江集》累见"儿可汗（毗伽）"、"勅儿突厥登里（毗伽子）可汗"、"勅儿突厥可汗（登里）"称谓，而有父子关系设定的研究结论提出①。虽然此项关系，时间上须不必待到唐朝玄宗时才成立，如前引《隋书》文字，且可推前至隋初。类此尊长意识（父子关系成立时且已转为家长）的关系，唐朝非只对待突厥，也与其余的北方、西方诸国相结，继薛延陀而于玄宗时代领导铁勒诸部雄飞，已南移突厥故地的回纥可汗，自其建设国家以迄灭亡，通全时期固均由唐朝册立，并受封奉义王、忠义王与获授左骁骑员外大将军、司空等官位，便又全时期均与唐朝结合兄弟关系（前期）或舅婿关系（后期）。回纥以前天可汗初期统治网有力一员，受封西海郡王、宾王的吐蕃，当时也系与唐朝加立舅婿关系。由政治关系结合亲属关系，无论诸关系乃相互表里抑相互替换，前提均悬于"天下一家"理想为甚明显。唐朝与北方、西方诸国间，如此以中国为中心，尊长或家长的领导方式下，一个整体的历史世

---

① 同 43 页注，第 104—105、107—109 页、117 页附注⑩。

界形成，便称之大唐世界帝国。其和睦、亲善为基调的亲密感、家人感，又正是惟唐朝式样的世界帝国所加附特征。

其三，唐朝世界帝国以中国长上为中心的全关系展开，也堪注意非中国单方面设定，多数场合且是应参加成员方面的要求，此从所有前曾引录文献语意可以了然。所以，其形象非只理念的、名目的，也是现实的，基于当事者双方共同的权利与义务，效果与影响关系的实体，性格如同今日国际共同安全体系。贞观二十二年（纪元648年）王玄策奉使今日印度的当时天竺，而值其国内乱，便曾以中国全权代表身份便宜行事，"至吐蕃，发精锐千二百人，并泥婆罗国兵七千骑，玄策与副使蒋师仁，率二国兵大破之，虏其王（阿罗那顺）以归"（《唐会要》卷一百天竺国条）。八世纪吐蕃强盛，阿拉伯势力又似怒潮般东涌，唐朝黄金时代渐渐褪色之际，共同安全机能的运用仍然灵活，而且便出自接受领导各国自发的要求，《新唐书》西域传下个失密条载开元时其王木多笔遣使告言："国有象马步三种兵，臣身与中天竺王扼吐蕃五大道，禁出入，战辄胜。有如天可汗兵至勃律者，虽众二十万，能输粮以助"。《唐会要》卷九八曹国条也仍记："（玄宗天宝）四载（纪元745年），哥逻仆罗上表，自陈曾祖以来，奉向天可汗忠赤，常受征发，望乞恩慈，将奴土国同于唐国小子，所须驱遣，奴身一心为国征讨。十一载，其王设阿忽与国副王野解及九国王（指吐火罗、康国等）并上表，请同心击黑衣大食，玄宗宴赐慰谕遣之"。

较政治、军事特具深远影响，也是唐朝世界帝国的伟大历史贡献，系在文化。长安巍然屹立为亚洲全域文化教育中心，中国周围诸国君长子弟以下均来留学，贞观时国学在籍学生人数统计八千余人，内中便包含了来自高句丽、百济、新罗、高昌、吐蕃各国的学生（《唐会要》卷三五学校条）。有记录可查考的国家别留学长安人数，如新罗，即使届文宗开成二年（纪元837年）仍至二百十六人在学（《唐会要》卷三六附学读书条）。汉族中国以唐朝世界帝国成立，而其文化的国际性愈形浓烈而且开广，另一方面，夺目光耀的唐朝文化四方传播，律令、制度、文物波及汉族中国域外普遍化，东亚—中国文明圈内诸国家完成中国化，便在其时，以及便由于唐朝世界帝国强力文化指导力的推动。

其四，《唐会要》卷七三安北都护府条、安西都护府条的几段记载：

> 贞观四年三月三日，分（东突厥）颉利（可汗）之地为六州，左置定襄都督，右置云中都督，以统降虏。

> 贞观十四年九月二十二日，侯君集平高昌国，于西州置安西都护府，治交河城。

> （贞观）二十一年正月九日，以铁勒回纥等十三部内附，置六都督府、七州，并各以其酋帅为都督刺史，给元金鱼、黄金为字，以为符信。于是回纥等请于回纥以南、突厥以北置邮驿，总六十六所，以通北荒，号为参天可汗道，俾通贡焉，以貂皮充赋税。至四月十日，置燕然都护府，以扬州司马李素立为都护，瀚海等六都督、皋兰等七州并隶焉。

> 显庆二年十一月（灭西突厥），西域悉平，开通道路，别置馆驿，擒贺鲁（沙钵罗可汗）以归，分其地置蒙池、昆

陵二都护府，又分其种落，列置州县（为六都督府）。其所役属诸胡国，皆置州府，西尽于波斯，并隶安西都护府（原注：西域既平，遣使分往康国及吐火罗国，访其风俗物产及古今废置，尽图以进，因令史官撰《西域图志》六十卷）。

四年正月，西蕃部落所置州府，各给印契，以为征发符信。

龙朔元年六月十七日，吐火罗道置州县，使王名远进《西域图记》，并请于阗以西、波斯以东十六国，分置都督府，及州八十、县一百一十、军府一百二十六，仍以吐火罗国立碑，以记圣德，诏从之。

此等配合北亚细亚、中亚细亚征服事业，唐朝西方经营步步推进时所成立，非由唐朝中央派遣地方官治理其地，而系就地任命原部落首长为模拟郡县制的都督府、州、县官，以及保留当地异民族原来社会习惯，但受中央派出统理军政、民政长官都督，或太宗、高宗时代仿汉朝西域统制前例，特设四方异民族管理系统主流的都护（汉族或非汉族平等选任）监护的支配体制，称之羁縻府州，天可汗机能的有力支柱。惟其如此，天下一家的理想实现，观念上固无分华、夷，地理上也消灭了人为限界的意识。汉族尊重非汉族传统生活习惯而容许存在殊异形态，制度仍是一体的府、州、县，如近代的国界意识，自理论上而言，唐朝为不存在。此一意味，又是典型的世界帝国形象。

《新唐书》地理志七下序言说明："自太宗平突厥，西北诸蕃及蛮夷稍稍内属，即其部落，列置州县，其大者为都督府。以其首领为都督、刺史，皆得世袭。虽贡赋版籍多不上户部,然声教所暨,皆边州都督、都护所领,著于令式。突厥、回纥、党项、吐谷浑隶关内道者为府二十九、州九十;突厥之别部及奚、契丹、靺鞨、降胡、高丽隶河北者为府十四、州四十六;突厥、回纥、党项、吐谷浑之别部及龟兹、于阗、焉耆、疏勒、河西内属诸胡、西域十六国隶陇右者为府五十一、州百九十八;羌、蛮隶剑南者为州二百六十一;蛮隶江南者为州五十一、隶岭南者为州九十二。又有党项州二十四,不知其隶属。大凡府、州八百五十六,号为羁縻云"。《新唐书》地理志七下羁縻府州专志,又分道列举羁縻府州管辖上级为:关内道为夏州、灵州、庆州、延州等四都督府,单于、安北两都护府;河北道为幽州(原系晋州,武后万岁通天时移)都督府,安东都护府;陇右道为凉州、秦州、临州、洮州等四都督府,北庭、安西两都护府;剑南道为松州、茂州、巂州、雅州、黎州、戎州、姚州、泸州等八都督府;江南道为黔州都督府;岭南道为桂州、邕州两都督府,安南都护府。以突厥部落的隶属系谱举例,关内道州十九、府五,其定襄都督府(领州四)隶夏州都督府(同一夏州系统另辖回纥州五、府四,吐谷浑州一);云中都督府(领州五),桑乾都督府(领州四)、呼延都督府(领州三)隶单于都护府;另三州与坚昆都督府隶安北都护府(同一安北系统另辖回纥州七、府五);河北道州二,隶幽州都督府(同一幽州系统另辖奚州九、府一,契丹州十七、府一,靺鞨州三、府三,降胡州一);陇右道州一与兴昔都督府隶凉州都督府(同一凉州系统另辖回纥州三、府一,吐谷浑州一);州二与濛池、昆陵两都护府、匐延等二十四都督府隶北庭都督府。大唐世界帝国,便以都护府中核的羁縻府州隶属系谱散布,而东起朝鲜半岛,西至西亚细亚,北及西伯利亚南部,南至中南半岛的广大领域支配,具体展现——

都护府名	设置年代	治所	管辖区域
安西	太宗贞观十四年(640年)	原为西州(高昌交河城,今新疆吐鲁番)显庆三年(658)移龟兹(今新疆库车)	帕米尔东西的天山南路与中、西亚细亚
安北(初名燕然,龙朔三年〈663〉改名瀚海,总章二年〈669〉再改)	高宗永徽元年(650)	蒙古鄂尔浑河方面的都斤山(开元二年〈714〉移黄河北岸阴山之麓的中受降城)	蒙古、南西伯利亚
单于(一度改云中,又复)	永徽元年(650)	云中城(今内蒙古呼和浩特附近)	内蒙古
安东	总章元年(668)	原为平壤城(朝鲜)仪凤元年(676)移辽东故城(今辽阳方面),次年又移辽东新城(今抚顺)开元二年移平州	朝鲜、东北
安南(交州改置)	调露元年(679)	交州(越南河内)	南海诸国西南诸省土著
北庭(庭州改置)	武后长安元年(701)	庭州(今新疆孚远〈济木萨〉方面)	天山北路、伊犁河谷以西

羁縻府州的设置,其系自治体性格,以及便以土著领袖任命为都督、刺史的政策,可了解与本格的州县制度存有区别,所以,唐朝世界帝国精神上固以四海一家而无国界观念,汉族中国的实质领土范畴,仍然不能不从事实上划定,直辖领土的意识也仍然不能具有。羁縻府州的分布在直辖领土边缘内外,六都护府

的位置自亦相同，且视需要而自直辖领土内外移动。七世纪时，西方的安西都护府，最早设于直辖领土之内（西州）而后外移（龟兹）；东方的安东都护府，又在非直辖领土上北移（原平壤，改辽东，续内移）。

但此项都护府迁移形态，也于历史界往往引起误解，日本的东洋—中国史研究者，便专注视安东都护府位置变动，而于说明朝鲜半岛的唐朝对外关系时，几乎全持同一立场，谓以高宗总章元年（纪元668年）平定高句丽为发展顶点，以后已是唐朝东方势力的后退，韩国史学界又加味强调新罗驱逐唐朝半岛势力而达成统一大事业，类此解说都有辨正必要。

唐朝的朝鲜半岛事业继承隋朝，隋朝经营朝鲜又与突厥关系相结。其过程：六世纪中突厥强大游牧帝国建立，其讨灭柔然统一蒙古高原前一年（纪元551年），据朝鲜《三国史记》记载，曾越过兴安岭攻击高句丽西边，被高句丽击退后，双方却结合了亲密关系。有名的外蒙古鄂尔浑（Orkhon）河畔突厥毗伽可汗（Bilga Khaghan）碑与其弟阙特勤（Kul-tegin）碑，记其始祖时代与之具有深切关系的国家中，都列有高句丽之名。另一方面，高句丽与中国间的关系，南北朝时代以两面外交的成功而颇为平稳，便以新与突厥连接而趁隋朝变易中国朝代的机会蠢动，入侵辽西，引发隋文帝惩罚性的遣将攻击（纪元598年，开皇十八年），大军至辽河，高句丽婴阳王（《隋书》东夷传高丽条高元）上表卑词谢罪，自称"辽东粪土臣"云云，而结束不愉快的第一幕，宗主—属国关系如旧。

隋朝对高句丽的大征伐与大失败，系在北方突厥降服之后的炀帝时代。《隋书》东夷传高丽条记录："炀帝嗣位，天下全盛，高昌王、突厥启人（民）可汗并亲诣阙贡献，于是征元入朝。元惧，藩礼颇阙"，战争因而爆发。自大业八年（纪元612年）起连续三次亲征，第一次百余万众渡辽河，分道进发，高句丽诸城固守，顽强抵抗，隋军"食尽师老，转输不继，诸军多败绩"，于狼狈窘境下班师。翌年，再度大规模动员，发兵高句丽，"会杨玄感作乱，反书至，帝大惧，即日六军并还"。再次年的大业十年，已系天下盗贼蜂起声中，仍然第三次征讨，"人多流亡，所在阻绝，军多失期。至辽水，高丽亦困弊，遣使乞降"，于是在形式上接受了高句丽的降款，便算凯旋，但"征元入朝，元竟不至"（引文均《隋书》东夷传高丽条）。三次征战，诏命威信仍然未能维持，而隋朝自身，其后四年的纪元六一八年已被推翻，唐朝代兴。

唐朝开国，包括了高句丽的半岛三国对之均上达恭顺友好衷忱，接受高祖册封，道教也于此时期传入高句丽而大受欢迎。但唐朝便是隋朝延长而隋朝亦即前期唐朝的历史性格，注定唐朝潜在对外政策蹈袭隋朝，太宗时代已介入干预朝鲜局势，背景则建筑在半岛三国从未停息的相互抗争之上。纪元六四一年，高句丽大政变，权臣泉盖苏文（韩国史料作"渊盖苏文"）弑荣留王（婴阳王之弟，《唐书》东夷传高丽条中高建武），另立其弟大阳之子宝藏王（《唐书》中高藏，高句丽末代之王），又大杀大臣，专制权力，高句丽独裁的强力政治出现，对内努力充实国力，对外与百济携手封锁新罗，侵夺其四十城。穷迫的新罗向唐朝求救（纪元643年，贞观十七年），太宗谕高句丽停止攻击被拒绝，乃有贞观十九年（纪元645年）的亲征军事干预，陆军十万，水军七万，齐头并击，转移辽河以东的辽东城（今辽宁辽阳）一带为唐朝支配后班师，高句丽谢罪，兵革暂息。其后，高宗继位之初，又曾连续几次警告性用兵，而高句丽对新罗的凶焰被压制。此期间，新罗特殊亲密的亲唐关系展开，急速吸收唐风文化与唐朝文物制度的顶峰期来临。太宗时代与高宗之初的新罗真德女王治世，已仿用唐朝服制为自国服制，女王且亲自织锦绣成以"大唐开洪业，巍巍皇猷昌"为起语，"五三成一德，昭我唐家光"为结语的《太平颂》全词，呈献高宗。待太宗时代以执国政王族重臣身份出使唐朝的杰出人物金春秋，于高宗时代继真德女王登位为有名的武烈王（纪元654年），新罗国内已全力倾向唐式的中央集权制，国势隆盛，一番活跃的新气象兴起，愈向唐朝成立依附态势。相对方面，唐朝扶植新罗，彻底改变半岛形势的决心也已立定，而朝鲜半岛结束三国分立时代的机运，实现已在眼前。

唐朝既然决意单独提携新罗，从来的半岛方针一变，消灭高句丽已系势在必行，战略上则先从牺牲高句丽同盟国与新罗另一宿敌的百济着手，命新罗配合正面唐朝主力由背面助攻，两面夹击的攻击计划制定，显庆五年（纪元660年），唐以应新罗王金春秋乞师为理由，派出三年前（显庆二年）以讨灭西突厥，帕米尔以西自粟特至于印度北部克什米尔全域归唐朝支配，而赫赫有名的苏定方为统帅，水陆十一万人大军，自山东半岛莱州循海道，通过黄海向仁川湾进发，新罗军五万由武烈王亲率，从南面呼应，百济国都泗沘城（今忠清南道扶余南）陷落，百济末代义慈王降伏，与太子、大臣、将领等均被俘归长安，原百济领土分置熊津等五都督府。

只是，战事告一段落后仍余波荡漾，《唐书》东夷传百济国条载:"百济僧道琛、旧将福信（韩国史料谓其身份为王族一员，日本史上则称遗臣或遗将鬼室福信）率众据周留城（今全罗北道全州西，锦江下流白江右岸之地）以叛，遣使往倭国迎王子扶余（百济王姓）丰（日本史料作"丰璋"），立为王，其北部、西部并翻城应之"，时为龙朔元年（纪元661年），韩国方面的记录，此次轰轰烈烈的百济复兴运动展开，非只向日本乞师，高句丽也曾派兵接应。接续，《日本书纪》中同有详细记事，却是代表了悲壮的白江口（日本称"白村江"）决战爆发。日本自百济"兴复军"兴起当年，齐明女帝偕执国政的中大兄皇子已亲征到着北九州，大规模动员与征集物资作战争准备，翌年女帝死于大本营，中大兄皇子继位为天智天皇。纪元六六三年（唐朝龙朔三年，日本天智二年），日本军救援百济，集结到锦江的河口白江口，总数已达三万二千人，而唐—新罗联合军于唐朝留守百济的将军刘仁轨指挥下，攻击也已开始。两天内，以日本全军覆没，江口日本军船四百艘全数被焚毁，结束这场可以日本空前"惨败"形容的战事。大胜利的唐军东下周留城，扶余丰脱出奔高句丽，百济遗将叛乱余势一扫而尽。此一经过，《唐书》除东夷传百济国条外，刘仁轨传记载的明晰相同。

朝鲜半岛局面愈益恶化，因百济灭亡而陷入孤立的高句丽，国都平壤于龙朔元年或纪元六六一年，已遭受苏定方百济凯旋后，自水路施加的围攻压力。泉盖苏文于纪元六六五年（依韩国记录）之死，又决定了高句丽气数已尽的命运，继任执政者其长子泉男生与两弟间内讧失败，投奔唐朝，授予唐朝最有利的时机。总章元年（纪元668年），唐朝对高句丽的总攻击展开，威名四播的名将李勣被任命为总大将，席卷辽东，渡鸭绿江直指平壤，别军从水路进入大同江，新罗军（在位已系武烈王之子文武王金法敏）北上合围平壤城，宝藏王以下穷迫投降。唐朝灭亡高句丽后的处分是：分其全域为九都督府，平壤的安东都护府也于此际成立。

半岛问题彻底解决，其后的事态发展，便是《唐书》东夷传新罗国条所指的"自是新罗渐有高丽、百济之地，其界益大"，立于此一背景而与安东都护府北移的现象上连接，乃制造了外国的东洋史学者印象错觉，以及解释上的误入歧途。实则这方面误解，如果注意史料的有关记录，即使仅以《唐书》一书而言，也已容易发觉：

——（百济）其国旧分为五部，统郡三十七，城二百，户七十六万。至是（显庆五年灭百济）乃以其地分置熊津、马韩、东明等五都督府，各统州县，立其酋渠为都督、刺史及县令。高丽国旧分为五部，有城百七十六，户六十九万七千。（总章元年）乃分其地置都督府九、州四十二、县一百，又置安东都护府以统之。擢其酋渠有功者授都督、刺史及县令（东夷传百济条、高丽条）。

——（白江口之役后）乃授扶余隆（百济末代义慈王太子，国亡被俘，白江口之战从征水军将领之一）熊津都督，遣还本国，共新罗和亲，以招辑其余众。麟德二年八月，隆到熊津城，与新罗王法敏（即文武王）刑白马而盟。先祀神祇及川谷之神，而后歃血……。（刘）仁愿、（刘）仁轨等既还，隆惧新罗，寻归京师。仪凤二年拜光禄大夫、太常员外卿兼熊津都督、带方郡王，令归本蕃，安辑余众。时百济本地荒毁，渐为新罗所据，隆竟不敢还旧国而卒。其孙敬，则天朝袭封带方郡王，授卫尉卿。其地自此为新罗及渤海靺鞨所分，百济之种遂绝。（东夷传百济国条）。

——仪凤中，高宗授高藏（即降伏的高句丽末代宝藏王）开府仪同三司、辽东都督，封朝鲜王，居安东，镇本蕃为主。高藏至安东，潜与靺鞨相通谋叛，事觉召还，配流邛州，并分徙其人，散向河南、陇右诸州，其贫弱者留在安东城傍。高藏以永淳初卒……，垂拱二年，又封高藏孙宝元为朝鲜郡王。（则天）圣历元年进授左鹰扬卫大将军，封为忠诚国王，委其统摄安东旧户，事竟不行。二年，又授高藏男德武为安东都督，以领本蕃。自是高丽旧户在安东者渐寡少，分投突厥及靺鞨等，高氏君长遂绝矣（东夷传高丽条）。

——龙朔元年，春秋（武烈王）卒，诏其子太府卿法敏嗣位，为开府仪同三司、上柱国、乐浪郡王、新罗王。三年，诏以其国为鸡林州都督府，授法敏为鸡林州都督（东夷传新罗国条）。

——安东都护府（总章元年九月置于平壤城），上元三年二月移于辽东郡故城置，仪凤二年又移置于新城。（则天）圣历元年六月改为安东都督府，（中宗）神龙元年复为安东都护府。（玄宗）开元二年移安东都护于平州置，天宝二年移于辽西故郡城置，（肃宗）至德后（八世纪安史之乱）废。初置领羁縻州十四：新城州都督府（辽东郡新城）、辽城州都督府（辽东郡故城）、哥勿州都督府、建安州都督府、南苏州、木底州、盖牟州、代那州、仓岩州、磨米州、积利州、梨山州、延津州、安市州。凡此十四州，并无城池，是高丽降户散此诸军镇，以其酋渠为都督、刺史羁縻之。……安禄山之乱，一切驱之为寇，……今记天宝承平之地理焉（地理志二河北道）（此方面的记载，《唐书》较《新唐书》为详）。

可以了然，唐朝对于被征服者百济与高句丽的旧领土，全域所设定都是自治体型态的羁縻府州支配,无任何一地区实行汉族移住与收入汉族中国州县体系,相对,还是当地部分异民族的向中国内地反迁移(如《唐会要》卷九五高句丽条,载贞观二十二年房玄龄临终遗表奏上太宗,追忆亲征之役"问罪辽碣,未经旬日,即灭辽东,前后虏获数十万计,分配诸州,无处不满")。所以,唐朝的朝鲜半岛征伐善后,从未成立如外国著作中所指的归划为"直辖领"之举,即使辽东方面亦然。换言之,唐朝世界帝国的展现,东方直辖领土尽头仍是辽西(营州),蹈袭隋朝制度未变。以唐朝先已开展的西方局面比拟,半岛模式自始便是安西都护府迁治后的龟兹,而非迁治前的西州,西州才是灭高昌国而收入汉族中国州县系统的直辖领,隶陇右道。灭龟兹国所置都督府已系羁縻府州,灭百济、高句丽,处置与龟兹或其他西方国家并无二致。七世纪时东方统制中心安东都护府治所的移动,因之无论鸭绿江内外,都在羁縻府州支配范围,且自平壤内移到辽东,缩短迂回绕行渤海湾补给线之半,于战略形势毋宁乃是明智,与退缩的意义适异。而仅凭表象,便往往会误判,此其一。

其二,随安东都护府北移而新罗领土得有机缘向北扩张,乃为诚然,新罗煽动百济、高句丽旧领域内遗民变乱以制造并合机会,也可以想象。百济熊津等五都督因此有名无实,高句丽原羁縻府州之数也减少到如《唐书》地理志所列。然而,不能仅注意消极意味而忽视另一方面的积极措置,便是龙朔三年(纪元663年)的唐朝诏命以新罗国为鸡林州都督府。此一意义,非只适应新罗并合百济、高句丽旧领土的政治现实,正式替代原百济五都督府与高句丽部分羁縻府州,统一以新的鸡林州都督府概括,抑且，原非羁縻府州系统内的新罗本国由是也被合并纳入，为尤堪重视。换言之，新罗在唐朝世界帝国内的地位，比拟西方，已由原先的吐蕃式，转换为康国或吐火罗式，国王（属国→册封）兼具了羁縻府州长官（唐朝统制圈内自治体→任命）的双重身份。此一变化，一方面是新罗亲唐关系益益紧密的结果，一方面又正是唐朝半岛势力加强的说明，羁縻统制效率从法理上推展到半岛全域（领有原高句丽北东部土地的渤海国亦然，《唐书》北狄传渤海靺鞨条："睿宗先天二年，遣郎将崔䜣往册拜祚荣为左骁卫员外大将军、渤海郡王，仍以其所统为忽汗州，加授忽汗州都督"）。同样的意义，外国史学家强调新罗北方国境推进到西起平壤、东至元山所结成的一线（大略北纬三十九度光景），夸谓新罗对浿水（大同江）以南全域领有为半岛最早的统一，但堪注意，此仍须唐朝正式承认，以及所承认限浿水为界。载入韩国正史《三国史记》之语便是八世纪前半，圣德王三十四年，"（唐玄宗）敕赐浿江（大同江）以南地"，平壤以北，于韩国史书中系被解释为支配不明确的荒地，东北方的元山以北已与渤海国南京南海府之地邻接。则唐朝的新罗约束力，八世纪甚或以后仍然强劲，为甚明显。

所以，指七世纪时唐朝势力已自东方朝鲜半岛退却，且系以新罗国力充实而驱逐唐朝势力，立论可知为非正确。即使八世纪玄宗时代安东都护府真正设置到唐朝直辖领土上，原又系兵役制度酝酿转变，适应征兵制改易就地召募补充国境防卫军的方便所需要，出发点仍与外国学者"撤退"的想象不符。

关于唐朝展开的世界大帝国，东方的外国学界注意其朝鲜经略，西方史地学者则对六都护府中，最早设置的安西都护府治下，研究为特感兴趣。安西都护府管辖范围分四部分：

1. 河西内属诸胡州十二、府二，差杂河西郡县中国直辖领土上，最无"问题"可议。

2. 安西四镇，《新唐书》地理志七下说明："四镇都督府州三十四：龟兹都督府领州九、毗沙都督府（原于阗国）领州十、焉耆都督府、疏勒都督府领州十五"，而同书西域传上龟兹国条称："（灭龟兹国后，显庆三年或纪元658年）始徙安西都护于其都，统于阗、碎叶、疏勒，（合龟兹）号四镇"。此一记录的差异，虽可参照同书焉耆国条述开元七年或纪元七一九年，西突厥十姓可汗请居碎叶，才"以焉耆备四镇"，解释为地理志所采集乃后期资料，但同书王方翼传，又载仪凤二年（纪元677年）始在碎叶川（今楚 Chu 河）南岸筑碎叶城（今苏联吉尔吉斯共和国接界哈萨克共和国的托克马克 Tokmak），则碎叶与其他三镇同格（城）的时间，矛盾仍然存在。

于此，同书突厥传下如下的几段记载，对清理"四镇"头绪为有帮助："分其国（西突厥）为十部，部以一人统之，授一箭。号十设，亦曰十箭。为左右，左五咄陆部，置五大啜，居碎叶东；右五弩矢毕部，置五大俟斤，居碎叶西。其下称一箭为一部落，号十姓部落云"。"（西突厥）贺鲁已灭，裂其地为州县，以处诸部，木昆部为匐延都督府、突骑施索葛莫贺部为嗢鹿都督府、突骑施阿利施部为絜山都督府……又置昆陵、濛池二都护府以统之，其所役属诸国皆置州，西尽波斯，并隶安西都护府。以阿史那弥射为兴昔亡可汗兼骠骑大将军、昆陵都护，领五咄陆部；阿史那步真为继往绝可汗兼骠骑大将军、濛池都护，领五弩矢毕部"。然后，便是武后长安二年（纪元702年）北庭都护府的分设，而自原安西都护府统制系统中移归北庭都护府治下的，又便是原以碎叶分界，西突厥或十姓部落所区别东（五咄陆部、昆陵都护所隶）、西（五弩矢毕部、蒙池都护所隶）状态的全体再统一，如《新唐书》地理志七下所开列府、州名。管辖对象的分划标准既是北庭→西突厥本国、安西→原西突厥役属西域各国，则碎叶非安西四镇之一，毋须待开元以后才转变其地位，至迟北庭都护府成立的同时已属必然，此其一。其二，仪凤二年碎叶筑城以前，固可认定立于监护昆陵、蒙池两都护府的需要，而脱出如余三镇城郭性格的同一基准，以及天山南路同一地理范畴，成立单独突出到伊犁河谷的一镇为有其战略意味，但北庭都护府分置时继续维持此形势，便是破坏指挥系统，应不可能。所以，碎叶果尔列入安西四镇，相反已是四镇存在的最后阶段，存立时间非久，甚或便以《新唐书》地理志七下所载为正确，安西四镇自始至终都是龟兹、于阗、焉耆、疏勒，完整建立环绕天山南路南北道战略大道的据点。

3. 拔汗那与以康国为中心的昭武九姓之国羁縻府州，乃安西都护府统制体系中特为重要的环节，《新唐书》地理志七下却为独漏，须依同书西域传下宁远条与康国条，始得部分补充。此一区域，位当帕米尔西，锡尔河上、中流域与阿姆河以北，历史地理名词的费尔干、粟特与花剌子模。大月氏—贵霜与嚈哒先后统一支配中亚细亚—西北印度又解体后，当地所出现，便是唐朝记录中的此等国家，先服从西突厥可汗为联合体元首，再尊唐朝天子为"普天下皇帝"的天可汗。《新唐书》宁远条说明拔汗那系玄宗天宝三载（纪元744年）赐改国号为"宁远"，康国条载："枝庶分王，曰安、曰曹、曰石、曰米、曰何、曰火寻、曰戊地、曰史，世谓九姓（国）皆氏昭武"，诸国的历史地图上位置，今日多已能正确明了：

国名	羁縻府州		今地
	府州名	建置年代	
拔汗那 （钹汗，《魏书》破洛那）	休循州都督府	高宗显庆三年（658）	苏联吉尔吉斯共和国（Kirgizskaya SSR）、塔吉克共和国（Tadzhikskaya SSR）。乌孜别克共和国（Uzbekskya SSR）错杂地域
石国 （柘支、柘折、赭时）	大宛都督府	显庆三年	苏联乌孜别克共和国首都塔什干（Tashkent）
康国 （萨末鞬、飒秣建）	康居都督府	高宗永徽间（650—655）	苏联乌孜别克共和国撒马尔罕（Samarkand）
安国（布豁） 东安（喝汗）	安息州 木鹿川	显庆间（656—660） 显庆间	苏联乌孜别克共和国布哈尔（Buhkara）
曹国1.东曹（率都沙那，苏对沙那、劫布呾那、苏都识匿）2.西曹 3.中曹			均苏联乌孜别克共和国南部地方 史国在康国南 米国在康国西 曹国在康国西北 曹国之西为何国 何国之西便是安国
米国 （弥末、弭秣贺）	南谧州	显庆三年	
何国 （屈霜你迦）	贵霜州	永徽间	
史国 （佉沙，羯霜那）	佉沙州	显庆间	
戊地			
火寻 （货利习弥、过利）			近咸海阿姆河下游南岸苏联土库曼共和国（Turkmenskaya SSR）北境

4. 显庆—龙朔（纪元656—661年）间成立的西域十六国（府），其古今地名配当考证的学术界努力，得考定如康国等被共通接受的，严格而言，可谓绝无。众所周知的吐火罗应系最无疑义，《魏书》中作"吐呼罗"，便是原先巴特利亚同义字，西洋人著作中Tukhara或Tokharastan（吐火罗斯坦）的音译，《新唐书》西域传下呼火罗条叙述"或曰土豁罗、曰睹货逻"，都是同音异译。虽然地理观念至《新唐书》叙述的时代，由泛称阿姆河中流两岸转移已以阿姆河以南地区为主体，北与九姓昭武相接的印象颇为鲜明，却是，所确知不过此由地理名词代表政治区域的吐火罗国家概念，"以其阿缓城为月氏都督府"的阿缓城是今日何地？都只推测而无有力证据支持，所有西域十六国羁縻府州的情况全相同。所以，此等国（府）均为今日阿富汗、巴基斯坦北部，伊朗东部的范围可供了解，若干国（府）存在于此范围内的方位别也能判明，但再深进一层研判时，便将含有主观成分。中程研究的推证中外同时代地名，法国沙畹（E. Chavannes）的成绩乃佼佼者，也特具系统，虽非定论，其系重要的参考资料则堪认定。附表即其唐朝西域十六国羁縻府与当时西洋著作中各别地名的比定，以及今日学术界接近实际的了解部分对照：

府名与所领州数	治所	沙畹所比定*	通说位置
月氏都督府（二十六州）	吐火罗叶护阿缓城	War-waliz（Koundouz）	兴都库什山脉北部
大汗都督府（十五州）	嚈哒部落活路城	Balkh	同上偏东

续表

府名与所领州数	治所	沙畹所比定*	通说位置
条支都督府（九州）	诃达罗支国（改国号"谢䫻"）伏宝瑟颠城	Arokhanadj	兴都库什山脉西、南部
天马都督府（二州）	解苏国数瞒城	Schouman	兴都库什山脉南部
高附都督府（二州）	骨咄施沃沙城	Khottal	
修鲜都督府（十州）	罽宾国遏纥城	Kapica	克什米尔，迦毕沙（Capisa）地方（Cafiristan）
写凤都督府（四州）	帆延国罗烂城	Bamyan	
悦般州都督府（一州）	石汗那国艳城	Kokcha	
奇沙州都督府（二州）	护时犍国遏蜜城	Djouzdjan	
姑墨州都督府（一州）	怛没国怛没城	Tirmidh	
旅獒州都督府	乌拉喝国摩揭城		
昆墟州都督府	多勒建国低宝那城	Talekan	
至拔州都督府	俱蜜国褚瑟城	Koumedh	
鸟飞州都督府（一州）	护蜜多国摸逵城	Wakhan	
王庭州都督府	久赵得犍国步师城	Qowadhiyan	
波斯都督府	波斯国疾陵城	Zereng	Seistan（伊朗与阿富汗交界地）

* 沙畹《西突厥史料》，冯承钧译本第 197～202 页，文首并称："唐代所置诸府州之名称……其所列府州所治本地城名，约近百数，极为重要。吾人对于此种译名，固难完全求其原名，然其可以考订者，则与大食人之撰述所著录者完全相符，足证新书（《新唐书》）地理志所志之确实"。

七世纪唐朝太宗、高宗两代治世，气概的磅礴，依如上概略印象，已堪证明，无愧于今日史学界"名实相符世界最强之国"①的夸言。

八世纪玄宗在位期，大唐世界帝国第二次高峰展现，却也是唐朝盛极而衰的转换时代，西方正值伊斯兰（回教）世界扩大期，历史上曾煊赫一时的萨珊朝波斯，则自此时已结束其光辉生命。萨珊波斯衰微固种因于东罗马与西突厥的长期攻击，中国记录（《隋书》西域传波斯条、《新唐书》西突厥传、西域传下波斯条）也载七世纪初的隋朝末年，西突厥一度胁服萨珊波斯，但直接的摧毁力便来自阿拉伯或唐朝所称的大食。阿拉伯统一于穆罕默德的回教萨拉逊（Saracen）大帝国后，《新唐书》波斯国传记记述波斯王伊嗣俟于贞观十二年（纪元638年）遣使向唐朝朝贡的前后时期，大食早已占领萨珊波斯国都与其大部分领土，西洋史上设定大食灭亡萨珊波斯之年系纪元六四二年，被认定的最后之王 Yezdegind Ⅲ 逃亡至其东北领土木鹿（Merv，今土库曼共和国 Mary）时被追及的大食兵杀害。此王在位期与王名发音均相当于中国史的伊嗣俟，可认定为同一人，悲惨下场也同样见诸中国文献，《新唐书》西域传下波斯条载"伊嗣俟……奔吐火罗，半道，大食击杀之"（《册府元龟》卷九九九之文，则谓〈高宗〉永徽五年〈纪元654年〉，大食引兵击波斯及米国，皆破之，波斯王伊嗣俟为大食兵所杀），参差系在年代。《新唐书》续文："（伊嗣俟）子卑路斯（Peroz）入吐火罗以免。遣使者告难，高宗以远不可师，谢遣。会大食解而去，吐火罗以兵纳之。龙朔初（纪元661年）又诉为大食所侵，是时天子方遣使者到西域分置

---

① 人物往来社版《东洋历史》5.隋唐世界帝国，第139页。

州县，以疾陵城为波斯都督府，即拜卑路斯为都督。俄为大食所灭，虽不能国，咸亨（纪元670—673年）中犹入朝，授右武卫将军，死。始其子泥涅师为质，调露元年（纪元679年）诏裴行俭将兵护还，将复王其国。以道远，至安西碎叶，行俭还，泥涅师因客吐火罗二十年，部落益离散。（中宗）景龙初（纪元707年）复来朝，授左威卫将军。病死，西部独在。（玄宗）开元、天宝间，遣使者十辈，献玛瑙床、火毛绣舞筵"（《册府元龟》同样数见开元以来波斯王遣使朝贡记录）。可知唐朝西域十六国羁縻府州中波斯都督府之设，时间已在萨珊波斯覆亡之后，设置地点因之非波斯本土，而只能求证于原波斯支配圈边缘与退缩到达的东方属州。卑路斯也不再被列波斯王系，向唐朝乞求救援未果，最后的立脚点沦丧，都督府至此全自"波斯"实体架空。纪元六七九年遣送去世在长安的卑路斯之子返国失败，一段时间后，在吐火罗成立的流亡政府也告解散。所以，尽管八世纪的记录尚见波斯地下游击组织领袖以旧国名义与唐朝接触，波斯国家抑或都督府都早不存在。类似情况，西域十六国都督府中，可能非仅波斯一例。

但另一方面，唐朝的西方影响力并未因之后退，统御地区也一方面收缩，一方面又在急激扩大。帕米尔以西各国于此期间，对唐朝表现的向心力不逊于太宗、高宗时代，自《册府元龟》收录各国忠诚拥戴、款输赤忱的表文可得明示。原因则主要便是大食巨大压力，以及与大食逆方向而来的吐蕃势力。所以八世纪时的唐朝世界帝国，铸定了两项强烈征象，第一，维系国际秩序和平安谧的理想，向共同防卫一面倾斜，第二，便立于共同防卫需要，一方面是加盟国彼此间团结协力，共同强烈的仰望唐朝庇护，一方面又因而新参加唐朝世界帝国的兴都库什山脉-克什米尔地区国家，益益增多。《册府元龟》卷九九九天宝八载（纪元749年）吐火罗叶护夫里尝伽罗"表曰：臣邻境有一胡，号曰朅帅，居在深山，恃其险阻，违背圣化，亲辅吐蕃，于国内置吐蕃城堡，捉勃律要路，勃律因之。朅师王与吐蕃乘此虚危，将兵拟入，臣每忧思，一破凶徒。望安西兵马来载五月到小勃律，六月到大勃律，伏乞天恩允臣所奏，若不成，请斩臣为七段。缘个失蜜王向汉忠赤，兵马复多，土广人稠，粮食丰足，特望天恩赐个失蜜王勅书宣慰，赐衣物并宝钿腰带，使感荷圣恩，更加忠赤。帝览表许之"。表文所涉大、小勃律，个失蜜、朅师（唐朝允吐火罗所请如期出兵加以征服），以及乌苌、骨咄等国，便全非原羁縻府州体制之内，而系玄宗时代新服属唐朝的国家群。接受统一领导的形态也与前期有异，不必附着直结唐朝政治的羁縻府州体系，此其一。其二，代表唐朝对此等属国统制力的表征，转换以浓厚的军事色调替代，《新唐书》西域传下大小勃律条："开元初，（小勃律）王没谨忙来朝，玄宗以儿子畜之，以其地为绥远军"；《唐书》西戎传天竺条："（开元八年）南天竺国王尸利那罗僧伽请以战象及兵马讨大食及吐蕃等，仍求有及名其军，玄宗甚嘉之，名军为怀德军"。而此等措置，显又与直辖领土边缘十节度新制与所统率名号诸"军"，相互表里，天可汗尊号惟北方、西方适用，羁縻府州则普遍到唐朝世界帝国东、南、西、北各个方位，"军"号的成立，于后期唐朝世界帝国同系一体化，新罗→宁海军、契丹→静析军等，都是说明。

惟其如此，八世纪玄宗近半个世纪盛世，屹立已百年的唐朝世界帝国的成员国，对唐朝的实力依赖已属空前。然而，唐朝世界帝国抑或历史上北、西亚细亚惟唐朝一见的天可汗尊严，玄宗时代毕竟已是回光返照性质，安史乱后的衰运已预在等待。

国家规模的超越与政治平等的复活

隋唐继承秦汉又一大世纪展现，制度律令超越性完备，予古来制度律令以集大成的整理，系耀目的中国中世史之光，历史的中国人伟大创造效果。凡同时期新罗、日本、渤海等东亚国家，其政治、经济制度，抑且国都建设的规制，也无不模仿唐朝为母体。

传承自古代史而中国中世史转换完成象征的国家根本制度均田制，自北魏孝文帝太和九年（纪元485年）创始，以届八世纪唐玄宗时代，土地国有制度实行近三百年。初创期的北魏均田法下，国家分配与农民的土地，种类分：生产谷物的田地，所谓露田（正田），含有休耕调节意味的倍田，以及种植半永久植物养蚕所需桑树、木材所由的榆树与供食用的枣树，统称桑田（栽培麻之地则麻田）。露田以受田者年老或死亡而返还国家，倍田亦然，惟桑田受后归子孙永远保有，凡田地均依男、女性别按人口给与，拥有奴隶的同数额给田，且奴隶人数无限制。在任地方官另在任所支有"职分田"，自刺史十五顷以下至一顷（百亩）有差，更代相付。六世纪中北朝分解期的北齐河清令（河清三年，纪元564年）发布，废止倍田规定而露田给田额加倍，一夫八十亩，妇人四十亩（北魏倍田原便与露田同额给与，男夫、妇人各为四十亩与二十亩），桑田正名永业田，如旧二十亩（麻田如桑田法）。特堪示为一大进步的改革，系具有受田资格的奴隶数字已加限制，最多自亲王的三百人，以下按官品等差至庶人六十人。此外，北魏地方官在任中给与公田的制度，也自北齐扩大至中央级官吏，同样适用，京师（邺）四郊划定为支应所需的公田。北周则废止夫妇各别给田规定，而改依"有室者"基准通计百四十亩，未婚配意味的丁者百亩。

隋朝土地法，《隋书》食货志明言："其丁男、中男，永业、露田皆遵后齐之制"，受田面积与资格均同，但统一后人口密集地区如京畿，以土地分配不能依标准数而区别宽乡（足额）、狭乡（每丁仅二十亩）的法令修正，也已出现于《隋书》食货志记录。隋制立脚于北齐制度基础上特堪注目的大变化，或者说，更大的进步，系《隋书》食货志大书"炀帝即位，是时户口益多，府库盈满，乃除妇人及奴隶部曲之课，男子以二十二成丁"，均田制课税对象与受田对象乃相适应，《隋书》食货志所强调"未受田者皆不课"，可推知奴隶给田制为已停止，世族凭借奴隶数字获得国家承认发展大土地所有的护符，终自中国南北统一，均田制全面推行之后，由限制而被断然撕毁。可能便与废止奴隶给田此项大变革具有密切关系，而着眼于缓和世族对此的不满情绪，另一项前代从未曾有，系自南北统一，北朝均田制推展至南朝领域一体实行的隋朝新规定发端，京官、外官除各应九品等差支给五顷至一顷的职分田外，另给公廨田充公用之费，又另自诸王以下迄都督，依等差各授面积相当广大的永业田（官人永业田），多者至百顷，少者四十顷（四十顷之数据《隋书》食货志，

《通典》食货二田制下作三十顷）。

炀帝新令，对妇人停止给田，又系重要的改革断行，以此关系而租税制度发生大变化。北朝均田制下课税制度以夫妇为一单位，所谓"一床"，原与女子受田存有关联，与均田制以前租税征收的"户调"对称"床调"。床调制出现，已打破世族大家族制，国家直接支配小农民纽带的契机被把握意味，妇人受田制废止的原因与所反映事实，又便在课役都再改变以丁男为单位，租税制度户调→床调→丁调三次转易的结果，国家权力向户的内部渗透，而回复直接掌握个别人身成功。

如上转捩所代表再一层意义，对人民而言，是税负减轻，隋初开皇二年（纪元 582 年）令，田租每夫妻"一床"单位粟三石（以丁男露田八十亩二石，其妇露田四十亩一石计算），已依不受田不课原则，妇人给田停止而仅按丁男基准，修正为原额三分之二的二石之数，此其一。其二，又是人民纳税义务的年限缩短，北魏均田制初创时男夫年十五受田，七十还田；北齐十八以上六十以下为丁，分别受还田，隋初"十八以上为丁（成年），以从课役，六十为老，乃免"（《隋书》食货志），以后成丁的基准年龄两度提高，至炀帝大业令发布时已如记载是二十二岁。其前提，正与课役单位的变更原因相同，都建立在《隋书》食货志累言"百姓承平""户口岁增""库藏皆满"的统一政治背景。相反方面，也是土地国有制度均田制的全国统一实行成功，才展现中国社会经济踏实的欣欣向荣可能性。而其时，隔断四百年之久，汉朝统一政治原理的农村社会个别人身支配，以及每一成年者约四十年课役年龄（汉朝规定系十五至五六岁）的把握，始得全行回复。

隋唐时代丁中制（据《通典》食货七丁中）

年代＼种别	黄	小	中	丁	老
隋　开皇二年（582）	一至三岁	四至一〇岁	一一至一七岁	一八至五九岁	六〇岁以上
开皇三年（583）	一至三岁	四至一〇岁	一一至二〇岁	二一至五九岁	六〇岁以上
炀帝初年	一至三岁	四至一〇岁	一一至二一岁	二二至五九岁	六〇岁以上
唐　武德七年（624）	一至三岁	四至一五岁	一六至二〇岁	二一至五九岁	六〇岁以上
神龙元年（705）至景云元年（710）〔韦皇后诛，复旧〕	一至三岁	四至一五岁	一六至二一岁	二二至五八岁	五九岁以上
天宝三年（744）	一至三岁	四至一七岁	一八至二二岁	二三至五九岁	六〇岁以上

　　唐朝均田制，系同时期东亚社会、经济史全体的骨干，日本、新罗、高丽、南诏等周围国家一概蒙受其影响波及，各各的土地法意识与制度构造，共通由唐朝均田制指导而以之为范式。而唐朝均田制，蹈袭的便是隋朝制度，只已加以体系化再整备，以及能率的稳定化。

　　均田制以已非只中国史上单独的问题，而系东亚史相共通，所以今日学术界研究"均田"理念，均田制源流，特别关于唐朝制度的兴趣，不断提高，也愈对此当时"平均地权"思想与实现无任憧憬。学问上研究唐朝均田制的基本资料，是高祖武德七年令（见十世纪前半五代著作的正史《唐书》食货志上、十世纪中宋初王溥《唐会要》租税上、十一世纪宋朝官修正史《新唐书》食货志一，元朝马端临《文献通考》田赋考历代田赋之制），玄宗开元七年令（玄宗钦定《唐六典》户部郎中、员外郎条），同二十五年令（八世纪末唐杜佑《通典》食货二田制下大唐条、食货六赋税下大唐条）①。近来益益增大的西域学术考古成果，敦煌、吐鲁蕃所发现户籍文书经过分析整理，对唐朝均田制营运的理解愈具信心，田地收授过程中制作的给田簿、退田簿、欠田簿等根本资料被介绍认识（参阅次节），于唐朝均田法规效率的普遍化，与其施行的实态，尤获有明晰印象。

有关唐制，今日学者的细部解释仅有诸说，概念则相一致。便是说，已认识其基本精神，乃以有担负课役能力的丁男为中心，应口数分给一定面积的土地，安定的定着其上，至老、死而土地返还国家作交替。土地给付标准，外貌继承隋制，实质以隋、唐度量衡制非全相同而存有差异。国家以把握全国丁男数，而确保固定的财政收入与人力资源，与租庸调课役制度相表里。但其实行，仍非以排除世族余绪的大土地所有为必要，保障品官、勋官与有爵位者所按地位高低特别给付一定面积土地的官人永业田，也仍依有品爵者免课役的隋制。一般永业田（亦称世业田），则与官人永业田对称户内永业田，露田正名口分田，永业田具自由处分的弹性（官人永业田与赐田亦同），口分田于法令

---

① 《唐书》与《新唐书》以外的唐朝制度重要研究资料—

（a）《唐六典》，三十卷（分理典、教典、礼典、政典、形典、事典），玄宗开元十年（纪元722年）着手编纂，二十六年完成，玄宗御撰而李林甫奉勅注释。但其基准非此书成立时的律令格式，而系开元七年（纪元719年）令。

（b）《通典》，二〇〇卷，八世纪后半唐朝杜佑，自代宗大历中起稿，约三十年而于德宗贞元中撰定。"通"乃通诸朝代之意，"典"谓典章制度，全书分食货、选举、职官、礼、乐、兵刑、州郡、边防等八部门。宋朝郑樵作《通志》，元朝马端临作《文献通考》，均仿《通典》而以之为蓝本，合称"三通"，乃研究制度史所不可缺。

（c）《唐会要》，一〇〇卷，宋朝之初王溥续唐原已成立的《会要》（高祖至德宗九代），《续会要》（德宗后）所缺宣宗以迄唐末之事，宋太祖建隆二年（纪元961年）成书。"会"系统或聚之意，分立门类，记述一朝代文物典章之书，现存同性质诸会要书，即以身历五代的王溥《唐会要》、《五代会要》为最古。

允许的特别场合亦准买卖，系唐朝新规定。

隋唐度量衡表

朝代	度（尺）	量（升）	衡（斤）
隋	29.51cm	0.594l	668.19g
唐	31.10cm	0.594l	596.82g
	长度单位　丈（10尺）尺（10寸）尺（10分） 绢四丈为一匹（疋），麻布五丈为一端 容量单位　石（=斛，10斗）斗（10升）升（10合） 重量单位　斤（=觔，16两）两（24铢）铢（10絫）		

资料来源：诚文堂新光社版《世界史大系》3. 东亚Ⅰ，第234页。

此项制度见于《唐书》食货志上的记录是——

"武德七年（纪元624年），始定律令，以度田之制，五尺为步，步二百四十为亩（《新唐书一》食货志："度田以步，其阔一步，长二百四十步为亩"），百亩为顷。

"丁男、中男给一顷（《唐六典》户部郎中条注：中男年十八已上者亦依男丁给；《新唐书》："授田之制，丁及男年十八以上者人一顷"），笃疾、废疾给四十亩（《唐六典》："老男及笃疾、废疾"；《新唐书》："老及笃疾、废疾"；《通典》食货二田制下大唐条说明"口分田四十亩"），寡妻妾三十亩（《通典》说明"口分田三十亩"）。若为户者，加二十亩（《通典》："黄、小、中，丁男女及老男、笃疾、废疾、寡妻妾当户者，各给永业田二十亩，口分田二十亩"）。所授之田，十分之二为世业（《新唐书》、《唐六典》均称"永业"），八为口分"。

"世业之田，身死则承户者便授之，口分则收入官，更以给人"。（《通典》："庶人有身死家贫无以供葬者，听卖永业田，即流移者，亦如之。乐迁就宽乡者，并听卖口分〈原注：卖充住宅、

唐朝均田制结构透视（武德七年、开元七年、二五年令）

		公解田	职分田	永业田（五品以上受田宽乡，六品以下受于本乡，解免者追田，除名者受口分之田，袭爵者不别给）	赐田	永业地	口分地	园宅地
官		附属于官厅的营运费	一品　1,200亩 二品　1,000 三品　900 四品　700 五品　600 六品　500 七品　400 八品　300 九品　250	官人永业田 正一品　　　　　10,000亩 郡王从一品　　　　6,000 国公正从二品　　　5,000 郡公从二品　　　　4,000 县公正三品　　　　3,500　（勋官） 　　从三品　　　　3,000　上柱国 侯正四品　　　　　2,500　柱国 　从四品　　　　　2,000　上护军 伯正五品　　　　　1,500　护军 　从五品　　　　　1,100　上轻车都尉 子正六品　　　　　800　　轻车都尉 男从六品　　　　　700 正六品以下　　　　600 　　　　　　　　　500　上骑都尉 　　　　　　　　　400　骑都尉 　　　　　　　　　80　　骁骑尉 　　　　　　　　　各80　飞骑尉 　　　　　　　　　各60　云骑尉 　　　　　　　　　　　　武骑尉	无限定			
		（惟任内保有）						
人民	一般人民	农民（百姓）	丁男 一人岁以上中男 老弱残废 寡妇 户主			}均20亩	}均80亩　　40 　　　　　　30 　　　　　　20 （狭乡不给）	每三人一亩
		工商户				10亩 （狭乡不给）	40亩 30亩 20（狭乡减半）	
		僧、道士 尼、女冠						
		杂户				20亩	80亩	
	贱民	官户					40亩	每五人一亩
		部曲、客女						
		奴婢						

邸店、碾硙者，虽非乐迁，亦听私卖〉。诸买地者不得过本制，虽居狭乡，亦听依宽制，其卖者不得更请。凡卖买皆须经所部官司申牒。……若从远役外任，无人守业者，听贴赁及质。其官人永业田及赐田欲卖及贴赁者，皆不在禁限"。《唐六典》："凡天下百姓给园宅地者，良口三人已下给一亩，三口加一亩；贱口五人给一亩，五口加一亩，其口分，永业不与焉"。）

"每岁一计帐，三年一造户籍，州县留五比，尚书省留三比（《唐六典》："凡应收授之田，皆起十月，毕十二月"）"。

与均田制具有密接关系的租、庸、调课役制度，自唐初至安史之乱后的德宗建中元年（纪元780年），实行一百六十多年。此一以唐朝中期以前所独有而闻名的制度，原即汉朝田租（租）、口钱（调）、力役（庸）的延续，汉末动乱以来，田租自收成提成改按耕地面积定额计准，人头税口钱变化以户为单位的户调，以及布帛现物纳入，再由均田制初创期床调至隋朝统一南北，而回复到丁调。唐朝租、役、调制，都立于隋制基点（《隋书》食货志：纪元583年隋文帝开皇三年令，调由北周制度的绢、拖，一匹〔=四丈〕减半为二丈，或麻布一端〔=五丈〕减半为二丈五尺，岁役由三十日改二十日，炀帝再减田租三石为二石），特色系在力役方面的"庸"。"庸"字与"佣"字意义相通，隋制丁男"每岁为二十日役"（《隋书》食货志）虽同系唐制基本，但武德七年令制定均田制的同时，租庸调制公布，已明示了新精神，《唐书》食货志上说明："凡丁岁役二旬，若不役，则收其佣，每日（绢）三尺（《唐六典》户部郎中条："凡丁岁役二旬"句加注："有闰之年加二日"，"无事则收其庸每日三尺"句亦加注："布（指麻布）加五分之一"；《通典》食货六赋税下大唐条："诸丁匠不役者收庸，无绢之乡拖，布三尺"，原注："绢、拖，各三尺，布则三尺七寸五分〔按，即加四分之一〕"应是开元七年令与开元二十五年令的差异）。有事而加役者，旬有五日免其调，三旬则租、调俱免，通正役并不过五十日"。现物征收，则显然基于排除物价因素的理由。制度全貌的大概见下页图表。

租庸调制之下，每一农户受田非限丁男而课役仅出诸丁男，比较汉朝制度的未成年者也纳人头税，妇女也须提供劳动力役，以及劳役时间缩短三分之一（汉朝力役每岁一月），可谓甚轻。但关于田租，不计亩制与物价变异，以及农业技术与农具的改良进步等复杂因素，每一顷二石（＝每亩二升）却较汉朝每亩十五税一的单位计准比例为高（虽视大分裂期的沉重负担已降低）。抑且，须加注意，唐朝税目，法制规定便非三而系四项，《唐六典》户部郎中条明记："凡赋役之制有四，一曰租，二曰调，三曰役，四曰杂徭"，只是，前三项以租庸调制概括，第四项则不包含入内。所谓"杂徭"，系与正役"庸"对应的地方性义务劳动，从事当地土木工事，更番服役官厅，或备临时征发时提供各项劳力，义务人也已不限丁男，而扩大到年十八岁以上的中男。

一般农户 （受田者中惟以丁男为义务人）	租　粟　二石 调　绫、绢、绝各二丈、绵三两（或布〔麻布，加五分之一〕、麻三斤） 庸　二十日役 一日＝绢三尺	夷、獠之户减半	水旱虫霜为灾之年：十分损四以上免租 损六以上免调 损七以上课役俱免
岭南诸州税米，上户一石二斗，次户八斗，下户六斗			
番胡内附者，上户每丁税钱十文，次户五文、下户免（两年后上户每丁输羊二头，次户一头，下户每三户合输一头）			

资料来源：《唐书》食货志上

对丁男、中男的课役以外，尚存在以户为对象，对课丁而言，性质上已是重复课税的两项重要税目：

其一，户税，系于租庸调之外，再应各户贫富等差所课征之税。区分民户等级之法原非自唐朝创始，北魏已依输租立贫富三等九品之制，北齐也有九等民户富者税钱而贫者力役的立法，至唐初，武德三年先分三等，九年（纪元626年）续按资产详分天下之户为九等（四等以上为上户，七等以上为次户，以下为下户，三年一普查校正）。所以，唐朝开始实行户税的年代虽不明，便在唐初则可推定，最初似也曾一度中止，因而《通典》食货六赋税下大唐条又有"武太后长安元年（纪元701年）十月，诏天下诸州，王公以下，宜准往例税户"之言。租庸调制以土地均分为前提，但狭乡、宽乡之别，以及土地肥瘠不同，对一律基准的公平课税原则不可避免存在矛盾，另依贫富等差课征户税，所以不失为补救之道。也惟其户税征收系自"贫""富"社会问题观点着眼，因之课征对象不限受田的农户，工商业者等凡登录户籍的概须负担，以及征收以钱。其准则："上上户（每年）四千（钱），每等减五百，至下中七百，下下户至于五百"（《通典》食货六赋税下大唐条原注）。

其二，地税，指于常平仓以外，出诸赋课所得，贮蓄当地的义仓米。"地税"非法制上名称，而系依其"据地取税"课征方法的用语，且早自隋文帝开皇五年（纪元585年），"劝课当社共立义仓"，开皇十六年又定收获之日，原随所得作不定数额捐输的，"诏社仓准上、中、下三等税"，改为固定每年上户纳谷一石，中户七斗，下户四斗（见《隋书》食货志）。唐初再改按亩计准，如《通典》食货六赋税下大唐条说明："王公以下垦田

（指实际已耕种的土地），亩纳二升，其粟、麦、稻之属，各依土地，贮之州县，以备凶年"①。歉收时减收标准是：六分作的田地半免，三分作全免，无田土的商贾地税依户等，自上上户五石至下中户五斗，分等差附纳，下下户全免。

国家财政基础稳定与其圆滑运转，财源确保，便都由此坚实把握。《通典》食货六赋税下大唐条，设定于下列数字的基础上，所编定唐朝盛世终末期玄宗天宝七载至十四载（纪元748—755年）每岁国库收入的概算，是份重要资料：

——此六七年期间，天下计帐户约八百九十余万。

——课丁八百二十余万，其庸、调、租等，约出丝绵郡县计三百七十余万丁，约出布郡县计四百五十余万丁（内又江南郡县百九十余万丁、江北郡县二百六十余万丁）。

（同书食货七历代盛衰户口大唐条的详细户口数字，天宝十四载管户总八百九十一万四千七百九〔原注：应不课户三百五十六万五千五百一，应课户五百三十四万九千二百八十〕。管口总五千二百九十一万九千三百九〔原注：不课口四千四百七十万九百八十八，课口八百二十万八千三百二十一〕。）

（又，"中丁"大唐条解释：户内有课口者为课户，无课口者为不课户。天宝三载十二月制：自今以后，二十三以上成丁。）

（同书食货二田制下记录：天宝中，应受田一千四百三十万三千八百六十二顷十三亩。）

——原注（户税）：大约高等少下等多，今一例以八等以下

---

① 铃木俊的考定，地税须中宗以后才列为正式税目，户税则系高宗时代创始，见诚文堂新光社版《世界史大系》3. 东亚Ⅰ，第239页。

户计之。其八等户所税四百五十二（钱），九等户则二百二十二（钱），今通以二百五十（钱）为率。

——原注（地税），西汉每户所垦田，不过七十亩，今亦准此约计数。

全编户 890万 { （户税）250钱×890万=222,500万钱（2,225万贯）
（地税）2升×70（亩）×890万=124,600万升（1,246万石）

全课丁 820万人 {
370万人 {
庸调 { （绢）2匹（=8丈*）×370万=740万匹
（绵）0.5屯（=3两）×370万=185万屯
租（粟）2石×370=740万石
450万人 {
庸调（布）2.3端（二端一丈二尺=115尺**）×450万=1,035万端
租 { 南方190万人（折纳布）3端***×190万=570万端
北方260万人（粟）2石×260万=520万石

* 内庸的部分3尺×20（日）=60尺（6丈），调的部分2丈，庸调合计8丈（=2匹）

** 内75尺（3.75尺×20〔日〕）为庸，40尺（绢折布25尺，另加麻三斤=粟3斗=布15尺计算）为调

*** 原注：以八等以下户计，八等折租每丁三端一丈九，九等二端二丈，通以三端为准

以上每年国家租、税、庸、调四大项的总收入为：钱、粟、绢、绵、布约五千二百二十余万端、匹、屯、贯、石。

岁出的支用分配方面：

二、五〇〇万粟（石）	三〇〇万，折充绢、布，添入西（长安）东（洛阳）两京国库 三〇〇万，碾成米豆，供宫廷与诸官衙膳食，储京库。 四〇〇万，在江淮碾米后转入京，充官录用。	中央一、〇〇〇万石
	五〇〇万，①留当州充官禄②供运粮费用。 一、〇〇〇万，①供应诸道军粮②储备当州仓。	地方一、五〇〇万石
布、绢、绵二、七〇〇万（端、屯、匹）	一、三〇〇万，添入西京国库。 一〇〇万，添入东京国库。	中央一、四〇〇万端屯匹
	一、三〇〇万，①供应诸道兵赐②充地方公用与邮驿等费用。	地方一、三〇〇万端屯匹
二〇〇万钱（贯）	二〇〇万，均充地方公用。	地方

唐朝盛世财政收支实况，由此可以获得概约印象。

府兵制是隋唐纳入了新外衣的秦汉征兵制复活，基盘便立于均田法健全的经济力与动员力之上，中国兵役史上著名的兵农合一征兵制度。北朝西魏创始时，于关中诸州设数字统称"百府"的多处仪同府，适用均田法而选拔农民中壮丁，免除其租调，于农隙集中交替接受训练，平时在乡耕种，有事征发出征。仪同府因之别称"军府"，其长由中央直接任命，直属中央，不受州的长官刺史干涉，此类兵役制度因之被称府兵制。西魏蜕化北周，合并北齐统一北方，已得府兵制臂助，隋朝继承北周而灭亡南方陈朝，统一中国，又便以府兵制为原动力，抑且愈严密其制度化，《新唐书》兵志所谓："府兵之制，起自西魏后周，而备于隋。唐兴，因之"。其时特色，除了已中国南、北全域推行的军府于炀帝时代正名鹰扬府，而分别统属到中央的十二卫，自大将军以下确立中国最早的独立武官系统，上柱国、柱国等名号转变建立酬庸勋劳的荣誉衔，脱离实职而谓之"勋"的官位系统。更重要的，是西魏-北周府兵制前期形态，兵源尚系自农民中募集选拔，隋制已是名副其实的征兵制，以均田制下每户三丁抽一的原则担当国家义务。

唐朝府兵制度的形式与内容愈加整备，全国置约六五〇处贞观时正名的折冲府，而分隶京师十二卫、六率府的军府（军府数字诸说有异，《文献通考》兵考三兵制章氏曰所列举：唐志谓六百三十四，会要谓六百三十三，陆贽奏议谓太宗置府八百，杜牧之言则五百七十四，《通考》正文依唐志《《新唐书》兵志》），担当府兵征发、动员、编练等任务。重心布列在京畿地区，以西、东两都长安与洛阳为中核，由此分向东北与西北伸展成半月形的狭长地带集中，而非全国各地域均等配置。制度的营运，系每户二十岁至五十九岁役龄男子，所谓丁男中以三丁抽一的比例，隶属折冲府受兵士必需的军事训练。家境富裕、家庭人丁非单薄而个人身体又强壮为选择原则而征发，免其租庸调。

唐朝府兵制的健全展开，丁男三十九年兵役期间，每年冬季农闲期，向所隶属的折冲府报到集合，分骑兵、步兵、弩手、角手等四兵种，分别接受战斗技术的训练，便是所谓"府兵"，国家的常备兵。每一折冲府的兵数约八百至一千人，全国常备军兵员最盛期维持六十万人左右。府兵在役期间，依三时耕种，一时讲武的原则，平时仍如一般农民在乡里从事耕作，惟冬季农隙学习战斗。主要任务，其一"番上"，分组分番交代，赴京师任禁军，按折冲府隶属系统各别在十二卫（左右卫、大右骁卫、左为武卫、右为威卫、左右领军卫、左右金吾卫）与皇太子六率府

（左右卫率府、左右司御率府、左右清道率府）服役一个月，担当天子、东宫的宿卫、仪仗与京师警备之事，充禁军者名"卫士"，卫士总数通常在八万人以下。其二"边戍"，派遣至国境线充防卫军，府兵在役三十九年期间，每人必须轮派一次，服役期三年，充之者名"防人"，防人之数推定大略七、八万人。唐朝边境地方，基于国境警备的目的，散置二百余"镇"与三百余"戍"（各区别三等，上镇二十，各领防人五百人，中镇九十，各领三百人；上戍十一，各领防人五十人，中戍八十六，各领三十人。所领不足中镇、中戍之数者均下镇、下戍）。镇将、戍主便由率领防人前往服役的折冲府军官充当，受镇戍所在地都督府统辖，随防人而三年交待。其三"征行"，遇内乱或外征发生，各地折冲府留充地方兵备的府兵，随时奉兵部命令紧急召集，编组战斗部队，归中央差遣任命的将军（行军总管）指挥，事毕解散，将军返朝，兵士还乡。

府兵制下兵役丁男于在役年限内，对折冲府所配给乘用、驮用的军马负有饲养与管理责任。武器、军装、粮食等所有军队生活所必要的一切装备与用品又均须自办，平时贮藏府库，临事取给。府兵由官方供给食粮的场合，惟限征行从军，边戍中以及番上、边戍往返乡里之时。所以，府兵制立法，避免兵农分离时国家的沉重经济负担，与中央确保兵权，乃一体两面的制度特色。节减了国家军事费用的支出，又依之获得多数良兵，发展国防体系为中央—地方—边境整体结合的有机体，《新唐书》兵志所说："府兵之置，居无事时耕于野，其番上者，宿卫京师而已。若四方有事，则命将以出，事解辄罢，兵散于府，将归于朝。故士不失业，而将帅无握兵之重"，正是其精神所寄（制度的形式与内容,参阅《新唐书》兵志、《通典》职官十"武官"上、又"武官"下折冲府项、《唐会要》卷七一"十二卫"、"东宫诸卫"、卷七二"府兵"、《文献通考》兵考三兵制)。

　　隋唐统一政治实现,也象征强力中央集权统御力的回复。大分裂期以汉末监察区"州"向大行政区转化为起点,地方势力汹涌高涨,与同时急速抬头的豪族势力相结合,而军阀割据形态通魏晋南北朝强固隐在。相对,却又于权位争夺内在矛盾中,大单位"州"愈被分解愈细,南北朝末期,无论南方或北方,"州"的数字均已猛升到对其下级单位"郡"呈现二与五的比例,迹近成为重叠架构,州—郡—县三级地方制度的维持显已勉强。隋文帝开皇三年(纪元583年),因而断然撤废介在中间层"郡"的设置,以州直接辖县,二级制行政系统重建(炀帝虽改州为郡,两级制精神仍旧,至唐高祖武德元年再回复改郡为州,以后八世纪玄宗天宝时又一度改"州"为"郡",但终仍复旧)。炀帝续仿汉朝成立地方行政分部巡察制度,唐朝代兴,太宗贞观元年(纪元627年)而于隋炀帝基础上正式分立关内、陇右、河东、河北、河南、山南、剑南、淮南、江南、岭南等十道(随宜差遣的"使"职,玄宗开元二十一年,纪元733年,析置关内、京畿、陇右、河东、河北、河南、都畿、山南东、山南西、剑南、淮南、江南东、江南西、黔中、岭南等《唐六典》户部卷有河西而无黔中〉十五道),汉朝基准全行回复,监察区"道"等于汉朝的"州",行政区"州"替代了汉朝的"郡",州县两级行政单位的长官则沿汉朝称谓仍为"刺史"与"令"。与州同等级而提高长官地位的,一是都城所在的"府"(京兆=京师或西京、西都,河南=东京、东都,以及唐朝发祥地晋阳的太原,长官均称尹,亲王遥领时则"牧");二是冲要之地的"都督府"(长官称都督),全国总三百六十州府,一千五百五十七县(贞观十四年平高昌时之数。开元二十八年统计则州府二百二十八,县千五百七十三。均见《唐书》地理志序)。如上变化的堪重视处——

其一,具有一千年历史,与"县"同系中国大领土国家发展期最早成立的地方区划名词"郡",从此自政治制度史消灭。

其二,大分裂期"州"的数字膨胀结果,至唐朝完成取代"郡"的位置阶段,较汉朝原百数郡国已扩充到三倍之谱。换言之,面积约略相等的直辖领土上,唐朝"州"的区域范围,一般落到汉朝"郡"的三分之一标准。

其三,郡制初创,尚残存封建制度遗意,长官自由任命属吏,秦汉大统一时代仍保留此传统。而便自隋唐再统一中国,面貌全已变换,地方长官不再保有僚属任命权。《通典》选举二历代制中隋条的记录:"当时(隋文帝时)之制,(吏部)尚书举其大者,侍郎铨其小者,则六品以下官吏,咸吏部所掌,自是海内一命以上之官,州郡无复辟署矣"。原注:"自后魏末北齐以来,州郡僚佐已多为吏部所授,至隋,一切归在省司";同书职官五尚书下吏部:"大唐至贞观以前,尚书掌五品选事,至景龙中,尚书掌七品以上选,侍郎掌八品以下选。至景云元年(纪元710年),宋璟为尚书始通其选而分掌之,因为常例"。

地方一级单位辖区缩小,而人事权又一概收归中央,隋唐中央集权制较秦汉政治愈加强固,为可了解。于今日,唐朝官制与律令制度,以后历史上东亚各国的国家体制统一蓝本,而与均田法共同形成东洋史学者研究上的共同课题。如下乃是文献中有关隋唐中央政府架构的基础了解:

——《隋书》百官志序："汉高祖除暴宁乱，轻刑约法，而职官之制因于嬴氏。光武中兴，聿遵前绪，唯废丞相与御史大夫，而以三司综理众务。洎于叔世，事归台阁，论道之官，备员而已。魏晋继及，大抵略同；爰及宋齐，亦无改作。梁武受终，多循齐旧，然而定诸卿之位，各配四时，置戎秩之官，百有余号。陈氏继梁，不失旧物。高齐创业，亦遵后魏，台省位号，与江左相殊。有周创据关右，日不暇给，洎乎克清江汉，爰议宪章。酌丰镐之遗文，置六官以综务，详其典制，有可称焉。高祖（文帝）践极，百度伊始，复废周官，还依汉魏。唯以中书为内史，侍中为纳言，自余庶僚，颇有损益。炀帝嗣位，意存稽古，建官分职，率由旧章。大业三年，始行新令。于时三川定鼎，万国朝宗，衣冠文物，足为壮观。既而以人从欲，待下若仇，号令日改，官名月易。寻而南征不复，朝廷播迁，图籍注记，多从散逸，今之存录者，不能详备焉"（同书百官志下："高祖既受命，改周之六官，其所制名，多依前代之法。置三师、三公，及尚书、门下、内史、秘书、内侍等（五）省，御史、都水等（二）台，太常、光禄、卫尉、宗正、太仆、大理、鸿胪、司农、太府、国子、将作等（十一）寺，左右卫、左右武卫、左右武侯、左右领、左右监门、左右领军等（十二）府，分司统职焉"。《通典》职官七诸卿上总论诸卿原注，又有"故隋氏复废（北周）六官，多依北齐之制"的补充说明）。

——《新唐书》百官志序：唐之官制，其名号禄秩，虽因时增损，而大抵皆沿隋。故其官司之别，曰省、台、寺、监、卫、府。

可知完备而焕然一新的政治制度出现，唐朝是以隋制为基盘，隋朝又非立脚于否定古制之上，而系整理已紊乱古制的成绩。所以，唐之于汉，一台＝御史大夫，九寺＝九卿，五监＝列卿，独特精神的发扬乃在中枢的核心结构。独任制的丞相固然已成历史名词，分散丞相权力的三公，也追随帝王"训导之官"的三师，无力化而被架空为"论道之官"。汉朝时代皇帝侧近之臣，秘书意味的尚书令与中书令（两者于汉朝乃二而一的士人与宦者之别，魏晋尚书省独立为国家机构，中书令乃变换身份为士人，"中书"也接替了原"尚书"的位置），以及侍从意味的侍中，大分裂期先后步出宫廷，接收三公职权，至唐朝而新的政治支配中心三省六部确立。调整后政府机能运行（《通典》职官）如次页表。

三省中最为后起的门下省权力，也最值得重视，赋有否决皇帝命令的特权，以防止皇帝独裁，掣肘皇帝专制意志为特定机能。门下省组织与中书省相对应，以及各各的基础成员给事中与中书舍人名词，都非隋朝或其以前成立，而系唐朝之事，也是唐朝中枢政治开明精神所寄。《通典》职官三（宰相）侍中、给事中条明言隋炀帝始置给事郎，其职"省读奏案"，而唐朝给事中"读署奏抄，驳正违失"，则复议之制固已自隋朝开创，以复议而否决诏命，退回中书省或予以纠正的"封驳"之权断行，则始自唐朝。中书省立法出命，门下省审议与行使同意权，尚书省受命执行，三省连锁关系与三机关的分权精神，因之是唐朝较隋朝青出于蓝，独特的制度实践，此其一。其二，三省以均系发命机关而首长同被承认为唐朝宰相，然而，最大的权限非与最高的官位相当，抑且，续向制度上所规定官位、职权非与宰相名位相一致的方向调整，以收随时进退，参与决策，而毋须随时变换其职位的弹性之效（参阅下页附表），又系唐朝官制一大特色。贞观年间，已开加给他官"同中书门下三品"衔而参与政事堂（门下中书两省合议场所，玄宗时代以来直接改称"中书门下"）议政之例，宰相非限三省长官，扩大合议制精神。自后"参预朝政""参知政事"等都是同性质衔名，且渐渐颠倒为带其衔才是宰相，侍中、中书令不能例外，否则已非宰相，玄宗开元年间，宰相衔名续向"同中书门下平章事"（简称"同平章事"）固定化与划一化。而浮动式宰相的选任，因之也铸定了唐朝政治制度另一特征。

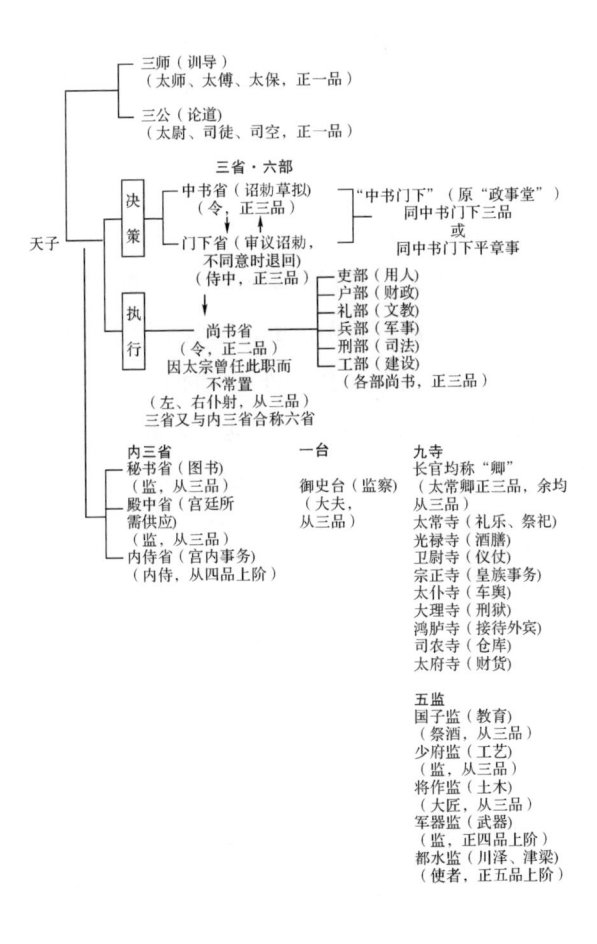

```
             ┌─ 三师（训导）
             │   （太师、太傅、太保，正一品）
             ├─ 三公（论道）
             │   （太尉、司徒、司空，正一品）
             │         三省·六部
             │   ┌─ 中书省（诏敕草拟）──┐ "中书门下"（原"政事堂"）
             │   │   （令，正三品）     │  同中书门下三品
             │ 决├─ 门下省（审议诏敕，   ├─         或
 天子────────┤ 策    不同意时退回）    │  同中书门下平章事
             │       （侍中，正三品）
             │                        ┌─ 吏部（用人）
             │                        ├─ 户部（财政）
             │ 执                     ├─ 礼部（文教）
             │ 行├─ 尚书省             ├─ 兵部（军事）
             │      （令，正二品）      ├─ 刑部（司法）
             │      因太宗曾任此职而    └─ 工部（建设）
             │      不常置                （各部尚书，正三品）
             │      （左、右仆射，从三品）
             │      三省又与内三省合称六省

  内三省                  一台              九寺
  秘书省（图书）          御史台（监察）    长官均称"卿"
  （监，从三品）          （大夫，          （太常卿正三品，余均
  殿中省（宫廷所          从三品）           从三品）
  需供应）                                  太常寺（礼乐、祭祀）
  （监，从三品）                            光禄寺（酒膳）
  内侍省（宫内事务）                        卫尉寺（仪仗）
  （内侍，从四品上阶）                      宗正寺（皇族事务）
                                            太仆寺（车舆）
                                            大理寺（刑狱）
                                            鸿胪寺（接待外宾）
                                            司农寺（仓库）
                                            太府寺（财货）

                                            五监
                                            国子监（教育）
                                            （祭酒，从三品）
                                            少府监（工艺）
                                            （监，从三品）
                                            将作监（土木）
                                            （大匠，从三品）
                                            军器监（武器）
                                            （监，正四品上阶）
                                            都水监（川泽、津梁）
                                            （使者，正五品上阶）
```

"封建"制度又是唐朝政治独特精神所在。受封基本原则固如同前代,惟帝王自族的皇室与功臣具有资格,各各依血缘亲疏或功业大小,分王(国王、亲王)、郡王、国公、郡县开国公、侯、伯、子、男等九等爵位授与(九等爵制蹈袭隋朝,修正处系第四等郡公以下均加"开国"字样。玄宗以前,臣下且限第三等国公以下,其后衰运期加至郡王)。但列爵而不分土,均居京师,且不附随食邑,必须指定特定地域内特定数的课户为封户,所谓"实封",才拨此等封户所纳租税(租调)为收益,否则除官人永业田外,别无直接来自爵位的所得,诸王于法制具有府、国官属,实质因无实土而徒拥虚名。《通典》职官十三历代王侯封爵项大唐条:"……并无官土,其加实封者则食其封分。原注:自武德至天宝实封者百余家";《唐会要》卷四七封建杂录下引刘秩《政典》:"设爵无土,署官不职……今封建子弟,有其名号,而无其国邑。空树官僚,而无莅事,聚居京辇,食租衣税"。可以了解,除了附着"世袭"特质外(实际也多仅传一代之例),"爵"已与法制上代表个人荣誉的"勋"无多差异,也相与同入品秩之列,自亲王正一品、嗣王(亲王次代)、郡王、国公从一品,以迄开国男的从五品上阶。所以均田制中,亲王以下与品官所享特典同称"官人永业田",大统一国家中央集权制精神,愈已进一步发扬。

与官制密接,官吏登用制度同以统一政治的实现而注入新精神。魏晋南北朝习用的九品中正法,于隋朝统一朝代出现,隋文帝才能本位的人才登用方针下,决定性扬弃。《文献通考》选举考一举士项魏文帝条原注所称:"而九品及中正,至开皇中方罢",替代的新制度,便是同书同考隋文帝条"开皇七年制各州岁贡三人"以及《隋书》文帝纪开皇十八年条"诏京官五品以上、总管、刺史，以志行修谨、清平干济二科举人"，前者所谓"乡贡"，后者所谓"制举"。均须通过考试后始得登用，只是其时每年例行乡贡的科目不明，仅知"秀才"之科文帝时最早设定，炀帝又增"进士"科，并创应试者自动报名之例。从此，依固定各类别（所谓"科目"）按时考试选拔人才（所谓"举人"）的"常科举人"，与所谓"天子自诏"，按皇帝自订特定科目，也不定期举行的"制举"相对。合称则是"贡举"，也以均按科目而举士，所以称之"科举"。惟其如此，"科举"名词产生固须俟制度完成期的唐朝，但制度的创始者则是隋文帝，其萌芽虽无确切年代记载，推定便是上引开皇七年（纪元587年）的制令发布。自是历唐朝而至宋朝进入最盛期，清朝末年才行废止，科举制历史前后延长一千三百多年。同时，区别官位高低以"品"，由来固自九品中正制度，政府依州郡中正官所物色各该担当区域内人物的评价，自上至下分九等级的九"品"序列而登用，各各给付品级相对应的官位，中正官的推荐谓之"乡品"，政府所授官位等级谓之"官品"。隋朝废止九品中正制，乡品陪伴无由依存而消灭，九品的官品却继续保留。自"九"逆数至"一"为最高位，每品又区分"正""从"的计准法，同样于隋朝仍被适用，但隋、唐正四品以下再细分上、下阶，九品共三十阶。

唐朝予隋朝科举考试制度以再推进，一方面衔接学校教育，中央与州县各学校毕业生，所谓"生徒"，均得获保送与自动报名（谓之"怀牒自投"）经县、州两级试验通过而送京师的"乡贡"，共同参加每年"常科举人"的分科考试，加"制举"已系三途并行。另一方面，常科的科目大为增多而充实，明法、明字、明算等专门科目外，一般性科目以秀才科考试内容最单纯，仅试方略策（政策论文）五道，却是录取也最难；明经科考试分三场，先帖经（经文填充式记忆默写），通过后口试经义，再通过后策问（时务策，时事论文）；进士科较具柔性，虽在方式上同样分三场进行，也仍以时务策五道为主，以及帖经，但已加试杂文两首，录取又以文词为重，开元以来杂文且指定试诗、赋，所以最受欢迎，产生人才也最多，而形成唐朝士人进身最广阔的大道。但科题合格登榜的所谓"及第"或"登科"，尚只官吏录用第一阶段的资格考试意味，由礼部主持，须续通过另由吏部所主持第二阶段的录用考试，依身（容貌）、言（言词）、书（书法）、判（公文书拟定）四项标准合格，才正式登用为基层官员。高宗总章元年（纪元668年），此项铨注法定案。武后"周朝"时代，试验制且又适用到武官方面，而有武举诸科目的登场。

所以，科举尽管于今日被诟病，但必须辨明，应限定在科举考试内容已僵化的八股取士末期症状阶段。在于唐朝，抑或其先行朝代隋朝，科举分科标准与其考试方式，都无不当。严选科举出身人士，且正是新时代的革命性创意，回复汉朝平民社会的政治开放性有力一环节。二十世纪初清朝以采用西洋学校制而科举制遭遇废止命运，逆方向十九世纪欧美却已认识此一方法优点，英国自一八七〇年起适用之于文官制度，美国继于一八八三年以来采用试验制。中国史的科举制，与其没落期约略同时，却倒反流向了国外，诚为不可思议之事。

隋朝上承南北朝而开创统一朝代气运，巩固中央集权政治基础系其前提，也注定与南北朝传统社会势力世族权益相冲突。南朝世族原以"家"的意识高过于"国"，或者说，倒反而不屑觊觑帝位为特征,北朝长久立于胡汉联合政权下的世族则否,而终勃发末期突变,隋朝系南北朝汉人世族第一次也是惟一次的"化家为国",唐朝蹈袭了同一轨迹。惟其隋唐创业主自身便都是政府必须与之妥协的世族中人,明了相互间矛盾与如何调和矛盾为最妥恰。统一政治遂行,所选择协调方式则是对世族势力的决意抑压。世族以后汉以来豪族的社会根柢,结合经济上大土地所有者,军事上私兵拥有者,以及政治上九品中正法护符所形成门阀的四合一身份,通南北朝铸定为对政府的庞大抗拒力。均田制以赐与官人永业田交换奴隶给田制的取消,已系关闭土地兼并最后之门;隋文帝府兵制全国展开的同时两度严颁禁令:"今率土大同……禁卫九重之余,镇守四方之外,戎旅军器,皆宜停罢;人间甲仗,悉皆除毁"(开皇九年平陈诏);"凡是军人,可悉属州县垦田,籍帐一与民同"(十年诏,均《隋书》高祖纪),私兵保有与民间武器私藏,后汉末以来统一政治弊害的另一面地方兵权,又由国家完成收回。科举制创意而九品中正制架构塌毁,再系对门阀政治优势的无情打击,荫子之制虽然仍是高官特权,意义却已全异,余荫由来凭恃父祖个人,而与族望无关,族望世代保有,个人官位则法律上为浮动,此其一;其二,也以通过科举制,登位高官大道已向平民开放,政治平等的立脚点设定。如上原则,都自隋朝成立,唐朝坚定把持而光大。

历史发展反常附加的世族诸特权,终在历史前进轨道上脱落,剥露剩余的已只世族形成基本,根深蒂固的约七个世纪社会地位,回复到其原型前汉中期以来豪族基准所变貌的门望意识,所谓族望。而唐朝替代隋朝,且也已尝试对此根柢的直接挖掘。代表性大事件,系贞观六年(纪元632年)太宗勅命制作《氏族志》,调查天下名门世家所付与家世等级中,仍然是清河崔氏被推第一,范阳卢氏第二,唐朝国姓陇西李氏仅列第三,震怒的太宗亲加修改,抑压崔氏为第三,与李氏倒易。至次代高宗而续有《姓氏录》的再编定,姓氏排列次第再调整。虽然此一大事的背景,也与唐朝抑或其先行朝代隋朝开国期,包括两朝代各别的创业主杨氏与李氏,所有活跃于其时的权力世族,于五世纪北魏世族固定化形成基盘的社会地位上,都仅系二、三流而非一流世族有关,此从《氏族志》最早的编定可知,也因而招致太宗的赫然斯怒。然而,用政治压力对世族地位重加组合,固不失为大打击,却非绝对有效,尤其关于毁坏名门久已深厚的社会根底。所以,通唐朝一代,崔氏、卢氏等一流名门望族受社会尊敬的事实与社会习惯仍在,其完全没落,须连续经过黄巢之乱与五代军阀动乱的唐末以来大变革期。然而,前后十个世纪左右的豪族—世族—望族盛极而衰,瓦解其最后堡垒的动力,则不得不注视系唐朝正面加诸名门世家压力的强烈意志表现,强力中央集权制国家必需与必然的方针。

中央集权制机能枢轴,律令体制自秦汉整然完备,可惜文献久已散佚,现存最古律文惟只唐律。唐律在中国法制史的位置,程树德《九朝律考》[①]之言:"今之言旧律者,率溯源于唐律。顾唐本于隋(《唐会要》卷三九:武德七年律令成,大略以开皇为准正,凡律五百条)。隋本于北齐,此征之律目之相同可知也……。自晋氏而后,律分南北二支,南朝律至陈并于隋而其祀遽斩,北朝则自魏及唐统系相承,迄于明清,犹守旧制。如流徒

---

① 是书即收集自汉至隋的九个朝代已散佚律文与其他法制史料所加考证。引文见其下册399页后魏律考序。

之列刑名，死罪之分斩绞，及十恶入律，此皆与南朝异者。然则唐宋以来，相沿之律，皆属北系"。欧洲非至近代不能确立的刑法罪行法定主义，中国唐朝以前早已发达①。隋朝开皇律（开皇元年，纪元581年高颎主稿修正，三年，续在苏威主持下删简）的愈见进步处，系废止从来的肉刑，北齐尚施行的宫刑，以及鞭刑与更残酷的枭首、裂之法，均由开皇律而确定灭绝，划一适用笞、杖、徒、流、死五等别，而为以后朝代蹈袭。律、令、格、式的体系化，也自隋朝成立，唐朝受继而充实。"律"系罪刑规定或今日的刑法，"令"则行政法规，两者乃国家法律骨干，对律、令的改订、补充、追加等变更规定谓"格"，律、令的施行细则又称"式"，合而为法规的整体。其中律的部分，高祖初年已准隋律颁布新律、贞观十一年（纪元637年），房玄龄等奉诏基于隋制续加损益补正，以后再经永徽律，开元律等改正。研究中国法制史必读书《唐律疏议》三〇卷（见下表），便是律的官撰注释书（高宗永徽四年与纪元653年撰定，玄宗开元二五年与纪元737年续加完成），为今日了解唐朝律法最主要的依凭。

《唐律疏议》内容

篇目	卷序	要义
名例律	一至六	五刑、十恶、八议，及官当自首、数罪并发等
卫禁律	七至八	宫门禁卫、关津往来等
职制律	九至一一	官吏违制、贪赃枉法等
户婚律	一二至一四	户赋徭役、田地买卖、嫁娶违制等

---

① 社会思想社《教养人的东洋史》（上），第121页。

续表

厩库律	一五	出纳不实等
擅兴律	一六	征调专擅等
贼盗律	一七至二〇	谋反大逆、谋杀期亲、恐吓盗劫等
斗讼律	二一至二四	斗杀殴詈，掠诱诬告等
诈伪律	二五	诈取、诈冒等
离律	二六至二七	国忌作乐、负债不偿等
捕亡律	二八	拒捕、亡匿等
断狱律	二九至三〇	囚禁决罪失法等

著名的《唐六典》又是令文（开元七年令）的结果。唐朝开元以前律令格式的历次编纂：

武德律令式	武德七年（624）
贞观律令格式	贞观一一年（637）
永徽律令格式	永徽二年（651）
永徽律疏	永徽四年（653）
麟德令格式	麟德二年（665）
仪凤令格式	仪凤二年（677）
垂拱律令格式	垂拱元年（685）
神龙律令格式	神龙元年（705）
太极格	太极元年（712）
开元三年令格式	开元三年（715）
开元七年律令格式	开元七年（719）
开元二五年律令格式及律疏	开元二五年（737）

据人物往来社版《东洋历史》5.隋唐世界帝国 143 页统计。

自隋以至唐朝中期，法制、官制的完备，正是时代特色，所有经公布律、命、格、式的法律支柱，均田法→土地制度、府兵制→军事组织、租庸调制→租税体系、里村与邻保→村落结构（详次节），通过此四方式组合而把握全人民，也建筑唐朝三省六部制政治权力集中化的基盘。从国家中枢无远勿届伸展全国任何偏僻土地上，适用同一法律，执行同一基准的行政设施，而中央集权的统一政治效率充分发挥。所以，律令精神与其影响力的向公法一面发达，较之西方罗马法的浓厚私法色调，全然异趣，此其一。其二，也惟其律令法制诸支柱系如齿轮的连锁运用，其一故障，全机构机能立将面临阻塞的危险，又系不可忽视，而隆盛的唐朝国运自中期以后倾斜，原因正便由此。

社会关系与均田法施行实况

汉族中国历史层面堆积到隋唐，时代性格的区分，已系中世。特别关于唐朝，中国古代社会经过三至六世纪剧烈颠簸的过渡期，完全转移完成，挺拔出现新的，也是健康的中世社会明朗面貌。然后，九世纪以来再一度迎接过渡期，而中国登向近代社会的大道。

中国文明展开以来，中国社会基本组织固定在家族制度，本质从来不变，有关家族生活的一切规范，因之也便是中国社会规范的根柢。导源于宗法的宗祧继嗣思想，尊重家系，辨别嫡庶，以祖先为中心而相团结的习惯法，唐朝且已由"礼"的范畴反映到法律。倒反而言，七世纪唐朝安定秩序布展，律令法的家族制度，已系再统一的新中国与中国中世社会的基盘建筑。

唐朝亲属法基准的五等丧服亲分类法，依斩衰、齐衰、大功、小功、缌麻等五种丧服与各别的三年、一年、九月、五月、三月服丧期间（如父母之丧斩衰三年，祖父母、伯叔父母齐衰一年，以迄同高祖的三从兄弟缌麻三月，详见以贞观礼、显庆礼为蓝本，开元二十年〈纪元732年〉更定的《大唐开元礼》卷百三十三五服制度条），以别亲疏，与供为亲属关系的标准。此项家族制自是由以后的朝代蹈袭，明律、清律中仍适用相同的五服图。

五等丧服亲的限界，上自高祖父母而下及玄孙的直系亲属之外，也包拥迄于三从兄弟的旁系亲，所以范围颇广，但根本构成仍是血族亲。丧服制从己身通过四世而"服之穷也"，如下图所示，五世以外已系所谓无服亲属。

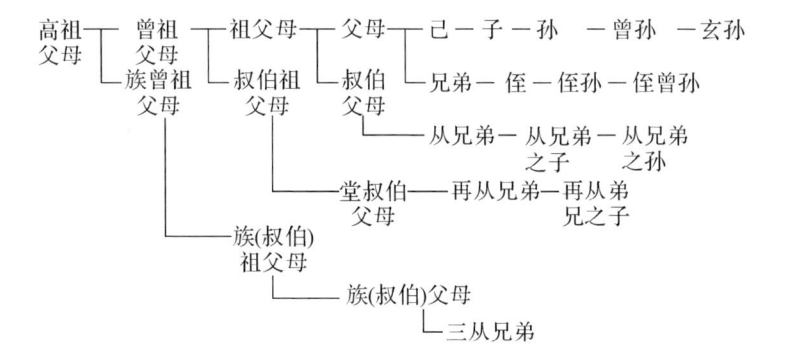

```
高祖─┬─曾祖──┬─祖父母──┬─父母──┬─己─子─孙─曾孙─玄孙
父母 │ 父母  │         │       │
     │       │ 叔伯祖  │ 叔伯  ├─兄弟─侄─侄孙─侄曾孙
     │       │ 父母    │ 父母  │
     │       │         │       ├─从兄弟─从兄弟─从兄弟
     │       │         │       │        之子    之孙
     │       │         │       │
     │       │         └─堂叔伯──再从兄弟─再从
     │       │           父母            兄之子
     │       │
     │       └─族(叔伯)
     │         祖父母  └─族(叔伯)父母
     │                  └─三从兄弟
```

家族组织与其维系力量伦常意识的注入唐律，刑法总则意味的名例律"十恶"之条，罪在不赦，不在八议之科的，依序列有4.谋恶逆（殴及谋杀祖父母、父母、夫之祖父母、父母，与杀伯叔父母、姑兄姊、外祖父母及夫）；7.不孝（告言诅骂祖父母、父母、夫之祖父母、父母，及祖父母；父母在，别籍异财者，若奉养有缺；居父母丧，身自嫁娶，若作乐，释服从吉；闻祖父母丧，匿不举哀；或诈称祖父母、父母死亡）；8. 不睦（谋杀及卖缌麻以上亲；殴告夫及大功以上尊长、小功尊属）；10. 内乱（奸小功以上亲、父祖妾，及与和者）等四条，并与九不义（其一：闻夫丧匿不举哀，若作乐、释服从吉及改嫁）有关，比重己与关系君、国的 1. 谋反 2. 谋大逆 3. 谋叛 6. 大不敬的四条之数相当，仅余五不道（概指恶性重大）为与君、亲均无涉。

　　唐令，"家"与"户"作同意义使用的场合非少。两者原有其各别的概念，户由一家或联合本支关系的数家组成，性质系供为地方行政管辖对象的单位；家则主宰地位的一家尊长（家长）之下，从属的直系与旁系血族亲并其配偶所构成具同居者关系的总团体，非只同居，也同财（产）、同爨，营共同生活的亲属之谓（唐律，名例律且有"父母在，而子孙别籍异财者，徒三年"的明文）。所以，户主定必是家长，家长非必定是户主，但"家"往往包拥亘于数世的直系、旁系亲属而组织大家属制，大家族制家属成员众多时，一家之内从事实上不能不分房别院而居，起卧各各独立，所以"家"（社会的）与"户"（政治的）从形式上混淆，而法律上名词乃相通用。每一家户拥有人口非少，因之也可以想象。即使唐朝中期以后社会组织已在变貌期间，仍维持"大率一家有养百口者，有养十口者，多少通计，一家不减二十人"（《通典》选举六杂议论下"选举杂议"七条之七语）的状态。

　　家户为底盘的唐朝社会组织，乃基于身份制度而筑成，法制上区分王侯、百官、庶民、贱民等四层次高下有别的身份。四种别中，前两者系特殊的身份集团，共同形成拥有权势的上流社会，被区分的此两身份实质也是二而一，王侯多与百官身份重叠，仅以世袭名位显示其社会最高地位而已，所以王侯、百官，通常便合称"官人"。百官于唐朝所细分类别又有职事官、散官（文、武），以及勋官。勋级十二等代表荣誉，职事官与散官均应官品支领丰厚俸禄，开元二十四年（纪元736年）令的标准，自正一品禄米（岁）七百斛，俸料（月）三万二千钱，以至从九品禄米五十二斛，月俸千九百一十七，以及官给供差遣防闲、庶仆等（均平民劳役，"杂徭"项目之一）的劳务者，职事官并以公务支出需要而分配公廨田、职分田（各类收益详数参阅《新唐书》食货志五、《唐会要》卷九〇至九三内外官禄、内外官料钱、内外官职田诸条、《通典》职官十七禄秩、职田公廨诸项）。

包括了王侯与百官的"官人"，以享受刑法与行政法上优遇而形成社会的特权分子。这些优惠与特权，鲜明表现于——

唐律，名例律"八议"宽典，1."议亲"（皇家袒免以上亲及太皇太后、皇太后缌麻以上亲、皇后小功以上亲、皇太子妃大功以上亲）7."议贵"（职事官三品以上、散官二品以上及爵一品者），条文固直接为"官人"而立，其余2."议故"（故旧之谓，若从龙辅佐之臣）3."议功"4."议贤"5."议能"6."议勤"8."议宾"（承先代之后为国宾者），也莫不有利于"官人"。抑且，此项恩典非限本人，一定范围内的亲族亦得适用。此其一。

适用荫子制度，所谓"用荫"的特别任用制度。用荫出身，自一品官之子授正七品官等，以迄从五品之子授从八品下官等，三品以上高官且荫及曾孙（五品以上荫孙，孙降子一等，曾孙又降孙一等），均不必经过国家考试合格。此其二。

九等爵与五品以上官员，均受领许可自由处分的官人永业田，自亲王一○○顷、正一品六十顷、郡王与从一品五十顷，以迄县男与从五品五顷，分十一级差。十二等勋官比照受此特典，自上柱国三十顷至云骑尉、武骑尉六十亩，分十级差。此其三。

官人概行免除课税与兵役的义务，而且惠及亲属。《新唐书》食货志一："太皇太后、皇太后、皇后缌麻以上亲、内命妇一品以上亲，郡王及五品以上祖父兄弟、职事、勋官三品以上有封者若县男父子，国子、太学、四门学生、俊士、孝子、顺孙、义夫节妇同籍者，皆免课役。凡主户内有课口者为课户，若老及男废疾、笃疾、寡妻妾、部曲、客女、奴婢及视九品以上官，不课"，可知豁免权虽也扩大到具备特定条件的平民，主体仍是官人，而且是官人的全体。此其四。

唐朝律令，丁分课口与不课口，户分应课户与应不课户。文献所谓"国家之极盛"的户口最繁时代，玄宗天宝十四载（纪元755年，安禄山叛乱爆发之年）的统计，管户总八百九十一万四千七百九，内应不课户三百五十六万五千五百一，应课户五百三十四万九千二百八十；管口总五千二百九十一万九千三百九，内不课口四千四百七十万九百八十八，课口八百二十万八千三百二十一（《通典》食货七历代盛衰户口项），又可了解"不课"于全户口数中比例之高。其应课户对象全指平民，也为不言而喻。

税、役课征所由的平民，所谓庶民或庶人，传统的士、农、工、商身份区分不变，共同构成广大的社会基层。但"士人"自四民中独立，与余三类身份对称"士庶"的社会习惯，也已养成。

身份上良、贱之别，系唐朝社会组织的注目现象，非只完全的不自由民奴隶，且存在不同类别的半自由民，而法律上总称"贱民"。后一形态的贱民虽非奴隶得似牛马货物般买卖，却也同样无居住移转的自由，法律上多加限制，受异于自由民良人的差别待遇。泛称的贱民，依管理与使用者系国家抑私家而区分——

官贱：包括官奴婢与官户、杂户两种头半自由民。

私贱：部曲、客女的半自由民与私奴婢。

官奴婢来源甚广：1. 谋反、谋大逆的犯罪连坐者 2. 盗铸钱币者 3. 外征俘虏 4. 地方贡献 5. 奴生子女等，都是。官户系官奴婢的半解放者，又称番户，更番执役诸司之谓（《唐会要》卷八六奴婢项原注："诸律令格式有言官户者，是番户之总号"，同项"（武后）如意元年四月十七日勅，逆人家奴婢及缘坐等色入官者，不须充尚食、尚药驱使"之条，又说明服役场合原且入宫廷），均田制下得分配口分田的半数四十亩土地。杂户指隶属少府监，以及太常寺的乐人（所谓音声人、乐工），换言之，转变为训练特殊技能的乐户，身份较官户又高一层，承认得与良民通婚，也已获有与良民同额的口分田与永业田。

私奴婢发生原因，则 1. 买卖、典质 2. 契约投靠 3. 赐与的官奴婢 4. 奴生子女等。部曲、客女得与良民婚嫁，但欠缺担当政府公职资格，也如同私奴婢的注记入主家户籍，负对主家终生服从的义务，人格为不完全，来源系投靠或奴婢转变身份。

从如上社会身份的性格，可以明了，形态的上下层次堆积为诚然，阶级架构却难谓固定。平民通过科举制连结官人（颇多著作中所谓贵族阶级）的关系为无论，良、贱之间，樊篱也非严峻，相对还是松懈。《唐会要》卷八六奴婢项的两条记录："（官奴婢）一免为番户，再免为杂户，三免为良人，皆因赦宥所及，则免之。原注：凡免，皆因恩言之，得降一等二等，或直入良人"；"（高宗）显庆二年勅，放还奴婢为良，及部曲、客女者，听之。皆由家长手书，长子已下连署，仍经本属申牒。除附诸官奴婢，年六十以上及废疾者，并免贱"，都是贱民非世代沉沦的指示。南北朝世族门阀，特别是标准型的南朝世族，其与庶姓不通婚、不同席，绝对的隔离，才是阶级构筑，唐朝社会本质已相异趣。

南朝世族早便自坏，北朝系世族的阶级高墙也自隋朝而至唐朝，着手拆除，其手段，端恃强力的政治力剥夺其所附着政治、经济、军事各方面特权，对其根源的社会门望，则顺随一流世族与大门阀，所谓"四姓"的政治权威原自北朝崩坏期先已失坠，隋唐开国结合的都属原二、三流世族的趋向，于唐朝断然续以"功勋""贵戚"的政治准则替代，由国家改评氏族等级高下以加制压。抑且，唐朝开国功臣，亦即所结集世族的籍贯为偏向关中，所以原最大势力的山东世族又便是最主要打击对象。于此，《新唐书》高士廉传是篇值得注目的文献：

> 初，太宗尝以山东士人尚阀阅，后虽衰，子孙犹负世望，嫁娶必多取资，故人谓之卖婚。由是诏高士廉与韦挺、岑文本、令狐德棻，责天下谱谍，参考史传，检正真伪，进忠贤，退悖恶，先宗室，后外戚，退新门，进旧望，右膏梁，左寒畯，合二百九十三姓，千五百六十一家，为九等，号曰《氏族志》，而崔干仍居第一。帝曰：我于崔、卢、李、郑（即"四姓"）无嫌，顾其世衰，不复冠冕，犹恃旧地以取资，不肖子偃然自高，贩鬻松槚，不解人间何为贵之。齐

据河北,梁、陈在江南,虽有人物,偏方下国,无可贵者,故以崔、卢、王、谢为重。今谋士劳臣以忠孝学艺从我定天下者,何容纳货旧门,向声背实,买婚为荣耶?太上有立德,其次有立功,其次有立言,其次有爵为公卿大夫,世世不绝,此谓之门户。今皆反是,岂不惑耶?朕以今日冠冕为等级高下。遂以崔干为第三姓,班其书天下。高宗时,许敬宗以不叙武后世,又李义府耻其家无名,更以孔志约等十二人刊定之,裁广类例,合二百三十五姓,二千二百八十七家,帝自叙所以然。以四后姓、酅公(隋之后)、介公(北周之后),及三公、太子三师、开府仪同三司、尚书仆射为第一姓,文武二品及知政事三品为第二姓,各以品位高下叙之,凡九等,取身及昆弟子孙,余属不入,改为《姓氏录》。当时军功入五品者,皆升谱限,缙绅耻焉,目为勋格。义府奏悉索《氏族志》烧之。又诏后魏陇西李宝、太原王琼、荥阳郑温、范阳卢子迁、卢浑、卢辅,清河崔宗伯、崔元孙,前燕博陵崔懿,晋赵郡李楷,凡七姓十家,不得自为婚。先是,后魏太和中,定四海望族,以宝等为冠,其后矜尚门地,故《氏族志》一切降之。王妃、主婿皆取当世勋贵名臣家,未尝尚山东旧族。后房玄龄、魏徵、李勣复与婚,故望不减。然每姓第其房望,虽一姓中,高下悬隔。李义府为子求婚不得,始奏禁焉。其后天下衰宗落谱,昭穆所不齿者,皆称禁婚家,益自贵,凡男女皆潜相聘娶,天子不能禁,世以为敝云。

可以显知,社会意识究非政治力量可以驾御,世族可因国家干预而丧失外延的诸势力，基础的社会地位仍然牢固，愈是原一流名望大族愈受尊敬的社会意识仍然强烈，即使勋贵之家，也仍以攀婚为荣。

望族终于没落，时间固非在唐朝，种因却便自唐朝。政治压力不能毁坏名族的社会基础，程度上的损害则不可避免，前引《新唐书》高士廉传已谓"当时军功入五品者皆升谱限"，同书李义府传说明更明晰："官至五品，皆升士流，于是兵卒以军功进者，悉入书限"，已是门第高下依凭的谱系混淆原因之一。之二，流行的赐姓影响，战史上伟大统帅之一的徐世勣受赐国姓，又避太宗名讳去"世"字而以"李勣"闻名，以及另一开国功臣突厥可汗近支血族阿史那大奈，以原突厥特勤身份归化，从秦王时代的太宗荡平群雄，赐姓"史"，都是因赐姓变更族谱之例。愈益严重的，自唐朝中期以来义儿风习炽盛（于亲生子外，加养异姓子改己姓，入家系，以达增大家族势力的目的，至五代而达盛行高潮），更于姓氏、家世、谱系制造大紊乱。门第命运，注定日暮途穷，郑樵《通志》氏族略序对此的总括说明：

> 自隋唐而上，官有簿状，家有谱系。官之选举，必由于簿状；家之婚姻，必由于谱系。历代并有图谱局，置郎、令史以掌之，仍用博通古今之儒，知撰谱事。凡百官族姓之有家状者，则上之官，为考定详实，藏于秘阁，副在左户。若私书有滥，则行之以官籍；官籍不及，则稽之以私书。此近古之制，以绳天下，使贵有常尊，贱有等威者也。所以人尚谱系之学，家藏谱系之书。自五季以来，取士不问家世，婚姻不问阀阅，故其书散佚，而其学不传。

唐朝上意下达的轨道，系通过"乡""里"组织。唐令户令的规定：农民每百户为"里"，五里而为"乡"，但是，乡、里名词固上承汉朝，性格却已迥异，汉朝农民依自然秩序生活而成立村落自治组织，在于唐朝，里系人为的行政村编定，乡也是整然每五百户而成的行政区划。中国社会基层的村落制度大改革，此时期已到达规制化顶点。

汉朝乡里制，以世族前身的豪族层兴起与三世纪大动乱而崩坏，脱轴后社会秩序重建，短暂统一期的晋朝最初试行由国家人为的，予一定户数以组合而成的行政村，均田理想实现，村落自治制度的自然村维持，困难已告确定，所以五世纪北魏有与均田法具密接关系的三长制村落新编组定案，为其后北朝各朝代踏袭，户数多少有所变化而三级制原则不变，隋朝统一南北后再一大改革，于原制保（五家）、闾（五保，畿外为里）、族（四闾，百家，畿外为党）之上，制定五百家为乡。唐朝截取其上段组织，次级族、党划一以再次级"里"的名目取代，而两级制断行，全行回复汉朝乡制称谓。

《通典》职官十五乡官项大唐条："大唐凡百户为一里，里置正一人。五里为一乡，乡置耆老一人，以耆年平谨者县补之，亦曰父老。……太极元年初令老人年九十以上板授下州刺史，八十以上板授上州司马；天宝七载诏父老六十板授本县丞，七十以上授县令。"隋朝一乡之长置乡正，而"五百家乡正专理辞讼"，可知增设的原始目的系在受理裁判民间诉讼事件，其事与隋朝开始大魄力弹压世族势力正系同时期，因之可以推测便是环节措置之一，立于切割世族"武断乡曲"病态的要求。但乡正自乡产生，摆脱不了世族影响又增强干预的反效果，也易发觉，因而实行仅第二年，已以"党与爱憎，公行货贿"的理由废免所司（参阅《通典》食货三乡党项隋条）。乡与乡正形成没有职务的虚级，却非制度的撤消，所代表意义同样不难测定，系从压制的相对，避免刺激世族势力过甚而转变安抚意味的荣誉职。唐朝循此路线再一进步性改革，直接易称乡正为耆老或父老，又援引"德、齿、爵"原理，愈高龄给付愈高的名义上官位，如上引文字所示。后世乡绅出现，转换线索便须自唐朝乡制中的"父老"寻求。

惟其如此，唐朝乡里实态，支配中心系于"里"。县通过里正而统辖里，里正由县自该当里内勋官六品以下或白丁中适任者选择指派，料查土地买卖，漏户，逃亡等均其职任，细节详见唐律，怠忽者受罚。但所有繁重的职责，也可归纳为大分类的四项：其一，把握本里户口动态，每年正确制作户籍簿向县提出；其二，各户田地给、退与收授确实与否的监察；其三，担当租庸调与其他杂税征收，以及兵役召集的责任；其四，犯罪发生时的通告，则已系警察任务。

然而，唐朝社会结构存在一项研究上感到困惑的问题，便是《唐书》职官志二户部尚书条记载："百户为里，五里为乡。两京及州县之郭内分为坊，郊外为村。里及坊、村皆有正，以司督察。四家为邻，五家为保，保有长，以相禁约"；《通典》食货三乡党项大唐条："大唐令，诸户以百户为里，五里为乡，四家为邻，三家为保。每里置正一人，掌按比户口，课植农桑，检察非违，催驱赋役。在邑居者为坊，别置正一人，掌坊门管钥，督察奸非。并免其课役。在四野者为村，别置村正一人，其村满百家增置一人，掌同坊正。其村居如（未？）满十家者，隶入大村，不须别置村正"。意义均不明，每条文字前后颇见混乱与矛盾。

中国学界对此系谱的整理与解说似乎不感兴趣，反而日本的中国史学者们重视，研究者彼此意见且渐渐接近，而已能提出通说化的结论，谓乡与里乃人为区分，村与坊则自然区分的两轨制。说明：从理论言，每百户的里，乃设定于一定户数为单位基准而编成的行政村，与自然发生的地缘团体村或坊，区域范围不必限定非一致不可，两者可以同时存在，也以人为区分与自然区分重复并行，性质上里系行政的基础单位，村或坊则含警防团意味（所谓"以司督察"），与里正同样享有免除租庸调的村正与坊正，课以警察任务而协助里正维持治安，社会安定秩序的运行得以圆滑。日本学界研究成果虽然只能到此为止，对于另一部分，相互监视负连带责任的邻保组织，其性格与体系的详细还是承认不明了，仅笼统指系下部组织，仅知以"保"为名始自隋，而唐承之，以及"保"字似由"保证"意味而得。但如上所有解说。也须承认是迄今较完整的推论，从而得制成唐朝社会的乡里制度全结构关系图是①——

```
自然区分┄┄┄┄┄｛都市┄┄┄┄┄┄┄┄┄┄┄┄┄┄┄┄┄┄┄┄┄┄坊——邻
              农村┄┄┄┄┄┄┄┄┄┄┄┄┄┄┄┄┄┄┄┄┄┄村——邻
人为区分┄┄┄┄┄都市，农村同┄┄┄┄┄┄┄┄┄┄┄┄┄┄┄乡——里——保
```

不论如何，唐朝生产方法基本的均田法农业，其遂行划一的，同一面积的农民土地分配，以缓和国民贫富差距，企求所得非只均等而且在均富，另一方面又循土地收益与劳动力平均增加的途径，达到充裕国家财政目的的主旨，乡里制度是特别重要也

---

① 人物往来社版《东洋历史》5.隋唐世界帝国，第 159 页。

必要的手段。乡里编成形态经隋唐的改革，已使国家权力深入浸透社会基层细胞内部。于新的国家制度下，均田法、租调役法、府兵制等一连诸制度机动的组合与活用，已非"家"而以"丁"为单位而把握。

自三长制以来，新的行政村体系成立，原以严密户籍为目的，户籍整备，也系国家诸制度施行共同必要的不可欠缺基本，其制作，《通典》食货三乡党项附版籍大唐条说明："天下户为九等，三年一造户籍。凡三本，一留县，一送州，一送户部。常留三比在州县，五比送省"。《唐会要》卷八五籍账项的记载尤详："开元十八年十一月勅，诸户籍三年一造，起正月上旬，县司贡手实、计帐（户籍制作的依凭，"手实"乃每年里正所命各户户主提出记入户内口数、年龄、受田数的申告书，"计账"则依据手实，每年一度，由县预为记入次年课役数，以向尚书省户部报告的统计书表），赴州依式勘造，乡别为卷。总写三通，其缝皆注某州某县某年籍，州名用州印，县名用县印，三月三十日纳讫，并装潢一通，送尚书省，州县各留一通。所须纸笔装潢，并皆出当户内口，户别一钱。其户每以造籍年预定为九等（视各户主申报资产，分天下之户为上上至下下的等级），便注籍脚。有析生、新附者，于旧户后，以次编附"。

因而也从户口数字升降统计，可以反映时势所影响均田法的效率，《通典》食货七历代盛衰户口项的记述：

（隋条）"炀帝大业二年（纪元606年），户八百九十万七千五百三十六，口四千六百一万九千九百五十六，此隋之极盛也。原注：后周静帝末授隋禅，有户三百五十九万九千六百四，至开皇九年（纪元589年）平陈，得户五十万，及是才二十六七年,直增四百八十万七千九百三十二"。

（大唐条）"大唐贞观,户不满三百万"。

另《唐会要》卷八四户口数项:"永徽三年（纪元652年）七月,户部尚书高履行奏,计户三百八十万。神龙元年（纪元705年）十一月二十五日,户部尚书苏瑰奏,计户六百一十五万六千一百四十一"。

隋朝平陈,以南方一体纳入均田制序列而户口倍增,以及隋末大乱,均田制破坏时,以各种因素剧跌至固有户口的半数以下,其实况,由于上引资料得以全知。

与均田法密接的唐朝户籍资料,今日以正陆续发现,而得详细考察唐朝均田法展开的实情,敦煌系代表性发现地区之一。敦煌,也便是中国现存最早户籍簿,西魏大统十三年（纪元547年）计账的发现地。

敦煌文书中的户籍类文件,明白指示均田制施行下人户—土地不可分的关系,前半记载户籍,后半记载田土。天宝六载（纪元747年）籍的实例:①

户主刘智新	载贰拾玖岁	白丁 下下户空　课户见输
祖母　　王	载六拾玖岁	老寡空
母　　　亲	载四拾玖岁	寡空
妻　　　王	载贰拾壹岁	丁妻 天宝三载籍后漏附空
弟　　知古	载壹拾柒岁	小男空
妹　　仙云	载贰拾玖岁	中女空
妹　　王王	载七岁	小女空

---

① 堀敏一《均田制和古代帝国》,筑摩版《世界历史》6.东亚的变貌,第25—26页。

合应受田壹顷六拾叁亩 六拾九亩已受　卅亩永业　卅七亩口分
　　　　　　　　　　一亩居住园宅　九十五亩未受

　　一段贰拾亩永业　　城西七里平渠　　东贾阿本　　西渠　　南渠　　北自田

　　一段拾亩口分　　城西七里平渠　　东含　　西渠　　南渠　　北刘善政

　　一段叁拾亩口分　　城西七里平渠　　东渠　　西墓　　南史胜明　　北路

　　一段六亩口分　　城西十里平渠　　东渠　　西佛图　　南渠　　北李怀忠

　　一段壹亩口分　　城西十里平渠　　东卑思亮　　西渠　　南渠　　北张思恭

　　一段壹亩居住园宅

　　——户口记载：家族姓名、年龄、丁中之分，户的等次，课户抑不课户（是否租庸调负担者）等项，均加记注。上列户主刘智新载明"白丁"，即无官职的丁男之意，"见输"则现具纳税人身份之谓。各栏的"空"字表示以下空白，已无记入事项。

　　——田土记载，"合应受田"谓全户共须受田总额，刘智新户依均田法规定的计算：一〇〇亩（户主丁男口分田八十亩＋永业田二十亩）＋六十亩（寡妇口分田三十亩×二人）＋三亩（良口七人的居住园宅）＝一六三亩＝一顷六十三亩。此数中，已受田、未受田数额分别登录，已受田又注明永业田、口分田各若干，以及标示位置所在的地段（刘户即分六段，而均在敦煌县城西方七至十里的平渠地方），与所谓"四至"的东、西、南、北邻接地。

如下又是同县天宝三载（纪元744年）籍，仅保有永业田的不课户之例①——

户主张奴奴载陆拾三载^{老男}　　下下户空　　不课户

母宋载八拾三载^{老宣（寡）空}

妻解载陆拾载^{老男妻空}

女妃尚载三拾玖载^{中女□}

合应受田八拾贰亩^{贰拾贰亩已受廿亩永业}　　二亩居住园宅
^{六十亩未受}

一段二亩永业　城西十里西大渠　东□　西道　南道　北□

□　敦煌县　神沙乡　□□里　天宝三载□

（以下缺）

关于均田法国家规制，学术界曾怀疑唐朝对所有田土只授不还，户籍中土地登录分已受、未受，便是还授否定论向来主张的依凭。而今日，敦煌，尤其吐鲁番地方（唐朝高昌县）更多资料发现与提供研究，"退田"、"还公"之词都已明见于户籍文书，土地的授与还，全得明了②：

——敦煌天宝六载籍：

一段拾叁亩^{三亩永业}　城东卅里乡东渠　东渠　西退
^{十亩口分}
田　南自田……

——吐鲁番开元四年（纪元716年）籍：

一段贰拾伍亩永业^{常田}城南半里　东张太伯　西至渠……北还分
^{卖附}

更直接的退田文书、给田文书，也都被发现，其例，吐鲁番开元二十九年（纪元741年）文书③：

---

① 诚文堂新光社版《世界史大系》3. 东亚Ⅰ，第235页。

②③ 堀敏—《均田制和古右代帝国》，第28、29页，第29、30页，第29、30页。

（退田）户张师训剩还壹段叁亩永业^(部田/叁易)　城东四拾里柳中县

东至渠　　西至渠　　南梁位　　北至道

户张阿苏剩退壹段壹亩永业^(常田/东至道)　　城西拾里武城渠　　西张伯　南至道　北靳阿患

壹段叁亩永业^(常田)城东四拾里柳中县屯续渠

东范　　西至渠　　南至渠　　北至渠

［给田］（前缺）

给张□□

张阿苏剩退壹段壹亩^(常田)城西拾里武城渠　　东至道□□□□

给竹献祥□□□□

壹段三亩^(常田)城东卅里柳中县屯续里　东范西至渠南至渠北至渠

给□□□□□□□

上两文书的关系至为明白，张阿苏所退田，一部分的一亩之地改给竹献祥，再一部分的三亩之地改给以文书破残而姓名不详的某人。田土还受，均由里正于户口调查时拟注，退田原因也非限"剩退"，其余场合"死退"、"出嫁退"都经今日判明。吐鲁番出土的另一份文件[①]：

一段贰亩^(部田/三易)城西五里胡麻井渠

给翟恩记□讫

一段叁亩^(薄田)城东六十里横截城阿观渠　　东至渠　　西至道　　南至渠

壹亩给安思秀贰亩给义仙讫

东蛇子死退一段贰亩^(常田)城东廿里高宁　　东申德　　西李秋　　南安僧□　北竹隽

---

① 诚文堂新光社版《世界史大系》3. 东亚Ⅰ，第236页。

给史尚宾讫

一段壹亩^{部田}城东五里左部渠　　东至荒　　西安忠相　　南至渠　　北至▢▢▢

给史尚宾讫

一段贰亩^{部田}城西七里白渠　　东麹明淮　　西贾海仁　　南至荒　　北▢▢▢

给康忠▢▢▢

思讷死退一段壹亩^{部田}城西一里▢▢▢

（原件空白）

一段壹亩^{部田}城西七里康▢▢▢

从这些敦煌、吐鲁番已发现的户籍文书田土记载与给、退田文书，可获得的综合印象：第一，每户农民保有地的全体，较依均田法标准的合应受田数，非为相符，多不足额。但已受田中，永业田则几乎百分之百全额受领，欠田种类以不准传之子孙的口分田为主体。第二，土地还授为立于零细的基准，多一至三亩之数，抑且，永业田也在还授之例，与均田制令的一般规定，也不合致。而对此亦须续有补充了解：

关于第一部分，现有资料中也曾发现惟一例外，敦煌大历四年（纪元769年）户主为李大娘的户籍[①]：

合应受田伍拾九亩并已受　　廿亩永业　　廿五亩买田

一十三亩口分

一亩居住园宅

李大娘系四十四岁的寡妇，已无其他家族，寡妇为户主的场

---

① 堀敏一《均田制和古代帝国》，第27页。

合，给二十亩永业田，三十亩口分田，加居住园宅一亩，此户应受田须是五十一亩，而现实的保有地已至五十九亩之数。原因，则以包含了"买田"在内。唐朝法律固非禁绝土地买卖，但参照前引户籍文字，田土四至记载已累见"自田"字样，买田之数且超过法律上给田额，现象便堪注目，正反映了均田制自玄宗以来，已走上自疲敝而崩坏的道路。

关于第二部分，学者间依据如下资料——

一段四亩 ^{二亩永业}／_{三亩口分}　城西十里平渠　东渠　西渠　南渠　北仁贞

的记载，而推测永业田与口分田之间，不存在实质上的区分①。然而，便因今日凭以研究唐朝户、土关系的，一概是迟至八世纪时的资料，所有出土资料又局限敦煌（稍早）、吐鲁番（后续加入）地区，则均田制随时间推移的常态、变态演化，以及施行时是否各具地域性特征，都得持慎重态度。

所以，唐朝国家根本立法的均田制，其施行实况，原则性的判明自已成立，成绩却还只起步，续待进步的考古学，对地下史料时间的推前与发掘地域的扩大，再加努力。

都市非均田制施行范围，但乡村已变貌的唐朝，都市结构同非静止无变动。中国古代都市，以供为王侯政治场所或军事上的必要，聚集人口而建设，经济意义乃附加的，性格只是国家吸收农村剩余生产物的吸盘，以及依于支配者自己收入所由的劳动与交换而表现，是之谓"邑"。与希腊、罗马都市国家中心的都市，存有差距。春秋战国的社会大变革期，商工业勃兴，"邑"才向真正的都市形态转换，经济都市出现，汉朝而发展本格化，唐朝

---

① 堀敏一《均田制和古代帝国》，第27页。

而陪伴农村诸关系的新建立,都市确定规制化,"里"便系都市与农村共同的构造细胞。然而,古代中国都市的特征,或者说,"邑"的面影,通过汉朝,于唐朝都市的实体也仍保留,便是:都市的建设,四周都围有城壁,而且多数成方形。

唐朝标准型都市,城壁内部呈现直线走向的街(大道),整齐间隔一定距离,其间又是纵横交叉的巷(小路)。依凭棋盘状街巷的区分,每一棋盘格便是一"坊",每"坊"也自成一地域,筑有垣墙遮断道路,开二至四个坊门,天明允许内外交通,入夜关闭,夜间通行大街为犯禁。所以,坊等于小的城,而各各独立为一警察单位。城内指定一坊或二坊为商业区的"市",市门同样昼开晚闭,禁止夜间营业。同种类商业组合称"行",手工业组合叫"作",今日商工业同业公会意味的团体于唐朝都已出现。

唐朝都市的代表例证,自系长安与洛阳,蹈袭隋都长安为京师而洛阳为东都的旧制,也各各出发自隋朝两代帝王新意匠,中国计划性大都市建设的创始。新的洛阳城以隋炀帝大业元年(纪元 605 年)展开其浩大工程,《隋书》食货志说明"以尚书令杨素为营作大监,每月役丁二百万人,徙洛州郭内人及天下富商大贾数万家以实之",《唐书》地理志一河南道项东都条注,又详述其格局:"隋大业元年,自故洛城西移十八里置新都,今都城是也。都城南北十五里二百八十步,东西十五里七十步,周围六十九里三百二十步。都内纵横各十街,街分一百三坊、二市,每坊各纵横三百步,开东西二门。宫城在都城之西北隅,城东西四里一百八十步,南北二里一十五步"。早过二十年,隋文帝开皇二年(纪元 582 年)先已完成营建工事的大长安城,《唐书》地理志一关内道项京师条注描绘了与东都相同的鸟瞰图——

"隋开皇二年，自汉长安故城东南移二十里置新都，今京师是也。城东西十八里一百五十步，南北十五里一百七十五步。皇城在西北隅，谓之西内，有东、西两市，都内南北十四街，东西十一街，街分一百八坊，坊之广长皆三百余步。皇城之南大街曰朱雀之街，街东五十四坊，万年县（隋名大兴县）领之，街西五十四坊，长安县领之。京兆尹总其事。东内曰大明宫，在西内之东北；南内曰兴庆宫，在东内之南隆庆坊，本玄宗在藩时宅也"（清朝徐松《两京城坊考》的补充说明：城分三重，外郭、皇城、宫城，"宫城东西四里，南北二里二百七十步，周十三里一百八十步；传宫城之南面曰皇城，亦曰子城，东西五里一百一十五步，南北三里一百四十步，周十七里一百五十步，（皇城）城中南北七街，东西五街，左宗庙，右社稷，百寮廨署，列于其间"。朱雀门街以系正当皇城南面朱雀门的南北大街，故名，"东西广百步"。东市东西南北各六百步，内有二百二十四行；西市南北尽两坊之地，市内店肆如东市之制）。

世界帝国雄伟国都的规模可见。英姿挺拔的豪迈贵公子，所代表典型的唐朝上流社会人士，也便以此等繁华大都市为活动天地的中心，而散发人类历史光芒。

大运河与产业·经济发展

交通为建设之母，庶政的根本，于今日已是常识。而交通运输事业，以载重量衡量其重要性，今日而言，空不如陆，陆不如海（水运），也系共通认识。则向来引为隋炀帝损耗劳动力恶政，七世纪初的今日大运河原型成立，便必须重加评价。虽然如今日所见此一水运交通大动脉，纵贯河北、山东、江苏、浙江四省，起自通县，迄于杭州，全长一千四百多公里的大运河北段多已非隋唐时代旧物，但大部分仍是。

山脉呈东西走向而地势西高东低的中国地形，限制大河多向东流。以人定胜天精神，切割自然的东西向诸大河流，人工制造如此一条连结中国南北的长大运河，而且早在距今约一千三百年前已昂然出现，不得不叹佩为世界人类文明创造史与世界工程史上无与伦比的巨构。其追随历史上汉族中国再度大统一而自地图上划定的事实，也象征了大统一雄浑魄力，代表新汉族结束南北朝分裂历史的纪念碑意味。隋朝运河工事之始，隋文帝受禅第四年的开皇四年（纪元584年），长安新都建迁翌年，首先已引渭水开广通渠，连接新都与潼关，长度三百余里。三年后的开皇七年（纪年587年），又对四世纪之半东晋一度重开被放弃春秋之末吴王夫差沟通淮水（淮安附近）与长江（扬州）所作邗沟，而后又湮塞的山阳渎，再加复旧。炀帝即位，乃有本格化大运河工事，分四段相续展开——

通济渠（唐朝改称广济渠），大业元年（纪元605年）征发河南、淮北诸郡人民百余万所开凿，由河阴（今河南广武，清朝河阴县，开封与洛阳之间）与黄河分流，东南经汴州（河南开封）、宋州（河南商丘），于泗州（安徽泗县）入淮河。

山阳渎，同年发淮南十余万人民，续自泗州东淮阴县（今江苏淮阴），大规模修广楚州山阳（江苏淮安）以迄扬州扬子（江苏仪征）间原已开凿的运河河道。

江南河，大业六年（纪元610年），运河自扬子切截长江向对面再延长，从长江南岸润州京口（今江苏镇江），经常州、苏州，于杭州余杭（浙江杭州）通钱塘江。

永济渠，南端隔黄河连接通济渠。大业四年（纪元608年）征集河北诸郡男女百余万人从事劳役，工事自河阴对岸，黄河之北的武陟（今河南武陟）引沁水，合卫河，至今日天津附近再利用白河（白沟）而抵幽州（今北京市）。

如上＜形的四段运河长度，以华里计算，南线通济渠、山阳渎合二千余里，江南河八百余里，北线永济渠二千余里，全工程的规模宏大可见。而南、北线合流基点，指向的便是东都洛阳，《隋书》炀帝纪大业元年条的记述：“开通济渠，自（洛阳）西苑，引谷、洛水达于河（指黄河），自板渚引河通于淮。"

隋朝运河四阶段的开凿，山阳渎系整修最早的邗沟旧路，通济渠也曾利用古汴河与其支流，秦始皇时所开运河而纪元前三世纪末以"楚汉分界"著名于历史的鸿沟废道。古汴河自河阴迄汴州与通济渠同一河道，自此东流至徐州（江苏铜山），会泗水再南注淮河，此一自然河的直角形流向，迂回弧度甚大，南北朝时且以淤塞被放弃，至隋朝殆已全不能通舟，所以有炀帝人工运河亦即通济渠的重开，自汴州截直角改向东南流，大部分利用商丘至泗州间其时的睢水、涣水为新河道，距离大为缩短。永济渠与江南河，则炀帝时代全新的运河大工事。隋朝通济渠或唐朝广济渠，以后至宋朝恢复汴河原名，再以后，以黄河流出的泥土淤塞日甚而放弃利用，加以十三世纪元朝以来国都确定建设于今日北京市，乃自山阳另开直接往北的新运河，接连永济河北段，便是今日所见大运河的面貌。

隋朝国祚短暂，大运河完成，几乎紧随已是覆亡。于中国全域富力由历史始源地北方黄河流域,向南方的长江流域与再以南倾斜之途行进,其态势明朗化,系赖大运河平衡南北经济能率所推动,而最早蒙受大运河交通运输实惠的,乃是唐朝。《史记》货殖列传描绘秦汉"自汧雍以东至河华,膏壤沃野千里"的美景,自汉末展开经历魏、晋、南北朝的大波动期,间隔四、五百年而隋唐再统一中国南北,同一地区的全国政治、经济心脏机能虽似旧,繁华的外貌也仅如昔日,外强中干疲态从《通典》州郡四古雍州下附"风俗"记载,印象已至深刻:"秦开郑渠,溉田四万顷;汉开白渠,复溉田四千五百余顷,关中沃衍,实在于斯。圣唐永徽(纪元650—655)中,两渠所溉唯万许顷;洎大历(一个世纪后的纪元766—779年)初,又减至六千二百余顷,比于汉代,减三万八九千顷。每亩所减石余,即仅校四、五百万石矣"。相对方面,《史记》货殖列传提示"不待贾而足"的南方惊人经济潜力,却便以四百年分裂南方的注力开发,而产业经济飞跃成长,南北朝分立之初的南方景观,已系"地广野丰,民勤本业,一岁或稔,则数郡忘饥。会土带海旁湖,良畴亦数十万顷,膏腴土地,亩值一金,鄠杜之间不能比也。荆城跨南楚之富,扬部有全吴之沃。鱼盐杞梓之利,充仞八方;丝棉布帛之饶,覆衣天下"(《宋书》孔季恭等传论)。待到南北统一时代唐朝来临,基本产业农业于北方显著的生产衰退,而高宗之后中枢又不断扩大,俸禄给付数额随官员数不断递增,国用对南方的依赖度,惟有愈随时间愈与南方经济发达速度,成正比例升高。国家公粮运储的漕运,重要性益益增大,乃出现《通典》食货十漕运项大唐条所收录引人注目的数字:1. 七世纪中的贞观、永徽之际,每年转运不过一二十万石;2. 八世纪中的天宝中,每岁水陆运米二百五十万石。仅唐朝中期以前百年间，关中的江南米谷需要量猛跳二十倍，大运河利用价值已如何突出可见。

后续的朝代，中国南北方富力倾斜与依赖方向已经铸定，只有任令恶化，全无扭转能力，于北方—政治、南方—经济两基本地带被明显分划的态势中，大运河所发生连结与均衡作用，历史界均加重视。但更重要的，尤在便以大运河此等功能，而避免了十三世纪以来，长久时间定都北京期的中国再度南北分裂。开皇四年隋文帝最早开凿广通渠的诏命："朕君临区宇，兴利除害，公私之弊，情实悯之。故东发潼关，西引渭水，因藉人力，开通漕渠。量事计功，易可成就。已令工匠，巡历渠道，观地理之宜，审终久之义。一得开凿，万代无毁。可使官及私家，方舟巨舫，晨昏漕运，沿溯不停，旬日之功，堪省亿万。诚知时当炎暑，动致疲勤，然不有暂劳，安能永逸。宣告人庶，知朕意焉"（《隋书》食货志）。"不有暂劳，安能永逸"宣告，置之今日仍是堂堂的严正政治原则，隋朝——特别便是炀帝的开凿大运河，受益以迄今日，则炀帝功绩，安得以逞行幸江南游乐私欲而浪费民力的评语，轻易一笔勾销？

史学界曾有意见，谓漕运、驿传、关门三者的发达与整备，乃是如唐朝般世界稀见的大国家，铸定其充裕财政与强力政治根源的关键部门[1]。漕运意味由国家统制公财物的水路运输，驿、关同系交通运输系统不可缺的环节，立于此等基点，乃有唐朝无远勿届的水陆交通大道展布，以及保证其畅通与安全。运河以外，七至八世纪的唐朝交通干线——

---

[1] 平凡社版《世界历史大系》5. 东洋中世史第二篇，第 249 页。

关于水路，南方特为发达，长江与其支流湘水、赣水、汉水等，以及淮河、钱塘江、洞庭湖、鄱阳湖等河川与湖沼，均与大运河或相互间的地区性运河，纵横连络。其中，汉水系襄州、洋州方面通往长安的主线。湘水自今湖南、广西两省接界的分水岭发源，过衡州、潭州（湖南长沙）等都市，而由洞庭湖入长江，再由灵渠与漓水、桂江等一系列水路通往南方广州。灵渠乃湘水上流与桂江上流漓水间由秦朝开凿的运河，后汉大将马援交趾征伐时加以重修。赣水发源于江西、广东两省交界的大庾岭，经虔州、洪州等向北流，自鄱阳湖注入长江，与同自大庾岭发源而南流的浈水相续，乃指向广州的通路。通过大庾岭陆行险阻，未若水路便利，所以唐朝已以利用湘水与广州方面往来为多，迨宋朝定都汴京，此线尤系连结中南部最重要的水路，与经由大运河而结合江南，重要性相埒。

于北方，黄河舟行困难之处颇多，尤其潼关东方，三门险恶为世所著名。但黄河支流渭水、洛水与卫河等，仍多水运之便，只是渭水也多流沙堆积形成的浅滩，所以隋文帝有于渭水之南，开凿广通渠以通黄河之举，此渠至唐朝天宝之初再加整修而易名广运潭，但今久已埋塞。卫河则永济渠的主要部分。

陆路交通，以长安为中心，放射线状伸展的全国十大干线，经学界整理得知如下[①]：

1.自长安向东，通过潼关，经陕州（今河南陕县）、洛阳，而至汴州（河南开封），沿汴河、淮河东南行，于扬州渡长江，达润州（江苏镇江）、苏州、杭州，再沿钱塘江出衢州（浙江衢

[①] 平凡社版《世界历史大系》5.东洋中世史第二篇，第231—234页。

县），经信州（江西上饶）、建州（福建建瓯），通往福州。

2. 由长安东南行，从武关经襄州（今湖北襄阳），于沔州（湖北汉阳）渡长江，出鄂州（湖北武昌），以通洪州（江西南昌）、虔州（江西赣州），纵贯今江西省，越大庾岭，出韶州（广东韶关），以达广州。

3. 上述第二线于襄州分道，改由荆州（后升江陵府，今湖北荆州）渡长江南下，经岳州（湖南岳阳）、衡州（湖南衡阳）、郴州（湖南郴州），纵贯今湖南省，于韶州再合第二线至广州。

以上三线均呈南北行形式，其间，又自第一线的信州分道，西经洪州、袁州（江西宜春）至衡州，作横的连系。

4. 由长安北渡渭水，出咸阳，西至岐州（后升凤翔府，今陕西凤翔）折向南行，至梁州（后升兴元府，陕西南郑）又改向西南，经利州（四川广元）、剑州（四川剑阁）、绵州（四川绵阳）而通益州（后升成都府，今成都）。此线再延长时，续以云南为目的地。

5. 自长安至岐州与第四线同，于岐州沿渭水西行，经秦州（甘肃天水）、临州（甘肃狄道）达兰州。

6. 自长安经咸阳出西北，过泾州（今甘肃泾川）、原州（甘肃镇原），与第五线在兰州会合，也同自兰州再出发，一道西北向沙州（甘肃敦煌），连接通往西域的大道，一道西行，由鄯州（青海西宁）出吐蕃之道。

7. 由长安北向坊州（今陕西黄陵），过延州（陕西延安）赴夏州（陕西榆林），夏州已系突厥、回纥大道的起点。

8. 由长安东北向同州（今陕西大荔），渡黄河，出蒲州（后升河中府，山西永济），经晋州（山西临汾）、太原府（并州，以系唐朝发祥地而建为北都，与雍州、西都的京兆府，洛州、东都的河南府并列，唐朝中期以前也惟此三都称府，余地设府均安史乱后之事），贯穿今山西省，以达代州（山西代县）、云州（山西大同）。

9. 循第一线，以至洛阳为分歧点，于此渡黄河东北行，通过卫州（今河南汲县）、相州（河南安阳）、赵州（河北赵县）等，以抵幽州（今北京市）。续北行至营州（辽宁朝阳），则系出东北地方与朝鲜的准备地。

10. 同循第一线而于汴州分道，续向东行，过滑州（今河南滑县）、郓州（山东东平）、齐州（山东济南）、青州（山东益都）至登州（山东蓬莱），连络向辽东、朝鲜方面的海道。

十条大道，连结了唐朝中央与地方，与道路整备配当的驿传制度，又发挥了人体心脏与全身动脉血液不停循环的机能。整然展开的广大驿传网，规定每三十里一驿，但驿与驿的实际间隔，也依土地状况与都邑所在形势等，多少有所差异。京畿地区以系全国驿路总汇点而称都亭驿，地方则对应驿务繁闲与地位轻重，区分一等至六等的差别。陆驿置马，水驿置船，布列道路诸干线与其支线，由兵部驾部总辖其事务。

交通发达，乃是一国政治、经济发展的基本，相对，一国政治、经济的发展阶段，也可视交通发展程度而测定。唐朝大统一国家产业诸部门的齐头并进，以及各地域间货物交流与商旅往来，都与交通发达成立密不可分的关系。

基干产业农业以外，唐朝诸产业的升级一般：

甘蔗于南北朝已在江西与江苏南部推广，此时的四川、福建方面也已栽培①。

棉花也开始培育，自古名白叠、白氎、帛叠、氎布的棉织品，以盛产地原高昌国（新疆吐鲁番）的归入汉族中国直辖领土为西州，从而栽植向全国展布，渐渐与丝织品、麻织品同等普及。

丝织物向来以黄河流域山东、河南与内陆的四川省为盛产地，至唐朝，南方的江苏、浙江同样都已闻名。

木棉产量以广东、福建方面为最。

盐则淮南海盐正大规模登场。

茶自南朝始见"饮"的风习，唐朝以产地普遍化而饮茶之风南北同已流行。

真正的瓷器，产地已非限越州（绍兴）为中心的浙江省，而于中国南北平行分布。南方绍兴地方青绿色、暗绿灰色、淡灰色，表面雄丽线绘的越州青瓷，因已不能独占盛誉，北方邢州（河北内邱）的白瓷，与青瓷共同发达为双璧。以后中国最大陶瓷制造地江西浮梁景德镇，唐朝的南窑，产品也开始闻名②。著名的复式染色唐三彩发明，又铸定为其时陶瓷工艺表征。

金属制品的道具、武器、日常用品，尤其关于金属研磨镜制造，唐朝均声名远播国外③。

汉朝发明树皮屑麻等原料的良质纸以来，中国长期独占国外市场，输出供应邻接国家，八世纪时而制造技术也输出西方。

唐朝产业经济高度发达的水准，从少府监、将作监的政府机

---

① 森鹿三《中世中国的展望》，世界文化社《世界历史丛书》7.大唐的繁荣，第47页。

② 中央公论版《世界历史》4.唐与印度，第412页。

③ 苏联科学院《世界通史》，东京图书版日译本中世1.第45页。

关监督下，两京与诸道众多官营事业单位织锦坊、毡坊、毯坊、酒坊、染坊等，以及此等官营工场分业的细密，如《唐六典》记少府监属下织染署内部区分；织染之作布、绢、拖、纱等十，组绶之作组、绶、绦等五，绸线之作绸、线等四，练染之作青、绛、黄等六，为可明了。

工业地理的分布，《唐书》、《新唐书》食货志、地理志记事，《通典》食货六赋税下大唐条天下诸郡（州）每年常贡表列品目，都足供参照。其一般大势[①]——

扬州（江苏省），造船、制丝、制织、皮革、铜铁等工业俱盛。每年贡品种类于全国诸州占第一位，主要又是大量的锦袍、锦被、锦制品与青铜镜。安史乱后，此地且是书籍、印刷业的重要中心地。

成都府（四川省），足堪推为全国货币经济最发达的地区，历史性制丝、制织业的代表都市，纤维织物与金银丝织入制品特为有名。又系唐朝制纸业一大中心，政府公文书缮写，大抵限用益州产的黄白麻纸。

贡物中纸的提供诸州，杭、婺、衢、越等州（均浙江省）上细黄白状纸，均州（湖北省）大模纸，宣（安徽省）、衢州案纸、次纸、蒲州（山西省）百日油细薄白纸，都是。

定州（河北省），唐朝另一制丝、制织盛行地，据《通典》食货六赋税下，全国州郡所贡献丝织物，数量上以此地占第一位（五项品目全系绫，其中细绫至千二百七十匹，瑞绫二百五十五匹），但品质并非最佳。

[①] 部分取材自六花谦哉、冈本午一译，鞠清远《唐代经济史》，第 133—140 页。

邢州（河北省），瓷器如前述至唐朝已非常的驰名，河南府（河南省）的产品同。

易州（河北省），墨的利用附近太行山松林为制材，所谓松烟制，自唐朝迄于宋朝均属上品。另一墨的盛产地绛州（山西省），年贡千四百七十挺。

登州（山东省），造船工业根据地，江西省洪、饶、江等州亦然。

饶州（江西省），浮梁瓷器，唐初武德中已闻名。

襄州（湖北省），漆器的名产地，《通典》列举其贡品中有"库路真"之名，即此等产物中前代鲜卑语优秀品称谓。

江苏南部、安徽东南部、江西东北部与浙江西北部的于唐朝，矿产开发业都已勃兴，河南西南部也是。《新唐书》食货志四：德宗贞元（纪元785—804年）"凡银、铜、铁、锡之冶一百六十八。陕、宣、润、饶、衢、信五州，银冶五十八，铜冶九十六，铁山五，锡山二，铅山四。"宣宗（纪元847—859年）"增银冶二，铁山七十一，废铜冶二十七，铅山一。天下岁率银二万五千两，铜六十五万五千斤，铅十一万四千斤，锡万七千斤，铁五十三万二千斤"，系其明示。湖南省彬州又系另一著名的铜矿、银矿所在地。产铁的矿区，山西省为代表，山东莱芜，而且自汉朝迄于宋朝均以铁采掘的工业地域闻名。山西又与山东南部同系石炭（煤）的采掘业发达地区，湖南西南部则水银产地。

蔚州（河北省）飞狐县乃铜采掘又是货币铸造特盛的地方，利用拒马河（易水异名）水力熔炼的铸币炉，曾设至五十余炉，以唐朝每炉职工三十的法定人数推算，全盛时代造币职工在千五百人以上，规模之大可以想象。宣州的国家造币单位，利用南陵县利国山铜矿开采所铸币，每年也至五万贯之数。此类造币工场的分布，《新唐书》食货志四记录天宝时代状况，系绛、扬、润、宣、鄂、蔚、益、郴、洋、定等十州。以地域而言，南方毋宁散在为广。

商业与金融方面，唐朝于中国经济史系堪引为划期的时代。市场制度，自唐承隋而告确立。隋朝新建长安、洛阳东西两都，坊制街道整然区划，中国理想的都市计划实现，政治中心都市附着的，又是浓厚商业都市色调。《隋书》地理志上说明长安"俗具五方，人物混淆，华戎杂错。去农从商，争朝夕之利，游手为事，竞锥刀之末"，地理志中说明洛阳"其俗尚商贾，机巧成俗"，新都建设完成又"徙天下富商大贾数万家于东京"（《隋书》炀帝纪上大业元年条）。市场制度乃陪伴整备，唐朝蹈袭隋朝的两京市制：

$$
长安\begin{cases}东市（隋"都会"市）\\西市（隋"利市"市）\end{cases} \quad 洛阳\begin{cases}南市\\北市\\西市\end{cases}隋"丰都"、"大同"、"通远"三市
$$

长安东、西两市物资运输，均利用运河。东市由城东引浐河之水所开龙首渠伸入支流以通舟；西市则西导流入漓水的漕渠之水。两处市内运河末端均凿船渠，备航行船只停泊卸货[①]。

市政主管"署"的编制，也扩充到令一人、丞二人、录事一人、府三人、史七人、曲事三人、掌固一人。事务范围包括

[①] 石田干之助《长安之春》长安之春篇"唐长安城坊图"，平凡社版《世界教养全集》18，第387页。

监理交易、征税、调节物价、取缔暴利,以及执行禁令。地,商店限设市内,集中管理;时,交易买卖行为限在白天,夜间闭市。两京以外的有名都市诸"市",扬州东市、淮安西市、夔州西市、成都东市、西市,以及广州、荆州、滑州之市①,均为相同。

市内商店,谓之"店"或"肆",手工制造业的场合,谓之"坊""作"或"铺",都市中的雇佣工人也因此发生。无论商、工业,于市内且都形成同业者聚居的状态,即同一街上多属同种类工、商业者,此类形态,谓之"行",所以"行"兼具同街组合与同业组合双重意味。唐人小说中所见类例,有秤行、大衣行、肉行、铁行、绢行、药行、鱼行、金银行(金银细工)、银行、鞦辔行等,"秤行"即此街大多数为"造秤"与"卖秤"者,"大衣行"又是行中概属贩卖衣类之店。"行"的名词,自唐朝使用习惯,至后世均被沿用,虽然如"药材行"、"茶行"、"商行"等至今已取消了组合意味而纯粹代表了个别的商号,但"行业"仍是今日职业类别的惯用语,Bank 借用的又便是"银行"一词。"行"于唐朝健全发展,今日学界已寄以注意力,对此类同业间相互团结以维护共同利益的组合,解释之为便是近代所见工商业界的同业公会组织,基尔特(Guild)的原型,此其一。

其二,研究者也发现,商店(包括手工业者)营业地域,于唐朝已非严格遵守设于"市"内的限制,长安东、西两市以外的坊间也颇存在。见于诸文献的:永昌坊有茶肆(《唐书》王涯传)、崇仁坊有乐器店(唐朝段安节撰《乐府杂录》)、丰邑坊有

---

① 诚文堂新光社版《世界史大系》3. 东亚Ⅰ,第 255 页。

贷与辒车送葬之具的凶肆（宋朝宋敏求著《长安志》）、晋昌坊、新昌坊、开化坊、永昌坊多剧场、旗亭（宋朝钱易《南部新书》）等[①]，都是。洛阳修善坊、明义坊、殖业坊同多旗亭、酒楼，由此推测，其余都市可能都相同。利用寺庙祭日人多之际举行的"庙会"流动交易，其普遍化与惯常化，尤其是破坏市制的巨大力量，只是制度上商店仍须遵守设立在指定商业区域的"市"内为原则。以后时代推移，"市"外设商店的倾向渐渐增强，以"日中为市"作基点的买卖交易时间限制也放宽。经过唐末五代，市的正常形式渐渐消失，至宋朝，自古传统"市"的制度终告解体，营业场所与营业时间双方面禁令均行撤除，商业已不受任何限制，如今日情况。

"庙会"的延长，越出城外，一般流动性交易活动的"会"（Fair），或唐朝文献中所谓的"草市"，同为盛行[②]。草市意指定期而开的乡村市集，或简易"市"的意味，"草"也是草野之谓，今日乡间演戏尚保留"草台戏"的名称。草市一方面是外来商人向附近农民售卖生活必需品，另一方面也收购农民剩余产物，连结了农村—都市经济，对地方开发与当地生活向上具有重大的沟通机能。交通线上水陆往来便利所在，由定期市发展形成的小规模常设商店聚合为底子，吸引人口定居，而市镇渐次发生，也渐次增多，而铸定宋朝以来新的社会生活发展方向，而其转折开始，则是唐朝。买卖居间中介的经纪人，汉朝谓"侩"，便是"会"的意味（所以《史记》货殖列传名之"驵会"），唐朝转变为"牙"（牙人、牙郎、市侩），也已系近代的名词。

[①][②] 诚文堂新光社版《世界史大系》3. 东亚Ⅰ，第 254 页。

与商业具密切关系的货币制度，唐朝对应商业发展需要而突破性发展。《通典》食货七钱币下，《唐会要》卷八九泉货，以及《唐书》食货志的资料：魏晋南北朝紊乱的币制，隋兴，于统一的货币政策下一概废止，造币权归国有，发行新铸的强力五铢钱，单位与重量均恢复汉朝基准。但炀帝时，民间私铸、盗铸、滥制又盛，劣质通货恶性膨胀。所以，唐初的武德四年（纪元621年），断然废五铢钱，另行铸造"开元通宝"（开元为开国、建国之义），予币制以再统一。中国货币史上的五铢钱时代，于焉宣告结束，替代流通的开元通宝铜钱，径八分，重量二铢四絫（每十钱重一两，一千钱为"贯"，或称"缗"，重六斤四两），非只通唐朝全时代铸造，也由后世各朝代蹈袭为铸币标准，货币史的新时代开创。价格计算，唐朝便惟一的为铜钱基准，金银非铸货材质，用于蓄藏与赏赐、赠遗等场合以代表大价格。铜钱于开元钱以外，也曾另铸大钱：高宗时乾封泉宝（当开元钱十）、肃宗时乾元重宝（当十）、重轮乾元钱（当五十），代宗时大历元宝（当开元钱一），德宗时建中通宝（当十）等，均以较开元钱的货币价值低而流通未久即停废。遗留最大问题是铜钱铸造能力受产铜量限制，供应量的增加不能适应经济发展所需，铜价高时商人且以铜钱销熔牟利。所以，唐朝一般现象，铸货颇为缺乏，民间盗铸、伪造恶钱流布仍广，金、银、帛的折用，因之仍被奖励。同以铜钱不足的原因，七世纪中高宗永徽年间"大唐宝钞"已由官方印造发行，与钱通用，钞成长方形，又是中国最早的信用纸币发生（九世纪武宗会昌年间续有"大唐颁行宝钞"两种发行）。此等"钞"字，已系今日"钞票"名词的发源。

　　高利贷资本于唐朝，与商业资本如同孪生子的并行发达，而且便由政府倡导，京师诸司与州县均置所谓公廨本钱（公办贷款资本金），别名取利本钱。《唐会要》卷九三诸司诸色本钱项上："武德元年十二月，置公廨本钱，以诸州令史主之，号捉钱令史。每司九人，补于吏部。所主才五万钱以下，市肆贩易，月纳息钱四千文，岁满授官"，又《唐会要》卷九一内外官料钱项上："贞观十二年二月，谏议大夫褚遂良上疏曰：……陛下近许诸司令史，捉公廨本钱，诸司取此色人，号为捉钱令史。不简性识，宁论书艺，但令身能估贩，家足资财，录牒吏部，使即依补。大率人捉五十贯已下，四十贯已上，任居市肆，恣其贩易，每月纳利四千，一年凡输五万。送利不违，年满受职"。可知：其一，贷款系委由商人放出，又责成总缴定额利息，所以谓之"捉钱"，平时免除课役，如期纳息又享任令史之官的权利，而名"捉钱令史"，其户名"捉钱户"。其二，此项贷款，唐初年利高达百分之百，玄宗开元初年利七分，开元中利率每月六分，开元末减至每月收四分之利（均见《唐会要》前揭资料）。

民间高利贷，区分的种别有三：1."质"，与今日当铺的意味相同，当时称之为"收质""纳质""质库"等；2."举"，毋须担保物品的信用贷款，有"出举""举收"等名称；3."质举"，以提供担保物品为条件的借贷①。此等民间高利贷均被法律所承认，政府采取放任主义，态度上便是保护债权人。但对债务人利益，多少也有所保障，《唐会要》卷八八杂录对此所提示：第一，"负债出举，不得回利作本，并法外生利"（武后长安元年，纪元701年令），便是说：不得复利计算，不得超过法定利率。第二，

---

① 三种别依大塚恒雄《中国商业经济史概说》，第167页。

"自今已后，天下负举，只宜四分收利，官本五分取利"（开元十六年，纪元 728 年令），由此公布减轻利息的标准，可以知晓，官方贷款利率毋宁长期超过了民间。今日习惯用的"负债"、"举债"，以及相对的"放债"名词，唐朝都已成立也从而得知。

雄厚的唐朝商人资本，承继隋朝国际通商的大规模展开，又系其力量扩散的另一方面。《隋书》裴矩传记载此一历史上著名的地理学家与西域事务专家所说明北道、中道、南道，目的地都是通往西方。《新唐书》地理志七下收录唐朝中期贾耽提供当时唐朝对外七线主要交通大道的完整资料，则已广泛包含了东、西、南、北四个方位，地理志引述时序文之言："（德宗）贞元（纪元 785—805 年）宰相贾耽，考方域道里之数最详，从边州入四夷，通译于鸿胪者，莫不毕纪"。八世纪末已系大唐世界帝国荣光渐蒙阴影的安史乱后，旺盛的国外贸易热却迄于唐末仍然不衰。《新唐书》七大贸易道全资料记有旅行各段详细里程，以及途中经历数以百计的诸国诸地名，今日中外学者对此考证的兴趣颇浓，虽多无定说，但大体所经由与其起讫点，则十分明白，其中陆上五线而海上二线。

陆上方面——

1. 营州入安东道，自营州（辽宁朝阳）东行过安东都护府治所，北通奚、契丹，东往渤海国，东南入朝鲜半岛。

2. 夏州塞外通大同、云中道，自夏州（陕西榆林）向东北行，从山西省北端大同城入古长城线以北的内蒙古之地。

3. 中受降城入回鹘道，睿宗景云二年（纪元 711 年）于今内蒙古内部、黄河以北筑东、中、西三受降城，以之为准备地，与上一线同系蒙古大道，此线且直指回鹘（回纥）所代表铁勒诸部游牧地的外蒙古与其以北地方。

4. 安西入西域道，便是历史上最所熟悉的西方大道，连结地中海世界的著名丝道。旅程长而贸易盛，中间展开纵横交错的路线也最复杂。

5. 安南通天竺道，由越南北境通过云南南部，横断缅甸而入印度。

两大海道则——

6. 登州海行入高丽、渤海道，自登州（山东蓬莱）渡海，于鸭绿江口分途，溯江而上至渤海国，沿海岸南下往新罗国，继续渡航便抵日本。

7. 广州通海夷道，自广州通航南洋诸国，西行经锡兰，绕过印度半岛南端沿西海岸航行，入阿拉伯（大食）水域，连结西亚与欧洲。

唐朝中国陆海七大交通路网状张开，触角几已伸向旧大陆已开发地全域，中国与北亚细亚、中、西亚细亚、地中海世界、印度、南洋群岛、中南半岛地域间，由是得广范围进行商品交换。贸易的大宗项目，中国输出金属制品、丝、纸、瓷器等，输入象牙、数种类的金属、香料、生药等[①]。中国商人渡海西行，与包括了犹太人、波斯人，特别是七世纪中大食国勃兴后的阿拉伯人等西方各国商人渡洋东来的热潮，愈随时间后移而愈兴旺。在于中国，唐朝著名的贸易港口，安南都护府（交州）的外港龙编、广州、泉州、明州（浙江宁波）、扬州（运河—长江交流点）、楚州（运河—淮河交流点、江苏淮安）、汴州（运河—黄河交流

---

① 苏联科学院《世界通史》，东京图书版日译本中世 1. 第 45 页。

点)、洪州(江西南昌)、荆州(江陵府)、益州(成都府)等①,都是。适应如文献中累累而见南海舶、师子国舶、蕃舶、波斯舶、昆仑舶等众多名词所代表各国商船队前来中国的盛况,至于管理蕃舶出入港口与卸货征税需要,而诸贸易港的市舶司,也自唐朝成立。"开元二年(纪元714年)十二月,岭南市舶司……"(《唐会要》卷六二御史台项下谏诤条),乃记录中最早见出"市舶司"其名的年代,初置约略便在此时,岭南(广州)也可能便是第一处。

中国自汉朝开通西域,南海地理上的发现已是相对应的另一方向丰硕收获,但外国贸易主线,却向来系于陆上。海上交通贸易终得与陆上相抗衡,到压倒陆上,取得替代陆上的位置,最早是三世纪三国吴国迈出第一步,而唐朝中期以来登入关键性转换时代。七大贸易道的海夷道已被盛加利用,而中国商人、商船活跃范围脱出南海海域,通过马六甲海峡突入印度洋,到达锡兰或中国史书中累见其名的狮子国。狮子国于当时乃世界贸易中心,东方中国,西方腓尼基等各地商人,莫不以锡兰为中心而集散,然后作贸易的再出发②。于此继续西行时,一道沿大陆海岸驶波斯湾,一道指向亚丁港进入红海。

海夷道或南方海上交通贸易大道,自八世纪中唐朝中期以来而特殊发达,其时间意义,显示安史乱后的唐朝政治力固已松弛,世界帝国的荣光也正渐渐黯淡,南方海上交通与贸易却全然无损,相反还呈逆方向的频繁展开。此一现象,也正说明所附着

---

① 大塚恒雄《中国商业经济史概说》,第160页。又:刘伯骥《中西文化交通小史》第45页:"开元初,在广州、泉州、杭州置提举市舶司"。

② 大塚恒雄《中国商业经济史概说》,第159页。

政治关系的淡薄。而贸易的非政治化,则自唐朝世界帝国形成之初,便已铸定其南方海上事业的特征,以及表现为唐朝继承隋朝事业,究非全然同一轨迹的形貌——

唐朝世界帝国基础,正确而言,系隋炀帝创缔。隋炀帝积极的南方海上政策,正与北方陆上等重。《隋书》南蛮传序:"大业中,南荒朝贡者十余国,其事迹多湮没而无闻。今所存录,四国而已。"四国中,真腊、婆利系自发的遣使朝贡,余两国都承受隋朝强力政治力影响:

——炀帝即位之年的仁寿四年(纪元604年)林邑征伐,将军刘方破其国王巨象军,陷国都,虏王宗庙中十八座祖先金像而归。

——大业四年(纪元608年),常骏使赤土国,自广州出发,南海中水行百余日抵其国都,国王以盛礼接待。金质多罗叶上隆起铸为文章,金函封之,以为答书。使节团返程改从越南南部林邑登陆,北上入国境,赤土国王子随行,率团朝贡。

另一次海岛国家征伐见于同书东夷传:

——大业三、四年,朱宽两度出使福建省东方海中流求国招抚,国王不从。六年(纪元610年),陈稜将兵浮海,攻下流求国都,焚其宫室,俘虏男女数千人而返。

同一林邑之例,唐初的对待态度已全转变,自《新唐书》南蛮传下环王(林邑)条记载可见:"贞观时,(林邑)王头黎献驯象、镠锁、五色带、朝霞布、火珠,与婆利、罗刹二国使者偕来。林邑其言不恭,群臣请问罪,太宗赦不问"。另两隋朝已加投资的赤土国与流求国,唐朝且任令中断关系,而自南蛮传或东夷传中脱落其记录。所以,六都护中安南都护的监临对象,主体均仅陆上附近诸异民族，对海洋国家毋宁便以不介入政治力为原则。八世纪以后唐朝海上贸易隆盛期来临，因而全摆脱了贸易乃政治的延长，也由政治领导的传统。却是，惟其政治关系消极化，民间贸易尽管繁荣，依官方记录而录为《新唐书》南蛮传下（南蛮传上、中两篇均南诏传）的有关南洋诸国事情，凭此等国家自发的，也不稳定的朝贡意愿而认识，资料的遗留今日，便嫌不完整，也遗憾与《隋书》南蛮传的记载往往不能连续。《隋书》四国中介绍最着力，人文景观与旅程记载均详的赤土国，便以唐朝记录中断，形成文献上的昙花一现，而迄成东洋史研究上的问题之地，泰国、马来半岛、新加坡、苏门答腊中部 Djambi 附近，又或其南以 Palembang（以后华名巨港、旧港）为都，唐朝文献中的室利佛逝（Srivijaya）国等诸说，都曾被提出[①]。流求国于《隋书》东夷传中同样分量颇重，人文记载为多，其"当建安郡（福建省北部）东，水行五日而已"的位置明言系台湾，已被历史界接受为通说，便是说，继三国吴国黄龙二年（纪元230年）所登陆的夷洲为同一地，台湾的第二度再发现。学者间却也仍有据同传所记，陈稜系"将南方诸国人从军"，"自义安（今广东省潮安县）浮海，至高华屿又东行二日，至𪚲鼊屿，又一日便至流求"，而提出也可能是菲律宾的怀疑[②]。

如下是唐朝南海地图上诸国位置的已知部分——

林邑（Lam AP 占城、占婆 Champa），与扶南（Founan）同系三世纪前半三国吴国"南宣国化"时最早为中国人所认识的南洋国家，以位置在今日越南南部而与越南北部的中国直辖领土接

[①] [②] 文艺春秋版《大世界史》4. 大唐之春，第120页。

壤，七世纪左右乃是强力的国家。但便于势力发展反弹力下遭受隋唐压力，以及繁荣所由的中继贸易地位被室利佛逝取代而衰退，其时《新唐书》谓已"更号环王"（八世纪中玄宗次代肃宗至德以后）。惟其灭亡，则须延至越南建国后的十七世纪后半。

真腊（Siem-Reap），六世纪之半，兴起于湄公河中流域的吉蔑人（Khmer，柬埔寨人）之国，七世纪时灭扶南而壮大。见于《新唐书》真腊的传记是："真腊，一曰吉蔑，本扶南属国……。贞观初，并扶南有其地"。与唐朝关系至为密切，《新唐书》的传记说明："开元、天宝时，王子率其属二十六来朝，拜果毅都尉；大历中（八世纪后半），副王婆弥及妻来朝，擢婆弥试殿中监，赐名宾汉"。九世纪时，此一高棉本据的国家，已发达为广域支配的柬埔寨（Kambuja）帝国。

缅甸当八世纪左右，自伊洛瓦底（Irrawaddy）江中流域抬头的 Phu 人建国后，《新唐书》中骠国，乃现在的缅甸民族本体 Burman 所建设最初的国家。《新唐书》骠国传记说明其位于上缅甸的四界，东真腊，西天竺，北南诏，南临海，八、九世纪之交德宗贞元中始通唐朝。王雍羌遣子舒难陀所贡献骠国乐（舞客、乐曲、乐器）在中国大受欢迎，勅授父、子各为检校太常卿与太仆卿而遣返，勅书草稿者大文学家白居易，其文录入《香山集》（卷四十），白居易为此而撰《骠国乐》诗，亦见《长庆集》（卷三）。

另一方面，岛屿部分，苏门答腊上述室利佛逝王国，发达为强力的海上贸易国家。其起源不明，七世纪之半以来，以立于印度与中国相结的航路中间，恃其马六甲海峡与巽他（Sunda）海峡中央位置的有利地理条件，八世纪时海上活动急速发展。西方大食商船盛大东来，唐朝市场丰裕的商品也经中国商人之手海外进出，此一海上王国以系中继贸易地而繁荣，八世纪半左右以后且支配马来半岛南部，领土之广，足当其时东南亚惟一大国之称[①]，十世纪最盛。与唐朝间关系，七世纪后半最早建立，高僧义净赴印度留学，便以在此研究与翻译佛典而闻名。《新唐书》的开元时代记录："又献侏儒、僧祇女各二，及歌舞。官使者为折冲，以其王为左威卫大将军，赐紫袍、金钿带。后遣子入献，诏宴于曲江，宰相会，册封宾义王，授右金吾卫大将军，还之"。

---

① 晓教育图书版《现代教养百科事典》7. 历史，第 136 页：Srivijaya 王国条。

开放性的生活、思想与文化

大唐的荣华

白居易《长恨歌》名句:"金屋妆成娇侍夜,玉楼宴罢醉和春。姊妹弟兄皆列土,可怜光彩生门户,遂令天下父母心,不重生男重生女。骊宫高处入青云,仙乐风飘处处闻,缓歌谩舞凝丝竹,尽日君王看不足"。

八世纪中玄宗治世,绚烂的唐朝文化正值最隆盛期,以此时为中心前后期光与热不减的唐朝文化,也堪以历史的集大成意味,而概括代表历史的中国文化。特堪注目,又是如《长恨歌》内容所反映其时上流社会惊人的豪奢生活实态。

唐朝物价,《通典》食货七历代盛衰户口项大唐条,曾载有贞观八、九年以迄开元十三年(与"以后")的调查记录,以时代均属唐朝盛期,不能据以窥见唐朝全时代社会生活水准的升降,则历史界整理有关诸文献制定的一份完整统计表,可以填补《通典》空白,明了唐朝物价变迁的全貌:①

---

① 诚文堂新光社版《世界史大系》3.东亚Ⅰ,第238页。

年代	米（粟）	绢	钱	其他	备考
武德元（618）	一斛		八、九万钱		东都大饥
武德四（621）	三升（粟）	一匹		当布十匹、盐三升	围洛阳
贞观元（627）	一斗	一匹			关中饥馑
贞观四（630）	一斗		四、五钱（三、四钱）		大稔
贞观五、六（631、632）	十余石（粟）	一匹			丰稔
贞观八、九（634、635）	一斗		四、五钱		丰稔
贞观一五（641）	一斗 一斗（粟）		两钱 三、四钱		稔长安
永徽五（654）	一斗（粟） 一斗（粳米）		两钱半 十一钱		大稔、洛州
麟德二（685） 永淳元（682）	一斗 一斗		五钱 三百钱 （四百钱）		大稔 关中蝗旱
开元一三（725）	一斗 一斗		十五钱 五钱		丰稔、东都 丰稔、青州、齐州
（以后）	一斗	一匹	三十文以下 二百十文	面一斗 三十二文	西京 西京
开元二八（740）	一斛		二百文以下		丰稔
天宝五（748）		一匹	二百文		
乾元二（759）	一斗		七千文		货币混乱
上元三（760）	一斗		五百文 千五万文		饥馑
广德二（764）	一斗		一千文		淫雨、蝗
永泰元（765）	一斗		一千文 （千四百文）		霜（久旱）

续表

年代	米（粟）	绢	钱	其他	备考
大历四（769）	一斗		八百文		连雨
大历五（770）	一斗		一千文		长安
大历六（771）	一斛		万钱		旱
建中初（780左右）	一斗	一匹	二百文 三千二百文 （四千文）		
贞元元（785）	一斗		一千文		河北、河南饥馑
贞元二（786）	一斗		一千文 （千五百文）		霖雨
贞元三（787）			百五十文		丰稔
贞元中（785至805）	一斗 一斗		三十七文 百五十文 一匹	一千六百	京师 淮南
长庆初（821左右）	一斗	一匹	五十文 八百文		
开成三（838）		二匹	二千文		
开成五（840）	一斗（粳米）		百文		山东
宣宗、懿宗之际	一斗		四十文		京师

由表列得以明了前百年与后百年的两个阶段间，米价基准的物价差距颇大，但前后两阶段各别的约一个世纪间，则除非饥馑等天灾、人祸场合，物价大体都保持平衡（合理的缓慢上涨毋宁乃正常现象）。生活水准的阶段意味升高，断限正在玄宗时代，为堪玩味。盛唐的荣华，无论物质生活或精神生活都于此时代到

达顶点，奢侈之风也自此时代明显形成，自上流社会带动而风靡全社会都市生活，以迄唐朝覆亡不衰，社会物价向高阶段升进之势，终于铸定。而唐朝奢靡风尚的倡导巨力，又正发自玄宗皇帝。

玄宗开元之治，史家向以与其曾祖太宗贞观之治比美，政治上精励恪勤，生活上戒风俗之华美，禁中杜绝声色之娱，保持了先代坚实的世风。但以天宝为年号的治世后期，宫廷生活的豪华，较前呈现了逆方向大变化。关键所由的中心人物，中国历史上最著名美人之一的杨贵妃，《长恨歌》曾着力描写："回眸一笑百媚生，六宫粉黛无颜色。春寒赐浴华清池，温泉水滑洗凝脂。侍儿扶起娇无力，始是新承恩泽时。云鬓花颜金步摇，芙蓉帐暖度春宵。春宵苦短日高起，从此君王不早朝。承欢侍宴无闲暇，春从春游夜专夜。后宫佳丽三千人，三千宠爱在一身"，与正史中对杨贵妃形容之词"资质丰艳，美歌舞，通音律，智算过人，每倩盼承迎，动移上意"（《唐书》后妃传上玄宗杨贵妃条）相表里，生动浮现了其所以被宠幸的理由，也强烈衬托了身已祖父辈份的玄宗皇帝，大半生热心政治，临届老境所以会深蹈温柔乡，塑造风流王子千古形象的性向转变原因所在。

《长恨歌》叙事长诗，已系相隔约半个世纪，进入九世纪初的追记作品。而分别被誉诗仙、诗圣的中国文学史黄金时代两位代表人物李白与杜甫，却是杨贵妃韵事的目击见证人——

李白《清平调》三章："云想衣裳花想容，春风拂槛露华浓；若非群玉山头见，会向瑶台月下逢。一枝红艳露凝香，云雨巫山枉断肠；借问汉宫谁得似，可怜飞燕倚新妆。名花倾国两相欢，长得君王带笑看；解识春风无限恨，沉香亭北倚栏干"。系玄宗借杨贵妃幸藩邸改建的兴庆宫沉香亭，观赏木芍药，宴酣之际，命当时著名的宫廷音乐家李龟年召李白，李白正醉眠长安街中的酒家，带醉入宫，挥毫金花笺上的即景即兴之作。诗就献上，李龟年谱曲而歌，玄宗亲吹玉笛以和，贵妃捧玻璃七宝之杯酌蒲桃酒，笑聆新调歌意，已是脍炙人口的美谈。李白以名花与美人共咏，所以后世赞美历史的四大美人时，以"羞花"表现杨贵妃特征。而李白以汉朝赵飞燕与杨贵妃相互比拟，也是"环肥燕瘦"的典型美人形容词由来。

杜甫古诗体例的《丽人行》，系贬讽世风名作，而八世纪中唐朝已奢靡成风，从其成群贵妇人盛装浓妆，春游曲江时体貌服饰、饮食车马的豪华写真文句，一目了然，特别关于杨贵妃姊妹韩、虢、秦三国夫人声势与骄纵气焰的生动描绘："三月三日天气新，长安水边多丽人。态浓意远淑且真，肌理细腻骨肉匀；绣罗衣裳照暮春，蹙金孔雀银麒麟。头上何所有？翠为䰄叶垂鬓唇。背后何所见？珠压腰衱稳称身。就中云幕椒房亲，赐名大国虢与秦。紫驼之峰出翠釜，水精之盘行素鳞；犀箸厌饫久未下，鸾刀缕切空纷纶。黄门飞鞚不动尘，御厨络绎送八珍；箫鼓哀吟感鬼神，宾从杂遝实要津……"

豪华场面见诸正史，杨贵妃的传记有如下记录："宫中供贵妃院织锦刺绣之工凡七百人，其雕刻镕造又数百人。杨、益、岭表刺史，必求良工造作奇器异服，以奉贵妃献贺，因致擢居显位"（《唐书》后妃传上玄宗杨贵妃条）；"凡充锦绣官及冶瑑金玉者，大抵千人，奉须索，奇服秘玩，变化若神。四方争为怪珍入贡，动骇耳目。天下风靡。妃嗜荔支，必欲生致之，乃置骑传送，走数千里，味未变已至京师"（《新唐书》后妃传上玄宗杨贵妃条）；"自是宠遇愈隆。韩、虢、秦三（国）夫人岁给钱千贯，为脂粉之资，铦（杨国忠）授三品上柱国，私第立戟。姊妹昆仲五家，甲第洞开，僭拟宫掖，车马仆御，照耀京邑，递相夸尚。每构一堂，费逾千万计，见制度宏壮于己者，即彻而复造，土木之工，不舍昼夜。……玄宗每年十月幸华清宫，国忠姊妹五家扈从，每家为一队，著一色衣，五家合队，照映如百花之焕发，而遗钿坠舄，瑟瑟珠翠，璨斓芳馥于路"（《唐书》后妃传上玄宗杨贵妃条）。

此一景况，以视距杨贵妃入宫（天宝三载，纪元744年）之前三十年，开元二年（纪元714年）出宫内珠玉锦绣等服玩于正殿前焚毁，废长安织锦坊，又下制："自古帝王皆以厚葬为诫，以其无益亡者，有损生业故也。近代以来，共行奢靡，递相仿效，浸成风俗。既竭家产，多至凋弊。然则魂魄归天，明精诚之已远；卜宅于地，盖思慕之所存。古者不封，未为非达。且墓为真宅，自便有房，今乃别造田园，名为下帐，又冥器等物，皆竞骄侈。失礼违令，殊非所宜；戮尸暴骸，实由于此。承前虽有约束，所司曾不申明，丧葬之家，无所依准。宜令所司据品令高下，明为节制：冥器等物，仍定色数及长短大小；园宅下帐，并宜禁绝；坟墓茔域，务遵简俭。凡诸送终之具，并不得以金银为饰"（《唐书》玄宗纪开元二年条），两相对照，精神如何悬隔可见。而上引薄葬令的颁布，特堪注视，已是社会背景"共行奢靡"正"浸成风俗"之际。

则唐朝中朝或盛世到达顶峰以来，产业发达，流通圆滑，消费力随社会富力的提高而增强，奢侈的流行为社会现象注定不可避免表面化以前，潜在的奢侈因子扩张固可用政治力量一时压制，却难以设想终局便是禁令发布者自身倒反的倡导，由宫中与贵戚之门首先决堤，豪奢奔流乃覆盖了全社会，如《新唐书》杨贵妃传记的用语"天下风靡"。

闻名中外的杨贵妃，其事迹也引起唐朝男女伦理观念的讨论兴趣。此一女性，少女时代名杨玉环，十七岁时以一州级官吏之女被纳为玄宗第十八子寿王瑁之妃，开元二十八年（纪元740年）二十二岁时，以阿公玄宗的惊艳而这位儿媳转变一生命运，出寿王邸为女道士，道号太真，四年后的天宝三载（纪元744年）入宫侍玄宗，翌年二十七岁时封贵妃，玄宗时年六十岁。如上经过，与武则天初系太宗才人，经由入寺院为女尼的过程再度入宫，以高宗之妃正位皇后，极为相似，只是祖父皇帝与孙皇帝属意对象辈份的上下顺序倒易，因而授后人感觉都是乱伦。乱伦于唐律乃犯十恶之条，但以出家过渡已可谓虽贵为天子，也不得不尊重法律的补救之道意味，然则问题还是在于男女关系的社会意识。于此，可以发现，对武后或杨贵妃都无鄙视的舆情资料遗留后世，女帝时代武后的宫闱丑闻乃系古今同所熟悉，却于当时声名无损，《丽人行》指责的也是杨贵妃姊妹兄弟权势凌人，而非其放荡私行。唐朝女性"性"的地位全与男子平等，颇被指系北朝胡族传统的残留，实则胡人习俗固如此，汉人自身为相同，汉朝、魏晋如此，南北朝也如此，南朝帝王纯出汉系，而赵翼《廿二史劄记》便辑有宋世闺门无礼洋洋大观的专篇。所以，系后世汉族男性本位意识强化，男女关系神秘化，以女性从一而终伦理成立而社会道德律改变，女性才被剥夺固有权利，唐朝与其以前的时代都不是。女性政治地位，便与社会地位的升降相配当，在于唐朝，非只产生武后与韦后所谓闺闱不修而又政治欲望强烈的人物，与之同一类型，具有绝大政治发言权与实力的女性，高宗与武后之女太平公主三嫁，中宗与韦后之女安乐公主再嫁。中宗另一女定安公主与玄宗之女兴信公主，也都是三嫁。

惟其婚姻与两性关系的待遇上不存在歧视感，唐朝女性的性格如同男子似开朗，自男女相同的流行骑马风习，如唐诗名句"虢国夫人承主恩，平明骑马入宫门"（张祐句），与《唐书》杨贵妃传记大书伊人"乘马则高力士执辔授鞭"，以及唐朝遗物的唐三彩骑马妇人、骑马官人像偕出，与妇人成群乘马奏乐游春绘卷等所见，唐朝女性飒爽英迈的印象，至为鲜明。

也便由唐朝众多造形与绘画艺术遗品，以及敦煌石窟珍贵壁画等现实资料，可认识唐朝美人的典型。美人的标准，系随时代而异为堪理解，六朝人系爱好瘦型面长，相对，唐朝特色则在丰艳，风尚肤色雪似白润而丰满脸腴的肉体美人。发结高髻或大圆髻，高髻变化又特多，而施以黄金、翡翠、玉等细工制造花形、雀形各式各样发饰。穿着宽袖或筒袖上衣，裙特长，束部非在腰而移上至胸，肩附绫绢质地的大幅披巾。化妆术唐朝偏重浓妆，颜面敷粉而加红脂的"红妆"为当时所流行。岑参"朱唇一点桃花殷"诗句说明如今日唇涂口红之外，最注意部门系青黛描眉，由闺中旖旎风光"妆罢低声问夫婿：画眉深浅入时无."（朱庆馀诗句）可知，也因而"淡扫蛾眉"形容了素面美丽特例，蛾眉便是形似飞蛾触角的唐朝喜爱风尚。额上绘贴黄、红等色泽的美姿花形，为惟唐朝女性独特的化妆法，一九六〇年于乾陵（高宗墓）东南三华里处所发现八世纪初唐朝豪华墓葬，由墓志而知乃高宗与武后孙女、中宗第六女、享年仅十七岁的永泰公主（其妹即安乐公主）之墓，出土大量遗物唐三彩鸣马、骑马女俑等均弥足珍贵，其盛装浓抹贵妇人群像壁画为特有名，历一千二百年至今日仍保持原形，额花化妆特色便至鲜明①。其与太原郊外铭年武后万岁登封元年（纪元696年）古墓壁画②等相印证，又系同时期绘画与风俗史研究的重要凭证。

杨贵妃以三十八岁盛年，悲剧下场。《长恨歌》记述天宝十四至十五载（纪元755—756年）"渔阳鼙鼓动地来，惊破霓裳羽衣曲。九重城阙烟尘生，千乘万骑西南行。翠华摇摇行复止，西出都门百余里。六军不发无奈何，宛转蛾眉马前死"。安禄山叛变，京师失陷，天子幸蜀途中遇扈从亲卫军哗变，屈从彼等意愿，杨贵妃终于"君王掩面救不得""君臣相顾尽沾衣"的悲痛境况下被缢死马嵬坡前。《长恨歌》的后半段，便是皇太子受禅为肃宗（天宝十五载因是而改至德元载）后收复京师，已系太上皇的玄宗归来时，池苑依旧，与杨贵妃却生死相隔，以迄宝应元年（纪元762年）七十八岁崩逝的数年间，惆怅、相思、遐想之情倾吐，而以全篇长诗结尾"天长地久有时尽，此恨绵绵无绝期"之句题名《长恨歌》。然而，杨贵妃时代以来，唐朝政治固已弛倦，唐人奢侈风尚，却已在生活中生根，安禄山父子与接续的史思明父子之乱平定前后，《唐书》出现的便尽是如下权势之家豪侈的记录（各见本传）：

——裴冕："性本侈靡，好尚车服及营珍馔。名马在枥，直数百金者常十数。每会宾友，滋味品数，坐客有昧于名者。自创巾子，其状新奇，市肆因而效之，呼为仆射样"。

---

① 人物往来版《东洋历史》5.隋唐世界帝国，第218页。

② 同上，第191页附图并说明。

——元载:"(长安)城中开南北二甲第,室宇宏丽,冠绝当时。又于近郊起亭榭,所至之处,帷帐什器,盛于宿设,储不改供。城南膏腴别墅,连疆接畛,凡数十所,婢仆曳罗绮一百余人,恣为不法,侈僭无度"。

——郭子仪:"岁入官俸二十四万贯,私利不在焉。其宅在亲仁里,居其里四分之一,中通永巷,家人三千,相出入者不知其居。前后赐良田、美器、名园、甲馆、声色珍玩,堆积羡溢,不可胜纪"。

特别关于肃宗次代代宗大历二年(纪元767年),郭子仪入朝时代宗诏办欢迎宴,《廿二史劄记》特笔篇名豪宴:"宰臣元载、王缙,仆射裴冕、第五琦、黎干等各出钱三十万,宴于子仪之第。时田神功亦朝觐在京,并请置宴,于是鱼朝恩及子仪、神功等,更迭治具,公卿大臣列于席者百人,一宴费至十万贯(原注:子仪传,似误,应系代宗纪大历二年条),亦可见是时将相之侈也",真是令人咋舌的交际大手笔。

代宗大历六年(纪元771年)与约半个世纪后的文宗太和元年(827年),都曾下达奢侈禁止令,太和六年且据元年令详订遵行准则颁布,其要约:"车马无饰金银,衣曳地不过二寸,袖不过一尺三寸;妇人裙不过五幅,曳地不过三寸,襦袖不过一尺五寸"(妇人衣袖阔四尺,裙曳地四、五寸为时髦,见开成四年〈纪元839年〉淮南观察使李德裕奏);"妇人本合乘车,近来率用檐子,事已成俗。外命妇一品、二品、(中书门下)三品母妻金铜饰犊车,檐子舁以八人……,六品以下画轙车,檐子舁以四人,胥吏、商贾之妻老者乘苇軬车,笼笼舁以二人。庶人准此";"禁(妇人)高髻、险妆、去眉、开额及吴越高头草履"。

禁令发布堪注意处:

其一,自所设规定范围之广不难察知,九世纪的时代风尚,奢侈已非限权势大臣的富贵之家,而系社会一般现象。《新唐书》所谓"四方车服僭奢"。

其二,《新唐书》车服志记载上引标准的下文,却赫然是:"诏下,人多怨者。京兆尹杜惊条易行者为宽限,而事遂不行",禁令竟成一纸空文。

《唐书》舆服志的唐朝中期以来一般社会现象记事,尤其简明而印象深刻:"风俗奢靡,不依格令。绮罗锦绣,随所好尚,上自宫掖,下至匹庶,递相仿效,贵贱无别"。所以,如杜甫"朱门酒肉臭,路有冻死骨"(《自京赴奉先县咏怀五百字》)著名诗句,与其他甚多描述战乱中人民苦难的诗篇,诚然都是现实社会的真确反映,却也须判明,系动乱灾祸期的一时现象。以一概全,授人唐朝全时期均以贫富悬殊而际遇如天隔,被压迫的人民生活痛苦艰难的感觉,乃是唯物史观学者模式的夸大,唐朝社会平时与多数时间非是。此从前录唐朝物价表可以明示,累累明令限制副葬明器数量而终无效也是明示,考古学的墓葬发掘成果,尤可以明示。

汉朝乃墓葬黄金时代,地上坟丘自战国之末发生,到达秦汉时代全盛极限以后,虽已向衰微的方向下落,唐朝不能例外,但墓前设施与墓内副葬明器的丰硕考古成果所说明厚葬风习,则与文献记录全行符合。关于坟墓内部构造,后汉以来主要形式系以长方砖筑椁,唐朝亦相同,但无椁之墓的土坑墓(直式)与土洞墓(横式,或称洞室墓)两类形式中,唐朝与汉朝正是倒反现象,土洞墓为多,黄河与渭水流域地带,特别于今日洛阳与西安市附近有集中发现。棺则自殷朝通过唐朝直至今日,木棺系主流的传统不变,虽然使用木质以外材料之例,各时代都非不存在,西安市东郊唐朝明威将军高元珪之墓,便是大石而四周均雕刻纹样的石棺,陕西省醴泉县也发现同类型却使用小石块的石棺。

帝王陵墓,南北朝以前的石阙,唐朝完成了参道入口竖立成对石柱式华表的替代,也自此经宋、元以至明、清时代均行存续,虽然也发生若干变形。参道两侧布列石人、石兽的风习,唐朝十八陵中,自现存状态所见,特为典型的是高宗乾陵(七世纪后半)与德宗崇陵(九世纪初)。位于今日陕西省乾县的乾陵侧,遗有石质飞龙马一对、朱雀一对、石马五对、石人十对、石狮子一对,以外残存唐朝世界大帝国支配圈中服属外国首长石像五十三座。所有墓前石人的区分文官与武官(所谓文石、武石),其服色各部分的写实,与明器的陶俑、壁画中人物,共同对唐朝风俗的了解提供了直接资料。浮雕则太宗昭陵六骏,唐朝建国期与太宗共同出生入死于战场,六匹太宗所亲乘特为爱好的名马,各各加以石刻纪念。可惜六骏中现仅其四遗留国内(保存于西安市的博物馆)。余两浮雕已流入美国[①]。

隋唐明器,长安与洛阳出土品,原已以制作的秀丽卓越著誉,近以汴洛铁路建设工事进行时发掘,以及学术界于各地的组织化调查,而明器出土品大量向世间介绍,分布地自河南省、陕西省北至山西省、河北省与北京市,南及湖北省、湖南省、江苏省,西向甘肃敦煌、新疆吐鲁番,均有发现。唐初副葬多用金、银、玉器,最堪代表唐朝绚烂文化与唐朝陶器的象征,具体表现

[①] 棺椁与墓前石造物解说,取材自关野雄《坟墓的构造》,平凡社版《世界考古学大系》7. 东亚Ⅲ,第31—45页。

白、黄、绿三彩釉色调闻名世界艺术史的唐三彩,也因之被认识系八世纪唐朝中期以降急激增加,西安市近郊多铭有纪年的墓志,可知其发达过程的推移。发掘成绩的归纳,以长安为中心,由隋而唐的明器种类可分:

1. 人物——文官、武官、男女侍者、武人(天王、神将)、骑马人物、奏乐等歌舞女、胡人、牵马或骆驼人。

2. 镇墓兽、十二生肖。

3. 牛车、鞍马、车。

4. 骆驼、马、羊、狗、猪、鸡与狮子等动物。

5. 灶、井、仓、厨具等器物。

其中,器物明器乃汉朝所流行,唐朝已显著减少,楼阁类建物且绝无,人物与骆驼,马占主要题材。一墓中且往往纳入三四十件,甚或一二百件的豪夸之数。

考古编年,隋唐时代分隋、唐前期、唐中期、唐后期等四期。隋式样上承北魏,风格乃厚重而呈生硬,唐前期又与隋相通,咸阳市底张湾独孤开远墓(贞观一六年,纪元642年)、西安市郭家湾李政墓(显庆四年,纪元659年)、西安市韩森寨段伯阳妻高氏墓(乾封二年,纪元667年)、西安市羊头镇李爽墓(总章元年,纪元668年),同地许崇芸妻弓美墓(仪凤三年,纪元678年)等出土文人、武人与骑马俑、女侍俑、镇墓俑、动物俑等,与西安市郭家滩田府君墓(隋大业七年,纪元611年)同类明器形态与手法相似,尤其独孤开远墓的有髯武人像,着裲裆铠,持盾,纯然隋式。材质也均褐釉陶、黄白釉陶、白陶加彩、灰陶加彩等,尚非三彩技法。

唐中期,明器的表现渐起变化,白釉、黄釉以外增加绿釉的陶俑三彩敷设才出现。同系西安市郊,虽然郭家滩严君夫人任氏墓(神龙三年,纪元703年)出土人、马、镇墓兽等俑仍系唐前期面影,洪庄村独孤思敬与其夫人元氏、杨氏墓(元氏与杨氏乃长安三年,纪元708年合葬,独孤思敬于景龙三年,纪元709年合葬),种类如同任氏墓的众多明器,风格上彼此已见差异。到西安市西郊南何村鲜于庭海墓(开元十一年,纪元723年)调查,多彩色所谓"三彩"的明器也昂然登场,其发掘数,红陶俑一〇三、三彩陶俑二十一。后一系统包括执圭文官、绿色长衣而戴帽着长靴的男侍、高髻丰颊穿绿色白花衣着的女侍、牵马胡人、马、骆驼、镇墓兽等均备,特别又是披巨大毛毡的骆驼背上,演奏琵琶等胡人五人乐队同乘,三彩效果发挥至极致。开元以后,西安市东郊郭家滩史思礼墓(天宝三年,纪元744年)、西安市高楼村吴守忠墓(天宝七年,纪元748年)、咸阳市底张湾张去逸墓(天宝七年,纪元748年),以及无墓主、年代可考的西安市王家坟村第九十号墓、西安市东郊十里铺第三三七号墓、洛阳北郊邙山等,都以发现唐中期丰富陶俑闻名。

唐后期,明器制作的种类与形式均蹈袭唐中期,西安市小土门村朱庭玘墓(元和三年,纪元808年)高髻而面部丰满的女俑与十二生肖立像(宽衣大袖人像而各别的鼠、牛……狗、猪十二生肖头部),便与中期史思礼墓同类出土品,几乎一模一样。由此而理解——

一、唐朝风习变化的明显标志在中期,表现于明器制作,系因受流行的塑像风格影响,而其写实味倾向柔软形态,迥非前期的追随隋式,所以女像且出现怀抱爱犬或小儿之状。豪华的三彩也开始普遍化。

二，奢侈之风的曲线上升之后，迄唐后期不能回落。西安市郭家滩张渐墓（会昌五年，纪元845年）特为众多明器出土的事实，与懿宗之女同昌公主死（咸通十一年，纪元810年），名香袅绕，音乐悠扬声中送葬明器行列全长二十余里的记事，堪相对照①。

唐人厚葬，明器之丰所反映，一方面是当时人的生活水准，一方面又是当时生活式样，墓内壁画与同时副葬的实物，意义相同。武器类于隋唐已无坟墓副葬习惯，虽也存在如武昌市一唐墓中出土四神七星莲华铜剑之例，似非实用之物而系仪仗之用。生活用具则出土品丰富，了解炊爨具中，镟仍普遍，甑几乎全被淘汰，相对的，锅已大量使用，这是对应粒食习惯向粉食变化而然，温酒器的鐎壶与鐎斗保持旧传统。饮食具的材质，基本上也仍是陶瓷器与漆器，若干银器，以及少量青铜器，主要的器种，固体食物用盘，液体用杯，壶同样应用广泛。低火度釉自唐中期而发达，唐后期青瓷、白瓷之窑急激一般化，所以唐朝后半，一般民众日常所用小盂意味的碗也已向青瓷白瓷普及，上流社会便于其时加大流行白、黄、褐、绿、蓝等多色斑纹。富丽华美的三彩器上，花卉、树木、鸟兽、人物、故事传说等均见。构图自由，描写手法多写实，纹样自南北朝采用忍冬、唐草、莲华、飞天等西方意匠以来，隋唐愈受欢迎而复杂，特别是唐草的多样化。各类器种的形式也多变，银器式样受萨珊波斯甚大影响，高足杯的足部、八曲杯的口部（大口）等，尤富变化。兽环由汉朝传统的鼻下移置口部，乃是唐式代表性特征。镜系重要的实用化

---

① 明器解说，取材自关崎敬《明器的发达》，平凡社版《世界考古学大系》7. 东亚Ⅲ，第52—57页。

妆道具，汉镜发达高潮过去，魏晋以来都属神兽镜范畴，南北朝末期佛像意识注入，系脱出沉滞之道的光明指引。投入了清新之感与西方意匠的隋镜已是唐镜前奏，从而转向镜的制作再一高潮唐镜时代，海兽葡萄纹、凤鸾纹、花卉纹、骑马狩猎纹等装饰纹镜，以及伯牙弹琴纹、月桂捣药纹等故事画镜，蓬勃兴起。镜式又除圆形以外，方形、六花、八花、八棱等均备，铸造技法则镀金、贴金、螺钿、七宝、金银平脱等，都是豪华拔萃的工艺极品[①]。

唐朝都市中人的生活繁华与其强力消费力，由如上文献与地下资料，可以充分明了。都市文明特色因而也便表现在声色犬马的官能享受，宴饮、音乐、舞蹈、山川园林之游、养鸟、赏花、竞技、博戏等场面，唐人诗文、笔记、小说中都留有丰富资料（刘肃分类排比，记武德至大历间事的《大唐新语》，体例亦系笔记而非史书）。记述开元至长庆（元和之后穆宗年号，纪元821—824年）约一个世纪间杂事的李肇《唐国史补》（三卷），玄宗时代之事，固闻听而得，八世纪后半以来则已是长安生活的亲身体验，其"长安风俗：自贞元侈于游宴，其后或侈于书法、图画，或侈于博弈，或侈于卜祝，或侈于服食"（卷下）的记载，且说明社会爱好如同今日存在流行趋向的变迁。这些心身之娱因素构筑的都市繁荣面，长安、洛阳、扬州等都相同。每年节日，又已系城市与乡村的普天同庆共乐。有关唐朝岁时节令的记录甚多，特具丰富资料，非官撰而以一般庶民行事为对象的两部著作，一是隋朝杜台卿的《玉烛宝典》，此书后已散佚，幸由宋朝

[①] 生活用具解说，取材自水野清一《生活用具和武器的消长》、小野胜年《风俗与流行》，平凡社版《世界考古学大系》7. 东亚Ⅲ，第58—64页，74—75页、83页。

《太平御览》时序部引录保存部分辑文迄今；另一著述，乃六朝梁朝宗懔记南方之事，而经《玉烛宝典》著者之甥，隋朝杜公瞻补注北方之事的《荆楚岁时记》。两书虽均前代之作，对唐期仍然适用，也以集前代重要典籍中有关四季记述大成，通前代岁俗得为今日人所知。

唐初诗人卢照邻《元日述怀》有"人歌小岁酒，花舞大唐春"之句。长安之春，堪引为唐朝都市人生活范例。元日，长幼衣冠依次拜贺，饮屠苏酒互祝长寿健康，画鸡贴户上，旁插桃符以攘百鬼，自此开端，全社会活泼转动。《玉烛宝典》解释："正月为端，其一日为元日，亦云上日，亦云正朝，亦云三元（原注：岁之元，时之元，日之元）。自元日至晦日（月末），士女泛舟或临水宴饮，或乘车跨马出郊外，设帐作探春之宴"。其间的正月七日乃"人"日，煮七种菜之羹，剪彩作人形贴屏风以祥吉利。

正月十五日乃道教上元祭日（中元七月十五日，下元十月十五日），但祭典严肃意义，已被以其夜"元宵"之名而称元宵观灯的欢娱情调所掩盖。张灯之俗，早期中国历史所无，其非中国固有传统为堪估测，通行受佛教影响，本源乃印度燃灯供奉风俗的起源说[①]，虽非有力，但中国元宵张灯习俗自南北朝之末发端[②]的一般考定，则可以成立，所以隋初尚有柳彧请加禁止的上奏文，《隋书》本传记其事与文："或见近代以来，都邑百姓，每至正月十五日作角抵之戏，递相夸竞，至于糜费财力，上奏请禁绝之。曰：窃见京邑，爰及外州，每以正月望夜，充街塞陌，齐

---

①② 文艺春秋版《大世界史》4.大唐之春，第282—283页；277页。

戏朋游，鸣鼓聒天，燎炬照地。人戴兽面，男为女服，倡优杂技，诡状异形，以秽嫚为欢娱，用鄙亵为笑乐，内外共观，曾不相避。高棚跨路，广幕凌云，袨服靓妆，车马填噎。肴醑肆陈，丝竹繁会，竭资破产，竞此一时。尽室并孥，无间贵贱，男女混杂，缁素不分"。虽然隋文帝诏可其奏，而次代炀帝有"正月十五日，通衢建灯，夜升南楼"为题的御制"灯树千光照，花焰七枝开"的诗句，元宵观灯之风显然已流行，顺随其势而唐朝愈盛。以元宵为中心前后连续三日或五日，寺观、街巷，家家户户悬灯笼，立灯树、置火轮、火棚，月光与灯火双重光明，全城照亮如白昼，夜行禁令于此数日期间开放，官民同乐，仕女欢呼游乐，高歌曼舞，或备美酒佳肴，一如柳彧所言，且向高层发展，狂欢达旦。唐诗"十万人家火焰光"（张萧远《观灯》），"歌舞达明晨"（崔知远《上元夜作》）之咏，以及《大唐新语》："金吾弛禁，特许夜行。贵游戚属，及下隶工贾，无不夜游。车马骈阗，人不得顾。王主之家，马上作乐以相夸竞。文士皆赋诗一章，以纪其事。作者数百人"，盛况全可领略。元宵观灯因之已是唐朝特为重要的节日，灯节数日间形成的行乐最高潮，等于今日的圣诞节意味。

二月仲春，三月季春的两大嘉节，一是唐朝八世纪后半始创的二月一日中和节，《唐书》德宗纪下："贞元五年（纪元789年）正月壬辰朔乙卯诏：四序嘉辰，历代增置。汉宗上巳，晋纪重阳，或说禳除，虽因旧俗，与众共乐，咸合当时。朕以春方发生，候及仲月，勾萌毕达，天地和同，俾其昭苏，宜助畅茂。自今宜以二月一日为中和节，以代正月晦日，备三令节数，内外官司休假一日。……村社作中和酒，祭勾芒以祈年谷"，是祈年祭之意。

二即杜甫"三月三日天气新"所咏春之行乐的另一高潮上巳节。上巳踏青修禊，乃六朝江南上流社会人士最爱好的雅集，"流觞曲水"，清流之上吟诗品酒，惟"上巳"原以晚春三月份第一个"巳"日为节日，便自晋朝已固定在三月三日。食草糕，斗百草，宫中赐侍臣细柳圈，意义也是祈丰年、祛不祥。

"寒食"与"清明"，系前后连接的两项古来传统。依于节气，自冬至起算第一百零五日为中心的前后三天，乃寒食，禁火食与使用火。风俗的流传，附着了一则春秋时代的故事，谓晋文公恳请山居旧臣介之推出仕被拒，无计可施时，放火焚山以逼，介之推竟抱木而死，守志不屈，哀痛的晋文公，禁火以资纪念，于是后世成俗。"寒食东风御柳斜"（韩翃《寒食》），是个伤感的节日。清明节又直接附随了每年四月五日或六日的清明节气，家家涉足野外扫墓，祭吊祖先，杜牧《清明》诗句："清明时节雨纷纷，路上行人欲断魂"，自亦哀思之情重于欢娱。

五月五日"端午"（午＝五），南方起源的竞渡、食粽、系五彩丝于臂的习俗，缘与吊祭屈原，乃流传最广的久远传说。王建《宫词》："竞渡船头掉彩旗，两边泥水湿罗衣"，唐朝宫廷便列以为热门运动项目之一。同自南方最早加附的系艾草成人形，悬门上，以及饮菖蒲酒辟邪之风，唐朝也已全国盛行。五月的节气已届夏至，与梅雨季节相当，瘟疫与传染病最易发生，特别便在东亚湿润地带的中国南方潮湿环境。则抗疫性强的药草如艾草、菖蒲的普遍利用，所谓攘毒气，退恶魔，莫非预防疫病的合理解释，五彩丝又名"长命缕"而系之"不病温"，意识相同，由来可能都是道教前身方士兴起时所提倡。

七月七日"七夕"，是最富罗曼蒂克情调的节日，由天上牵牛、织女二星座衍生的牛郎、织女,每年一度,于七夕得鹊群搭桥渡天河相会的故事,民间津津乐道。其起源,系西王母七月七日来会汉武帝传说,以及汉朝流行七月七日曝衣之俗,但六朝诗人作品已多七夕连结牵牛、织女的题材,可了解接续汉朝的时代便转变定型。"天阶夜色凉如水,卧看牵牛织女星"(王维《秋夕》),此际心境何等平静?"七月七日长生殿,夜半无人私语时;.在天愿作比翼鸟,在地愿为连理枝."(白居易《长恨歌》),风光又何等旖旎?《荆楚岁时记》:"七夕,妇人结彩缕,穿七孔针,或以金银鍮石为针。陈瓜果于中庭,以乞巧有喜子网于瓜上,以为符应"(《太平御览》时序部十六七月七日项),人间有关机织与裁缝(针),企望聪明(巧果＝七巧＝乞巧)的祈愿,都已成立。

九月九日"重九"或"重阳",由王维《九月九日忆山东兄弟》:"独在异乡为异客,每逢佳节倍思亲。遥知兄弟登高处,遍插茱萸少一人"思亲名诗,以及孟浩然"待到重阳日,还来就菊花"(《过故人庄》)之句,可指示此节日以登高与饮菊酒为特征。重九已是一年中最后一个月、日数字相同的重日节令。

入夏以来非重日的重要节日,四月八日是祝贺释迦诞生的浴佛节,诸寺盛会设斋,香水灌佛顶;七月十五日也是宗教节日,且"僧尼道俗,悉营盆供诸寺"(《荆楚岁时记》)。佛教盂兰盆(由梵语 Ullamban 而来,解倒悬之义)会,随附了目莲救母故事,此故事也以盂兰盆经与敦煌石窟所发现"目莲变文"而闻名;道教便是"中元"。都于是日举行盛大祭典,祈亡者冥福,施布饿鬼。下移一个月,八月十五"中秋"节,又与"七夕"同等浪漫化,"秋高气爽"修辞之句愈适用于其时,夜间仰望清空,明月高悬，月光照射下，世界一片银白色，因而也愈堪以"清澈""盈满"如月的形容词，以及易兴人间遐想而喜爱。月圆花好代表了人生美满，中秋之月象征了团圆。白兔、蟾蜍、桂树、仙人吴刚等月宫世界设定，"嫦娥应悔偷灵药，碧海青天夜夜心"的《嫦娥》篇，便是李商隐脍炙人口的诗句。

冬至，是一年中压轴的大节日，天子祭天的国家大典之日，迎接阳春，祈愿作物丰稔与国泰民安。然后，便是严肃的正月元日天子接受百官朝贺。

如上节日，已都是今日面貌。换言之，今日民间所有节日与其习俗，唐朝都已相同。今日依于农历季节性行事的国定假日，系春节（包括除夕与元旦的农历新年）、端午与中秋三"人"节，以及慎终追远意味的清明节。在于唐朝，此等节日同系国家给予官吏的例假日，计：冬至与元旦前后七天、寒食与清明合四日、八月十五日（中秋）、夏至、腊日（十二月八日祭灶）各三天、正月七日（人日）、同月十五日（元宵）、二月一日（中和节）、三月三日（上巳）、四月八日（佛诞）、五月五日（端午）、七月七日（七夕）、八月十五日（中秋）、九月九日（重阳）、立春、社日（春分前后戊日，祭土地神）、伏日（三伏，夏至后第三"庚"为初伏，第四"庚"为中伏，立秋后初"庚"为后伏，辟恶）各一天[①]。另外，日期非固定的天子降诞日（天长节）休假。

杜甫《丽人行》写作背景的曲江池，系唐朝长安最负盛名的园游胜地，位于城内东南隅，其南紫云楼、芙蓉苑，其西杏园，

[①] 唐朝假日，依小野胜年《唐代的年中行事》统计，而加解释，但原列"二月八日"似系三月一日中和节之误，因作更改，世界文化版《世界历史丛书7.大唐的繁荣》，第130—131页。

西北又是历史上名僧玄奘印度归来，展开译经事业所在的慈恩寺与大雁塔。玄宗时代曲江盛观尤达空前，杨贵妃与其姊妹、贵戚时时游幸。宫廷赐宴百官也多会于此间山亭，宰相、大臣、后宫女官、宦官、备供天子顾问应对的才学艺能人士翰林供奉等，陪伴皇帝登池中彩舟，太常、教坊演出乐舞，万人伫足，长安倾动。每次国家考试的科举放榜，所谓"登第"的登榜新进士大宴曲江，馔、酒、茶、乐、妓俱是要件，高歌低吟，游赏赋诗，又是吸引市民往观的大好时光。平时，曲江周围广域内宫殿巍峨，细柳垂池，花卉周环，烟水明媚，已是都市人春游佳境，中和、上巳节更是人潮如涌。同时盛行的近郊野外之游，贵戚、富家非只携僮仆，且以结彩楼车载出邸宅私有女子乐团同行，又是生活豪奢面的一例。

春夏之际花季，木本的桃、杏、李等，草本的芍药、木兰、海棠等，百花怒放，目不暇接，也芬香处处。唐朝都市人特别爱好是誉为富贵表征的牡丹，艳称花王。牡丹盛开期以三月十五日左右为中心，前后延续约二十天，《唐国史补》记："京城贵游，尚牡丹三十余年矣。每春暮，车马若狂，不以耽玩为耻。执金吾铺官围外寺观，种以求利，一本有直数万者"（卷中）与白居易《牡丹芳》诗句："遂使王公与卿士，游花冠盖日相望；花开花落二十日，一城之人皆若狂"；《秦中吟》买花章："一丛深色花，十户中人赋"，风靡之情与各品种价值之昂，正相呼应。其时，裴士淹（长兴坊）、韩愈（靖安坊）、窦易直（新昌坊）、元稹（靖安坊）等私宅都以牡丹闻名①。供公众观赏的场所多在寺

---

① 石田干之助《长安之春》长安之春篇文末附注⑦，平凡社版《世界教养全集》18.，第394页。

观，著大名的是朱雀大街以东，近曲江池的进昌坊慈恩寺，白居易、元稹等名家题咏特多的，又有与慈恩寺同在街东的靖安坊崇敬寺，其北永乐坊永寿寺，以及街西长寿坊永泰寺（万寿寺）与延康坊西明寺。也便适应人山人海盛况，寺院广场上，此际歌舞、魔术等艺人组合的流动剧场与日用杂货摊贩麇集，蔚然形成庶民大众娱乐场所。

鸟语花香，鹦鹉是宫中宠物，朱庆馀《宫词》所言"含情欲说宫中事，鹦鹉前头不敢言"，活现其情。另一形态的禽鸟癖好乃斗鸡，从宫廷到市井，无不如醉如痴，张籍诗"日日斗鸡都市里"（《少年行》句）是现实写照。而且，斗鸡还附着了赌博行为。

赌博，所谓"博戏"，也视之为游戏，唐朝炽热流行于仕女界，种类包括九胜局、双六（双陆）、长行、樗蒲等，形形色色，甚或唐朝盛行的娱乐比赛围棋，也下赌注。日本正仓院今尚保存唐朝传入日本的围棋华丽带座棋盘（附棋石抽屉）与其水晶制棋石。

户外游戏，唐人对绳技，汉朝所谓的走索，兴味颇浓，女子踩跷式在悬空拉直的绳索上缓行疾走，或单人，或双人相向，婀娜多姿，全然轻身术的表演。同样利用绳索为道具的游戏拔河，乃是最初的运动竞技，原始的农业仪礼之一，用以预测今年丰凶，最能发挥团体力量，男女老少咸宜，规模也可大可小。唐朝社会上下风行，多于正月望或上巳节举行，举行时观众震鼓吵噪，场内、场外同等的情绪热烈。

汉朝已流行的幻术与魔法，所谓百戏，通魏晋南北朝至隋唐而发达到顶点，《通典》乐六散乐项大书："隋文帝开皇初，周、齐百戏并放遣之。炀帝大业二年（纪元606年），突厥染干来朝，帝欲夸之，总追四方散乐，大集东都，于华林苑积翠池侧，帝令宫女观之，有舍利、绳柱等，如汉故事。又为夏育扛鼎，取车轮、石臼、大盆器等，各于掌上而跳弄之，并二人戴竿其上舞，忽然腾透而换易，千变万化，旷古莫俦，染干大骇之。自是皆于太常教习，每岁正月，万国来朝，留至十五日，于端门外、建国门内，绵亘八里，列为戏场，百官赴棚夹路，从昏达曙，以纵观之，至晦而罢。伎人皆衣锦绣缯彩，其歌者多为妇人服，鸣环佩饰以花髦者，殆三万人。……六年（纪元610年），诸夷大献方物，突厥启人以下，皆国主亲来朝贺。乃于天津街盛陈百戏，自海内凡有伎艺，

无不总萃，崇侈器玩，盛饰衣服，皆用珠翠金银，锦罽絺绣，其营费钜亿万。关西以安德王雄总之，东都以齐王暕总之。金石匏革之声，闻数十里外，弹弦管以上万八千人，大列炬火，光烛天地，百戏之盛，振古无比，自是每年为常焉"。唐朝虽无类似的炫耀记录，热爱程度庶乎近焉。抑且，已由上层社会向大众化普及。吞刀、吐火、跳丸、飞剑等特技，种瓜、种枣等魔术，缘竿、险竿等立于与绳技同一原理的轻身术等，都是市场与寺院剧场中盛博喝采的受欢迎节目。

球类运动，除对蹴鞠（近似今日足球，射门为主体）的喜爱外，上流社会盛行打毬，打毬便是今日马球（polo）原型，两队在马上持毬杖击毬竞技，以场地构筑设备与受训练的良马，非一般庶民能力所具备，而限为王侯贵显的运动。出土打毬女俑群所见，英姿焕发，勒跨雄壮大马，这些宫中女子选手，娇声叱呼，驰骋追逐的现场实况，可以想象。

原野活动鹰狩也是唐朝人特感兴味的娱乐，卢照邻《长安古意》诗"挟弹飞鹰杜陵北"句是写真。女性同系驰马猎人与游猎家，杜甫《哀江头》语："辇前才人带弓箭，白马嚼啮黄金勒。翻身向天仰射云，一笑正坠双飞翼"，又可参照。

娱乐与运动竞技，遇节日或国家庆典时，宫廷所主办大型演出的与民同乐，纪录中累有述及。公私宴会中，大臣贵显酒酣起舞，是礼节也是习惯，公余场合的王侯大臣甚或皇帝，兴之所趋，且往往自身便是节日的演出者，初非道貌岸然欣赏而已。片断的资料：玄宗年轻时（临淄王时代）系打毬好手，一次对吐蕃的国际打毬竞技，唐方连战连败，吐蕃队显然优势下，玄宗兄弟四人联手出场，终于压倒吐蕃选手，挽回颓势而得胜利[①]；七世纪末中宗时代，宫中拔河比赛，宰相七人与驸马二人为东组，另两宰相与将军五人为西组，决胜负的结果，西组以韦巨源、唐休璟均已年老而落败[②]。

富与享乐向都市集中的唐朝实况，可透过敦煌石窟众多乐团演奏、舞乐情景、伎乐人、胡旋舞、驰骋骑士等壁画[③]（一部分则农民生活的双牛犁田脱谷图、兵士受训图、烈日耕作图、雨中耕作图、纤夫图、榨牛乳图等[④]），复原在今日人眼前。前述考古发掘陶俑，马上打球女子、舞女、鹰匠、昆仑奴等文艺春秋版《大世界史》4.大唐之春，第199、201、261、320各页附图并说明。意义相同。特堪注视，情况通唐朝中期与后期一般无二。于文献中。李白"昔在长安醉花柳，五侯七贵同杯酒；气岸遥临

[①][②][③] 文艺春秋版《大世界史》4.大唐之春，第200页。第190页。第180、181、183、185、191各页附图并说明。

[④] 诚文堂新光社版《世界史大系》3.东亚Ⅰ，第210、218、230、231、241各页附图并说明。

豪士前，风流肯落他人家？夫子红颜我少年，章台走马着先鞭；文章献纳麒麟殿，歌舞淹留玳瑁筵"（《流夜郎赠辛判官》诗句所浮现，时间系在盛唐，而以后百年间的名诗人笔底，情景都无不同，诸如：

——李贺《将进酒》："琉璃钟，琥珀浓，小槽酒滴真珠红。烹龙炮凤玉脂泣，罗帏绣幕围香风。吹龙笛，击鼍鼓，皓齿歌，细腰舞。况是青春日将暮，桃花乱落如红雨。劝君终日酩酊醉，酒不到刘伶坟上土"。

——韦庄《延兴门外作》："芳草五陵道，美人金犊车。绿奔穿内水，红落过墙花。马足倦游客，鸟声欢酒家。王孙归去晚，宫树欲栖鸦"。

空间方面，豪奢非限帝都长安，王维《洛阳女儿行》的描述："画阁珠楼尽相望，红桃绿柳垂檐向。罗帏送上七香车，宝扇迎归九华帐"以及"良人玉勒乘骢马，侍女金盘脍鲤鱼"、"城中相识尽繁华，日夜经过赵李家"，东都洛阳固以同系帝都，而情景与长安初无二致。其余大都市都与帝都相埒，王维另一诗篇《陇头吟》："洛阳才子姑苏客，桂苑殊非故乡陌，九江枫树几回青，一片扬州五湖白……。曲几书留小史家，草堂棋赌山珍墅。衣冠昔话外台臣，先数夫君席上珍，更闻台阁求三语，遥想风流第一人"，可以概括。

豪奢都市生活，从所有诗篇，也得以反映其享受系以声、色、酒为基调——

唐朝乃包括了歌、舞的中国音乐全盛时代，太常寺国家乐团规模的庞大，原已至于专设太乐、鼓吹两署，以及谱曲专家协律郎，而自玄宗时代再推向极峰。开元二年（纪元714年）成立宫中乐团左、右教坊,又特选高级歌舞艺能人才训练演出,号谓皇帝弟子,或依宫城北侧禁苑中居住所名,而称梨园弟子。记录中"廪食者千人"的数字,可指示其时宫廷音乐盛观。玄宗自身且便是音乐天才,乐曲的歌词、乐谱制作均于当时为第一等,"三百人为丝竹之戏,音乐齐发,有一声误,玄宗必觉而正之",又足证其听觉的敏锐与音乐修养。乐器中玄宗得意的技法是羯鼓(游牧民族间传入,使用双手棒击),琵琶、笛也是专长。"梨园"、"教坊"的名词,自此延续至清朝,代表了伶人与艺人的行业。

《通典》乐一至七与《唐书》音乐志一至四,对唐朝音乐的发达记载甚详,志一的一段:"玄宗在位多年,善音乐,若谯设铺会,即御勤政楼。先一日,金吾引驾仗北衙四军甲士,未明陈仗,卫尉张设,光禄造食。候明,百僚朝,侍中进中严外办,中官素扇,天子开帘受朝,礼毕,又素扇垂帘,百僚常参供奉官、贵戚、二王后、诸蕃酋长,谢食就坐。太常大鼓,藻绘如锦,乐工齐击,声震城阙。太常卿引雅乐,每色数十人,自南鱼贯而进,列于楼下。鼓笛鸡娄,充庭考击;太常乐立部伎、坐部伎依点鼓舞,间以胡夷之伎。日旰,即内闲厩引蹀马三十匹,为《倾杯乐曲》,奋首鼓尾,纵横应节。又施三层校(板)床,乘马而上,抃转如飞。又令宫女数百人自帷出击雷鼓,为《破阵乐》《太平乐》《上元乐》,虽太常积习,皆不如其妙也。若《圣寿乐》,则回身换衣,作字如画。又五坊使引大象入场,或拜或舞,动容鼓振,中于音律,竟日而退",便是唐末段安节《乐府杂录》(一卷)舞工条所述,舞"有健舞、软舞、字舞、花舞、马舞"的内涵介绍,且补充了象舞。字舞即《圣寿乐》之舞,《唐书》

音乐志二说明："舞者百四十人，金铜冠，五色画衣。舞之行列必成字，十六变而毕。有'圣超古千，道泰百王，皇帝万年，宝祚弥昌'字"，与太平乐（百四十人舞）、破阵乐（百二十人舞）、大定乐（百四十人舞）等，都已系置之今日也非多见的豪华大型舞。则参与天子宴飨，庞大的音乐团体伴奏下，盛衣盛妆的美女舞者，眉清目秀的梨园少年，载歌载舞，旋律谐融，绚烂炫目，声色的官能享受之情，仿佛如在眼前。

类此的享乐人生，不必仅在宫廷，富贵之家均然，邸宅往往拥有规模大小不等的私有乐队，以及歌舞艺能者的女伎（妓）与俳优。观赏权利且已非限上流社会，一般平民或所谓庶民，平时也多能满足机缘，便是本国人、西域侨寓、或自外国专程淘金而来，所组织歌舞团、特技团的在市内广场或寺院剧场演出的场合。特别是各种外国舞蹈，以其新鲜、刺激，而在大都市中普受全社会上下所欢迎。

唐朝也是自汉朝开端，传入外国音乐、舞蹈后的大流行时代，史书中都列有《四方乐》或《四夷乐》。于玄宗亲定的《十部伎》中，疏勒伎、高昌伎、龟兹伎、康国伎、安国伎、天竺伎、西凉伎等，多属外国情调与配用外国音乐。《乐府杂录》于与软舞对称的健舞分析，是"有稜大、阿连、拓枝、剑器、胡旋、胡腾"，胡旋舞于《唐书》音乐志二特赋"急转如风"的形容。《新唐书》西域传下又有康国、米国、史国、俱密国等都曾贡献"胡旋女"、"胡旋舞女"的记事，可两人对舞，也可单独一人孤舞，或三四人合舞，名词由来，无妨解释之为中亚细亚"胡地由来的旋舞"①，胡腾舞则跳跃之舞。以文献中多胡旋舞记载，

---

① 石田干之助《长安之春》胡旋舞小考篇；平凡社版《世界教养全集》18.第 396 页。

白居易、元稹各别的《胡旋女》诗篇强调"左旋右转""逐飞星、击流电"舞姿,可证于唐朝如何引起广大兴趣。

都市大众通常涉足的交际与个人消闲场所,兼有今日咖啡店—酒馆—酒家性质的,是酒肆。俗语"茶余酒后",茶与酒相提并论,而均日常生活不可缺的饮料,唐朝已铸定此项现象,陆羽《茶经》三篇的讲求精致饮茶艺术,便于此背景下成立。酒亦然,唐末长安酒价每斗约酤三百文,美酒且有酤至十千的,酒的名产地与著名酒类都曾载入《唐国史补》(卷下),续记:"又有三勒浆类酒,法出波斯。三勒者,谓菴摩勒、毗梨勒、诃梨勒",均系伊朗名产的醪酒;高昌被征服后高昌式葡萄酒制法也已熟练运用。另一类上流社会人士爱饮的外国酒,又是其时名为龙膏酒,地中海方面所输入的黑酒[1]。酒肆风光,正是醇酒加美人,红颜劝饮注酒,巧笑倩兮,清歌一曲,凭添红粉知己的风流佳话,也生动画出唐朝都市人生活实态的另一面。酒肆中常见外籍佳人周旋于席间,随一般歌姬之名而赋予的名词"胡姬",后汉韦延年诗已云"胡姬年十五,春日独当垆",唐朝尤其盛行。"葡萄美酒夜光杯"系人人爱诵的诗句,玛瑙、琥珀之盏而盛外国名酒,以及唐诗中累累出现"卷发绿眼""碧眼金发"的白种人歌姬、舞女,全然异国情调。"胡"人,汉朝尚通称异种族,唐朝已专以西域方面白肤色人为对象,犹之今日所称"洋"人,习惯上专指西洋人而不涉及东洋。胡姬便自盛唐通中唐、晚唐,均为文人墨客所亲,诗篇作品的热门题材。

酒间助兴的游戏,如"猜枚""猜拳"等,以及比较复杂化、

---

[1] 中央公论版《世界历史》4. 唐与印度,第 414 页。

高级化，须有诗文修养，表现文字、文句趣味的酒令，都已形成唐朝宴席上行酒的习惯。酒筹、牙签，由博弈转用的骰子等道具，一概陪伴登场。唐人洒落、逸脱的性格，此等场合最容易发现，慧俊的侍酒之女，也便在此等场合展露其应对与文字上的才华。

酒女系"酒"主"色"从，妓女则倒易"色"主"艺"从。唐朝包括了歌、舞（妓＝姬＝伎）在内的妓女，于社会的层面分布极广。依其性质，可分：

——宫妓，便是开元年间以后，长安与洛阳的教坊所隶，属于右教坊的多善歌，属于左教坊的多工舞。以备仪典时与天子宴飨时声乐、器乐、舞蹈、杂艺的助兴，"娼"（倡）的色彩为淡薄。

——官妓，置于州郡与藩镇官衙内，意义与宫廷妓女相仿佛，以备地方长官如刺史、节度使公、私宴会时伺娱。

——家妓，富贵人家私邸或别墅内所蓄，主人燕饮席上接待宾客，周旋应对，须擅丝竹管弦、诗书翰墨，供为宾客女伴，即兴诗文唱和。所以，家妓身份，而非婢非妾，而系介乎中间位置，又带伶人意味，为可想定①。每家储有人数，自数人至数十人不等，白居易爱妓樊素、小蛮系有名之例；李愿洛阳邸第女妓百数人，皆绝艺殊色；郭子仪家妓满十院，一院以十人计，蓄养歌妓也达百人②，堪谓享尽人间福。

——第四类，以一般士庶为对象，都市中公开的私营妓院，所谓"书馆"的妓女。唐朝长安以妓女多数聚居而形成的花街，在平康坊东北角（"平康"因之后代用以为"娼妓"的代名词），

---

① ② 石田干之助《长安之春》长安的歌妓篇；平凡社版《世界教养全集》18. 第415页。同页引孟棨《本事诗》、段成式《剑侠传》，《昆仑奴传》篇。

内分三曲，北曲（前曲）流品较卑下，铮铮尤物均居中曲与南曲（后曲）。高级妓院中，花卉、怪石、盆池、垂帘、茵榻、帏幌，富丽堂皇，女妓个个姿质秾艳，高情逸态。且通解音乐诗书，陪酒、赋诗，如今日的擅唱流行歌，事事过人，王公、巨贵、文士都是常客。平康坊妓女生活与妓院风光，唐末翰林学士孙棨《北里志》有详细记载，所述虽均九世纪中宣宗大中年间事，仍是盛唐以后全时代的缩影（同等弥足珍贵的另一著作崔令钦《教坊记》，则专记天宝年间的宫廷专属妓女）。唐人小说《杨娟传》《李娃传》《霍小玉传》等主角选择娼妓，又足供帮助了解唐朝的社会风习。

唐朝空前的国力强盛，文化灿然繁荣，由当代都市人士的衣、食、住、行，以至化妆娱乐，都可反映得见。而概观社会史、风俗史的三百年唐朝，如下两首盛唐名诗，尤能总括其形象：

其一，杜甫《饮中八仙歌》："知章骑马似乘船，眼花落井水底眠；汝阳三斗始朝天，道逢麹车口流涎，恨不移封向酒泉；左相日兴费万钱，饮如长鲸吸百川，衔杯乐圣称避贤；宗之潇洒美少年，举觞白眼望青天，皎如玉树临风前；苏晋长斋绣佛前，醉中往往爱逃禅；李白一斗诗百篇，长安市上酒家眠；天子呼来不上船，自称臣是酒中仙；张旭三杯草圣传，脱帽露顶王公前，挥毫落纸如云烟；焦遂五斗方卓然，高谈雄辩惊四筵。"

其二，李白《少年游》："五陵少年金市东，银鞍白马度春风。落花踏尽游何处？笑入胡姬酒肆中。"

便是说——

这是个富而达观的社会，无论权贵、文人、释道，同一的豪放与爽朗性格，不吝啬，不拘谨，人际关系是平等的。

这也是个大开放的时代，卓立的标准汉族青年，满怀热情，而昂首阔步于国际化兴趣的坦旷大道。

条条大道通长安

唐朝国家，达官贵人以及民间，所积蓄财富以都市为消费主要场所。诸都市中，最繁华又推两京的长安与洛阳，只是唐朝的后者资料不足，介绍都市盛况惟以长安举证而其他都市类推比照。

大唐的象征长安城，东西十八里十五步（一步＝五尺，三六〇步＝一里），南北十五里七十五步的记录中说明，换算公制，乃东西约九·七公里，南北八·二公里，周围高五公尺半的城壁，东、南、西、北四面各开城门三处，惟北面三城门均行偏向西边，以北面城壁的内侧中央已连接宫城，北边城壁外侧又系大明宫所在（另开五城门直通）。包含在长安城内北端的宫城，城壁高十公尺以上，东、西两面均无城门，北面以中央（亦即全体长安城正北面）著名的玄武门外通禁苑，南面毗连皇城，皇城或称子城，北面无城壁存在，仅于宫城南面三城门间隔宽四五〇公尺的广场式超大横街，供为每日早朝参内文武百官的集合处所。皇城东、西两面各开两城门，南面三城门。宫城意义甚明，乃天子所居住的宫廷，太子东宫，系以位在宫城内东侧而名，皇城则六省、九寺、五监、十六卫等中央政府各官衙的总汇（惟内侍省在宫城内，国子监与左右金吾卫在外城），规划东西五街、南北七街，左宗庙而右社稷，宫城与皇城通计，所谓内城的范围东西二八一四公尺,南北三二四八公尺。但第三代高宗以来,实际的政治中枢已改在宫城东北方的长安城壁外侧,太宗为父太上皇(高祖)所营造的大明宫。宫址当龙首原三十至四十公尺的高地,气候高爽,所以自高宗移此疗养,历代皇帝相沿选择为常居宫廷[①],大明宫因而被称"东内",与宫城"西内"(宫城也依正殿太极殿之名而称太极宫)相对称。玄宗时再新增"南内",则指外城东面中央部春明门内,原玄宗藩邸扩充的兴庆宫,玄宗所爱行幸之所。

东、南、西三面包围宫——皇城的长安外城,南北平行的二十一条大街,标准宽度一四七公尺,东西向的十四条七十公尺。路的两侧凿挖小河状水沟,其旁遍植桧、柳、榆树,一片葱绿色的广阔视野中,人道与车道区别,路旁一处处石柱的竖立,猜测又系供系马之需。如此整齐平坦的广场式笔直大道,一条条自城壁此端贯通城壁另一端,亘长几近十公里,想象中已系通古今世界最整备的市区计划道路[②]。由街道棋盘状区划的一一〇个坊,便是寺观,以及上自亲王私邸,下及一般庶民住宅所在的共通生活场所。各坊面积,自一平方公里至二〇〇平方公尺,有其差异,集中商店的东、西两市,各占东、西城中央部大坊两坊面积的范围。以皇城南壁三门中央朱雀门通过长安外城南壁三门正中明德门的朱雀大街为中心线(宫城南正门承天门与北面玄武门也在一直线上),而区别长安城为东街(或称左街)与西街(或称右街),分属万年、长安两县。万年县廨在东街宣阳坊(东面

---

① 唐朝长安城解说,取材自文艺春秋版《大世界史》4.大唐之春,第141—145页,世界文化版《世界历史丛书》7.大唐的繁荣,第148—150页。

② 中央公论版《世界历史》4.唐与印度,第377页。

邻接东市），长安县廨在西街长寿坊，两县上级京兆府廨同在西街，西面邻接西市的光德坊[1]。

豪壮的唐朝大长安城，已系同时期铸定中国—东亚文化圈内各国国都建设共通仿效的蓝图，日本平城京、平安京便都是不及当时长安城四分之一的模制缩本[2]。不幸唐末连续的兵燹，三百年极度繁华的都城化为灰烬，今日所见西安市，位置虽同，城壁已只与隋唐时代长安城北部的皇城约略相当，未逮昔日原形六分之一面积[3]，无复得见旧时雄大形貌。

长安的平面图，自唐、宋以迄清朝，颇多学者加以研究而提供精密记述（宋朝宋敏求《长安志》与清朝徐松《唐两京城坊考》尤系研究上基本资料）。日本学界曾依凭文献，从现地调查测量方面尽其努力，但成果未丰。对于最后的解答，学术界寄望继续展开周密发掘，北门外大明宫址遗迹，现已出土大量华美的敷瓦、轩瓦等，大明宫正殿含元殿遗构也已完成基址调查，实测东西六十余公尺，南北四十余公尺，后方太掖池西的大宴会场麟德殿，又是东西一三〇公尺余，南北七十七公尺余巨型建筑物。玄宗皇帝所建兴宁宫址也有南半表面调查报告发表，证明纪元一〇八〇年北宋吕大防《长安城图》刻石碎片的兴宁宫图（以及另外的刻石宫殿图太极宫图与大明宫图），足资信赖。西安市郊外太宗昭陵莲华纹瓦当，以杨贵妃而著名的骊山下华清池唐中期

---

[1] 参阅石田干之助《长安之春》长安之春篇《唐长安城坊图》，平凡社版《世界教养全集》18.第387页。

[2] 中央公论版《世界历史》4.唐与印度，第376页；世界文化版《世界历史丛书》7.大唐的繁荣，第148页长安城平面图。

[3] 世界文化版《世界历史丛书》7.大唐的繁荣，第147页。

纹样繁多的方砖等，都是考古学上重大收获[①]。

史书与笔记、小说中长安城中熟知的地名——

长安士庶家人爱好外出游乐乃社会生活一般现象，四季行事与定期的佛事，多成群结队参加。城东南隅曲江池（其源系东南城外的黄渠），包括西面杏园，东面芙蓉园，受社会上下共同喜爱，系长安城最大的市民公园意味，春、夏、秋、冬无时不相宜的赏心悦目之地。玄宗与杨贵妃所时常游赏，一是骊山华清池温泉，一即曲江，也因而自大明宫至兴庆宫往返的阁道，又向南延长直通曲江。阁道也名复道或夹城，沿长安城东城壁复造，备皇帝行列专用的特别通道。

寺观又是市民荟萃的游乐地，大寺观所占有辽阔的广场，百货、游艺杂陈，人头攒动的热闹镜头，尚遗留于战前北京天桥、南京夫子庙、上海城隍庙等多数场所，都可复见。唐朝长安城内著名的寺观所在地，寺院：大慈恩寺与大雁塔在进昌坊，青龙寺在新昌坊，大兴善寺在靖善坊，大荐福寺在开化坊（小雁塔在对街安仁坊），永善寺在永乐坊，兴唐寺在大宁坊等（以上均在东街），化度寺在义宁坊，永寿寺在永安坊，崇圣寺在崇德坊，兴福寺在修德坊，西明寺在延康坊，万寿寺在长寿坊等（以上均在西街），（《唐会要》卷四八录佛寺名与所在坊址三十六处）；道观则玄都观在崇业坊，唐昌观在安业坊，咸宣观在亲仁坊，太真观在道德坊等（《唐会要》卷五〇录道观名与所在坊址三十二处）。

[①] 长安城考古发掘，取材自驹井和爱《中国文化之开花》隋唐时代的城郭章、村田治郎《建筑技术的进步》隋唐时代建筑章（平凡社版《世界考古学大系》7.东亚Ⅲ，第11页、28页）；世界文化版《世界历史丛书》7.大唐的繁荣，第149页；平凡社版《世界考古学大系》7.东亚Ⅲ，图版第222、223、227幅并说明。

东市与西市的东、西街两大市场，汇集了中国与亚洲全域物资。市场中商店的栉比鳞次，从武宗会昌三年（纪元 843 年）东市仅一部分火灾，而已制造十二行四千余家被烧毁①的数字记录，可以印证。唐朝的商业原则，固凡大宗物资批发或消费零售都须限在"市"内交易，但饮食店、酒肆之类也被准许散在诸坊营业。

长安东城壁三城门居中的春明门，大道连接东市，城外龙首渠支流又横断春明门内道政坊直贯东市。此门乃通往东都洛阳的交通要衢，附近客栈（旅馆）特多，旅馆业往往兼仓库业而合称"邸店"。亲友东行送别宴，也多于此范围内的酒肆、旗亭举行，依依离情，欢颜背后有何日君再来的惆怅。

东市西邻，是香艳气氛最浓郁的艺妓院馆大本营平康坊，无数身受古典诗文教养的歌姬、舞姬，盛装盛妆，组成花街，是"风流薮泽"，也如天上闪闪繁星，大长安繁荣面与市民太平逸乐生活不可缺的点缀，临其境而一番温柔滋味在心头。然而，平康坊系长安最大的花街而非惟一，其余坊间也散见独立的妓院分布，已为今日学界所了解。考证发现，霍小玉传主角出身便非平康坊，而系东市北邻（平康坊东北）的胜业坊古寺曲，《酉阳杂俎》也有清恭坊（东市东南）妓的记载，卢照邻《长安古意》诗又指示城南同有花街存在②。

宫妓养成，《教坊记》特别介绍"右多善歌，左多工舞"的

---

① 世界文化版《世界历史丛书》7. 大唐的繁荣，日比野丈夫《长安和洛阳》，第 151 页引其时日本留学僧慈觉大师《入唐求法巡礼行记》记述。
② 石田干之助《长安之春》长安的歌妓篇（平凡社版《世界教养全集》18.），第 425 页。

右教坊在光宅坊，左教坊在延政坊（又名长乐坊），均在大明宫正前方，宫城之右。兴教坊性质呈现极端相反，孔庙与国家最高学府的国子监在务本坊，皇城的右前方，太学、四门学以下六学并立相望。而务本坊右边紧邻，却便是平康坊。

《长安志》标示东市四周诸坊的位置——

平康坊南、北都是殷盛杂沓、车马辐凑的繁华地区，北邻崇仁坊，《长安志》说明昼夜喧呼，灯火不绝，京中诸坊，无与伦比；南邻宣阳，又是美轮美奂之极的杨贵妃姊妹虢、韩、秦三国夫人与族兄杨国忠大邸宅所在，万年县衙门亦位于此。玄宗时代安禄山宠幸顶峰期，自原居道政坊获赐新筑的豪壮第宅，则在宣阳坊南面亲仁坊。唐朝中期以后，崇仁、宣阳二坊集中全国三十余藩镇京邸，隆盛堪资想象。

皇城	崇仁	胜业	兴业	庆兴	宫庆	夹	春明门
往西市与金光门	务本	平康	东市		道政	○	
	崇义	宣阳			常乐	城	
	长兴	亲仁	安邑		靖业		

崇仁坊与平康坊之间横街，东连兴宁宫、东市而至春明门，向西越过皇城前远通西市与金光门，乃京城内东西通衢，交通流量至繁，又是春明门延长的旅馆业发达之区。来京参加科举考试士子爱好寄宿地区，便是崇仁坊。

长安城东半部的所谓东街，特别是东市周围与其北方，以近大明宫，百官为便利早朝而多卜居于此，也多庭园围绕而饶园艺之趣的显贵、富人邸宅。西半部西街相与对照之下，庶民色彩浓厚得多，《两京城坊考》言："长安县（西街）所领四万余户，比万年（东街）为多，浮寄流寓，不可胜记"，可供参照。另一征象，长安的异国情调与外国趣味，固系不分东、西街，却也以西街为尤强烈。

《新唐书》地理志一，载有包括长安城与其郊外诸县通算的京兆府天宝元年（纪元742年）户口数，户三十六万二千九百二十一，口百九十六万一百八十八。单独的长安城范围内（万年、长安两县或东、西街）调查数字，《长安志》说明约八万户，与《两京城坊考》所列相当，但人口数则不明。依京兆府户、口比例，每户平均在五至六人之间，然而，长安城内殷富大户密集度为高，每户人口的平均数也须提升到至少十人以上，则京兆府近两百万人口中，可以推定其半数均长安城中的居民。抑且，上引各种数字，都系具有户籍登录者的统计，"浮寄流寓"的无籍人口与往来京师流动人口，又"不可胜记"，此其一；其二，散在寺院、道观的大量僧、尼、道士、女冠与接受庇护的关系者，法律都承认户籍脱落，却又是实际存在于长安者；其三，亚洲各国来长安求学的留学生、求法的留学僧、未取得唐朝国籍而滞在长安的外国商贾、流寓者、艺人等，以及所有外国常住长安的人质（所谓侍子，诸酋长或王之子弟仕唐为天子侍官）与其随员团，外交使节团体等，全非列入户口统计的对象。所以，长安在住人口须在一百万人以上，已由历史界共通认定。

惟其唐朝国都长安的外国人猬集，所以此时期西洋文献赋长安以 Tamghoj 之都 Khumdan 的名词，今日历史界通说，便是源于长安外侨的直指其意，前一字发音为"唐家子"，流行于认识中国的外国人间对唐朝中国的通称，后一字又是"京都"的音讹[①]。证以《唐书》《新唐书》西域传、西戎传、北狄传等记录，汉族周围诸异民族惯以"唐家"称唐朝帝室以代表中国的习俗，如上之说应可采信。唐朝三百年历史，长安荣华富贵到极致，天下珍货财宝荟萃于此，向慕高文明生活水准的亚洲，抑且世界各民族、各阶层人士四方荟萃于此，太宗平定突厥，降服的突厥人集体来住长安者，便近万家（《资治通鉴》唐纪九贞观四年条）。所以长安非只外形巍然屹立为世界性大都市，实质也是，性质已为世界所共有。世界条条大道通长安，今日外国的历史著作多加惊叹而特笔大书：

——"世界最大的国际都市，亚洲全民族憧憬之都"[②]；

——"世界第一大都市，亚洲各国盟主之都"[③]；

——"长安人口一百万以上，此于同时期的欧洲与西亚细亚，拥有如此压倒性数字人口的其他之例已堪谓绝无。性格上的融合世界各国文化，也仅东罗马帝国国都君士坦丁堡与"一千〇一夜"之都巴格达才可勉强与之匹敌的世界之都"[④]（以上日本）。

——"帝国首都长安，八世纪前半人口已一百万人，乃东亚、东南亚、中亚细亚最大的商业中心地，各种族人均有居

[①] 人物往来版《东洋历史》5.隋唐世界帝国，第278页附注。
[②] 诚文堂新光社版《世界历史大系》3.东亚Ⅰ，第225页。
[③] 中央公论版《世界历史》4.唐与印度，第376页。
[④] 文艺春秋版《大世界史》4.大唐之春，第149页。

住"①（苏联）。

长安的发达为国际关系中心，形相非自唐朝塑定，隋朝已然，除非中国国内动荡过剧而一时形成对外闭塞的期间，否则，长安（或洛阳）都维持相同的性格。东则通古斯系诸种族、新罗、日本等东北亚国家，北则突厥系诸种族，西则中亚细亚、伊朗、阿拉伯等民族，南则印度与南洋人，均以汉族于狭隘的民族感情传统便现淡薄，以及唐朝政府对外国人来朝，无偏见一视同仁的态度，受到鼓励，而铸定长安如同战前上海十里洋场，或今日纽约的地位。居留长安的外国侨民数字，各个时代有其浮沉，自与汉族自身异动相同，通常情况下，维持在一万人左右的程度，则系日本学界一般的估定。

到达世界之都长安的外国人，自东而来的东方各国外侨，以及由南方水道循运河北上的印度人、阿拉伯人等，都取道洛阳，经由东街的春明门入城。日本之例，众所周知的遣唐使，求习学问的留学生与入华朝圣的留学僧，都通过此门而接触长安的伟容。自北方与西方而来，特别是西方商人所组商队，以多数从事商业而总称胡人的伊朗系人种，则多由长安城西面三城门位置最北的开远门（金光门则中央之门，与春明门遥遥相对）为入口。入城后以西市为中心，住居附近各坊而活跃。

汉朝与唐朝，国家发展相同的呈现世界人姿态。唐朝势力的世界性，自天子非只是汉族或中国人的皇帝，抑且被尊北方诸种族与西域各国共同的天可汗，而色调愈益鲜明。长安以世界帝国国都成立为国际政治、外交、学问、商业中心，参与世界帝国关

---

① 苏联科学院《世界通史》，东京图书版日译本中世1.，第46页。

系各国侍子与使节团的驻在，例获中国官职，与随员无限期接受鸿胪寺、礼宾院（宪宗元和九年，纪元814年置）支给衣食宿处的接待。惟其如此，两项现象为常发生：

其一，便以使者所代表国家单位之多，遇吉凶庆吊等宫中仪礼时，序列的席位前后问题，往往视为自国与唐朝间关系亲密与地位重要的表征，而相互起纷争，玄宗天宝十二载（纪元753年）正月元日天子朝贺式，日本大伴古麻吕与新罗使节间序次之争（《续日本纪》卷一九）是其例。大食与回纥间，突厥与突骑族间，也都曾为谒见顺次争议①。

其二，安史乱后三十年的德宗贞元三年（纪元789年），李泌为相所揭发滞在长安诸国使节并同其从者人数之众，居留期之久，堪授人莫大惊骇："（宰相）李泌知胡客（指"西域使"）留长安久者，或四十余年，皆有妻子，置田宅，举质取利，安居不欲归。命检括胡客有田宅者停其给，凡得四千人。……胡客皆诣政府诉之，泌曰：.此皆从来宰相之过，岂有外国朝贡使者留京师数十年不听归乎？今当假道于回纥，或自海道各遣归国。有不愿归，当于鸿胪自陈，授以职位，给俸禄为唐臣。……于是胡客无一人愿归者，泌皆分隶神策两军，王子、使者为散兵马使或押牙，余皆为卒"。鸿胪寺因此每岁省度支钱五十万缗（《资治通鉴》唐纪四八贞元三年条）。如上记事，堪说明外国官方使节团体，如何乐居中国与生活上的汉化，与德宗上一代，代宗大历十四年（纪元779年）"诏回纥诸蕃住京师者，各服其国之服，不得与汉相参"（《唐会要》卷一百杂录），可相参证。其结局，

---

① 举例依人物往来版《东洋历史》5.隋唐世界帝国，第280页所整理。

四千人的集体归化，自系顺乎自然的事理。

突厥系诸种族首领率部归化以来，不同国家的多数外族人士，一波一波归化与出仕唐朝朝廷，《新唐书》曾撰诸夷蕃将传述其佼佼者，除冯盎乃五胡十六国中北燕之后而仍为汉裔（但唐初归附已改依岭南蛮酋身份，玄宗时代特为闻名的宦官高力士即其曾孙，以系高姓宦官养子而冒姓高），以及李多祚、尚可孤系先世移居中国事迹无可考的归化人后裔之外，余十人多唐初人物：史大奈，以西突厥特勤朝隋留任，唐朝开国功臣获图像凌烟阁荣誉者之一，封窦国公（唐朝开国功臣中的外籍归化人，凉国公安兴贵、申国公安修仁兄弟均中亚细亚安国人，又系一例）；执失思力，突厥酋长，贞观时归朝，尚太宗妹九江公主，封安国公；契苾何力，铁勒大俟利发，贞观时归朝，尚临洮县主，封凉国公；阿史那社尔，突厥都布可汗，贞观时归朝，尚太宗妹衡阳公主，封毕国公，陪葬昭陵，与何力同系唐朝世界帝国建设中最具彪彪战功的优秀将领，也同于太宗崩时请以身殉而被高宗阻止（社尔为统帅俘至京师的龟兹国王诃利布失毕则授官左武卫中郎将）；黑齿常之，百济人，高宗平百济降，封燕国公；泉男生，高句丽独裁者泉盖苏文之子，继父为国家权力人物，高宗时降唐，封卞国公；李谨行，高宗时封燕国公，陪葬乾陵（父突地，靺鞨酋长，隋末归附后贞观时赐姓李）；论弓仁，吐蕃国相论钦陵之子，与叔论赞婆同于则天武后时投唐，封酒泉郡公；尉迟胜，于阗国王，玄宗时尚宗室女，安禄山乱起，肃宗至德初率兵勤王，请留宿卫，封武都郡王（类似类型，又有玄宗天宝时护密国王罗真檀朝唐，请留宿卫，授左武卫将军等）；裴玢，归化人第五世后裔，宪宗元和时山南西道节度使（五世祖裴纠，疏勒国王，武德中来朝封天山郡公，留不去，遂籍长安）。此等归化人后裔，立功事迹非只效命疆场而已，李多祚且是武后末张柬之发动政变的参与核心，天竺罗好心又系德宗贞元时获赐"奉天定难功臣"名号者之一，封新平郡王。

第一代归化人在汉族中国土地上，生活习俗加速其汉化转变，《新唐书》尉迟胜传的记载是好例："胜请授国于（弟）曜，诏可。胜既留（长安），乃穿筑池观，厚宾客，士大夫多从之游，……贞元初，曜上言：'国中以嫡承嗣，今胜让国，请立其子锐。'帝欲遣锐袭王。胜固辞，以'曜久行国事，人安之，锐生京华，不习其俗，不可遣。'当是时，兄弟让国，人莫不贤之"。今日洛阳北邙山附近出土额题"大唐故特追泉君墓志"（全衔题名为大唐故特进，行右卫大将军兼检校羽林军仗、内供奉、上柱国、卞国公、赠并州大都督泉君墓志铭），而志文出自唐朝名书法家欧阳通手笔的泉男生墓志①（与泉男生同时期的百济亡国时太子扶余隆墓志，亦洛阳北邙发现），又是标准汉族墓葬的习俗。相同的西方系之例，也见诸高宗显庆年间（纪元656—660年）来华归化的波斯酋长阿罗喊（封金城郡公），睿宗景云元年（纪元710年）卒时所立墓志，其文："君讳阿罗喊，族望波斯国人也。显庆年中，高宗天皇大帝以功绩有称，名闻□□，出使召来至此，即授将军北门□领使，侍卫驱驰，又差充拂林国诸蕃招慰大使，并于拂林西界立碑，峨峨尚在。宣传圣教，实称蕃心，诸国肃清，于今无事，岂不由军将善导者，为功之大矣。又为则天大圣皇后召诸蕃王，建造天枢，及诸军立功，非其一也。此则永

---

① 及川仪右卫门《满洲通史》，第54页、62页；文艺春秋版《大世界史》4.大唐之春，第243页附图与说明。

题麟阁，其于识终；方画云台，没而须录。以景云元年四月一日暴憎过隙，春秋九十有五，终于东都之私第也。风悲垄首，日惨云端，声哀鸟集，泪□松乾，恨泉扃之寂寂，嗟去路之长叹。呜呼哀哉！以其年□月□日，有子俱罗等号天图（罔）极，叩地无从，惊雷绕坟，衔泪石。四序增慕，无缀于春秋；二礼克修，不忘于生死。卜君宅屯，葬于建春门外，造丘安之，礼也"①（波斯系归化人的另一著名人物，便是稍后呼罗喊之年，高宗咸亨〈纪元 670—673 年〉间归朝的流亡波斯王卑路斯与其家属）。

　　第二代以下归化人生长均在汉族环境中，其全然同化，视前引尉迟胜之言可见，也惟其如此而如《新唐书》西域传下波斯国条所记，遣返复国未果的卑路斯之子泥涅师，最后仍须离别久已寄居与波斯自国同一"胡"系人种文化的唐朝庇护下吐火罗之地，而返归长安。这些已向汉族认同的归化人后裔，服务唐朝朝廷的人数可以想像为愈多（原鲜卑系长孙氏、窦氏、元氏等，则唐朝已昂然是标准汉族身份，归化色调早被涤尽）。安史之乱堪供为唐朝前、后时期分别的标志，大变局中，无论反叛或拨乱反正，双方多"蕃将"为人尽皆知之事。安禄山谓哥舒翰曰："吾父是胡，母是突厥；公父是突厥，母是胡，与公族类同，何不相亲乎"（《唐书》哥舒翰传），又是如何血统混杂，所谓"新种胡"的说明，"胡"此一名词，唐朝系泛指白肤色人种。大旋涡中的关系人物，安禄山、史思明、哥舒翰、高仙芝、仆固怀恩等之外，李抱玉、李抱真从兄弟是安国系，亦即唐初安兴贵兄弟曾孙辈而于玄宗时代赐姓李，荔非元礼是西羌系，论惟真（论弓仁之

---

① 刘伯骥《中西文化交通小史》第 38-39 页，引 N. Y. Saeki The Nestorian Monumentin China p. 271。

孙）是吐蕃系，白孝德是龟兹系，李怀光是渤海靺鞨系。敉平叛乱最为后世熟悉的统帅部领导人物郭子仪固系汉裔，与之同等闻名的李光弼，却也是第二代归化人，其父系契丹酋长，武后时代归化，入籍营州柳城，与安禄山同里。而收复两京，动用的外籍部队，回纥为所习知，阿拉伯人大食兵团也是助力。

安史乱后，藩镇大势力形成，藩镇间的蕃系要素继续强烈。《新唐书》藩镇传列举二十三人中，明言出身归化人后裔的居其七：史宪城"其先奚也"，李宝臣"本范阳内属奚也"，王武俊"本出契丹怒皆部"，王廷凑"本回纥阿布思之族"，李怀仙"柳城胡也"，李茂勋"本回纥阿布思之裔"，李正己"高丽人"。非只藩镇，中枢亦然，唐末五代的著作孙光宪《北梦琐言》（卷五）之言："唐自大中至咸通（纪元847—873年），白中令入拜相，次毕相诚、曹相确、罗相劭权，使相也，继升岩廊。崔相慎猷（慎由）曰：'可以归矣！近日中书尽是蕃人'。盖以毕、白、曹、罗为蕃姓也"①（白敏中龟兹系，毕诚中亚细亚毕国系，曹确中亚细亚曹国系，罗劭权中亚细亚吐火罗系②）。此虽系一时的特殊现象，"归化"意义，至九世纪后半也已不宜强调，但事实毕竟存在。

政治、军事部门归化人的形象为最敏锐，却非其行迹所寄的全部。大背景世界帝国自隋朝初建期至唐朝而加大加速展开，隋唐外国人源源归化汉族中国时表现的身份层面，广筑到建筑家、科学技术家、医师、画工、乐人、舞士、歌者诸艺术家等各方面，以及此等人从各个不同的来源流入宫廷。绘画史上被称"大

---

① 转引自方豪《中西交通史》第二册，第183页。
② 刘伯骥《中西文化交通小史》，第42页。

尉迟"、"小尉迟"的于阗系尉迟跋质那与尉迟乙僧父子，便各各驰名于隋朝与唐朝。隋朝建筑、技术家阎毗与其仕唐特于绘画史享盛名之子阎立德、立本兄弟，久也被推测出自归化西域人后裔。唐朝琵琶名手曹保、曹善才、曹刚等多曹姓，判定均北魏以善弹龟兹琵琶闻名而世传其技，如《唐书》音乐志所记的曹国人曹婆罗门，并其孙北齐时代因琵琶而受宗室优遇的曹妙达后裔，或者，同系曹国人。康国出身的音乐家则有康昆仑、康克胡雏等。汉朝"安"姓指安息人后裔，隋唐已改称原中亚细亚康国邻国的安国出身者，唐初安兴贵兄弟是其例，隋朝方士安伽陀，唐朝舞师安叱利等也是。"米""史""何"诸姓中，多此地区胡人血统。龟兹系归化人惯以"白"为姓，如果前述白敏中的龟兹系谱考订确切，则与之为从兄弟的唐朝大诗人白居易也相同；家喻户晓的李白情况仿佛，李白的生地、家世均不明，向来诸多猜测，五岁时随父自西方移住四川之说颇为有名[①]。谓归化人后裔不可能到达如李白的惊人文学造诣，不足以否定疑问的成立，隋朝国子祭酒何妥便是正史明言的第二代归化人，《隋书》中传记所刊入且是堂堂的儒林传，大书："西域（何国）人也，父细胡，通商入蜀，遂家郫县"，这是反证之一。反证之二，玄宗时代日本留学生晁衡（朝衡）在长安科举考试进士合格[②]，从事官吏生涯时，已具与当时一流文学家王维、李白等以诗会友的才学基础。国子监六学乃世界学术中心，高丽、新罗、百济、日本、渤海、高昌等，诸国游学者因向往而来，其习得汉式学问自可解释

---

① 人物往来版《东洋历史》5.隋唐世界帝国，第269页附注。
② 同上，第281页引阿倍仲麻吕研究家杉木直治郎的资料。

为效率较高,则参加科举考试循另一途径的地方推荐,与试者又非汉族中国周围国籍而系白种胡人,仍同存在其例,汉名李彦升的阿拉伯大食人,由汴州推介,于宣宗大中二年(纪元848年)进士及第①。

以上所举世系出自异域的归化人与其后裔,多数属所谓上流社会。寓居长安,更多的是无归化关系的一般胡人,今日所谓外侨或侨民,当时记录中称之商胡、贾胡、胡姬、胡雏、蕃客、蕃使、蕃儿等的商人、艺人、使节团与其家属,以及胡奴、奚奴、高丽奴、昆仑奴等奴婢,流品复杂,身份高低也悬殊。蕃客主流西域商贾的活跃代表人,唐朝已由中亚细亚—粟特—康国人向波斯人与阿拉伯人转移,其中,以所携来宝石、珠玉等众多珍贵财货眩惑世人或挟其财富放高利贷博暴利的大资本拥有者固多,且可从"商而优则仕"之途变换其身份,如《新唐书》逆臣安禄山传附孙孝哲传的记载:"有商胡康谦者,天宝中为安南都护,附杨国忠,官将军。上元中(纪元760—761年)出家资佐山南驿廪,肃宗喜其济,许之,累试鸿胪卿",长安波斯商人尤以豪商著称。然而,贫穷胡人从事卑贱职业者也多,于长安寺院广场或坊门口设摊卖胡饼、卖药,或充马丁、马餐,或在街头卖艺,或沦为胡奴,少女便出卖青春而出现为诗、文中习见的胡姬。异国奴隶使用风习之盛,又是唐朝宫廷与富贵人家生活一大特征,深目高鼻的白种人胡奴之外,昆仑奴于文献中多被提及,便是原居南洋,发鬈肤黑的当地土人。"昆仑"名词由何而得为无可解,但如同"胡"总指雅利安人的流行用以通称南洋所产黑人,

---

① 转引刘伯骥《中西文化交通小史》第37页与第65页附注34引《登科记考》卷二二陈黯华心篇。

意义则一。昆仑奴颇多贩卖而来，同时期南洋诸国累累入贡的僧祇奴，似是其同义字。归化人生活已不能反映胡人（或其他原籍）历史，未取得中国国籍的长安在住外侨亦无异，此就《太平广记》（与《太平御览》同系宋朝李昉主编的大丛书）所收小说类与《长安志》《酉阳杂俎》等各各所见胡人状态的片段，为可窥知。

条条大道通长安，长安是汇集到中国的世界各地人士汉化天地缩影。而相对方面，长安却也呈现了世界不同人种、不同文化展览场所的性格。特堪注目，又系这些异种族与异质文化，于汉化过程中对中国传统巨大激起的反影响。唐初继承隋朝风俗，长安上流社会的突厥趣味已甚流行，《资治通鉴》唐纪十二贞观十七年条的太宗废太子承乾生活记事是其写照："好效突厥语及其服饰，选左右貌似突厥者五人为一落，辫发羊裘而牧羊，作五狼头纛及幡旗，设穹庐，太子自处其中，敛羊而烹之，抽佩刀割肉相啖。又尝谓左右曰：我试作可汗死，汝曹效其丧仪。因僵卧于地，众悉号哭，跨马环走临其身，嫠面。良久，太子欻起，曰：一朝有天下，当帅数万骑猎于金城西，然后解发为突厥，委身思摩，若当一设，不居人后矣"。接续便是滔滔西方胡风高涨，白色人种系统文化的绘画、雕刻、舞乐、服装、文学、游戏，以至食料品均被士庶炽烈爱好，文献收录有丰富资料。《唐书》舆服志也对八世纪玄宗以来，胡服、胡帽、胡履、胡食、胡乐等一概于长安人男女间大流行，有其概括说明："开元初，从驾宫人骑马者，皆著胡帽，靓妆露面无复障蔽，士庶之家，又相仿效。帷帽之制（指礼制规定），绝不行用。俄又露髻驰骋，或有著丈夫衣服靴衫，而尊卑内外，斯一贯矣。奚车，契丹塞外用之，开元天宝中渐至京城。兜笼，巴蜀妇人所用，今乾元以来，蕃将多著勋于朝，兜笼易于担负，京城奚车、兜笼，代于车舆矣。武德来妇人著履，规制亦重，又有线靴。开元来妇人例著线鞋，取轻妙便于事，侍儿乃著履。臧获贱伍者皆服襕衫，太常乐尚胡曲，贵人御馔，尽供胡食，士女皆竞衣胡服"。

陪伴胡俗喜爱，伊朗系艺术意匠也形成风靡。同时，汉族中国从未接触的西方诸宗教信仰传入，伊朗人固有信仰的祆教最早于南北朝已领先在中国建立寺院，于唐朝的长安发展也最大，长安的地图上，祆祠非只西街的醴泉、布政、普宁、崇化、长寿诸坊均有分布（醴泉坊且建两处，流亡中的波斯王卑路斯于高宗仪凤二年＜纪元 677 年＞奏准兴建的祆寺即在此坊，见《长安志》），东街靖恭坊也有设置[①]。基督教一派的景教，也以经由伊朗人传来，而长安西街义宁坊的大秦寺，原名波斯寺，天宝四载（纪元 745 年）始改名（东都洛阳同）。又加伊朗人宗教而回纥人传来的摩尼教，谓之三夷教，此等寺院也总称三夷寺。回教势力兴起，也经中亚细亚向中国渗透，只是回教寺院的发展尚须稍后。

有容乃大，中国优秀文化便以如此外来文化的受入，而刺激其再创造、再升进与愈丰富中国文化明亮的世界之光。胡人汉化，也正如同历史上所有异民族的投入汉族大熔炉熊熊之火，对锻炼不断创新世界文明的更强健汉族，同博历史赞美。

长安是世界文物吞吐中心，唐朝时代中国领土，也因而被今

---

① 据石田干之助《长安之春》长安之春篇《唐长安城坊图》；平凡社版《世界教养全集》18.，第 387 页。

日历史界认定乃"世界人领土"近代意识成立的先驱母体①。

外来宗教与佛教思想的百花齐放

唐朝对外交涉与外国贸易之盛，到达从来未曾有的境地，以一波又一波西方的外国人渡来，西方文化流入中国也于唐朝登上洪峰顶点，非仅物质的，也及于精神思想方面，后者的有形导体，便是宗教。唐朝宗教因而特以世界色调的浓厚著称，当时世界的世界性宗教大抵都已向唐朝中国传播。祆教、景教、摩尼教的三夷教，且均由伊朗系人种所传入。

人类最早宗教之一的古代伊朗人信仰二神教祆教，以创始人Zoroatres而名，北魏后期已确知在中国传播（见《隋书》礼仪志），推定最早由中亚细亚原住民伊朗系种族代表者粟特（唐朝康国系诸国）人携来。粟特人素以商业民族著名，自南北朝至隋唐东西贸易大活跃时代展现，祆教随通商而导入后传播力益益增强。但初期称之"胡天""天神"，或"火""祆"字使用，须至所谓"西域"的西方人益益增大渡来潮流的隋唐时代，政府且专设官司管理侨居中国的此等信者，隋称"萨甫"（或"萨保"），唐称"萨宝"②，《通典》职官二二秩品五大唐官品项视流内条："视正五品萨宝，视从七品萨宝府祆正"（同项视流外条："勋品萨

---

① 平凡社版《世界历史大系》5. 东洋中世史第二篇，第455页。
② 刘伯骥《中西文化交通小史》第47页与69页注90，引D. C. Phillott与Berthold Laufer的解释，谓"萨宝"一词，波斯语为Sar-pa，译首长或首领之义。又："穆护"（Magi, Moghs）则纯系祆教的宗教职务，见同书164页解释。

宝府祓祝，四品萨宝率府、五品萨宝府史"。原注："武德四年置祆祠及官常，有群胡奉事"，又兼述祆教、大秦寺、摩尼法之事。由是可以推测，萨宝管理对象非限祆教徒，而系"三夷教"外国宗教的所有信徒，也以三夷教信徒自意义上已概括全体西方人或伊朗系"胡人"，萨宝又有官属，则职司的由宗教事务实质扩大为"胡人管理局"性质，以及此系统官吏任用的便都是胡人，同样可以想定。祆教本身，祆祠除两京的长安与洛阳之外，记录中凉州、敦煌、伊州等都市均有设定，惟以其经典的汉译本从无发现，所以学界怀疑，此教在唐朝中国的教徒绝大多数是胡人，亦即伊朗系统的西域人[①]。然而，汉族信者也非绝无，唐人小说（如《杜子春传》《柳毅传》）曾述及道士祭火，讲火经，武宗会昌五年（纪元843年）因排佛而连带弹压外国宗教，强制汉族还俗时"显明外国之教，勒大秦、穆护（祆僧）、祆三千余人还俗，不杂中华之风"（《唐会要》卷四七议释教上）的勅令，为可明示。

　　景教意谓光辉之教，意义上系称基督教（非专指新教而乃广义的Christianism），但在基督教最初传入中国期间的唐朝，则其名词所代表，是对耶稣基督与圣母玛利亚神性说正统提出异议，纪元四三一年Ephesus宗教会议上被宣告为异端（中国北魏太武帝时），因而脱离罗马教会，自立叙利亚东方教会，独自向西亚细亚以东活动传教的分歧派Nestorianism。此教派六世纪时建立中亚细亚诸大都市教区，七世纪前半续来中国，在中国传教的完结报告，便是闻名学术、宗教界的《大秦景教流行中国碑》，德宗建中二年（纪元781年）建立于长安，明末天启五年（纪

---

① 有高岩《概观东洋史》，第236页。

元1625年)出土,现存西安市碑林。碑文标明景教最早传入中国的年代是贞观九年(纪元635年),波斯籍Nestorianism僧侣(教士)阿罗本(Olopen)率领的传道团到达长安,受太宗优渥待遇,入宫命译此教派经典,三年后的贞观十二年建寺,度僧二十一人。次代高宗治世,信仰的传播愈因受朝廷奖励而快速发展,寺院已分布到诸州,阿罗本获授镇国大法王尊号。玄宗天宝四载(纪元745年),又以明了景教源自大秦(叙利亚),而原依最初传道者国籍的波斯寺寺名,认可正名大秦寺。以后诸代天子同加厚待庇护,僧侣中的两人且赋有唐朝官称:伊斯(I-Ssu)为金紫光禄大夫同朔方节度副使试殿中监(助郭子仪),业利(同碑叙利亚名Gabriel)试太常卿,信徒不断递增之余,乃有纪念碑意味的景教碑建立。阿罗本东来,系接续宗教史另一大事玄奘西行之后第九年,一百四十六年后而景教碑成立。石碑篆额,刻一千八百七十余汉字,另附七十余语叙利亚(Syria)文的建碑时景教僧侣题名与教职(即七十余人),文末具名大秦寺僧景净(即同碑叙利亚名的Adam)述,朝议郎吕秀岩书,由笃信者萨巴本(Lord Yesbnzid)出资①。唐朝景教画像与汉译经典写本,敦煌石窟文书中发现非少,而从考定七世纪前半最早译出的《序听迷诗所经》(一名《移鼠迷诗诃经》)、《一神论》等,可觉察教义、仪礼、用语,都已部分伊朗化。中期以后移用佛教与老庄之语(包括景教碑文),汉译较后出的《大秦景教三威蒙度赞》、《志玄安乐经》、《大秦景教宣元至本经》等所示教义的激发忠孝思想,勉励信徒尊崇皇帝,重视孝道,自谓镇护国家之教,又堪

① 碑文见王昶《金石萃编》卷一○二。

证明都已向中国化变形，图像也与佛画相似①。所以，景教传播期间，教义上获得汉人协力，汉族间颇有相当人数信仰，景教碑的叙述似未过分夸张。然而，九世纪中佛教"会昌法难"的株连，景教仍与袄教同样受到严重打击。

摩尼教（Manichaeism）如同袄教的波斯人起源，教义也以改良二神教袄教为基调，融入东西方诸宗教、哲学思想而形成折衷宗教，却因之三世纪发源后难容于袄教信仰为主流的伊朗本国，转移国外布教时，倒反以妥协性格容易博得亲近感的方便而世界性流行。其西起欧洲、埃及，东迄粟特（中亚细亚）广域传教的活跃一般，自东、西各地域语言的摩尼教经典都有发现可测知。待受回教徒压迫，传教重心才偏重东方，从中亚细亚续向新疆、蒙古方面弘布，武后延载元年（纪元694年）左右延长其传播力至中国。但摩尼教戒律的禁欲主义，断饮酒、杀生、奸淫，颇与佛教雷同，可能也以此混淆而便利于传教，所以传入未满半世纪，"开元二十年（纪元732年）七月敕，末摩尼法，本是邪见，妄称佛教，诳惑黎元，宜严加禁断。以其西胡等既是乡法，当身自行，不须科罪者"（《通典》卷四十职官二十二大唐官品项视流内萨宝原注），外人自由信仰固未受影响，汉族自身的摩尼教信奉缘分以社会公害理由被扼杀，则于三夷教中余两先已传播的外教为独异。今日敦煌石窟发现《摩尼光佛教法仪略》汉文摩尼教经典，翻译年代依记年乃教禁令发布前一年的开元十九年（另亦发现摩尼经残卷而未详翻译年代）。须摩尼教输入回纥，发展为国教而僧侣被尊无上智者，担当可汗政治顾问，回纥又助唐

---

① 文艺春秋版《大世界史》4.大唐之春，第223页。

朝平定安禄山之乱的八世纪后半以后，才以唐朝与回纥间密结政治关系，而中国有纪录的第一所摩尼教寺院，代宗大历三年（纪元768年）准在长安建立，以后续因回纥要求于各地陆续增设。惟其唐朝中期以后摩尼教的存在与发展关系全恃回纥中介，因而九世纪回纥破亡，摩尼教先会昌法难于会昌三年（纪元843年），继一百十年前的遭禁而第二度被禁断。简言之，于时间上，摩尼教于三夷教中最后传入，也最早被排斥。

回教（Islam）系迟至中国唐朝初年始自阿拉伯创始，回历元年＝纪元六二二年或唐高祖武德五年，传来中国年代则不明，《唐书》西域传大食国条虽载高宗永徽二年（纪元650年，回历二十八年）大食国初次遣使朝贡，究非传教意味。虽然其后大食或阿拉伯人对唐朝中国频繁贸易兴起，留居中国者多，回教信仰的陪伴携入为可肯定，但此已系唐朝后半之事。而且迄于唐朝覆亡，文献未见朝廷批准建立回教寺院的记录。所以中国的回教传播史首页是破损的，现有任何回教徒的报告或传说（包括中国与西方双方），以及关系唐朝的纪念物，一概难以采信，只是附会。也惟其如此，通唐朝全期，只是"三夷教""三夷寺"而非"四"。

佛教同系外来宗教而非列"夷"教之列，可证意识上已由汉族接受为"中国"自有的宗教，然而，与汉族自身所发生道教对立时，其外来根源的矛盾又被揭露。唐朝的佛、道两宗教，便如此在相替受国家保护下竞争发展，也因而各别登上发达史的隆盛顶峰。

六世纪后半中国回复南北统一，系南北同一文化基础与同一民族因素的顺乎自然，水到渠成之事，佛教弘通南北，也在加大单一文化的统一力量方面，尽其历史责任。虽然南北朝之末，佛教在南方一度遭遇梁末侯景兵灾的大摧残，于北方受到的更是毁灭性迫害，中国佛教史上"三武之难"的第二次，北周武帝基于富国强兵意愿，对佛、道两教同时施加弹压，全废宗教的出家人还俗令强行，但随其崩而宗教复活，解禁人便是北周当时宰相，立即又取代北周建新朝代的隋文帝杨坚。《隋书》高祖纪上记其母诞之于佛寺，幼时又由女尼养育，可知家庭原具佛教信仰的渊源。隋文帝新都长安立大兴善寺，全国以州为单位一体建统一名称的官寺大兴国寺，又颁佛舍利至各地的中心都市造塔逾百数，其如何以政治力提携佛教的一般可见。文帝建寺十，皇后建寺四，晋王广（炀帝）与诸王、公主建寺九，文帝家族如何热心于新都长安佛教的兴隆又可知。隋朝短促的寿命不足四十年，隋末长安佛寺数发展至一一〇所，而道观仅十所[①]，隋朝佛教压倒性的发展，视此比例更易了然。

统一中国的佛教再兴，非只民间在朝廷鼓励下，教团寺院数与僧侣数的恢复繁荣而已，尤其重要的，系佛教界自身，把握沉痛悲剧已成过去的契机，对宗教本质与其使命深自反省，警惕南北朝佛教过分流入形式化，以畸形隆盛而放弃继续追求真理之弊，重涌原已枯竭了的生命之泉。高教养的博学僧侣严谨予教义以体系化整理与发扬，特别关于根据经论研究展开的多方面解释阐扬为特色。也放弃忘却实践修行的已坏灭传统佛教形骸，反省与自觉，导向发掘现实社会中自己与人间的本质，由此出发而重建实践体验为目的的学问佛教与实践宗教。新佛教运动勃兴，隋

---

① 中央公论版《世界历史》4.唐与印度，第331页。

文帝、炀帝父子仍是最大檀越，长安、洛阳成立天下佛教中心的宏愿实现，优礼广邀硕德高僧，奉为沙门师表而成立各个佛学教团，以指导佛教界凝结思想信仰。高僧中特受尊敬的，是炀帝于晋王时代，以担当平陈军统帅而自南朝陈朝亲迎赴长安的智者大师智𫖮与嘉祥大师吉藏，前者乃佛教天台宗（以原居台州天台山而名）之祖，后者又开创三论宗（阐龙树系教学）。两者均系立于堪资比拟近代黑格尔哲学辩证理论与思索[①]的基础上，实践性的高哲学宗教与南朝文化结晶，也于新佛教运动潮流中，由教义研究而中国佛教领先发生其宗派。中国佛教新展开，隋朝此项新作风以唐朝受继而登入全盛期，佛教思潮愈形澎湃，宗派分立愈细，空前绝后出现教理上百花齐放、十彩眩目的黄金时代。外国起源的中国佛教，也于此时期十足转移完成其系中国与汉族自身的、新的宗教学[②]。

炀帝对佛教已非似其父国教式虔信，态度上是未逾度的尊敬，唐初亦然。高祖武德九年（纪元626年）且曾一度限制寺、观发展数字，太宗、高宗回复炀帝基准，《唐会要》卷四八寺项唐兴寺条记录："贞观三年（纪元629年）十二月一日诏：有隋失道，九服沸腾，朕亲总元戎，致兹明伐，誓牧登陑，曾无宁岁。思所以树立福田，济其营魂。可于建义以来，交兵之处，为义士凶徒，陨身戎阵者，各建寺刹，招延胜侣。法鼓所振，变炎火于青莲；清梵所闻，易苦海于甘露。所司宜量定处所，并定寺名，支配僧徒，及修院宇，具为事条以闻。仍命虞世南、李百药、褚

[①] 中央公论版《世界历史》4.唐与印度，第315页。
[②] 隋朝以前佛教发展与其教理，参阅拙著《南方的奋起》宗教与宗教思想史展开一章。

遂良、颜师古、岑文本、许敬宗、朱子奢等为碑记，铭功业。破刘武周于汾州，立宏济寺，宗正卿李百药为碑铭；破宋老生于吕州，立普济寺，著作郎许敬宗为碑铭；破宋金刚于晋州，立慈云寺，起居郎褚遂良为碑铭；破王世充于邙山，立昭觉寺，著作郎虞世南为碑铭；破窦建德于汜水，立等慈寺，秘书监颜师古为碑铭；破刘黑闼于洺州，立昭福寺，中书侍郎岑文本为碑铭，已上并贞观四年五月建造毕"。其系着眼于人民福祉而尊重佛教信仰，与无理想的宗教盲信，判然有别。

　　太宗时代的佛教史特殊重大事件，与凡是中国人都熟悉的唐僧取经民间故事相结，主人翁三藏大师玄奘，俗姓陈，自幼出家，长而立志赴印度留学。贞观三年（纪元629年）二十六岁时出发，凭无比勇气与毅力，克服旅程险阻危难，经中亚细亚抵印度，进入佛教最大规模与最高权威学府那烂陀（Nalanda）寺（玄奘以后的佛教名人义净与善无畏、金刚智等，也均留学与求学于此）受学修行五年，然后遍访印度全域，在外前后十七年，贞观十九年（纪元645年）返归长安时受到凯旋英雄式欢迎。中国佛教巨人玄奘的不朽伟业，以自印度赍返数达六百二十七部的庞大经典，选择重译，澄清教学基础。

　　今日学界对中国佛教译经史三期区分，极峰期的第三期或后期，隋炀帝延迎外国僧侣在洛阳盛大进行佛经翻译事业已是起点，玄奘大慈恩寺，协力俊秀云集，包括其高弟窥基、神秀等参与的翻译道场展开，尤代表了划期意义。近二十年间，于携来梵文佛经中译出共七十五部，一千三百三十五卷，数量之巨，较今日基督教《旧约圣经》已等于廿五倍[①]。也于唐朝中期佛典总目

---

① 上野菊尔《东洋史概观》，第114页。

录，智升《开元释教录》（汉朝以来迄开元十八年为断）所收集二千二百七十八部、七千〇四十六卷中，独占将近三分之一的分量。中国译经史第一期胡本（西域文）节译，第二期五胡十六国时代鸠摩罗什所代表梵本全译，乃一大跃进，但译场仍系外国僧侣为主，传译间留存文义不明甚或误译处因而尚多，玄奘西行求经的缘由为此，发愿重译也为此。所以玄奘凭高深学识修养又精通梵、汉双方文字，领导第三期转移以汉族自身为主体的译事，其所重译，特色便是正确批判第二期译文，汉文修辞流畅且忠实于梵文原文，后世佛教界区分两者谓之"旧译"与"新译"。新译诸佛典中，大部如《大般若经》六〇〇卷的伟观，单卷如《般若心经》的简扼，都确立其定本权威，后一书的简洁，自是流行为佛学初阶的必读书迄今，玄奘于佛教史上地位可据以衡量。唐太宗亲为玄奘新译御制《大唐三藏圣教之序》，由当时第一书法名家褚遂良书碑，时为皇太子的高宗又为撰《述圣记》，新译大业的文化史上价值又可据以衡量。龙树系中观学派与无着、世亲系唯识学派，乃大乘佛教教学两巨流，早期传入中国均前一系统，后一系统学说在印度成立已系四、五世纪，玄奘译经着力介绍此系统的瑜珈、唯识关系，教学思维以论理学（因明学）为必要的唯识论研究因而确立，新的盛大的佛教宗派法相宗（唯识宗）兴起，佛教哲学界形势一变。

玄奘非只是佛教与中国史上伟人而已，其旅行新疆、中亚细亚与印度东、西、南、北各地，亲莅百十国，传闻二十八国，总记一百三十八国宗教、风俗、灵迹等的著作《大唐西域记》（玄奘口述而弟子辩机记录），已世界性接纳为学术界所共有。特别关于印度部分，印度现地从未遗留自国的历史地理之书，研究上因之《大唐西域记》被珍视具有绝大价值，夸谓"今日一切印度学家之博学的向导"①，英、法诸国均有翻译并加注释，正确的详析玄奘旅行路线。进入印度与中亚细亚的考古学者，其辅助资料中，此书也已系必备与必读。在中国，则《大唐西域记》巡礼记闻至十三世纪末而演化为《大唐三藏取经诗话》的取经故事，延及十六世纪，取经故事脚色三藏法师再以唐三藏或唐僧之名，加入孙行者、猪八戒、沙和尚与龙马四从者，发展成民间津津乐道，旅途历八十一难而遂西天求经宏愿，无人不晓的长篇小说《西游记》。

自隋而唐，佛教地位特隆系则天武后时代。《隋书》经籍志虽有"高祖雅信佛法，于道士，蔑如也"之语，同书高祖纪下开皇二十年（纪元600年）诏："佛法深妙，道教虚融，咸降大慈，济度群品，凡在含识，皆蒙覆护……。故建庙立祀，以时恭敬。敢有毁坏偷盗佛及天尊像、岳镇海渎神形者，以不道论。沙门坏佛像，道士坏天尊者，以恶逆论"，佛道在形式上乃同等保护。前述唐初武德九年令又是佛、道同受淘汰。以后的演变，则《唐会要》卷四九僧道立位条"贞观十一年（纪元637年）正月十五日，诏道士女冠，宜在僧尼之前。至上元元年（纪元674年）八月二十四日辛丑，诏公私斋会，及参集之处，道士女冠在东，僧尼在西，不须更为先后。至天授二年（纪元691年）四月二日，敕释教宜在道教之上，僧尼处道士之前。至景云二年（纪元711年）四月八日诏，自今已后，僧尼道士女冠，并宜齐行并集"，由佛道平等（高祖），到道先佛后（太宗），到佛道回复平等

---

① 沙畹原著，冯承钧译本《中国之旅行家》，第23页。

（高宗），到佛先道后（武后），再恢复佛道平等地位的记事已十分明白。

则天武后以出家感业寺为尼的间隔，从太宗宫过渡到再入高宗宫而飞黄腾达，所以从高宗后期天后时代以迄武周革命的半个世纪间，造寺、造像之风及于顶点，天下各州普遍兴建同一名称的大云寺，洛阳南郊龙门奉先寺石窟大佛造像推展到最盛期，洛阳新建周围与高度各达百公尺的豪华超大型建物明堂，号"万象神宫"，后方起五级"天堂"安置干漆夹纻佛巨像。此寺工事均由武后内宠薛怀义监督，此人原系洛阳药材行商，传说天生奇禀，又因时常供应贵妇人特制的强壮剂春药，而得缘出入宫中，服侍摄政期的老妇人武后，度为僧并主持白马寺。也便由薛怀义利用隋朝以来盛行的弥勒佛下生信仰风尚，与同寺僧侣法明、宣政等共同伪作《大云经》，阿谀武后乃弥勒佛化身，以度众生的下世福祉而降生凡间，为天下主，载初元年（纪元690年）奏上后制颁天下，而同年正式演出武周革命。翌年（天授二年）以"释教开革命之阶，升于道教之上"（《资治通鉴》唐纪二十则天皇后上之下天授二年条）。

高宗时代，又一名僧义净，接续玄奘圆寂而西行求法。此一律学之秀，咸亨二年（纪元671年）自广州首途赴印度时已三十七岁，长达二十五年在外，历三十余国，留学那烂陀寺且十年。武后证圣（同年改天册万岁）元年（纪元695年）归朝时携返四百部经典，玄宗开元初去世前十余年间，译出五十六部二百三十卷，包括新译华严经八十卷，以及特别着力的戒律方面翻译。义净旧迹长安大荐福寺小雁塔，与玄奘于大慈恩寺的建造大雁塔两相对称，赴印度时玄奘往返均陆路而义净均海道，所著旅行记《南海寄归内法传》，又堪媲美《大唐西域记》，乃是研究七世纪印度、南洋风土民俗的贵重文献。其另一著作《大唐西域求法高僧传》，录唐朝立国以来半个多世纪间，前往印度朝圣留学僧侣的可资查考者六十人事迹，其余义净未知者自属无法统计，则七世纪（以及接续的八世纪）间，中国僧人求法之旅的热潮如何高涨，可见一斑。玄奘与义净自身乃其中成功者之例，客死异域抑或丧身于恐怖沙漠或怒涛大海中的更多，为追求真理、佛法，甘愿冒险犯难以生命相搏，其献身殉道的无畏精神，令后代人敬仰无已。

已非求法传巡礼报告取材范围，八世纪时访印名僧慧日受教于义净，受师影响而展开十八年、七十余国的旅程。归化新罗人慧超迟义净约三十年，以本世纪初敦煌石室古写本发现，散佚已千年的慧超旅行记《往五天竺国传》残卷于其中重现而闻名，归朝年代便由书中记有开元十五年（纪元727年）返还安西年月而推知。印度朝圣运动随印度佛教衰退渐渐平息期的代表人物悟空，留学印度四十年之久，德宗贞元六年（纪元790年）始行返归京师。

中国佛教史的教学诸宗派，便于唐朝如上的朝圣运动同时，相续完成其开创，而铸定佛学思想的百家争鸣相貌。中国佛教的新展开，由是大业底定。新佛教大乘八宗是[①]——

1. 三论宗，八宗中发达最早，五胡十六国之末后秦鸠摩罗什

[①] 隋唐佛教宗派的展开与其理论说明，主要取材自平凡社版《世界历史大系》5. 东洋中世史第二篇，第62—68页，第363—375页；中央公论版《世界历史》4. 唐与印度，第417—423页；平凡社版《思想的历史》4. 佛教的东渐与道教，第307—311页；上野菊尔《东洋史概观》，第121—122页。

译《中论》《十二门论》《百论》等三"论"，盛弘"空"义，习者风靡。南北朝末归化安息人后裔吉藏（已系操华语、书汉文的标准汉人）集三论教学大成，作三论疏光大教义，予罗什"空"的思想以组织化，历陈、隋、唐三朝代，宣扬愈广，而三论宗开创。同以鸠摩罗什名译小乘系《成实论》为基础的成实宗教学，也以"我、法二空"理论相近而被包摄。

2. 天台宗，系佛教传入中国开花结果，纯中国化宗派成立的发端。开宗大师（天台大师）智𫖮，与吉藏同时而生卒年均稍早，已不及见唐朝开国，成书立说极多，所谓天台三大部《法华玄义》《法华文句》《摩诃止观》，均其弟子所记大师讲释的精要。天台宗理论体系以《法华经》为根本经典，与三论宗同时于新佛教运动中率先开宗，又似同三论宗以基本典籍为名而称法华宗。教义以"三谛圆融，一念三千"代表，也与"中观"思想相组合，而《智度论》《涅槃经》《般若经》，同系天台法门发挥的重要经典。

智者大师—天台宗与嘉祥大师—三论宗，相互交辉，乃中国佛教史一大划期，隋朝佛教教理方面，几乎可以此二大巨匠代表全局。但天台、三论，均龙树系佛教学或第一期大乘佛教经典所孕育，与之相对立，南北朝时代《十地论》研究者的地论宗、《摄大乘论》研究者的摄论宗，以及唐朝因玄奘而推广的法相宗、与地论宗具渊源的华严宗，都是世亲系学说或第二期大乘佛典思想的代表。后一系统，理论固亦互有所异，而各别成宗。如同天台宗之于三论宗，但认定现象世界一切全由心的活动而浮现，则系共同的思想基础。

3. 法相宗，宗派名因其"明法以体相"的教义中核而起，也依根本典籍《成唯识论》而名唯识宗，观念论的代表宗派。著书均深度反省与注重推论下的产物，由玄奘最杰出传人慈恩大师窥基开宗。影响力比较单薄的摄论宗，自唯识论巨流之兴被吸收。相对，以玄奘门下唯识论教义研究之外，小乘思想的俱舍论同系世亲系而研究也盛，高弟普光由而另成立俱舍宗，只是独立的兴盛未能持久，仍然向法相宗归并。

4. 华严宗，则天武后时代，归化康居人后裔法藏立于原所传承旧六十卷本华严经研究成果，参与义净八十卷本新译，又予地论宗所传实践阶梯十地论之说以组织化的集大成而立（地论宗因之并入华严宗）。教团广大，弟子众多，著书以华严经疏为最知名，教义中心乃"十玄缘起，无碍圆融"，绝对的与彻底的唯心论。综合前所成立中国佛教诸宗如智颉天台、吉藏三论、玄奘法相等教学批判而俨然研究上的佛教学大系，也是中国佛教诸宗中教理最玄妙，所说最深奥的一宗。

同系高宗—武后时代，又有两支弘通大、小乘的独特性格佛教宗派发生：

5. 律宗，僧侣生活规范的戒律，原与教团组织不可分，在于中国，南北朝时代对此研究风气已发端，但明白的律学专门研究教团出现，则自唐朝。道宣以四分律为中心开创律宗，树立救济之道惟恃道德训练的信念。道宣曾在玄奘译场之列，德高又学问广博，尤富历史著述，《续高僧传》《广弘明集》《集古今僧道论衡》等均出其手，加以义净译律的助力，所以律宗学风，一时弥漫。

6. 禅宗，循修行以达精神统一的"禅"（禅定），与教团法式的"律"同系佛教展开的根本，及七世纪晚年禅宗六祖慧能，追溯中国初振禅风的初祖南北朝时代达摩，乃开创禅宗。其专念于解脱的实践，以及直指本心，不立文字的"见性成佛"高深哲学传承，非只与教义研究为特征的所有天台、华严等宗均相对立，对律宗的发展方向尤为全然相背，且以惟中国佛教独有，纯粹中国化为特色。兴起后发达为佛教极大势力，出现人才济济，竞入禅门之状。唐朝译经文字多优美，禅宗教外别传，别开参悟禅机的"语录"文体，用似于今日白话文的通俗文字记录问答，以及梵铭、偈等流传。此等佛教文学于唐朝新发生，又对后代儒家的哲学研究产生莫大刺激作用。

与禅宗同样的纯粹中国化，也与禅同样立于人间尊严平等的信念，悟彻佛性在自己，却非禅的纯恃慧力自觉与内省，流行也早过禅宗的是：

7. 净土宗，如天台、三论等具有教义组织的特质，却非便以追求佛教哲学为目的而立宗，立宗系依其独特的阿弥陀佛信仰。阿弥陀佛于印度佛教非独立的信仰对象，中国才以净土宗发扬而大流行，持念佛法门，发愿往生极乐世界清净佛土，所谓"净土"，宗名由是而得，也因而凭他力（不断念阿弥陀佛）实践形成特色。《无量寿经》《观无量寿经》《阿弥陀经》为净土三经，四世纪末东晋慧远已倡行，唐朝太宗、高宗时代，善导上承其师隋朝道绰之说，丰富的著述，整理净土他力法门加以组织大成，而称为念佛三昧的净土宗树立，提供了庶民大众为对象的实践之学，佛教也由是发达为民间通俗信仰。待禅宗继起与广受知识人欢迎，禅、净于是在唐朝平分佛学均势，信仰阶层则存有区别。

隋唐新佛教运动展开下，中国佛教继五胡乱华时代佛教伟人道安业绩而再确立，佛教学以争妍斗艳似盛况百花齐放，而六世纪末以来约两个世纪间，宗派林立，开宗者已均系汉人自身或归化系汉人。但八世纪黄金时代渐渐褪色前，最后一波巨潮，却由外僧渡来开宗而兴起：

8. 真言宗（密教）。玄奘时代以后八世纪的印度现地，政治上极度分裂与混乱，六世纪以来自古代信仰婆罗门教变形的印度教强大势力，已弘布全印度，与印度教相对比，佛教决定性衰颓，最后阶段前回光返照的大乘佛典教学再展开，乃有意谓传佛陀秘密真言的宗派发生，也以其成立系与佛教所有宗派均为"显"相对，而以"密教"为名。密教学说传来，玄奘以前已缓缓行进，玄奘所译广泛流布的《般若心经》，已是典型的密教经典之一。但在中国组织化的传道实行，则自玄宗时代，八十岁的印度高僧善无畏（戍婆揭罗僧诃、Subhakarasimha）与另一高龄印度高僧金刚智（跋日罗菩萨、Vajrabodhi），先后于开元四年（纪元716年）、开元八年（纪元720年），分自陆路与海道渡来，从事本格化的密教经典翻译，两人同被奉为中国真言宗之祖。较晚入灭的金刚智在华所授弟子南印度第二代归化人不空（不空金刚，Amagavajira）奉师遗命，于开元二十九年（纪元741年）率汉人弟子团，由海道赴南印度与锡兰进修，天宝五年（纪元746年）携带密教根本经典《大日经》（Mahavairocana）、《金刚顶经》（Vajra-Sekara）与其他重要典籍五百余部返归长安，于士庶间广泛指授，以蒸蒸日上之势成长。所以，中国密教或真言宗的流传，推动至高峰，其力乃出自不空。不空也是玄奘、义净以来最伟大的翻译家，译出经、论凡一百十部，一百四十三卷。此一唐朝压轴开创的佛教宗派，因所传承已系印度的后期佛教，印度正在大发展的印度教神秘主义与咒术要素也被吸收，宗派性格因之向祈祷宗变形，知识的形体也倾向于多神化的象征主义，一精神而分化出现多数形体，大日（毗卢遮那 Vairocana）如来（Tathagata）系尊信主体，诸佛、诸菩萨、天王、金刚、力士均系严肃仪式的供奉对象。密教理论，也便以如何对佛虔诚景仰为主旨，必须长时期严峻经历实习后始传授真言，经、律、论三藏之外，别有仪轨藏，乃是祈祷佛教密教的一大特色。

佛教全盛期的大乘八宗派，八世纪中全部登场。总括此等宗派由来：

——自南北朝之末或再以前的宗派基础上予以再成立的，是天台、三论、净土、禅。

——此时代中成立的，是华严、律。

——此时代新移植的，是法相、密教。

黄金时代终须过去，唐朝中期以来的佛教仿佛立于花朵盛开期以后，诸宗派间，继续发展的消长之势已形分明，三论、法相等以三藏"论"为基础的论宗，与据于三藏"律"的律宗，势力都下堕，存续的惟有基于三藏"经"为主的密、华严、天台、净土与禅的经宗五宗。原占佛教史上特殊地位，隋朝、唐初与天台同是大势力的三论宗，以法相宗兴起而被压倒，最早盛极而衰，且以天台宗佛典的价值系列同尊"中论"，对此专门研究者不断减少，由式微而与天台宗相汇。同样，玄奘时代与窥基时代声势浩大的法相宗，也以理论上与之具密接关系的华严宗跟踪勃兴，学风不振被替代。律宗则仍以"律"乃全体佛教的根本要素，所有宗派均不可欠缺，且未具备如禅宗的独特性格，所以独立发达不能持久，没落为无可避免。

佛教宗派怒涛复归平静，以及起伏间大变化发生。基本原因,仍与印度现地佛教退潮的大形势相关联,申言之,减弱了受自印度佛教的刺激,诸宗派见界强烈的竞争性因而松弛,相互间原所显示各自主张的对立性也渐渐归向缓和。所以,接续诸论宗、律宗的不能保持命脉,次一时代,教义中心的天台、华严,发展曲线也都徐徐下降,相反,密教以佛教最盛期为起点而后来居上,中唐以后,一时隆盛之极,净土宗也能继承从来的势力。但无论华严、天台或密、净土,于唐朝后期,尤其会昌法难前后,一时概已步上凋零之道,始终屹立,独能通过此时代继续昌隆的,惟有禅宗。禅宗也于其时代表了中国佛教,通唐、宋均系全盛期,以迄明朝末年仍然。

也惟其如此,唐朝后期再一大变化现象发生,诸宗派间分立的形象,反而已不如综合接触的倾向显著,禅为中心的宗派融合之势正在酝酿。特别是民间广泛信仰的净土宗融向禅宗,禅、净双修与禅、净一致的思想渐渐成熟而自唐朝以后大发展。另一方面,密教强调祈祷,重视葬仪与奉慰死者灵魂,自血池、地狱求取解救,均与汉族的祖先祭祀与关心身后福祉习俗相适合,因之虽遭会昌废佛打击,其后仍能迅速复兴,发达及于后代。

陪伴隋唐佛教盛行,也是佛教美术的发达,大乘佛教以造像、造塔为大功德,寺、塔、佛像等建筑雕刻以至佛画、装饰画、刺绣、佛具制造等风行。佛教造形艺术自南北朝时陀罗艺术余绪,入唐以求法运动的结果,已大量参加印度式要素,而从南北朝的庄严美,向调和与丰满为特色的极度写实与自然手法转换,乃是非空想的,也非朴素的。洛阳龙门奉先寺窟卢舍那大佛(昆卢舍那佛的略称,华严哲学中宇宙全体完全调和、融合之美,透过佛陀姿相而表现的理想态象征,密教"大日如来"即其译名），大佛连同两胁侍菩萨、两罗汉、两神王、两力士的巨大九尊像系佛教艺术发挥到绝顶的代表作品，由佛龛记知自咸亨三年（纪元672年）起工，上元二年（纪元675年）十二月三十日毕，名义上高宗勅愿而实际由武后造作。大佛堂堂圆熟、端丽的相貌，衣着褶纹全出乎自然手法。此外，山西天龙山与敦煌千佛洞石窟、山东历城县附近与四川广元县等地千佛崖与摩崖，以及近年广西新发现摩崖雕刻等，都表现了唐朝新风格。唐朝佛教绘画的特征，与造形艺术同系自然的写实技法，表现以个性的鲜明对照与画面调和为重要，变化也走顺乎自然的方向，色调华丽，敦煌出土绢画与石窟寺院壁画等都存在其范例。但以蒙受禅宗的影响，用薄墨的渲淡之法，其时也已流行[1]。

　　古传承的石窟寺院以外，山林佛教或都市中佛寺建材，一般都系木造，所以隋唐佛寺兴筑尽管兴盛，也如所有宫殿、邸宅或民居，以木材易被焚毁或随年代而腐朽，不耐遗留久远。战后发现山西省五台县东冶镇之北六公里李家庄的南禅寺佛殿（八世纪）与同县豆村镇之北五公里的佛光寺佛殿（九世纪），乃系幸运流传迄今的唐朝寺院遗构，也是硕果仅存今日被发现唐朝木造建筑的两例，而弥足珍贵[2]。前一遗迹依碑文德宗建中三年（纪元782年）建寺而推定其建筑年代，已须被列现存中国史上最古的木造建筑遗构，正面三间（一一六公尺），侧面三间（九七公尺）；后者也依碑文知会昌法难时原已全毁其寺，由顾诚和尚女弟子宁公远发愿重建，而于唐末宣宗大中十一年（纪元857年）

---

[1] 唐朝佛教艺术说明，主要教材自平凡社版《世界历史大系》5.东洋中世史第二篇，第71—72页，第434—435页。

[2] 唐朝佛寺遗迹说明，取材自村田治郎《建筑技术的进步》，平凡社版《世界考古学大系》7.东亚Ⅲ，第28—29页。

复活的建筑，正面七间（四十公尺），侧面四间（约十七公尺）。两殿栋梁与屋顶内部构造，均系了解唐朝建筑式样与技法，以及关于此部分细部架构为如何复杂而精美的重要资料。

　　隆盛到顶点的唐朝佛教，结局却难逃会昌法难劫数，而劫数的招致，主要系其日益加大的内在自坏因子崩裂，简言之，南北朝时际遇再一次翻版，佛教史上也因之"三武之难"并列。唐朝中期以来，五光十色绚烂佛教教学之光渐渐暗淡。质的进步减弱而量的繁昌急激发展，僧口不断增加的反面，僧侣中潜心向学修行者从比例上落向少数，而大多数形成名利的奴隶，沉湎于逸乐与骄奢。国家赋予出家人免除课役，以及寺庙准许置产与募佃、蓄奴的权利，又自南北朝通隋唐不变，奸猾之徒纷纷以出家为逃避租税徭役手段，贵戚富家又往往借喜舍之名借寺院与寺庄之名达同一目的，侥幸冀求自私自利欲望之门大开。此项情况的发展，非只风俗败坏，迷信炽盛，大土地所有倾向加大而国家财政收入剧减，社会蒙受影响更巨。唐朝佛教政策，原系蹈袭隋朝，保护与限制两面俱顾，出家实行公度，禁止私度以控制僧口，约束数字膨胀，则天武后时代（包括高宗后半天后时代）乃朝廷育成佛教势力最力、最明显的时期，也仍有名相狄仁杰、名儒李峤等抗颜力谏制衡（其文均见《唐会要》卷四九像项）。玄宗治世展开唐朝社会最繁荣期，佛教学也到达最盛境地，而对佛教势力的扩张仍然立法严加限制。《唐会要》卷四七议释教上记开元二年（纪元714年）正月名相姚崇上奏："自神龙以来，公主及外戚，皆奏请度人，亦出私财造寺者，每一出勅，则因为奸滥，富户强丁，皆经营避役，远近充满，损污精蓝。且佛不在外，近求于心，但发心慈悲，行事利益，使苍生安乐，即是佛身，何用妄度奸人，令坏正法"。因而"僧尼伪滥还俗者三万余人"开端，连续的禁令发布，二月，禁新创立寺院；七月，禁百官容僧尼至家，设斋须报准州县移牒听去；同月，禁民间铸佛、写经为业。十九年，又禁山林兰若（小庵）与俗家往来（均见《唐会要》卷四九杂录项）；同年，诏僧籍每三年一改造，全国定期性整顿[①]。天宝六载（纪元747年），公度基础上更严格的度牒制断行，无度牒者无僧尼资格，死亡或还俗时缴还陈牒（即旧牒），以加强淘汰私度僧与灭绝僧尼素质低下之弊[②]。不幸，便自紧随的八世纪后半以来，唐朝政治力已渐衰退，姚崇奏言已出现的弊象，原全恃强力统制力加以压抑，而至国家制度松弛期间，所有限制全成具文，寺院反动势力猛升，社会秩序与经济、财政恶化加剧，结局乃爆发武宗会昌五年（纪元845年）的毁灭性废佛大悲剧。

——这一幕的演出，《唐书》武宗纪会昌五年条记录："八月，制：朕闻三代以前，未尝言佛，汉魏之后，像教浸兴，是由季时，传此异俗。因缘染习，蔓衍滋多。以至于蠹耗国风而渐不觉，诱惑人意而众益迷。洎于九州山原、两京城阙，僧徒日广，佛寺日崇。劳人力于土木之功，夺人利于金宝之饰；遗君亲于师资之际，违配偶于戒律之间。坏法害人，无逾此道。且一夫不田，有受其饥者；一妇不蚕，有受其寒者。今天下僧尼，不可胜数，皆待农而食，待蚕而衣。寺宇招提，莫知纪极，皆云构藻饰，僭拟宫居。晋宋齐梁，物力凋瘵，风俗浇诈，莫不由是而致

[①] 平凡社版《世界历史大系》4.东洋中世史第二篇，第343页引《佛祖统纪》卷四二。

[②] 平凡社版《世界历史大系》4.东洋中世史第二篇，第343页引《佛祖统纪》卷四二。

也。况我高祖、太宗,以武定祸乱,以文理华夏,执此二柄,足以经邦,岂可以区区西方之教,与我抗衡哉?贞观、开元,亦尝厘革,铲除不尽,流衍转滋。朕博览前言,旁求舆议,弊之可革,断在不疑。而中外诚臣,协予至意,条疏至当,宜在必行。惩千古之蠹源,成百王之典法,济人利众,予何让焉。其天下所拆寺四千六百余所,还俗僧尼二十六万五百人,收充两税户,拆招提、兰若四万余所,收膏腴上田数千万顷,收奴婢为两税户十五万人"。所毁大小寺庵与淘汰僧尼,正是同年四月预为检括(调查)的全数,仅两京各留寺四所,每寺留僧三十人。大弹压令强行前僧尼数字的惊人发展倾向,对照一个世纪前开元时代的统计"僧七万五千五百二十四,尼五万五百七十六"(《唐会要》卷四九僧籍项)可见。僧尼合寺院奴婢共四十余万人脱逃国家租税劳役者的数字,占"会昌户四百九十五万五千一百五十一"(《唐会要》卷八四户口数项),每户折算十人约五千万人的比例,已近百分之一,终于招致水满则溢的大祸。而佛教"法难",外国宗教为齐蒙池鱼之殃,唐朝立国以来信教自由的宗教方针下,新渡来异宗教在中国源源传播已获致的成果,连带一笔勾销。武宗崩后虽一切解禁,佛教已一蹶不振。

法难祸因,唐武宗废佛令冠冕堂皇的理由背面,佛、道两教长期对立斗争的总决裂,系其导火线。

南北朝之末"三武之祸"第二次乃全废宗教形态下的佛、道俱毁,由隋而唐,道教以老子之姓与唐朝帝室同系"李",被道士利用渲染,附会"国姓"而快速复兴。高宗且曾亲莅亳州(安徽省)谒老子庙,追尊老子为太上玄元皇帝,《道德经》与儒家经典同列"明经"举人策试教本。玄宗信仰道教尤其诚笃,对老子皇帝尊号前加尊"圣祖",五岳、两京、诸州各设崇玄庙(老子庙),又尊两京所置各为太清宫与太微宫,庄子、文子、列子、庚桑子各号真人,著书自子书类改列经书类,《道德经》为群经之首,孔子(封文宣王)以传说曾问礼于老子,解释之为便是老子弟子,而"于太清、太微宫圣祖前,更立文宣王道像,与四真侍列左右"(《唐会要》卷五〇杂记项,天宝八载条)。又令《道德经》为天下每家每户所必收藏习读,全国普立崇玄学,京师且依国子学例,置博士教授学生,应乡贡参加科举考试,直接付道教以特别有利的发展条件。但堪注意,道教固得朝廷奖掖,朝廷的宗教政策,却是即使玄宗时代也仍与佛教平等,佛教乃保护又加限制,道教为相同,佛教所受约束同样适用于道教,寺、观与僧、道,法律上相提并论而一视同仁,唐朝政治的值得叹佩,此即一例。抑且,玄宗特崇道教,佛教密教的兴盛便赖玄宗扶植;则天武后专信佛教,却也修缑山王子晋祠(王子晋为周灵王太子,传说乘白鹤升天),并亲书"升天太子碑"。

唐朝道教,学者与实行家虽非谓无,经典也大加整备,但无论教理或祭仪,都只是模仿佛教,追随佛教,甚或便是剽窃佛经,依大小乘法门修改增饰原已隐没的道书。道经真伪难辨,因之于唐朝思想界,所谓道教哲学,并无地位,呈现的是落寞状态。唐朝的道教时流,皮相的现世不死长生追求与功利的富贵希冀,乃其信仰根基,图谶、炼丹等成立为宗教最重要环节。虽然丹药之事,唐朝非全出自道士,佛教僧侣为相同,唐朝天子奖励道教、佛教的副作用,便是爱好服食此类金石灵草提炼的丹药。不幸,原以希求长生不老而服药,结局反折断生命暴崩的,《廿二史劄记》唐诸帝多饵丹药篇统计有六代君主。英明之主如太宗也自蹈不测，其间关系人：太宗→胡僧那罗迩婆娑，宪宗→山人柳沁、僧大通，穆宗→僧惟贤、道士赵归真，敬宗→道士刘从政，武宗→赵归真等八十一人，宣宗→太医李元伯。免于此癖的，倒反便是尊奉道教的高宗、玄宗，以及大力提倡佛教的则天武后。

佛、道二教同等流行，同等势力强大，又受朝廷平等待遇，对立抗争乃不可避免。两教间排挤互争之势，南北朝时代已形成，隋朝尚无有关此等情事传闻，而至唐朝初建，高祖僧尼、道士限制令发布，实际已是起源于道教信者太史令傅奕《减省寺塔僧尼益国利民事十一条》的上奏，佛教界与佛教拥护者认系诽谤，纷纷抗议反驳，双方争议的结果。以后，两教互斗与冲突不断升高，但争执却从来非是理论的，而系现实的，浅陋的辞、文辩论末端"优劣"论。道教徒最后所恃攻击武器，厥惟佛教乃异邦邪教的夷夏论，西晋王符伪作《老子化胡经》，流传三百数十年间成为道、佛两教论断倾轧的中心课题，南北朝时代对其真伪问题已掀轩然大波，唐朝再度形成焦点而燃斗争之火。佛教徒也活用"化胡经"方式，论断孔、老均菩萨化身以反击，双方作成的伪书、伪经较前代犹烈。高宗因之搜索所流布"化胡经"焚毁以期息争，中宗又诏除道观画化胡成佛之相与诸寺所绘老子形像，以及禁止两教相互毁辱对方尊像。却是，和缓一时后，唐朝中期以后，双方斗争的激化愈形严重，代宗、德宗、敬宗年间屡次辩论，终不能决定两教优劣。至武宗即位，以宠信道士赵归真等受怂恿，又值僧尼嫌恶者李德裕为相，而佛教致命的大打击已必须承受，弹压令也定必断行了。

佛教虽于武宗次代宣宗时复活，等于已被宣告衰微，当初的煽火者道教也空余惘然之感，彼此敌对的意识才以两相疲敝而减退,以及逆方向儒释道三家汇合的因缘反已接近。早自隋朝,儒者李士谦、王通等兼述儒、佛、道治世之道,系三教调和论的初现。则天武后控鹤府(奉宸府)文化大事业之一,动员天下英彦编集《三教珠英》,目的又便在予儒、佛、道之说以集大成,而统一其精神。会昌破佛后,迎向三教思想融会合习之途,终于渐渐成熟。

就儒家关系而言,与佛教思想连结,唐朝中期以来原已明显,学者、文学家如柳宗元、白居易等颇多便与学问僧侣论交。严守儒家立场,以猛烈排佛论《原道》与宪宗元和十四年(纪元819年)言词更大胆的《论佛骨表》上奏,而直犯天颜的硕学韩愈,因是贬官潮州时,也与大颠和尚交往(《与孟尚书书》),《送高闲上人序》且推崇"今闲师浮屠氏,一生死,解外胶",可知同样了解佛义。韩愈高弟与相同以激烈反佛著名的李翱,于朗州刺史任内,且曾问道于药山禅师(《居士分灯录》)。由此机缘,儒家取入禅为中心的佛教思想之门乃缓缓开启,铸定以后新儒学或宋学的设定,特别关于宋学组织的中枢"性"论,所受禅家高深理论"指心见性"影响,已系学术界定论。另一方面,道教经历唐末以届五代的时代,也喜见新思想展开,道士陈希夷《太极图》,又重大影响儒家而构成宋学发生的另一要素。

——中国思想史,至此已准备翻过新的一页。

学问、科学与文学平民化

雄大优美的唐朝文化,其水准之高著誉世界史。

汉朝独尊儒术，统一思想，汉末混乱期展开而儒学权威失坠，通四百年大分裂的时间均行萎退，道家与新兴的佛教风潮蔚为思想界主流。长期不振的儒学，也于此过程中，陪伴南、北分裂的局面，分立为南学与北学，南学乃以三国魏国王肃以来已受道家影响为主的哲学解释（义理），北学仍系蹈袭后汉郑玄传统的文法解释（训诂）。

隋朝再统一中国，国家大事业之一，《隋书》经籍志序大书："隋开皇三年（纪元583年），秘书监牛弘表请分遣使人，搜访异本。每书一卷，赏绢一匹，校写既定，本即归主。于是民间异书，往往间出。及平陈以后，经籍渐备。检其所得，多太建时书，纸墨不精，书亦拙恶。于是总集编次，存为古本，召天下工书之士，京兆韦霈、南阳杜頵等，于秘书内补续残缺，为正副二本。藏于宫中，其余以实秘书内外之阁，凡三万余卷。炀帝即位，秘阁之书，限写五十副本，分为三品，上品红琉璃轴，中品绀琉璃轴，下品漆轴，于东都观文殿东西厢构屋以贮之，东屋藏甲乙，西屋藏丙丁（《唐书》经籍志一亦有"炀皇好学，喜聚逸书"语）。大唐武德五年（纪元622年），克平伪郑，尽收其图书及古迹焉。命司农少卿宋遵贵载之以船，溯河而上，将致京师，行经底柱，多被漂浸，其所存者，十不一二。其目录亦为所渐濡，时有残缺。今考见存，分为四部，合条为一万四千四百六十六部，有八万九千六百六十六卷"。媲美《汉书》艺文志，洋洋四卷的《隋书》经籍志，便于唐初，以上述幸得逃脱战乱破坏厄运的书籍为对象而编定。三世纪三国魏国荀勖始创甲、乙、丙、丁四部图书目录分类法，隋朝确定已以经、史、子、集的性质相对应，而为后世所蹈袭。隋朝两帝努力搜求遗书与加推广，具有的已是于儒学统一基准，复兴文化，完成其准备期的意义，此其一。

《隋书》经籍志一的另一段记载也堪重视："至宋大明中始禁图谶，梁天监已后又重其制。及高祖受禅，禁之逾切。炀帝即位，乃发使四出，搜天下书籍与谶讳相涉者皆焚之，为吏所纠者至死。自是无复其学。秘府之内亦多散亡"。汉朝以来风靡的谶讳之学，弊风于隋朝一扫而尽，儒学中的迷信成分被廓清，此其二。

儒学的正统学问表征，在于惟一以五经为国定教科书的学校教育系统建立。隋文帝晚年的仁寿元年（纪元601年），虽以狂信佛教影响，反常的于颁佛舍利至诸州同一天，下诏废州县学，与京师太学、四门学，惟留国子学（改名太学）与学生七十人，但炀帝继位，立即复旧。《隋书》儒林传序对此说明："高祖（文帝）膺期纂历，平一寰宇，顿天网以掩之，贲旌帛以礼之，设好爵以縻之，于是四海九州，好学待问之士，靡不毕集焉。……超擢奇隽，厚赏诸儒，京邑达乎四方，皆启黉校，讲诵之声，道路不绝。中州儒雅之盛，自汉魏以来，一时而已。及高祖暮年，精华稍竭，不悦儒术，专尚刑名，遂废天下之学，唯存国子一所，弟子七十二人。炀帝即位，复开庠序，国子、郡县之学，盛于开皇之初。征辟儒生，远近毕至"，王通、何妥、刘焯、刘炫（非兄弟）等大儒都名重一时。儒者被尊重，儒学受奖励，恢宏孔子之教，重振儒风的契机又已把握，此其三。

南朝滋长的浮靡骈丽文风，影响北朝而至隋朝继续大流行。名儒李谔上书文帝痛论其弊："文笔日繁，其政日乱，良由弃大圣之轨模，构无用以为用也。舍本逐末，流偏华壤，递相师祖，久而愈扇。及大隋受命，圣道聿兴，屏黜轻浮，遏止华伪。自非怀经抱质，志道依仁"（《隋书》本传），而有开皇四年（纪元584年）诏令天下，公私文论一概踏实之举。一名刺史高官，且便因"文表华艳"而被治罪，又是扬弃旧传统，迎接新文运的先兆，此其四。

唐朝替代隋朝，便立于此等基础上大步推进，儒学新机运自贞观年间明朗展现。太宗奖励儒学，弘文馆藏书二十余万卷，礼聘饱学之士，由褚遂良领衔，虞世南、褚亮、姚思廉、欧阳询等均为学士，究学问，议政事。贞观二年（纪元628年），释奠礼周公为先圣，孔子为先师的传统地位，勅命加以变更，停祭周公，孔子正式上升先圣，颜回为先师（玄宗开元二七年，纪元739年，又追谥孔子为文宣王）。贞观四至十六年（纪元630—642年）间，经学史的划期性大事追随出现，经书定本"五经正义"制定，南北朝以来对五经繁杂的各家解释，以教育上、选举上都有树立标准的理由，而加以统一。五经经本由南北朝著名学者颜之推之孙原任中书侍郎颜师古，选定《周易》、《毛诗》、《尚书》、《礼记》、《春秋左氏传》；仕隋已引退，复仕唐为秦王十八学士之一的国子祭酒孔颖达注释，共一八〇卷。从来的南学、北学之分，自此以国家事业的经义统一解释遂行，而告一总结。《隋书》儒林传序说明南、北学分歧重点："江左周易则王辅嗣（弼）、尚书则孔安国、左传则杜元凯（预）；河洛左传则服子慎（虔），尚书、周易则郑康成（玄）。诗则并主于毛公，礼则同遵于郑氏"，"五经正义"注释，便全然采纳了王弼等的南学系统，而北学被排斥。经学的南、北统一，乃出诸北学被统一于南学形式，为堪注目，唐朝政治实体上承隋朝系北方系，儒学复兴时的政治指导原则却是南方系，又值得玩味。政治→北方、文化→南方，正可解释为中国再统一伟大时代的南北调和。

之后，继《五经正义》而贾公彦作《周礼义疏》与《仪礼义疏》，又有杨士勋作《春秋谷梁义疏》、徐彦作《春秋公羊传疏》，此四经虽非奉勒完成的国家事业，也与"正义"同用为国定教科书，学校的统一教材。文宗开成二年（纪元837年）国子监讲论堂两廊，所谓五经文字，九经字样的石壁刻经完成，九经之外，加《孝经》、《论语》、《尔雅》同镌，五经、九经外的"十二经"名词也由是而得。（石经现存西安碑林，合计一一四石，两面刻字，总字数六五○、二五二字[①]），经籍文字的统一性再度加强。

学问尊重的另一面，循儒家五经准绳以达陶冶人格、养成人物目的的学校教育，由国家积极发展，并与科举制度密接连系，学校毕业的应试资格立于另一形态的乡贡之前。唐高祖蹈袭炀帝时代隋制，国子监三学收容学生总数尚仅三百名，别置小学，以教宗室子孙与功臣子弟。太宗于此基础上大事扩张，统辖于国子监的国子学（教三品以上高官子孙）、太学（教五品以上官员子孙）、四门学（教七品以上官员之子与庶民俊秀）"三馆"均施一般教育；同一教育行政系统增立施以专门教育的技术学校律学、算学、书学与三馆总称"六学"与"国学"（另外的医学则隶太医署）。《唐会要》卷三五学校项的说明是：贞观五年以后，增筑学舍一千二百间，生员凡三千二百六十员，"已而高丽、百济、新罗、高昌、吐蕃诸国酋长，亦遣子弟请入国学，于是国学之内八千余人。国学之盛，近古未有"。特殊教育学校除隶秘书省的皇族学校"小学"外，又增加文学顾问官厅附设的弘文馆学与崇

[①] 诚文堂新光社版《世界史大系》3.东亚Ⅰ，第259页附图说明引《西安胜迹志略》。

文馆学，前者监督机关乃门下省，后者则东宫系统，共同教育贵胄子弟。八世纪玄宗时代，别设崇玄馆学，以及国子监专立应进士科考试的养成学校广文馆学。

然而，上距贞观之末不满四十年，《唐会要》卷三五学校项已记有光宅二年（纪元685年，则天武后摄政时代，同年以废中宗易立睿宗而改元垂拱元年）陈子昂上疏之言："陛下方欲兴崇大化，而不知国家太学之废，积以岁月久矣。学堂芜秽，略无人踪，诗书礼乐，罕闻习者"；同项又载武周时代的圣历二年（纪元699年）韦嗣立疏言："国家自永淳（高宗末）以来，二十余载，礼乐废散，胄子弃缺，时轻儒学之官，莫存章句之选"，隆盛的儒学急速走向下坡，形势已成。中宗复位以来再度振作，乃有神龙元年（纪年705年）学生数国子学三百人、太学五百人、四门学一千三百人（内庶民身份者八百名）、律学五十人、书学、算学各三十人，六学合共二千二百十人（《通典》职官九诸卿下国子监项）的定额编定。但相隔仅半个世纪，"自天宝后，学校益废，生徒流散。（宪宗）元和二年（纪元807年）定生员，西京国子馆生八十人、太学七十人、四门三百人、广文六十人、律馆二人、书、算馆各十人；东都国子馆十人、太学十五人、四门五十人、广文十人、律馆三人、书馆三人、算馆二人而已"（《新唐书》选举志上）。所以然的原因，《新唐书》选举志的分析是"世禄者以京兆同华为荣，而不入学"，今日高等文官资格考试意味的"科举"，谓之"举人"的应试之途，因之鄙视"生徒"（学校毕业），而偏倚到怀牒自列于州县的"乡贡"方面。而且，科目中唐初以"秀才"科为最高，试验主旨在政治见解，课以时事问题的对策为重心，却以秀才落第时原乡贡推荐者州的长官须连带受罚,而贡举日少,最早废绝。追随凋零的,便是以儒家经典试验成绩为依凭的"明经"科。热门已惟隋炀帝成立的"进士"科,以武后开始加试诗赋的鼓励而愈兴旺,从玄宗时代于国子监加立广文馆的事实,以及元和重订国子监学生名额中广文馆数字所占比重可以反映。

唐初奖励儒学,到达隆盛顶点又归向消沉,与于汉朝一尊儒学的基础上续再统一儒家学说,存有决定性的关系。"五经正义"经书解释统一,汉朝以来发达的训诂学固因而生命被扼杀,所谓义理之学的思想停滞,也不可否认存在了必然性。经学史上的南学、北学由是统一,却同时关闭了学说继续进展的发明之门,学风由固定而僵化。这股进步与倒退性格两面俱在的巨大力量,阻止了唐朝儒家思想,不能与如同万马奔腾的佛教思想等量齐观,较之令人目迷五色、眼光缭乱的唐朝文学,色泽更形黯淡。儒学非只自唐朝而结束汉朝以来十个世纪左右的经学时代,也在中国文化最成熟、内涵最丰富、光辉最灿烂耀目的唐朝,独自形成素质粗糙而内容贫乏的跛脚一面。

与发达的唐朝文化整体不调和,走向不平衡的儒学低潮,幸得于第八、九世纪之交(德宗、顺宗、宪宗时代),阴霾中透出一道强烈阳光,韩愈"原道"、"原性"(与生俱生为"性",接物而生为"情"),与弟子李翱据于其师学说续加光大的"复性论"(灭情复性),乃是三百年隋唐思想界儒家思想庄严不堕的象征,却也是仅能列数的唐朝两位思想家。虽然隋朝王通也曾被兴起讨论浪潮,但今日定评,已知其《文中子》著作系后世伪作,学说主干所系的"中说"王道论,也不过孔子哲学的复述与模仿。韩愈、李翱师弟之说,则已系汉朝以来再一次儒学新境界的开拓,宋学的直接导源。

宋朝欧阳修等撰《新唐书》，于韩愈传本文称："其《原道》、《原性》、《师说》等数十篇，皆奥衍闳深，与孟轲、扬雄相表里而佐佑六经"；赞曰又称："自晋讫隋，老、佛显行，圣道不断如带。诸儒倚天下正议，助为怪神。愈独喟然引圣，争四海之惑，虽蒙讪笑，跲而复奋，始若未之信，卒大显于时。昔孟轲拒扬、墨，去孔子才二百年；愈排二家，乃去千余岁，拨乱反正，功与齐而力倍之，所以过（荀）况、（扬）雄为不少矣。自愈没，其言大行，学者仰之如泰山、北斗"。苏轼论韩愈："文起八代（六朝、隋、唐）之衰，而道济天下之溺；犯人主之怒（指直谏宪宗迎佛骨），而勇夺三军之帅"（《潮州韩文公庙碑》）。宋朝儒家对韩愈如此肃然起敬，比拟其辅翼孔子学说之功如同孟子，原因便以韩愈乃直接的宋学启蒙大师，视《原道》立论为可了然。《原道》乃韩愈思想的出发点，一则说："博爱之谓仁，行而宜之之谓义，由是而之焉之谓道，足乎已无待于外之谓德"；二则说："传（《大学》）曰：.古之欲明明德于天下者，先治其国，欲治其国者，先齐其家，欲齐其家者，先修其身，欲修其身者，先正其心，欲正其心者，先诚其意.。然则古之所谓正心而诚意者，将以有为也。今也，欲治其心，而外天下国家，灭其天常"；三则说："斯道也，何道也？曰：斯吾所谓道也，非向所谓老与佛之道也。尧以是传之舜，舜以是传之禹，禹以是传之汤，汤以是传之文武周公，文武周公传之孔子，孔子传之孟轲，轲之死，不得其传焉。荀与扬也，择焉而不精，语焉而不详"。"道统"之说与孟子的儒学地位抬高，都由此最早明白标示，而成立确定以孟子学说继承孔子为正统的宋学骨干。

韩愈由"原道"演衍的"原性"说，经李翱光大为《复性书》上、中、下三篇，是思想领域的一大升进。复性论立脚于"中庸"："天命之谓性，率性之谓道"与至诚尽性理论，以及孟子的"性善"说。说明："人之所以为圣人者，性也；人之所以惑其性者，情也。喜、怒、哀、惧、爱、恶、欲七者，皆情之所为也"。惟以存在"情不自情，因性而情，性不自性，由情以明"的关系，所以虽然人性皆善，却被情所掩而真性昏冥，"妄情灭息，本性清明，周流六虚，所以谓之能复其性也"，"忘嗜欲而归性命之道"，李翱复性论中心思想明晰建立于此。复性之道惟恃不动心，所谓"寂然不动，是至诚也"，以"诚"道辨证复性论，归纳到"中庸""唯天下之至诚，为能尽其性；能尽其性，则能尽人之性；能尽人之性，则能尽物之性；能尽物之性，则可以赞天地之化育；可以赞天地之化育，则可以与天地参矣"的子思"诚者，天之道也"理论。性命之学的宋学，胚胎于是成形，只待瓜熟蒂落而至宋朝呱呱坠地了。《大学》《中庸》《孟子》，也由是至宋朝而合《论语》共称"四书"，于宋学中被推崇与"五经"同等立于儒家根本经典的地位。

与儒学的停滞对比，史学方面，唐朝是个大有可观的时代。中国"正史"，今日总称二十五史中的八种：《晋书》百三十五卷（房玄龄等撰）、《梁书》五十八卷、《陈书》三十六卷（均姚思廉撰）、《北齐书》五十卷（李百药撰）、《周书》五十卷（令狐德棻等撰）、《隋书》八十五卷（魏徵等撰）、《南史》八十卷、《北史》百卷（均李延寿撰），均完成于七世纪太宗、高宗时代。关于唐朝国史，温大雅《创业起居注》（三卷）与敬播、许敬宗《高祖、太宗实录》（四十卷）以来历代实录的辑定，也加开国家事业的历史记录—新方向，为以后朝代所蹈袭。对前史注释，颜师古的注《汉书》特为有名，也流行为同类书籍的后世标准本。以唐朝学者努力而于史学方面获致突破性的其他方面成就：

——纪元七〇〇年前后，自武后时代仕至玄宗初的刘知几著作史学理论书《史通》（内、外四十九篇），乃史"学"的专门研究与独立学问发轫。

——八世纪后半代宗时代杜佑编集行政百科辞典意味的《通典》（八门二百卷），又是制度学的创始。

唐朝留存迄今的伟大文化遗产，地理学知识的重要贡献又是其一。玄奘、义净、悟空等僧人旅行家有关中亚细亚、印度、南洋等史地记录的学术价值为无论，同系国外部分，官方人员基于外交与贸易记录，或亲身经历而撰见闻录、地理志、地图更多。《隋书》与《唐书》同列传记的裴矩《西域图记》、高宗显庆三年（纪元658年）勅撰《西域图志》、德宗贞元十七年（纪元801年）贾耽《古今郡国县道四夷述》等，都是特具科学性的著作。虽然以上诸书原本都已散佚，但多少尚被摘录保存于其他出版物中，隋朝通西域三大道，便以《隋书》裴矩传引录其《西域图记》序文而得，《新唐书》地理志七下篇末附见入四夷七道交通线，也明言转载自贾耽所考定。国内地理书的巨著，贞观十五年（纪元641年）太宗皇子魏王泰邀集学者所合撰《括地志》，达五百五十卷（另序略五卷），可惜原书散佚（现存辑本乃清朝学者孙星衍整理）。八世纪初宪宗元和年间李吉甫的《元和郡县图志》（四十卷），系唐朝著名地志中幸得遗留今日者，但图的部分也已亡失。

科学的地理学基础在地图，中国地图制作法的飞跃时代，以三世纪晋朝裴秀应用百里一寸（换算即一八〇万分之一）缩尺，平面图上又加划似于今日地图经线与纬线的纵横区分如网目而展开，后世谓之"方寸图"或"方眼图"。裴秀所亲制的最古方眼图《禹贡地域图》虽已不可复见，但由其开始而出自同一方法所制，伪齐阜昌七年（纪元1137年）据以刻石的华夷图与禹迹图方眼图，今日尚保存于西安碑林①，蓝本便是唐朝宰相贾耽，贞元十七年与其地理名著同时奏上的《海内华夷图》。从此一石刻地图，一眼而见轮廓已与今日地图全无变歧，中国地理学如何踏实，地图学具有何等优秀性、进步性，均可证明。用同样技术制作的方眼图地图，出现于欧洲，须待接续贾耽时代的第十世纪，或者便是中国的绘制法传播欧洲，也未可知②。

　　地图制作的正确性立于测地技术，唐朝于此又为领先世界。开元十二年（纪元724年），天文学者南宫说选定河南平原进行大规模测地事业的结果，最早测定子午线一度之长。虽然学者间依唐朝一里＝四四〇公尺推算，曾有意见，认南宫说的测定值须使子午线一度推展至一五七公里程度，与今日大体一一〇公里的数值比较，未免为不正确或粗糙。但即使如此，国际学术界也已认定，仅以最早测定而论，便是中国地理学史值得注目的成绩③。

　　唐朝文化的世界级地位是权威的，特别第七世纪，乃是人类文明的大活动时期，阿拉伯（大食）、西藏（吐蕃）、日本文明都在兴起，唐朝则正立于时代的最前端与最高峰。唐朝文化傲

---

① 薮内清《中国古代科学》，第112页。
② 同上，第114页。
③ 参阅薮内情《中国古代科学》，第110—111页。

视世界史的特色，非似汉朝的特多科学上发明与发现，而系国际文化有容乃大的广与博，是世界国际的。无论哲学（佛教）、数学、天文学、医学、地理学、历史编纂、博物学、语言学等诸分野，无不占有同时代世界的主要位置，而为今日学术界惊叹世界科学、文化史上罕见的盛况①，与中国史黄金时代的形势正相对应，此其一。其二，唐朝文化的实用性，似于西洋史上罗马而非希腊，又正与汉朝相异。此时代的科学上卓越贡献是：

——数学：高祖、太宗时代的王孝通著《缉古算经》，出现中国最古的三次方程式例题。

高宗时李淳风注解《周髀算经》，说明不定方程式的解法。

——天文学：高祖初，傅仁均以造历而予古代人天文观测以集成②。

——医学：隋大业六年（纪元610年）巢元方编集病理与诊断的医学完全文献《诸病源候论》，广记六七门、一七二〇论的病名与症候。唐朝天宝十一年（纪元752年），王焘续准上书，加处方而著《外方秘要》，内容扩充至一一〇四门。

高宗、武后时代，孙思邈庞大的医学全书《千金要方》(《孙真人千金方》)、《千金髓方》、《千金翼方》、《随身备急方》陆续完成（编入道教文献总汇《道藏》时总称《备急千金方》）。眼科处方③与外科手术用药物、绷布之外，热铁烫烧伤口止血法④

---

① 参阅 G. Sarton《科学文化史》，岩波版平田宽日译本古代、中世Ⅰ，第224页。且其第二五章（第七世纪前半）、第二六章（第七世纪后半）分别便以《玄奘的时代》与《义净的时代》为章名。

② 同上，第227页。

③ 同上，第236页。

④ 薮内清《中国古代科学》，第136页。

出现。

——语文学：继纪元六〇一年隋朝陆法言编纂汉语最古音韵辞典《切韵》（予文字以二〇四个同韵语为分类），贞观二十三年（纪元 649 年）僧人玄应编定佛教语汇"一切经音义"，集梵语发音的术语大观，对汉语音韵学研究乃无比重要的工具书。

唐朝（以及隋朝）文化的高水准，自《唐书》经籍志收录书名与数量统计可以了然。虽然登录情况，以唐末如同隋末，战乱中再遭书籍浩劫而非全貌，仅转载八世纪玄宗时所编定现成的图书目录，却也因而愈可明白，唐朝如何于隋朝政府书籍"是所存者，十不一二"（见前引《隋书》经籍志）的破残基础上，努力访录补充遗书，以及新著作蓬勃产生的一斑（《新唐书》艺文志序：迄于开元时代，"而唐之学者自为之书者，又二万八千四百六十九卷"）。如下是《隋书》、《唐书》两志的书类调查状况：

	图书总数	甲（经）部（含语文、音韵学）	乙（史）部（含地理学）	丙（子）部（含军事学、博物学、天文学、数学、医学等）	丁（集）部
《隋书》经籍志	四部经传三、一二七部，三六、七〇八卷（通计亡书合四、一九一部，四九、四六七卷）道经三七七部，一、二一六卷佛经一、九五〇部，六、一九八卷大凡经传存亡及道佛六、五二〇部，五六、八八一卷	六二七部，五、三一一卷（通计亡书，合九五〇部，七、二九〇卷）	八一七部，一三、二六四卷（通计亡书，合八七四部，一六、五五八卷）	八五三部，六、四三七卷	五五四部，六、六二二卷（通计亡书，合一、一四六部，一三、三九〇卷）

续表

	图书总数	甲（经）部（含语文、音韵学）	乙（史）部（含地理学）	丙（子）部（含军事学、博物学、天文学、数学、医学等）	丁（集）部
《唐书》经籍志	开元时三、〇六〇家，五一、八五二卷"其外有释氏经律论疏、道家经戒符录凡二千五百余部，九千五百余卷"。（依《开元内外经籍》）	五七五部，六、二四一卷	八四〇部，一七、九四六卷	七五三部，一五、六三七卷	八九二部，一二、〇二八卷

从上项对比，可知玄宗时代的八世纪唐朝，大分类图书数量超过隋朝所遗留特多的，一是科学、技术类"子"部，二则文学类的"集"部，后一范畴的唐朝新著作增加数恰系一倍。清朝编集的《全唐诗》，诗篇收录近四万九千首；《全唐文》一千卷，收集散文作品二万三千篇，作者列名数总共达四千人。另一统计，唐朝诗文集数字至八二〇〇卷之谱[①]，文学发展之盛可以概见。

文学站立到圆熟的大唐文化第一线，便以作品数量如此的惊人丰富所代表普及性而铸定其地位。通过短暂隋朝，唐朝所上承南北朝文化的性格，主线系在南朝，唐朝文化精华的"诗"，特别是代表性的律诗，便以南朝文学中声韵要素为基盘。所以，唐朝文化层面筑成，儒学已循南朝研究方向或所谓南学，文学尤其全系南朝文学意境的增高与扩大。而且，儒学仅于唐初一度回复

---

① 诚文堂新光社版《世界史大系》3. 东亚Ⅰ，第263页。

活力后又衰颓,文学的发达则与日俱升,简言之,儒学不振,文学特隆,正是唐朝文化的特色。

艺术,与文学相关联,也在唐朝与文学相得益彰。

中国传统画法,乃对人物与风俗生活写实的线描,形容如春蚕吐丝,而以精神的表现定作品优劣。立于东晋顾恺之绘画极品的准则下,此一风气贯通南朝均然。但明暗阴影画法与山水画,也已在南朝时代发端。尉迟乙僧系唐朝立体感阴影法画家中特为闻名的前锋,与之同系初唐一流画家的阎立德、立本兄弟则蹈袭传统的线描技法再加光大。位至宰相的阎立本画史评价,谓六朝以来的肖像、人物画,以其出现而注入了新生命,也以其所制《帝王图卷》(现藏美国波士顿美术馆,北宋摹本)等,而同类作品的艺术性升高到顶点,以后时代只在徐徐下降。博得唐朝第一伟大画家声誉的吴道子已系盛唐玄宗时代人,肥瘦笔描表现凹凸的技法发挥至极致,作品气魄宏大,以熟练的一气速描写实为特征,中国的人物画、山水画的逼真性,同自吴道子笔下推向最高造诣之境。多彩华丽的唐朝绘画,也以盛唐立体阴影描写与色彩配合所构成的多样化,而蔚为富丽堂皇的大观。

山水画发达,盛唐又是里程碑,画风的分歧自此时期判明。较吴道子时代稍早,画界巨匠皇族之一李思训所代表浓彩的金碧山水(青绿山水),代表了唐朝传统山水画主流,谨细绵密的笔法,多彩华丽的配色,象征的便是唐朝大帝国的世界图缩影。李思训、吴道子均宫廷画家,较吴道子稍后而背景迥异,文人画家王维的泼墨山水,诗情与画意合一,所描绘自然界,具有自我个性的亲近感,用单色的墨色浓淡表现立体感。此类以六朝阴影法应用到墨绘方面的山水画,与传统线描画法的青绿山水,正相对立，因之绘画史出现北宗（李思训系）、南宗（王维系）的区分。接续，自南宗基础上再一跃进，一种全行摆脱线条轮廓，自由精神更深一层发挥，山、岩、云、水用浓淡一气呵成的"泼墨"方法绘出的山水画诞生，画面洒脱而飘逸，中国传统客观的"写实"画法一变，已系表现作者气氛为主要的"写意"。由写实到写意的大转换，中唐王墨（或王默、王洽）为代表人，中国独有著名的水墨画由是创始，只是水墨画的流行为中国画主要技法，时间尚须展延至宋朝以后。

从大方向而言，唐朝绘画乃是华丽世界，也愈至晚唐而画题的领域愈形广阔，画马名家韩干、画牛名家戴嵩，均出于此时期。周昉又以描写上层社会生活特为有名，后世流行的花鸟图，萌芽也便在唐朝。

中国独特的艺术书法，四世纪东晋时代王羲之流丽典雅的楷、行、草三体，通南朝至隋唐益益风靡。自隋仕唐的欧阳询、虞世南，以及稍后的褚遂良，系代表初唐书法的三大名家，都属王羲之传统，尤其自身也是书法能手的唐太宗酷爱，费尽心机收集王羲之书迹为后世所共知，临崩且遗命以《兰亭序》真迹陪葬昭陵。所以，今日所传《兰亭序》墨迹种类极多，却均系一再复制之品，临摹的摹本。王羲之书体的在初唐确立为书法典型，从而可以认知。此一风气，八世纪唐朝文化最盛期的玄宗时代才受到冲击，南北朝著名文士颜之推后裔与唐初大儒颜师古的从曾孙颜真卿，兴起书体新风气，沉着、刚直、雄浑而力强，代表了旺盛精神力，对王体形成革新意味的挑战。新开创的此类书体，续以柳公权增大其影响力。而北宋以后，王体虽仍被尊重，社会间书法的喜爱性向与所流行，终已转移为颜体。

诗，通中国文学史到达唐朝而登入黄金时代，也已系唐朝文学的代表。唐诗于文学史上普通区分四期或三期：

〔元朝杨士弘〕——初唐，高祖武德元年迄睿宗末（纪元618—712年）约百年，乃未脱六朝影响的时代。

——盛唐，玄宗开元元年迄代宗永泰元年（纪元713—765年）约五十年，诗的最盛期。

——中唐，代宗大历元年迄敬宗宝历二年（纪元766—826年）约六十年，次于盛唐的诗的旺盛期。

——晚唐，文宗太和元年迄唐亡（纪元827—907年）约八十年间，已系诗的衰微期。

〔清朝王士禛〕 以中唐分属盛唐与晚唐，改分初唐（纪元618—712年），盛唐（纪元713—805年），晚唐（纪元806—907年），每期各约百年。

上项诗的编年区分，同样适用于唐朝文学的一般，以及与文学相关的艺术。

自六朝（南朝）文学光大为唐朝文学，机运把握在风气的振颓起衰，技术的成熟，意境与格调的拓宽又提升，一系列的自由化高层次发展成功。六朝文学四字、六字一句，不求实质内容，讲究外形对称与声调之美的四六骈俪文体，以及绮丽、香艳、纤巧、轻佻、浮荡、尽唱靡靡之音腐蚀人心的诗句，隋文帝统一中国南北后，深感厌恶而如前引《隋书》所记，已诏令抑禁。但次代炀帝却个人便是诗人，从见于《隋书》文学传的《饮马长城窟行》等诗文篇名，固可想见其诗想宏大，爱好南朝文学同样是其性格的一面，结局靡丽之风仍然弥漫，以至唐朝嬗代。所以，初唐诗、文，继承的是一贯以外形优美为特色的南朝文学遗风，所谓初唐四杰王勃、杨炯、卢照邻、骆宾王的佼佼作品，不脱词藻炫夸雕琢形态。

唐朝创业，意义等于隋朝统一事业的加固，武德回复开皇文化基准，而衔接的立即便是意气高昂的贞观之治，得以保证革新效果的稳定，免蹈隋朝覆辙。文学不能仅以意识集中于文字修饰的功夫，如同漠视脸部保养而专注重涂红抹白似本末颠倒的再觉醒，便自初唐六朝余风中强烈兴起。魏徵名句"中原还逐鹿"雄迈之气溢于文字的《述怀》诗，首举大纛，最早代表了唐朝文学的新人物与新时代，李峤、杜审言等都是初唐诗人振颓起衰的实践者。改革人物中，陈子昂的努力最是积极，激烈反抗固定化、形式化与明白唱出复古论，以及后继者续响警钟，而六朝旧诗风排除成功，清新、质实、高格调的新风吹彻诗界，唐诗自身风格的表征确立。不单是诗，散文亦然，盛唐以来，苏颋、张九龄、元结等复古说拥护者相继。中唐贞元（德宗）—元和（宪宗）之际，韩愈最有力的复兴古文运动提倡与追随者柳宗元奋起，一扫骈俪余韵，回复汉朝以前文章自由化，言之有物的新的散文文学实践，已系文学史众所周知的大事。

唐诗主体的律诗自初唐已成立，律诗如其名所示，句数、字数、平仄、对句、押韵等严密的法则，都是要素。这些要素自南朝具备，唐朝而本格化发挥，初唐的沈佺期、宋之问，是对格律、声调集大成的代表诗人。于成熟的格律基调上打破南朝靡丽诗想局限，拓大意境领域与注入自由思想，唐诗新风格的内容乃得成形，诗乃得发达为唐朝文学的代表，而占有非仅空前，也已绝后，古今独步的绝顶位置。

诗的世界，唐朝区分古体诗与今体诗。今体诗便是注重音韵、声调、对句，自南朝齐、梁以来排律发展的八句律诗，又分五言与七言，此其一；其二，由乐府发展，截取四句而得的绝句，也分五言与七言。同系五言或七言的今体诗形式，却无句数限制而长短自由伸缩，则仍以乐府或古诗为名。如上诗的广大领域展开至极盛期，正当玄宗时代，唐朝盛世，也正是文学史上最高级文人辈出的时代，孟浩然、王维、高适、岑参、王昌龄、王之涣，特别是李白，以及较李白年少十一岁的杜甫，为世界文学界所熟知的熠熠巨星。

中唐，原盛唐期宫廷中心，唐诗耀目的高华光泽，渐渐向流畅与平实移行，倾向于口语化与平民化为最大特征，较杜甫晚出生四十年的白居易与其好友元稹，两大家联手推动是此项运动的主力。玄宗以后之诗，曾被中唐之末的著作李肇《唐国史补》（卷下）批判："元和以后，为文笔则奇诡于韩愈，学苦涩于樊宗师，歌行则流放荡于张籍，诗章则学矫激于孟郊，学浅切于白居易，学淫靡于元稹，俱名为元和体。大抵天宝之风尚实，大历之风尚浮，贞元之风尚荡，元和之风尚怪也"，元轻白俗之讥因是而得。然而，从另一观点，诗便因白居易所倡导能"俗"愿"俗"，乃得向民间普通化，以其浓郁的人间味、人情味而与广大民众相结合，激发社会共鸣与博得反响呼声，扩大诗的效能。所以，诗的社会化，不能不对元、白这两位自身乃是高官（元稹且是宰相），却都能站立到平民立场，各各以多产作家姿态，尤其《白氏长庆集》白居易诗文数至七十一卷，录诗三千五百九十四首所表现特大热忱，以及代表民间发言的精神，由衷寄以敬意。白居易《长恨歌》《琵琶行》《秦中吟》

等所有诗篇，传诵之广，《白氏长庆集》（卷一）元稹《长庆集序》大书："二十年间，禁、省、观、寺、邮候墙壁之上无不书，王公、妾妇、牛童、马走之口无不道。至于缮写模勒，炫卖于市井，或持之以交酒茗者，处处皆是"；同书（卷二八）《与元九书》，白居易也自言："自长安抵江西三四千里，凡乡校、佛寺、逆旅、行舟之中，往往有题仆诗者，士庶、僧徒、孀妇、处女之口，每每有咏仆诗者"，都堪反映其作品的被社会上下层共同热爱程度。诗句影响力如此之巨与广，具有世界第一流的文学价值，便必须被肯定。

"元和之风尚怪"之语所指代表者是李贺，相同的诗型也持续至晚唐，如《新唐书》文艺传序所谓"谲怪则李贺、杜牧、李商隐"，而流传文学史上晚唐已系唐诗衰微期的评估。然而，"怪"究竟非能与"衰"全作同义字观，李贺"天若有情天已老"（《金铜仙人辞汉歌》）的想象力，李商隐众多《无题》诗的象征、抽象意境，毋宁都为压轴唐诗大放异彩。"怪"的实质意义，也应解释之为唐诗前所未曾接触领域的再发现或再开拓，唐诗的本质向来是写实，自此又升高入精神面的另一境界。晚唐诚然于唐朝存在的时间已近黄昏，黄昏的前一刻，却正是"夕阳无限好"，放眼一片金色世界的美好时光。

诗的平民化，必然以诗的口语化为条件，白居易"俗"的评语由来即自此。但平民化与口语化非自元、白倡导的"元和体"始，元和体的贡献乃在扩大其影响力。乐府的汉朝发源便自民间，至六朝而《子夜四时歌》《三洲歌》《懊侬歌》《读曲歌》《华山畿》《腹中歌》《折扬柳歌》等所见，郎、侬、唐突、觅、那、许等民间俗用词的口语，都已直接用入句中[①]。唐诗中初唐、盛唐的口语成分又续续递增，李白诗句更然，及于中唐，经由元和体而终于口语化大盛。口语或俗语的流行，一方面固因提倡，一方面也存有其时代与社会环境的需要，抑且，前者便以适应后者为前提。唐朝商业与都市繁荣，民间游兴、娱乐的消费生活旺盛，印刷术又自唐朝开始发达，加广与加速了文字的传播，读书风气普遍到市井各色人等，如前引《白氏长庆集》之文所示，迥非从来文学限为上层知识分子专有物现象。所以诗人作品必须倾向平易，才符合此需要，也为符合此需要，而须大量取入民间歌谣要素与俗用口语、俚语。又堪注意，同时期佛教与道教宣扬教义，吸收信徒，所使用文字便已彻底的通俗化与口语化，也刺激文学于唐朝的明显平民化。抑且，顺随此潮流，独立的口语文学也已成立与发达，便是著名的唐人"传奇"，以及今日研究蔚然成风的"变文"与"曲子词"。

　　以"传奇"之名相称而本质已合乎今日基准的小说（短篇小说），仍是文人的具名作品，后世传诵也广。"变文"与"曲子词"作者都是姓名无从查考的市巷中人，也都以敦煌石窟藏书的发现，才为学术界所知，而震惊于唐朝文学存在如此广阔的一分野。题材、内容与发想法迥异传统"文学"的变文，以最早被发现而最早受到注意，且便以系使用民间日常说话用的口语写成，与本格的文学异质又异范畴，所以学术界初发现时直接名之为俗文学。制作目的推定发源于佛教传教，自最初《阿弥陀经变文》《地狱变文》等中的佛典关系用语可以见出，

[①] 平凡社版《世界历史大系》5. 东洋中世史第二篇，第410页。

通过《目连变文》之类佛教故事，乃向《舜子至孝变文》《王昭君变文》等一般性民间故事发展与成长。曲子词的长短不等句式与"菩萨蛮""望江南""南歌子"等词牌名，已同于唐朝发生，五代、宋朝大盛的"词"，而今日认识乃系"词"的直接母胎，其用语俚俗，又可推测便以民间广大流行而吸引文人爱好、模仿、改良的过程。曲子词发生，佛教所担负使命，自"菩萨""神将""经颜"等词汇残存都可说明，虽然今日发现的曲子词内容，所反映也多已是都市男女间的喜、怒、哀、乐。敦煌石窟发现同一系谱的口语文学，也包括"思妇五更转""禅门十二时"等若干俚曲小调，仍然多数与宗教宣传有关。此类已入民间歌谣范畴的作品，《新唐书》五行志以里歌、民歌、民谣、童谣、诗、谣等名称，也颇多录入，所见"嵩山凡几层""杨柳杨柳漫头驼"等文字的通俗化也相同。唐朝口语文学，于旧日白居易诗句尚被鄙视的标准下，固以尤"俗"而不被承认为珍贵，排除于文学之门以外，所以保存遗留后世殊少，必待敦煌石窟重开始见其形，但从今日人的文学价值观点衡量，对这些已发现的资料，却是喜获至宝。

敦煌石窟遗书，绝大多数仍是写本，但印刷术在石窟藏书积存期的近六个世纪间，已昂然通过其发达的全过程。纸的盛用，注定续由其动力推向印刷术发明的大道，世界人类文明史这两项最大发明，因之具有连带关系而均把握于古代中国人之手。中国图书完成通用印刷本，固须十世纪中，五代冯道大规模监印为转折，但五代所上承的唐朝则是关键时代。印刷术如何起源，现尚不能充分明了，推测与具悠久历史的印章使用习惯有关，或者，系石刻而以纸敷其上,用墨拓印的技术延长①,便是说,适用拓印相同的手法,于木板上雕刻文字或绘画,涂墨敷纸的木版(雕板)印刷原始形,乃告移行成功。中国最早印刷技术的木版印刷发明时代,曾被猜测在隋朝②,而敦煌石窟遗书的木版印刷本中,向来学术界公认世界最古之物,则是唐懿宗咸通九年(纪元868年)五月十一日,佛教信徒王通发行免费赠阅的绘图本《金刚般若波罗蜜经》,七页相贴成卷。但接续了解,确知年代的中国最古印刷物,非保存于中国现地而流往日本,代宗大历五年(纪元770年)印刷的《百万塔陀罗尼》,早过咸通约百年已携入日本③。今日再进一步的考古调查,又发现新疆吐鲁番地方出土的《妙法莲华经》断片,才是现存中国最古的木版印刷本,而时代续须上推至日本收藏品的再前一世纪,考定系则天武后时代之物④。所以迄于现时,对中国(以及世界)印刷术最早展开时代的推断,至迟七世纪末为已具确证。却也颇有兴味,正与口语文学勃兴之于佛教有关相似,印刷物于中国发生,既知的资料都指向以佛教宣传品为滥觞。自此向社会各阶层普遍,收入《全唐文》的冯宿(贞元进士而卒于开成初年)禁版印时宪书奏文,谓剑南两川及淮南道皆以版印历日鬻于市⑤,正说明八、九世纪之交,木版印刷已如何流行于民间的一般。续自木版印刷的技术基础迈进,中国自中世移向近代社会的转换期宋朝,适应庶民阶层

---

① 薮内清《中国古代科学》,第161页。
② 孙毓修《中国雕板源流考》,第1页引《敦煌石室书录》语:"大隋《永陀罗尼本经》上面,左有施主李和顺一行,右有王文沼雕板一行,宋太平兴国五年翻雕隋本"。
③ 平凡社版《世界历史大系》5.东洋中世史第二篇,第414页。
④ 薮内清《中国古代科学》,第161页。
⑤ 刘伯骥《中西文化交通小史》,第182页。

抬头，愈益广泛的需要，十一世纪末，乃有民间技术家毕升的发明活字印刷术。然后，印刷术继造纸法的先已于唐朝传向西方（见下节），与罗盘、火药的原理与技术先后输出西方，中国四大发明完成对世界文明的不朽贡献。

有容乃大　东西吞吐（一）　天竺、大食、新罗

唐朝太平盛世，乃是对当时亚洲以及世界文明大融合的时代，所谓唐朝文化或其时中国文化，系已加味了印度、伊朗、阿拉伯与其他四面八方各国文化特性的世界化文化。灿然的唐朝文化豪华丰富至极点，固以国力伟大强盛为背景，同时便由于含有多种多样外来要素，予各方面特长以综合发挥的原因。所以，大唐文化是世界国际的，科学诸分野所代表的自由、广博、均衡发展最堪见出，"有容乃大"的形容词也最是适切，惟其如此而建立更充实的中国文化再发展。从另一意义说，唐朝的弘大世界文明之光，吞吐东西文化，在于亚洲史的分量又是绝对的，东洋全民族共通仰于汉族舵手，以及大唐文化强光度明灯的导航，而同登文明之岸。

西亚细亚萨珊朝波斯愈到后期愈形发达的伊朗文化，于唐朝曾闪烁其夺目异彩。伊朗风格的建筑、绘画、金属细工、象牙细工、织物、家具、什器等工艺品的技法与式样，中国所蒙受广泛影响，龙门石像雕刻与其忍冬、唐草等装饰纹样、陵墓前有翼石狮等考古学上遗物的发掘，都是明证。特别以八世纪阿拉伯人征服萨珊波斯的结果，大量伊朗人挟带其固有文化，包括宗教信仰

流亡国外，也以萨珊波斯败灭期王室归属唐朝而其地一度由唐朝成立波斯都督府，中国因之便是伊朗人转住目的地之一，伊朗系西方文化乃在中国大流行。只是，也便以伊朗国家系被回教徒的阿拉伯人灭亡而现地回教化，波斯都督府也未能维持长久，受容于中国的伊朗文化已系无根文化，以及寓居中国归化系伊朗人职业多在都市经商，无根文化的流行又存在其社会局限，所以，伊朗文化风潮的中国结局，还是归向平息。

唐朝受入西方文化的主流，毋宁仍是佛教为代表的印度文化。印度繁荣的笈多朝五世纪中以嚈哒侵入而瓦解后，四分五裂至七世纪初中国的隋朝末年，五天竺的中天竺势力之一雄飞，唐朝玄奘三藏《大唐西域记》中名君戒日王（Harsa-Vardhana，《唐书》《新唐书》中的尸罗逸多 Siladitya）再统一印度的大部分，都曲女城（Kanyakubja，今 Kanauj），中、东、西、北四印度所有国家全受支配（南印度仍系诸小国分立状态），佛教大盛，文字发达，治世四十年间，热心推动印度文化至再一隆盛顶点。玄奘巡锡印度值此时代，《大唐西域记》见闻，亦即戒日王治下的和平繁华之国盛况。

玄奘于中国史，非只是佛教伟人与大旅行家而已，也是位杰出的外交家，其巡礼全印度而声誉鹊起之际，戒日王慕名迎晤被说动的结果，乃有贞观十五年（纪元 641 年）戒日王遣使入朝长安，同年唐太宗派出使节答访，开启唐朝中印官方交涉之门，以及接续的今日国际汉学家研究兴趣颇浓的课题之一，王玄策三使印度盛举展开（第一次贞观十七年为卫尉寺丞李义表副使，第二次贞观二十一年以右卫率府长史为正使，第三次出使则已系高宗显庆二年）。王玄策自述"三度至彼"的《中天竺行记》旅行记虽久已散佚，但以同时期稍后佛教书籍道世《法苑珠林》曾加引录，尚存若干残文，为今日历史界所熟悉。

王玄策贞观二十一年（纪元647年）第二次奉使，所引发也是中国有史以来第一次对印度腹地用兵的大事。《唐书》西戎传天竺国条记录："先是，遣右卫率府长史王玄策使天竺，其四天竺国王咸遣使朝贡。会中天竺王尸罗逸多死，国中大乱，其臣那伏帝阿罗那顺（Arjuna）篡立，乃尽发胡兵以拒玄策。玄策从骑三十人与胡御战，不敌，矢尽，悉被擒；胡并掠诸国贡献之物。玄策乃挺身宵遁，走至吐蕃，发精锐一千二百人，并泥婆罗国（尼泊尔）七千余骑以从玄策。玄策与副使蒋师仁率二国兵，进至中天竺国城，连战三日，大破之，斩首三千余级，赴水溺死者且万人。阿罗那顺弃城而遁，师仁遣擒获之，虏男女万二千人，牛马三万余头匹，于是天竺震惧。俘阿罗那顺以归。二十二年（纪元648年）至京师，太宗大悦"。但军事行动仅是惩罚意味，当时以及其后，都未见唐朝加以政治干预的举措，唐初成立天可汗制度中也未包括印度。

印度自戒日王之死回复分裂状态，以迄十世纪回教徒侵入而再划印度政治史一转期以前，都是多数小国割据分立的时代，《唐书》西戎传天竺国条所谓"五天竺所属之国数十"是也。印度僧人、学问家、医家、商人的前来中国，却于此期间不绝于文献，王玄策兵威后，录入《唐书》西戎传天竺国条的印度对中国官方交涉年表：

——武后天授二年（纪元691年）东天竺王摩罗技摩、西天竺王尸罗逸多、南天竺王遮娄其拔罗婆、北天竺王娄其那那、中天竺王地婆西那，并来朝献。

——中宗景龙四年（纪元710年）南天竺国复遣使来朝。

——睿宗景云元年（纪元710年）南天竺复遣使贡方物（似与上条因同年改元而重复）。

——玄宗开元二年（纪元714年）西天竺复遣使贡方物。

——八年（纪元720年）南天竺国遣使献五色能言鹦鹉。其年，南天竺国王尸利那罗僧伽请以战象及兵马讨大食及吐蕃等，仍求有及名其军，玄宗甚嘉之，名军为怀德军。九月，南天竺王尸利那罗僧伽宝多枝摩为国造寺，上表乞寺额，勅以归化为名赐之。十一月，遣使册封利那罗迦宝多为南天竺国王，遣使来朝。

——十七年（纪元729年）北天竺国藏沙门僧密多献药。

——十九年（纪元731年）中天竺国王伊沙佛摩遣其大德僧来朝贡。

——二十九年（纪元741年）中天竺王子李承恩来朝，授游击将军，放还朝。

——天宝中，累遣使来。

于此期间，印度文化巨大影响中国传统的，至少有——

其一，甘蔗制糖法的传入，《新唐书》西域传上摩揭它（Magadha，中天竺）条记其事："贞观二十一年（纪元647年，王玄策第二次出使）始遣使者自通于天子，献波罗树（凤梨），树类白杨。太宗遣使取熬糖法，即诏扬州上诸蔗，拃瀋如其剂，色味愈西域远甚"。

其二，唐朝政府天文观测与造历事业的参用印度学者，早自七世纪高宗时代以来便成传统，玄宗时辑定的《唐六典》载太史局长官设"令"二人，其一汉籍而另一以印度天文学家担任，且知已制度化。用印度方法计算日月食与其他天文现象的视中国固有方法同等成功，也获中国认识，为可想象，因而制度上确立两系统的相互参证。也惟其如此，开元六年（纪元 718 年）左右集撰的《开元占经》中，有印度系《九执（九曜，梵语 Nava-graha 意译）历》的由太史监（令、监时常易称）瞿昙悉达（Gautama-Siddharta）译出。僧人一行（汉人）奉勅于开元十五年（纪元 727 年）撰定以准确知名的《大衍历》，也以精通印度天文历学，曾参考《九执历》（参阅《唐会要》卷四二历项开元十六年条附注、《新唐书》历志三上与《唐书》方伎传一行条）。

其三，数学上"零"字的使用法与笔算法，也都于唐朝由印度传入，而开始使用。《新唐书》历志四下九执历条说明："其算皆以字书，不用筹策"；《开元占经》卷一〇四论印度数码又解说："凡至十进，入前位，每空位处恒安一点。有间咸记，无由辄错"。"点"（"·"）便是印度原有的零字记号，以"〇"代"·"，始见纪元八七六年印度石刻，所以传入唐朝尚在用"·"代零号的时代①。

八世纪玄宗时代系唐朝的中印关系最后频密期，印度也曾于此时期超越唐初关系，短时间不稳定的收入唐朝世界帝国支配网。却是自此以后，有关印度官方使节的记录便从中国史书中断。相对方面，八世纪唐朝中期以来，中国也已完成佛教中国化的伟业，佛教发扬与传播中心确定自印度移至中国，汉族对于正被印度教大发展压倒而没落的印度本源地佛教，关心渐渐淡薄。然而，佛教文化原非限哲学思想，乃是包容了学问、文学、美术、工艺、音乐，抑且习俗等要素的综合文化，所以佛教由印度

---

① 刘伯骥《中西文化交通小史》，第 81 页附注 B23 后段。

移植中国，以其信仰的社会普遍性，印度文化的根源影响，遥遥传向后世仍然无可磨灭。特别是诸学问中关于语言学的喉、舌、齿等部位发音分辨，以及医学与药方为明显。印度眼科自古有名，唐朝当时，高宗眼疾头痛的治疗，所用便是印度的出血疗法（记事参阅《新唐书》后妃传上高宗武皇后条）。

玄宗时代，西方使者来朝，记录中"大食"特形繁密。中国史书记载大食遣使朝贡的最早年代系高宗永徽二年（纪元651年），依次则永隆二年（纪元681年）、永淳元年（纪元682年）。以后八世纪一个世纪间，据《唐书》《新唐书》《册府元龟》《唐会要》的记录统计，共二十八次，内集中于玄宗时代的便多达十七次，至贞元十四年（纪元798年）结束全部大食对唐朝的官方接触历史。

唐朝文献称阿拉伯为"大食"（Taji-Tazi），正如同汉朝文献的称罗马为"大秦"，由来都无可考定。阿拉伯人信仰伊斯兰教的被中国人称为回教，而且沿习迄今，理由也不易明了，但猜测之一尚不失为可以接受的假定答案，即：乃以突厥系民族于之一、古代称之"回纥"或"回鹘"的今日新疆主要住民维吾尔族，于历史推移过程中改宗伊斯兰教，汉族中国依回纥的民族名词称此宗教的缘故。此说果尔成立，则"回教"之名的出现不能早过第十世纪，其前回纥尚系伊朗系摩尼教信仰的时代，唐朝当时对回教的称谓也直接是大食教。

回教"伊斯兰"（Islam），绝对皈依或身心诚献于神的"献身"意味，回教徒"穆斯林"（Muslim），则"献身者"意味，信奉惟一之神阿拉（Allah），圣典《可兰经》（Quran），今日仍是世界的、国际的大宗教之一。教徒虽无确切统计而估定全世界总数约略三四亿人的回教,非单一的宗教思想与宗教运动,乃是回教共同体的政治体制,以及科学、艺术等文化的综合。同时,回教的历史且非限于一民族、一国家,而系亚洲内陆酷热干燥之地阿拉伯为核心,向如今日所见亚洲、非洲(原且包括欧洲)广域的回教世界发展所形成。所以,一方面,回教乃政教合一的世界性宗教共同体,宗教非单纯的信仰体系,也是一括规定制度、法律与政治、社会组织相与一致的共同体;另一方面,阿拉伯人便是古代创造美索不达米亚文明的闪族一支,回教教义起源已容受犹太教与基督教教徒的信仰与习俗,回教世界建设过程中又继承与结合希腊、伊朗、印度的古典文化遗产而发展,乃形成阿拉伯独自的光辉文化,肩负了对中世欧洲启蒙的历史重任。对于其他宗教的态度,回教于佛教等均视为异端而加敌视,对犹太教与基督教徒则以同系闪族宗教体系的一环,也予以与回教徒自身相同的待遇。却是,回教创教者穆罕默德(Mahomet)非如基督教的自称为神之子,身份只是预言者,而且回教中伟大的预言者之名,犹太教、基督教所崇拜的亚伯拉罕、摩西、耶稣等都与穆罕默德并列,仅穆罕默德乃最后与最大的预言者而已,这是回教与基督教判然区别之处。

回教研究者对回教发祥地阿拉伯的历史,系依六至七世纪过渡期穆罕默德的出现而区分两期,前期被称信仰上的黑暗时代,后期便是回教光明之灯照耀的大时代。出身于麦加(Mecca)有力游牧部族之一,从事商队贸易的富商穆罕默德,创教后在麦加传教受迫害,于纪元六二二年(中国当唐朝初建的武德五年),约四十岁时移往麦地那(Medina),乃一大关键年代,回历纪元即以是年开始而称元年,回教大发展时代来临。自此而阿拉伯古代部族组织完全变貌，新的宗教共同体替代成立，回教信仰非只维系民心，也凭以成立为政治进步与统一的原理，一个政治与宗教浑然一体的教团国家模型铸定。迨穆罕默德于纪元六三〇年回复麦加两年后去世，阿拉伯几已全域收入其支配之下，也以之为出发点而决定了此后的回教历史。

回教政教一体的共同体中，僧侣乃介在神与人之间，传达神的意志的圣职者与媒介者，僧侣与俗人，圣与俗人，因之存有区别。穆罕默德死后的继任者，便自长老中选出而称卡里发（Caliph，后继者之义），卡里发是回教教团的最高指导者与圣职者，也是俗世的支配者与权力者。历四代通称正统卡里发时代（纪元632—661年），卡里发均由选举产生，建都麦地那。此时代也是阿拉伯人的大征服时代，先是叙利亚、伊拉克、埃及的并合，纪元六四二年再灭亡已具四百年历史的萨珊波斯，萨拉逊（Saracen）回教大帝国基础筑定。《唐书》西戎传大食国条"永徽二年始遣使朝贡，其王姓大食氏，名啖密莫末腻，自云有国已三十四年，历三王矣"、"一云隋开皇中……，有摩诃末者，勇健多智，众立之为主，东西征伐，开地三千里"，前段即正统卡里发时代之事，后段追叙穆罕默德发达史，大体都符合史实。

《唐书》大食国条续记："龙朔初，击破波斯，又破拂菻（东罗马），始有米面之属。又将兵南侵婆罗门（印度），吞并诸胡国，胜兵四十余万。长安中遣使献良马，景云二年又献方物（均唐高宗时代）。开元初遣使来朝，进马及宝钿带等方物……。其时西域康国、石国之类，皆臣属之，其境东西万里，东与突厥施相接焉"。所指已系教团分裂的结果，Sunni派推翻正统卡里发统治而Umayya朝（纪元661—750年）建立，都大马士革（Damascus），卡里发变换入世袭制而地位已君主化的时代。回教势力征服圈于此时代愈益扩大，领土西沿北非地中海伸入西南欧洲而领有西班牙之地，东自中亚细亚以达北印度，萨拉逊帝国最大版图形成。

征服限界已临大西洋岸时，大帝国内部不满阿拉伯至上主义，被征服者民族自觉的倾向，日渐强烈，回教有力分派Shiite派反主流运动的对抗激化，终于在其领导下，得伊朗系回教徒支持，打倒维持了十四代八九年的前朝，另建Abbas朝。见诸《唐书》大食国条的说明是："摩诃末后十四代至末换，末换杀其兄伊疾而自立，复残忍，其下怨之。有呼罗珊木粗人并波悉林举义兵，应者悉令著黑衣，旬月间众盈数万，鼓行而西，生擒末换杀之，遂求得奚深种阿蒲罗拔立之。末换已前谓之白衣大食，自阿蒲罗拔后改为黑衣大食。阿蒲罗拔卒，立其弟阿蒲恭拂。至德初遣使朝贡，代宗时为元帅，亦用其国兵以收两都"。黑衣大食便以谓Abbas朝，纪元七六二年定都巴格达（Baghdad）而全盛期展现。冒险、恋爱、梦幻似魅惑意境的世界奇书《一千零一夜》，记述的时代背景即此期间，当时巴格达也较今日所见的市区大过十多倍，面积约五四平方公里，乃八世纪的世界著名大都市，与唐朝长安、东罗马帝国首都君士坦丁堡相比肩。然而，《唐书》中指Umayya朝的白衣大食，纪元七五六年于西班牙南部Cordova地方再兴，独立建国而萨拉逊帝国东西分裂，则已非《唐书》或《新唐书》所知。

阿拉伯人于七世纪中对伊朗东北部花剌子模（Khwarism）征服成功，八世纪初名将异迷屈底波（Emil Kutayba）就任花刺子模总督，于是中亚细亚乃蒙受亚历山大大帝时代希腊人以来，第二次来自西方民族的侵入。《唐书》《新唐书》西域诸国传记与《册府元龟》所载康国、石国等连连向唐朝告急救助的表文，都在此唐朝玄宗治世，也因全盛期阿拉伯人的攻击，而与接替突厥支配后的唐朝中亚细亚势力发生冲突，而终爆发东西交涉史上著名的纪元七五一年（唐朝天宝十载）怛罗斯（Taraz）唐与阿拉伯大会战。怛罗斯之役的原因与结果，《唐书》、《新唐书》高仙芝传，李嗣业（其时高仙芝部将）传、西域传石国条等都有记载，《资治通鉴》唐纪三二天宝九载、十载条记事尤为明晰："安西四镇节度使高仙芝伪与石国约和，引兵袭之，虏其王及部众以归，悉杀其老弱。仙芝性贪，掠得瑟瑟（碧珠）十余斛，黄金五、六橐驼，其余口马杂货称是，皆入其家"。"高仙芝之虏石国王也，石国王子逃诣诸胡，具告仙芝欺诱贪暴之状。诸胡皆怒，潜引大食欲共攻四镇。仙芝闻之，将蕃汉三万众击大食，深入七百余里，至怛罗斯城，与大食遇。相持五日，葛罗禄（Karlouk）部众叛，与大食夹攻唐军，仙芝大败，士卒死亡略尽，所余才数千人"。其结果，便是中国的制纸技术，以此而最早流传西方。

人类意志的传达与记录材料，石、金属、粘土板、草纸（Papyus）、羊皮纸、竹、木等，都曾被利用。如今日"纸"的发明，乃文化史上划期性大事，而此对人类文明演进与发达具有绝对意义的"纸"，发明者与原产地中国已系众所周知，欧洲得受其惠，位于中国与西方中间地带阿拉伯人的活跃，以及上述今日苏联吉尔吉斯共和国（Kirgizskaya SSR）怛罗斯河畔的怛罗斯决战乃是契机。中国官方文书仅记录此役唐军多数战死，实则部分乃被俘，当时俘虏之一杜环（《通典》作者杜佑之侄）获释返回中国后，撰有阿拉伯见闻录《经行记》，《通典》边防九大食条引录其文为注的一则，说明唐军兵士出身各业制造工人者于此战役被俘而留居阿拉伯的，有"绫绢机杼、金银匠、画匠、汉匠、起作画者京兆人樊淑、刘泚，织络者河东人乐、吕礼"，还有，便是制纸工人。中国独占以植物纤维为原料的制纸技术，便由此等阿拉伯俘虏的中国纸漉（抄纸）工介绍与指导，于撒马尔罕成立中国以西最初的制纸工场①。自八世纪入九世纪，诸回教都市巴格达、大马士革、埃及 Fustat（古开罗）等地制纸工场也相续建设，十世纪以后，Orient 向来书写材料羊皮纸与草纸的传统，乃全被博得书写便利又造价经济的中国系"纸"所取代。再经阿拉伯人之手，制纸技术自北非摩洛哥导入回教支配下的西班牙，十二世纪后半开始，续由西班牙传播西欧②，以迄纪元一五〇〇年，纸在全欧洲渐已普及，自此以纸的大量生产，对促成文艺复兴，以及其后文化流布，都担负了决定性使命。

但阿拉伯人的世界性发展，西方以纪元七三二年 Tours 之役的败绩被阻遏，中亚细亚怛罗斯之战虽获胜利，东方发展也以八世纪为断限而停顿。以后东西方记录所见，都已是大食—中国间隆盛的贸易行动，以及大食商人一波波和平移住中国。而且，历史上西亚与东亚从陆上通过中亚细亚接触的传统，也由此时期大食人或阿拉伯人而一变，从来陆上之外加开的东西交涉副线海上之道功能倒易，进出印度洋—南海方面的比重加大，已系八世纪

---

① 薮内清《中国古代科学》，第 160 页引十世纪阿拉伯人 Ta-Alibi 著述。
② 文艺春秋版《大世界史》6. 恒河与三日月，第 200 页。

以来注目的东西贸易新倾向。阿拉伯人自到达广州、泉州,再北上往来沿海诸港口,以及长江—运河十字路通衢的扬州。贸易大宗物品,自西方贩卖至中国市场的是药材、香料、宝石、象牙、犀角等,自唐朝携归则金、银、铜诸器物、丝绢、陶瓷器等,输出入双方均选择珍贵品。历史性的丝贸易,以制造技术也已由中国传入西方而热潮衰退,此时期自中国输出的最重要商品系陶瓷器①,今日西亚细亚不少年代属于唐朝的中国陶瓷器遗物被发掘出土,是为明证。唐朝高度发达而以精巧闻名的此等特产品,以其重量与容易破碎的特性,不适宜由中亚细亚商队运输,商船运送则无困难,海上贸易的自唐朝突破性兴盛,这也是原因之一。阿拉伯与唐朝间和平亲善的另一面,又便是《唐书》大食国传记所述"亦用其国(大食)兵以收两都",同书肃宗纪至德二年(纪元757年)记"广平王(继位为代宗)统朔方、安西、回纥、南蛮、大食之众二十万,东向讨贼",此于西方著作中的说明,是回教主 Caliph a1Mansurs,遣援军四千人(一说三千人)入中国,助唐肃宗剿平叛乱,且谓战争结束后阿拉伯士兵不愿归去,所以唐朝准与中国妇女结婚,归化中国,而构成中国回教人口的核心②。

唐朝文化振幅四方强烈波及,与影响西方文明的发展并行,对指引东方诸民族文化跃进与导发其政治自觉,尤见巨力。战国—秦—汉之际,农耕与铜、铁加工技术输出,已提携中国周围后进民族第一次产业革命意味的大变革,培育了东亚诸民族的民

---

① 中央公论版《世界历史》5.西域与伊斯兰,第263页。
② 刘伯骥《中西文化交通小史》,第170页注66引 T. W. Arnold *The Preaching of lslam* 之说,第161页引 Chai Lien Liu "The Arabian Prophet" 之说。

族意识与团结。四世纪乐浪、带方两郡崩坏,朝鲜半岛诸国与日本乃出现最初的民族国家,东亚—中国文化圈也由是成立。大唐帝国的中国文化隆盛巅峰期展开,中国文化圈内诸国于此时期,以唐式文化为母体而加速推动自国政治、文化向上,又立于同一轨迹,于唐朝的磁性吸力下,如诸行星运转于太阳周围。经营游牧生活的北、西诸异民族,也以立于天可汗制度,不能例外的受入唐朝文物,虽然冲击程度深浅存有差别。如上泛东亚民族、国家中,北方契丹、奚、突厥、回纥,西方高昌、党项、吐谷浑、吐蕃,南方南诏,以及东方渤海,唐朝当时或今日,都已系中国领土范围(相反,唐朝与其以前固有的中国领土,而今日的独立国家,是南方越南),将另外成篇叙述,以下所说明,系非今日中国领域,却于唐朝摄取中国文化特具成就的代表性国家:新罗与日本。

七世纪朝鲜半岛局势大变,百济、高句丽相继灭亡而结束三国分立时代。纪元六七七年(唐高宗仪凤二年,新罗文武王十七年)唐朝设立于平壤的安东都护府北移辽东,朝鲜或韩国史的解说,设定之为半岛新罗一统,一个新时期到临的分划年代。而且,此一历史大转折,并推前至武烈王(金春秋,纪元652年即位)时代已是统一事业准备期,次代文武王时代而统一完成,所以韩国记载中的新罗历史,自武烈王已列为中代(武烈王因而庙号太宗),与其前的上代相区别。

此一韩国史大事件见诸中国文献,乃是《唐书》东夷传新罗国条所载:"自是新罗渐有高丽、百济之地,其界益大,西到于海";《唐会要》卷九五新罗条:"上元元年(纪元674年)二月,新罗王金法敏(武烈王金春秋之子,次代的文武王,纪元661年继位）既纳高句丽叛亡之众，又封百济故地，遣兵守之。帝（高宗）大怒，诏削法敏官爵，遣宰臣刘仁轨讨之，仍以法敏弟右骁卫员外大将军临海郡公金仁问为新罗王，时仁问在京师，诏令归国以代其兄，仁问行至中路，闻新罗降，仁问乃还。二年二月，鸡林道行军大总管刘仁轨大破新罗之众于七重城而还，新罗于是遣使入朝伏罪，并献方物，前后相属，帝复金法敏官爵。既尽有百济之地，及高句丽南境，东西约九百里，南北约一千八百里，于界内置上（尚）、良、康、熊、金（全）、武、汉、朔、溟等州"（《新唐书》东夷传新罗国条记录同）。记录的后段，所说明便是安东都护府北移，新罗势力趁机北进，非只随领有百济故地之势又并合了高句丽故地南部，且已于玄宗开元二十三年（纪元735年，新罗文武王之孙与第四代圣德王三十四年）获唐朝"勅赐江（今大同江）以南地"（朝鲜《三国史记》），正式承认新罗完成归有大同江为界的其南全领域以后之事，因而金法敏或文武王曾孙与其后第六代王景德王时代的纪元七五七年，乃有尚、良等九州汉字州名的成立。

新罗以巧妙的外交操作，连结唐朝强大的统一势力而消灭其半岛对手高句丽与百济，又狡猾与机智的对国际关系加以有利运用，而北方国境推进到大同江流域与今日全罗道北端的一线。统一之后，对加入新支配下骤形增大两倍有余的土地与人口，立于固有骨品制为支柱的条件上，急速发展贵族统一体制，王为中心的中央权力强烈浸透新附属地方成功，又是从属大国唐朝，牢固缔结宗主—属国关系不渝而勤奋学习唐朝文物制度的结果。留学生更来更往肄业长安太学，唐末开成五年（纪元840年）的统计，尚一次归去"其质子及年满合归国学生等共一百五人"（《唐会要》新罗）。国内唐制体系的国家制度整备，中央政务统一机关为执事省，下设兵、会、礼等六部的行政机关，监察机关则司正部，学校教育设立国学，地方便是按中国古意"九州"而区划的九州，其下辖郡、县，又设五小京，合首都金城（今日庆州）为六京。支持国家组织的基盘制度也是自唐朝所移植均田制，由国家授予人民丁田，取租庸调以应财政收支，却是骨品制持续为社会构造骨干而贵族层特权为雄大。

新罗王为中心形成的贵族体制，而且通过唐朝册封关系与唐朝政治相结，金春秋（武烈王，《唐书》指为其前代真德女王弟国相伊赞之子，韩国史料记其世系则系真德同曾祖的族弟，于真德时已执国政）、法敏（文武王）父子，均曾于真德女王时代（唐朝已分别为太宗、高宗之世）入朝，各受特进与太府卿官位，高宗永徽三年（纪元652年）、龙朔元年（纪元661年）先后受册封为新罗国王。纪元六六〇年（唐高宗显庆五年）讨灭百济之役，已登位的金春秋奉命任新罗方面指挥官，配合唐朝统帅苏定方作战，接受的又是唐朝嵎夷道行军总管军职。国王册封基底，且便以唐朝官位为依凭，官文书所谓"诏以春秋嗣立为新罗王，加授开府仪同三司，封带方郡王"、"春秋卒，诏其子太府卿法敏嗣位"，此其例一。龙朔三年（纪元663年）诏以新罗国置鸡林州大都督府，授国王为大都督，以及玄宗开元二一年（纪元733年）又名其军为宁海军，加国王宁海军使军衔以来，此两官位的给付固定化，所以如纪录中唐末最后一次受册封的金景徽，太和五年（纪元831年）全衔之例便是：开府仪同三司、检校太尉、使持节大都督、鸡林州诸军事兼充宁海军使、上柱国、新罗国王，此其例二。在位国王的唐朝官位又如同在朝官员积资累进、开元时始加军使职的金兴光，长寿年间初嗣位，袭兄前任国王辅国大将军、左豹韬大将军、鸡林州都督，神龙年间进授骠骑大将军，此其例三。自新罗频繁派出的使节，也例受唐朝授官而返，自检校礼部尚书、试秘书监以至诸寺少卿不等，且往往受官后"留宿卫"，甚或便转变身份受命充唐朝报聘新罗的使节，开元二一年的唐朝使者便是留宿卫新罗人太仆卿员外置同正员金思兰，元和七年的副使是质子金士信，此其例四。留在唐朝非仅备宿卫或王子入质意味，受任实职官的权利也无异汉族自身，记录中任官令之一："会昌元年七月勅归国新罗官，前入新罗宣慰副使，前充兖州都督府司马，赐绯鱼袋金云卿，可淄州长史"，此其例五。

　　新罗政治系统上的浑然与唐朝一体化，唐朝文化源源流入新罗，自是顺乎自然之事。以汉字为自国文字的统一新罗，八世纪时对应盛唐文化最绚烂期，到达吸收、融合中国文化的饱和境地，国都金城为中心的贵族文化之花盛开，崔致远等大学者辈出，唐风汉文学的诗文创作极度发达。汉字音训的"吏读"成立于此期间，今日韩国有名的"花郎"社会意识传承，又是统一新罗摄取唐朝先进文化后，已能加以消化的明证，虽然流行只在上层社会。新罗花郎风气，便如今日的青少年组织，贵族子弟间所营团体生活，而以儒、佛、仙的教养为基调[①]。

　　佛教自六世纪法兴王在位成立为国家信仰，统一新罗时代，文化的佛教色彩愈浓。唐风强劲吹袭下，寺院建筑的兴盛与佛教艺术之美，现存庆州东南的佛国寺与石窟庵，纪元七五一年同时

---

① 金达寿《朝鲜》，第 59 页。

动工而费数十年岁月之功始完成，其大石佛并殿堂，作品的雄大均世所知名。庆州郊外或南山方面多数寺院、石雕，皇龙寺九重塔重九十万斤的梵钟，芬皇寺重五十万斤的药师佛铜像等，也都自其时流传。陵墓前石人、龟趺、石狮等杰出艺术造形，又都指示了新罗习俗深受唐朝文化浸润的一斑①。

所以，以八世纪为基线的前后推移时代，新罗、日本，以及开国稍迟于新罗一统，又稍早于新罗灭亡而灭亡，存立于今日中国东北领域内二百多年的渤海国，共通乃是模仿中国文化最成熟的东北亚三个国家。或者说，唐朝文化延长的范式。

新罗的统一与全盛都未能太久，骨品制的存续，与益益发达的社会经济间的矛盾加大，骨品制分解而内争频起，王族间斗争又必然的导引王权失坠。至纪元七八〇年惠恭王死，武烈王以来的王系断绝，中代史陪伴终结，接续，王位归奈勿王三十世孙而展开以王位争夺激烈，王多死于非命，中央权威愈益削弱，以国势急速衰退，社会不安，文化减色为征象的新罗下代历史（反映入中国史书，便是自"建中四年＜纪元783年＞，乾运卒，无子，国人立其上相金良相为王"开始，累累所见"立其相为王"的报导，虽然继立者表请唐朝册命与朝贡、纳质等一切如常）。也以中央支配的动摇，大小地方势力抬头，下代之末，地方实质已与中央分离，纪元九〇〇年以来，西南部百济故地独立，后百济国复兴；江原道方面的北境也宣告分裂另建泰封国，新罗本国仅能保有东南部一带，半岛重现三国分立状态，几与中国唐朝覆亡为同时。须中国五代之初，泰封系部

---

① 文艺春秋版《大世界史》4.大唐之春，第249页。

将王建崛起,先后并灭三国,纪元九三六年而王氏高丽朝的半岛再统一事业成功。

有容乃大 东西吞吐(二) 日本

以壹岐、对马为跳板,与朝鲜半岛隔海相连的日本列岛,于地理关系上,源源浸润中国文明之道同系通过朝鲜半岛。五世纪中国南北朝时代,虽因与南朝诸朝代密结宗主—藩国隶属关系,而开始对大陆出直接交通,但中国文化输送管大干线仍依历史路线,继续设定在半岛。抑且,便以日本最早国土统一与大和朝廷建设者源自大陆东北,系四世纪后半以大王家(天皇族)为中核领导的北方系民族,假道半岛对日本列岛的侵入与征服,所以颇多半岛三国(高句丽、百济、新罗)居民集团,以及原先自大陆流入半岛的汉人集团,也追随一波一波渡来,通五世纪不绝,总称之为渡来人或归化人。以半岛为渡口的归化人,于进入日本的征服浪潮中,人数比例上非为特多,性属也只系附随,却是日本最早国家形成的原动力。先进的灌溉、筑堤、土地开发、土木事业、手工业技术面、武器、马具、骑马战术等大陆文化新知识、新技术与汉字使用,经由归化人之手导入,才有大和朝廷支配体制的整备与强化,以及军事力、统制力、生产力发展的普遍向上。"归化人"实力,特别关于秦人、汉人豪族的直结大和朝廷王权秩序,对日本古代政治、经济、文化的进展不可分,已以战后本格化的研究,而系今日的日本古代史解说不可欠缺部分。

战后新的日本古代史了解,氏族制社会基盘的大和国家五世纪政治形态，乃是最初试验意味。支配组织的氏姓制度，"氏"为多数血缘之家构成的同族团体，强豪氏族中的最大者，便是大王家或依其后大王尊称"天皇"而名的天皇族，也由大王结合畿内诸有力豪族同握政治主导权，而组成中央体制或大和朝廷。另一方面，朝廷（中央）对地方豪族与所设定各各分立的国，则承认其从来的地位与独立性格，以交换接受统一领导而达成国土统合。这些中央、地方诸豪族于其土地、人民均保有私的支配权，地位也均是固定的、世袭的，其所示"氏"的尊卑与政治秩序中位置的标志，系政治秩序化运行过程中朝廷统一赐与世袭的"姓"，依王室血缘关系远近（其后整备期的准则谓：以历史上天皇为祖的氏为皇别，以神代史上之神为祖的氏为神别，归化人为祖的氏为诸蕃）与公的职务、地位而异其称。中央与大王家共同结集政治力的大氏族，以臣、连为姓，尚无官僚制度的当时，其固定盘踞执政者集团的最高位代表人物，便以"大臣"或"大连"为称，其外豪族以造、首、史等为姓，系分掌祭祀、军事、财政等的"伴造"群，地方首长的国造则多君、直等姓。氏姓制度的土地、人民支配方式，乃半岛移植而来"部"的制度，隶属农民概系私有而编为部曲简称的部。屯仓（以后扩大设立时称田部）与品部则朝廷所独有而立于大王名下，前者大规模动员劳动力，利用大陆式土木技术，引进大陆新农具与新农法而从事新的土地经营；后者又异于农民之部，而为种类繁多如锦部、鞍部、金作部、陶部、镜作部、吴羽部、秦部（养蚕、机织）等代表大陆移入高级文化生活的专门化特技之部，朝廷对地方优势的建立，依凭便在于此。

然而，此等大和朝廷实力之源，生产、技术、组织与物质文化渊薮的屯仓与品部诸部，便全由归化人集团统制，主流又便是汉裔。尤其精神文化方面的汉字使用，有关记录、征税、诸"国"贡调、财政、出纳、外交等行政技术向上的文笔之事，纯由东、西文氏与史姓归化系诸氏独占。所以汉人系归化人氏族的秦造、东汉直、西文首等，无不发达为中央机能方面有力化以及组织化定着畿内的豪族，执政"大臣""大连"结托的奥援与携手者。五世纪日本的国情如此，对此时代的称谓，日本史学界往往适用中国南朝史书"倭之五王"的名词，以及信凭其记事为解明日本古代史的年代基准[①]。

中国文献"倭之五王"记录，至最后一王"武"（《日本书纪》的雄略天皇）六世纪初记事而终止，为何日本忽然中断对中国南朝维系已一个世纪朝贡—册封、属国—宗主国的交通关系？原因于今日判明，系关联日本现地的大变局——

从上述倭国时代日本的最初国体构造剖析，可以发现，地方豪族仅以拥戴大王（以后天皇的父祖）为条件而保持其对朝廷的独立性，中央大豪族也只承认大王世袭制，而实行的是合伙人意味联合政权。所以，大和朝廷与大王，集中的政治力有其限界，达成统一的根底甚为脆弱，待从五世纪进入六世纪时，矛盾由潜在而表面化，冲突乃不可避免。

战后日本史学界，重视五世纪末尚系雄略（倭王武）的时期，不安定局势已现，濒临濑户内海，足与大和朝廷匹敌的国造大势力吉备臣反抗虽被压制，但紧随雄略之死，又引发王位继承大纷乱。《宋书》倭国传最后记事的年代为纪元五〇二年，以迄推定

[①] 参阅拙著《南方的奋起》乐浪时代结束前后远东新态势章：魏志倭人传·宋书倭国传节；大和国家的形成与归化人节。

的继体大王（天皇）即位之年纪元五〇七年（丁亥），短短数年，依《日本书纪》皇统谱载继体已系雄略之后第五代，中间经历另外四度的王位变易，斗争的激烈可以反映，此其一。其二，《日本书纪》说明继体乃外迎的应神（今日所认定四世纪后半大和朝廷与日本最早国家的建设者）第五世孙，背面的事实真相，继体为与原王统全无关系的地方豪族，趁大和朝廷内争夺取王位，才是"外迎"合理解释，《书纪》明载继体自原属越前国三度迁都而入大和，正堪印证。便是说，"继体"谥号已表明朝代交替意味，前此的应神—仁德王朝已绝，六世纪的大王家非与五世纪大王家同一血统，系新的朝代成立①。其三，继体在位时，《书纪》曾记爆发国造筑紫君磐井领导的北九州诸势力大规模叛乱，次年才平定，又是受继体自身事件鼓励而导发的地方势力向中央挑战意味。其四，继体于入大和前原已立妃生子，入大和后另以前朝代王系之女为后，所以继体死后，王位继承再起大规模内讧，一派豪族支持继体入大和前元妃所生子安闲（死后又立其弟宣化），另一派豪族又支持继体入大和后立前朝代王系之女为后所生子钦明，数年间出现两朝廷对立局面，后以宣化续死而统一于钦明朝廷。此段经过，"书纪"中错简（或有意制造）为继体（传说的第二十六代天皇）—安闲（第二十七代）—宣化（第二十八代）—钦明（第二十九代）相与嬗代，又系今日被学界发现记录的矛盾，而加指正②。动乱，因之已系六世纪日本史注目现象，抑且，非只王位波

---

① 井上光贞《日本国家的起源》，第207—208页。
② 喜田贞吉首提此说。林屋辰三郎续加敷衍，参阅文艺春秋版《大世界史》5. 日本的登场，第104页、105页附表；诚文堂新光社版《世界史大系》3. 东亚Ⅰ，第384页附表并说明。

动，大和朝廷大王—畿内诸豪族联合体的形势中，执政大豪族也相对应，正于此一个世纪间一再转移。应神朝大王家外戚与联合政权最早的豪族权势中心臣姓葛城氏，过渡到继体朝初建期连姓的大伴大连家（继体入大和时的内应者）与同系连姓的物部大连家（磐井之变的平定者），再变换为继体殁后，两朝廷对立形势制造者与钦明拥立者的臣姓苏我大臣家抬头，大伴氏以系安闲、宣化支持者而失脚，物部氏又于钦明四子女敏达—用明—崇峻—推古相续登位过程中，用明死后王位继承争执与苏我氏的武力斗争下被灭，以钦明结托而成大王家新外戚的苏我氏，出现为总结动乱六世纪的大和朝廷最高执政部代表者。

六世纪日本史，大和朝廷大王家与诸豪族间，以及彼此自身相互间，矛盾的频频冲突与再调和，以如下方式宣告世纪末的暂时落幕——继续用明的传说中第三十二代天皇崇峻，由苏我氏拥立成功而又在苏我氏指使下被暗杀，次代乃开女帝（推古）登位之例，而又立皇太子（圣德太子）摄政。推古系钦明与苏我氏之女所生女，同时又是异母兄（钦明与其异母兄宣化之女所生子）先帝敏达的皇后，圣德太子则推古、崇峻同母兄用明与皇族女所生子，推古父、夫方面乃天皇（大王）家，母方又是苏我家，可以两家同系族母的身份，于代表天皇家的圣德太子与苏我氏共同政治间，发生协调作用，最可行也最恰当的妥协方式。日本皇室，传统于自族间近亲相互婚配，且毋须依辈份，以妹、姑、侄女为后，非为异例，却也同时与有力豪族世代通婚，纳其女为妃，以结奥援（同样不必按辈份与名份，所以继体的强力支持者苏我大臣稻目之女，二人嫁继体之子钦明，一即用明与推古之母，一则崇峻之母，稻目另一女又以姨母而嫁用明；稻目之子马子，其女一嫁钦明与马子之妹所生的崇峻，一嫁崇峻之侄圣德太子，一嫁圣德太子族侄与敏达之孙舒明，关系甚为紊乱。而钦明、用明等另外又都以皇女为后），苏我氏权势便以加附了世代外戚的色彩而长久强固化。

推古登位，中国已系统一南北后的隋朝，中断近一个世纪的日本、中国间交通也于推古朝重开。自此以迄唐朝晚期的九世纪终，日本史上的大事是[①]：

```
纪元 593 年    （推古即位）圣德太子摄政
     596 年    法兴寺竣工
     603 年    冠位十二阶制定
     604 年    十七条宪法发布
     607 年    小野妹子使隋、法隆寺创建
     646 年    （大化 2）中大兄皇子（天智天皇）大化改新
（纪元 562 年新罗灭任那后，日本的半岛残余势力清除完成，663 年，日本水军
救援百济，战唐朝水军于白村江口溃没，恢复朝鲜事业企图从而幻灭）
纪元 673 年    壬申之乱大海人皇子登位为天武天皇
     681 年    净御原令发布
     701 年（大宝 1）    大宝律令制定
     710 年（和铜 3）    平城京（奈良）迁都
     718 年（养老 2）    养老律令制定
     741 年（天平 13）国分寺营造发愿（752 年，天平胜宝，东大寺大佛开眼）
     770 年（神护景云 4、神龟 1）    道镜下野
     794 年（延历 13）    平安京（京都）迁都
     797 年（延历 16）    坂上田村麻吕授征夷大将军
     894 年（宽平 6）    遣唐使废
```

这段几乎与中国隋唐全时代相当的七至九世纪时间，是日本吸收中国文化最快速，受惠中国文化最大的政治、文化空前跃进时代，日本史上的飞鸟时代、奈良时代，以至平安时代中期。自

[①] 依晓教育图书版《现代教养百科事典》7.历史：四至六、七至八、九至十世纪年表；第 107、129、158 页。

第一次遣隋使后，约二百五十年间遣隋使、遣唐使连连派出又归国的结果，指引了刷新政治方向且强力加以促成，而全盘唐化的律令国家实现①。时间表上所举事件，便代表了每一次突破的阶段标志。高峰点位置系在纪元六四五年中大兄皇子与中臣连足的革命成功，以此为转机而"大化改新"的国制改革急激进行，推动日本迎向古代的新时代，现代人生活与精神的开化由此直接起源。然而，大化改新通过政治改革前驱意味的推古朝事业所上承，仍与六世纪国势动向相关联，以及便以归化人业绩为基础。如下都是研究上的已了解部分：

——雄略之殁，遗言托付后事的两人，其一是大伴室屋大连，另一即东汉直掬，白发皇子幸以依赖两人将兵焚杀星川皇子，而得登位为清宁天皇。

——五世纪以来，大和朝廷与部民制基盘上氏姓身份秩序相结合的雏型官制，执政者大臣、大连，大臣以宫廷职务家僚意味的臣姓集团葛城、平群（均武内氏所出）等氏就任，大连则职业集团品部伴造层的代表氏族连姓大伴氏、物部氏就任。所以大伴大连、物部大连执政，固直接是包括归化人势力的伴造系首领，

---

① 以下日本史解明，教材自晓教育图书版《现代教养百科事典》7. 历史：四至六世纪的世界和日本篇《大和朝廷的成立》、《五—六世纪的政治》、《大和国家的组织》、《大陆文化的摄取》（第120—125页）；七至八世纪世界上日本篇《圣德太子的新政》、《飞鸟文化》、《大化改新的律令制的确立》、《律令国家的组织》、《奈良时代的政治上经济》、《天平文化》、《平安迁都》（第140—150页），九至十世纪的世界与日本篇《平安初期的政治上经济》、《摄关期的政治与经济》、《平安前中期的文化》（第172—178页）；平凡社版《思想的历史》4. 佛教的东渐与道教《日本佛教流行》章；文艺春秋版《大世界史》5. 日本的登场；市村其三郎《现代人的日本历史》；家永三郎《日本文化史》律令社会的文化、贵族社会的文化等章；北山茂夫《大化的改新》；上田正昭《归化人》；人文书院版《世界历史》4. 东亚世界，第二部东亚的日本篇。

大连家失势，大臣家的武内氏新兴一族苏我氏崛起，吸收与掌握伴造机能的势力发展基点，又便以其管理财政的氏族传承，与传统对朝廷财政具有密接关系的汉系集团相结托。朝廷财政机构斋藏自雄略朝增加内藏、大藏为三藏。三藏的出纳记录分别控制于秦、汉二氏，而苏我氏即其总负责者。

——苏我氏与归化人雄族间特为亲密的携手者，仍系政治力雄厚的东汉直，暗杀崇峻一幕上演，前台的出场人物便是东汉直驹。东汉氏诸氏族于大和朝廷，东文氏的文笔固与西文氏齐名，也向以军事方面活跃为传承，鞍部、锻冶部等武器制作集团统制者的面貌又铸定其军事力强大，持续至"归化人"色调已褪脱的七、八世纪，具宗家地位的坂上直仍保持此特质。与之相仿佛，以史为主流的西文氏，同以军事、交通方面机能闻名，此一系谱中的马首、马史等于八世纪时改氏姓为武生连。

——由半岛展开的归化人渡来浪潮，届至六世纪时未断，此时期的后来者汉人集团，称"新来汉人"，王辰尔船氏系，船史、船首或七世纪改姓后的船连，即其中一波。苏我氏与新来汉人关系尤为接近，下述朝廷屯仓设置地点扩大至国造领内的事例又可明示。

——安闲、宣化时代，大伴氏指导下，大和朝廷直辖领屯仓已全国性渗透，设置至四十所的数字。此举被日本史学界解释为由于磐井叛乱平定的契机，王权强化，国造的政治独自性非只受到拘束，也直截破坏国造体制，大和朝廷势力介入建立据点成功，压迫地方向中央屈服的最早政治成果象征。向夸强大的吉备国造领内五处地域创设屯仓，则系苏我氏初兴期的钦明、敏达时代，而苏我氏直接派遣代表中央往吉备的屯仓管理者，便是新来汉人为主流的归化人。

——也便自新来汉人渡来，于居住地以"户籍"编贯，传入编成户别的新方式。船史系白猪史监督管理吉备屯仓，对定着农民集团同样登录丁籍、名籍，作"户"的设定而为课税单位。七世纪后半以后"户"的支配普遍化，源流由此，古来部民制支配于新方式下变貌，关键便系于新来汉人的移住关系。

——日本的中国学问本格化摄取开始时期，所有的证据，同样指向了继体、钦明朝。新来汉人导入进步的大陆新知识之外，百济居间转输更系受客所自。传说中五世纪最早传入文字者王仁来自百济，六世纪的继体朝，百济两度向大和政府派出汉人系五经博士，讲说儒家经典。钦明朝时，百济又应日本要求，交替派遣五经博士、易博士、历博士、医博士，传授大和朝廷支配者层诸般学识，儒学，甚且阴阳五行思想等，日本精神文明的根苗乃得滋润初植。也以南朝宋朝《元嘉历》的传入，日本最早树立公的生活规律（谨慎的考定，《元嘉历》于日本开始采行的年代，须延后至推古十年与纪元602年，百济僧人观勒的携来历本）。但对宫廷外的影响，此阶段尚不显著。

——八世纪日本最早史书《古事记》《日本书纪》成立，其编纂依凭的原史料《帝纪》（皇室系图）、《旧辞》（宫廷的历史神话——神武传说即于此初见）述作，也始自继体、钦明的时代。文明基础的文字使用，不否定陪伴学问的传来而于日本人间渐渐普及，但六世纪时文笔仍然全掌握在文氏与史姓汉人之手，以及此等归化人便是《帝纪》《旧辞》记录者，则可推测。证明之一，纪元五七二年（敏达元年）高句丽外交文书到达，仍有待船史之祖王辰尔解读，而日本宫廷人自身无此能力；之二，七世纪中苏我氏政权被推翻，向政变主角中大兄皇子（以后的天智天皇）献上已编纂史书资料的，又便是船史后裔。

——日本史学界原依《日本书纪》的记载，以纪元五五二年（壬申）百济圣明王遣来佛像、幡盖、经论，为日本"佛教公传"基准年，今日则多数已改采同系钦明朝，年代却推前至纪元五三八年（戊午）之说（依据为《上宫圣德法王帝说》与《法兴寺缘起》）。佛教初自百济传入后，崇佛曾引起莫大论争，排佛派物部大连家坚持对佛礼拜必将触神之怒而强烈反对，崇佛派苏我氏私的礼拜也被弹压，但纪元五八七年用明死后对立两派军事行动的结果，物部氏终被打倒，苏我大臣胜利而积极的崇佛主张实行。战后研究者对此一大事件，又重视苏我氏背后结合的汉氏势力，以及便以汉氏的佛教信仰为前提，乃有苏我大臣家强烈崇佛志愿的兴起。学者们又注意到，纪元五二二年（继体时代）汉人司马达等等人来朝，在大和国高市郡建立佛堂（《扶桑略记》引《法华验记》），乃日本有关佛教信仰的最古记录，日本佛教史上最初出家为僧尼之例，也始自司马达等之女等三汉人女子，由苏我氏供养。高市郡系传统与汉系归化人关系特深的地域之一，东汉氏的本据地，苏我氏崇佛论被压制期私礼拜的佛像安置地与所立佛堂，也都在高市郡。热心的佛教信徒与日本最早的佛法保护者苏我大臣家成为最有力权势之门时，佛教兴隆政策急激的全面展开，其纪念碑意味，系由苏我氏发愿而以国家事业形态出现，创建性的大寺院法兴寺（飞鸟寺）于纪元五九六年竣工，僧侣与寺工、瓦师、画工等均自百济招聘而来，总司其事的指导者则是山东汉大费直（元兴寺露盘铭）。纪元六○五年（推古十三年）完成著名的法兴寺丈六本尊制作者司马达等之孙鞍作止利，推古朝获授冠位十二阶中仅次大德、小德的第三高位大仁，也与法隆寺释迦三尊背光铭所示制作者"司马鞍首止利佛师"为同一人。法隆寺金堂广目天像背光铭"山口大口费"，又是另一佛像雕塑名家汉山口直大口。

——氏姓秩序下，与汉直—汉人—汉部（汉部谓汉氏私民，所隶属的部民）同等分量的汉系归化人代表性氏族集团秦造—秦人—秦部，较汉氏特具政治的权力机构内部位置，以政治力而活跃有异，秦氏所呈现系贵族化地方豪族的性格，分散四方定住，摄津国的丰鸣郡、近江国的爱智郡与京都盆地山背国深草地方均其势力圈，葛野郡尤其是有力据点，以雄大的土地开发力与富力而握有组织化权力。挟其财富进出中央政界时，秦伴造便以大藏官僚背景的国家财政管理者面貌出现，与养蚕、机织的关系也特闻名。抑且，对照汉氏与苏我氏间的结合，秦氏集团与圣德太子间关系深厚，太子侧近多秦人系参加，秦河胜因是得授冠位十二阶中次高冠位的小德，今日京都有名的广隆寺（当时称秦寺），也便是秦河胜为安置圣德太子所赠佛像而创建。

所以，六世纪日本，浮面的动乱底里，仍具有积极精神，且是个意义全新的文化时代开创。与考古学上古坟时代后期的文化内容与其年代均相并行。自纪元五三八年佛教公传以至纪元六四五年大化改新的约一个世纪间，文化史上谓之飞鸟文化的时代（依朝廷所在地大和的飞鸟地方而名），呈现佛教文化轴心的姿态，时代区分的基准也便是佛教艺术。而飞鸟佛教以传导体百济的百济文化延长意味，所站立是同时期东亚诸国同一的中国南北朝文化背景。佛教受容，无论其意愿与行动，最初又都与汉人集团存在密接关系，接触汉氏实力特深的苏我氏最早蒙受影响，结果才是佛教兴隆政策下佛教文物的大规模进行移植与育成，飞鸟文化因而展开。

六世纪末，大陆已系隋朝强力的集权统一大帝国树立，圣德太子出场即于其时，七世纪日本直接联系大陆期的律令国家形成运动，登入准备期。而政治新气象继续明朗的背面，六世纪政争余波未息，进入七世纪仍然波涛汹涌，但每一次政变成功，已代表对建设律令国家目标愈接近一步的意味——

圣德太子于日本历史上向被崇敬为典型明君型的人物，其摄政政治被赞誉于日本历史具有划期性，而今日的理解，则认为后世对太子的记事多少已加以渲染夸大而理想化，太子"摄政"的本质也异于后代藤原氏摄政或明治以后所定摄政制的完全代行天皇职权，乃大王家与苏我大臣家共同政治或两头政治的实现。推古朝所以被誉为日本历史的光辉时代，也系因六世纪的动乱于推古朝到达顶点而又以大和朝廷实现两头政治为结束，步入七世纪时，政治上一时出现安定性转机的缘由。也以大王家开明派太子结合与文化先进归化人氏族携手而代表当时进步势力的苏我氏，共同立于大陆思想的组织化理解，乃有协力最初构想国制改革为标的的推古朝事业发端。传承自中国西魏二十四条新制（纪元535年）、北周六条诏书（纪元544年）系统的传说中日本最古成文法，文内颇多引用儒家、法家、道家的中国古典成句的圣德太子宪法十七条，其系真品抑伪作，于今日已存有疑问，模仿半岛三国制度的冠位十二阶（高句丽十二阶、百济十六阶、新罗十七阶），大德、小德、大仁、小仁、大礼、小礼、大信、小信、大义、小义的名称全依儒家德目，实际所予限于畿内臣、连、直、造等姓（如遣隋使小野臣妹子，任命当时为大礼，以后历大仁升至最高冠位之阶的大德）而不及地方豪族，苏我氏又以视于天皇家为例外，所以实行效果也堪疑。然而，推古朝改革的性质与方向都已可以明了，指示朝廷二大巨头废止氏族制的倾向，氏族为基础的伴造系势力从根本动摇的兆头初现，冠位与宪法含义在打破门阀，依个人功业、才能，且限本身一代的新的身份制与新的权力组织，正已尝试建立。"大王"尊称改"天皇"，推定也在纪元六〇〇年左右的推古朝，纪元六〇七年兴建的法隆寺金堂药师如来像背光铭"池边大宫治天下天皇"，乃天皇名词初见，已系日本古代史学者通说。

佛教与政治密切结合也始于其时，圣德太子佛教信仰与苏我氏同等虔诚，热心弘扬，博得文化史上日本佛教之父的崇高敬誉，法隆寺以太子发愿而创建。现尚残存实物，传系圣德太子亲撰的《三（佛）经义疏》，今虽盛行伪作之说，认与十七条宪法同样与圣德太子无关系，但内容出自白凤期或奈良期初太子崇拜者之手的《上宫圣德法王帝说》中，所收录《天寿国绣帐》百龟四百字文章谓："我大王所告，世间虚假，唯佛是真。玩味其法，谓我大王应生于天寿国之中。而彼国之形，眼所回看，悕因图像，欲观大王往生之状"，则是太子佛教关系的最古确实史料。

不幸，推古朝尝试性政治改革系以不彻底终局。纪元六二二年圣德太子去世，两头政治变质为苏我大臣家独裁政治。相隔短时间，推古女帝与继位的舒明天皇又先后逝去，皇位纷争再起，母方系皇室女的继位人选舒明皇后（与夫为侄女与叔伯的关系）之弟（轻皇子），舒明与后所生之子（中大兄皇子），对苏我氏所拟拥立的舒明与苏我氏女所生皇子，壁垒分明，三方僵持下由舒明皇后蹈袭推古前例登位为皇极女帝，却未立摄政皇太子,而苏我氏势力自稻目、马子父子开始抬头,非只经历两头政治阶段过渡到苏我大臣家独裁政治,其时的第四代尤其全行变质为专横"骄慢儿"执政。大和朝廷阴霾密布,马子殁后,苏我氏原已分裂自残,反苏我大臣家氏族势力终于争取得苏我氏反宗家派协力,以中大兄皇子为中心,中臣连镰足为谋主而结集。纪元六四五年,大风暴发生,一次宫廷集会中,苏我大臣被暗杀,苏我氏本宗独裁政治被推翻。中大兄皇子之母皇极退位,胜利集团拥轻皇子为孝德天皇,其父方族弟,母方外甥的中大兄皇子为皇太子执政,始仿中国立年号为"大化"(以后大化六年改白雉元年,又是中国皇室习惯,谶纬思想下以祥瑞改元的嚆矢)。翌年(大化二年),大化改新诏发布,七世纪日本的国制改革运动与圣德太子理想,至其时才真正踏出其实现的第一步。所以,政变的另一意义,也是最早的改革势力,于政治改革发愿期便已腐化,倒反变质为反动的改新阻力时,所激发代表新的进步势力一派,矫正航道的革命成功。

纪元六四六年(大化二年)大化改新诏,其四条改新政治的第一条:皇族与诸豪族田庄,以及部曲,概行归公;公地、公民制理念发端;第二条定京畿内之制,地方制度分国、郡、里三级;第三条废止旧时部民制,立户籍、计账、班田新制;第四条定租税制度,已是国家制度全面性的彻底调整。只是,今日日本史学界也已发觉,《日本书纪》上项改新诏的原文记载,系依其后天武朝飞鸟净御原令与文武朝大宝令内容,予以修饰而追加,因此,怀疑改新诏根本不存在,于研究者之间形成有力学说之一,从而也出现否定大化改新史实的大胆设定(记录中日本最古法典,以后天智朝纪元668年近江令,也以原文不传,内容不明,而其存在成疑问）。一般立场，则"大化改新"与其年代，仍是日本政治史肯定的新时代跃进表征，认与六世纪中以来约一个世纪间，以归化人构成的品部增加，屯仓设置地域扩大，直属部民加多为基础，中央最早的官署萌芽而各地国造渐渐倾向地方官僚化，土地、人民再编成与国家权力集中存有需要的客观条件符合。

却是，大化改新的推进效率最后还是遭遇阻力，其原因，史学界引以与对外朝鲜半岛政策失败相结合。早自纪元五六二年，新罗并合日本侵略半岛的成果任那，日本势力撤出半岛，一个世纪后的纪元六六〇年，日本亲密的半岛携手者百济又被唐—新罗联军攻灭，日本大规模动员救援百济，皇极继孝德而重祚（复辟）改号的齐明女帝与中大兄皇子亲征，先是齐明薨于北九州行在，继便是纪元六六二年日本军白村江（中国方面记录称"白江口"）全军覆没，援百济军四百艘战船一举被唐朝歼灭，国内情绪普遍不稳。改新派领导人皇太子中大兄虽自行登位为天智天皇（近江令发布即其登位后），原尚执着旧制末线的豪族中保守势力已趁机抬头，改新灵魂人物中臣镰足又继即去世，大化改新设定的基本线不得不因而后退，部分回复大化前代的旧制度，向豪族旧势力让步以获妥协，公民化实现前的诸氏部民复活，公地制也告破坏。天智之死第二年纪元六七二年，壬申之乱皇族内讧，继续代表改新派的天智亲弟大海人皇子（皇太弟）与被保守派豪族势力包围的天智之子大友皇子（皇太子）间，皇位继承战争的结果，前者自立为天武天皇而后者兵败自杀，旧豪族才确定没落，大化改新的理想，也至此时与在此等胜利集团之手，坚实而稳定的现实化。天武朝制定的飞鸟净御原律令（也称天武律令），于继位的持统女帝（天智皇女与天武皇后）时施行，日本以律令为基础的国家体制创缔，但律令条文今已不传，推测其内容，大体近似续于纪元七〇一年（大宝一年，文武朝）所制定，次年施行的大宝律令。大宝律令被称系日本最初的完备法典，但条文现亦不存，仅以其后养老令的注释书引用而知其部分内容。纪元七一六年（养老二年，元正朝）完成，纪元七五七年（天平宝字一年，孝谦朝）施行的养老律令，乃对大宝律令的修正本，律（十卷）现存一部分残本，令（十卷）则依平安时代制作的注释书《令义解》《令集解》而得知。日本古代国家由是从氏族制秩序完成官僚制秩序的转换，姓为世袭政治地位标志的氏姓制度被否定，名副其实的律令国家实现。"日本"国号确定，也始自大宝律令制定时，其后养老令的规定与《令义解》说明，对外文书用此名词，对内用"大八州"自称，历史上"倭"的国名与倭国时代被扬弃。见于《唐书》东夷传日本国条的记录，则天武后长安三年（纪元703年），因使者来朝得知"倭"国改国名为"日本"，而以是年为断，与倭国条区别，可资印证（《新唐书》东夷传则通入日本国条）。而养老令制定时代，于日本古代史的区分，已系以纪元七一〇年（元明朝）平城京迁都划期的奈良时代。

自打倒苏我大臣—大化改新以至奈良时代，朝廷的一股政治势力正由新兴而壮大。原追随大伴、物部大连家而仕朝廷掌祭祀事的伴造系氏族出身者中臣足，以助中大兄皇子（天智天皇）打倒专政的苏我大臣家，推动大化改新，死前由天智天皇赐姓藤原。又以足生前已与大海人皇子缔结婚姻，壬申之乱大海人皇子登位为天武天皇后，以皇族近亲担当政府要位为特征的皇亲政治展开同时，藤原氏势力也踏袭原苏我氏旧轨迹，以大财阀与世代外戚的姿态抬头，与皇亲政治间对抗局面，推移至八世纪前半光明立后为标志，而藤原氏建立压倒优势。皇室婚姻，立后必为皇族自身之女原系不成文法，外戚之女只是妃，原因系皇后存在继位为女帝的可能性（所以天武以兄天智之女为后而继位为持统女帝，天智另一女嫁天武—持统之子草壁皇子又继位为元明女帝），虽然外戚之女所生子的继位天皇权利相同。但便自生母为足子不比等之女的圣武天皇（父乃草壁皇子—元明之子文武天皇），而出现革命性大变化，不比等另一女（即圣武姨母）光明子被立为圣武皇后，皇后必出皇族的传统由是打破，藤原四家（不比等四子分家）权势炙手可热。惟奈良时代已是佛教普及期，日本全土发达为佛教国家，圣武朝僧侣进出政界，佛教主义的政治实力非只接替皇亲政治，一时且浸浸乎驾凌藤原氏。政治实权归入僧侣之手变制的形成，至孝谦女帝重祚为称德女帝的时代到达顶点。天武天皇后裔以称德之薨而断绝，授予藤原氏雄风复活的绝好机会，拥立继位的天皇光仁回复天智天皇系谱，并以脱却佛教政治与过分庞大的寺院势力为目的，断然放弃政治佛教化之都平城京（奈良），移向北方另行营造新都平安京（京都），此时已系光仁之子传说中第五十代天皇桓武在位。日本史的奈良时代，也以纪元七九四年平安京迁都，而转换为平安时代。

　　天智天皇家再兴与平安京迁建实现乃藤原氏绝大功勋，世代外戚与天皇后、母所出的优越条件上，终已决定性的步步排除一切反对势力，于纪、阿倍、石上（物部分家）、石川（苏我分家）、大伴、佐伯等诸有力氏间，藤原北家（四分家中第二房藤原房前的后裔）政权独占之势成立。九世纪后半，藤原北家自最初分家起算的第四代摄政（幼小天皇即位时）、第五代关白（成年天皇在位时）地位的连续创例取得，十世纪后半而摄政、关白发展为常置，藤原北家代代世袭独占其位，政治史上北家摄关家代行天皇职权，掌握完全政权，包括以不德口实废立天皇的摄关政治确立。此一时代，已系天皇徒然成藤原摄关家傀儡的平安时代中期。

对照如上政治推展，七世纪中以来，文化史上已超越飞鸟时代，受容大陆指导文化的主轴，也以遣隋使（以及接续的遣唐使）尝试派出成功，历史的转手朝鲜半岛传播通道遂被断然扬弃，改变向唐朝长期性的直输入。大化改新所摄取已是直接的大唐制度、文物，但艺术的样相仍不能相与对应，仍残留中国南北朝末期式样痕迹，却也已显出缓和飞鸟时代古典性格的倾向，因而自天武一持统前后至八世纪初这一段时间内所完成式样，另行设定"白凤"时代以示过渡期区别（一般意见，伟人圣德太子，便自白凤期佛教文化时代开始奉为偶像，十七条宪法与三经义疏都是此时代产物）。奈良时代，盛唐文物于短时间内如大洪水流入，才有作品华丽又满蕴健康与充实之力，文化、艺术全面完成唐朝式样转换，而以文化最盛期圣武朝天平年号为名的天平文化成立。飞鸟—白凤—天平三文化期均以佛教艺术为基调，也以佛教与政治深结为一贯的时代特色。自平安奠都，浓烈的佛教文化色彩退却，天平文化延长发展为平安初期，而唐化、大陆化风潮到达极致。迄于迁都平安恰届百年的纪元八九四年遣唐使运动终止，以及相隔十多年后唐朝覆亡以总结日本与隋唐关系之页，前后近三百年间，日本努力摄取唐朝文化至贪婪无厌境地，热心模仿中国制度文物也叹佩为空前。日本与中国间交通，此时期系明治以前最繁密的时代，日本历史上受惠于中国文化的影响，也以此时代为最彻底。

日本与隋唐关系的展开，日本史学界几乎一致引用《隋书》东夷传倭国条资料，以纪元六〇七年（隋炀帝大业三年，日本推古十五年）倭王国书"日出处天子，致书日没处天子，无恙"之言，证明这是日本与中国间平等外交的开始，历史的中国属国时代已成过去。却也已注意到，国书"致书……无恙"之句不合文法，抄袭《史记》匈奴列传单于致汉文帝书"天所立匈奴大单于敬问汉皇帝无恙"格式走了样，致招无礼、粗鲁、幼稚之讥（受此教训，所以其后对新罗、渤海等所谓"蕃国"国书也未忽视使用"敬问"的敬语〔对唐朝则称"邻国"〕。十世纪延喜式外交文书，规定对大蕃国用"天皇敬问"，对小蕃国用"天皇问"的文式，又是模仿套用大业四年，隋炀帝遣文林郎裴世清随日使小野妹子赴日时，所具答书的"皇帝问"格式），可以了解，届至七世纪初，尽管归化人独占文笔的局面可能已经结束，日本人自身间文字使用的能力尚非圆熟，熟练的时代续须延后。

重开对中国交通，《日本书纪》推古十五年秋七月戊申朔庚戌（三日）条，使小野妹子入隋的记录，与《隋书》东夷传倭国条，倭王多利思北（比）孤遣使朝贡的记事一致。次年，隋遣裴世清使倭，再次年（推古十七年）裴世清返归时小野妹子再度奉使伴随，以及推古二二年（纪元614年）续有再一次遣隋使犬上御田锹派出而翌年归国的说明，都与《隋书》倭国传倭王"复令使者随（世）清来贡方物，此后遂绝"的记载，前段仍相符合，后段已互歧。相对方面，上距推古十五年七年，《隋书》倭国传

"(隋文帝)开皇二十年（纪元六 600 年，推古八年），倭王姓阿每，字多利思北孤，号阿辈鸡弥，遣使诣阙"的记载，则为日本史料所缺。所以，今日日本史著作对第一次遣隋使派出年代的设定，系置之于纪元六〇〇年抑六〇七年？以及遣隋使派出乃四次抑三次？基准未齐一。

下大决心，以直接的、彻底的态度撷取大陆高文明，契机自推古十七年与纪元六〇九年，第三次遣隋使派出而把握，小野妹子再度使隋，已有首批留学生、留学僧八人偕行，均汉裔系归化人系，堪注意处之一，每人滞留唐朝年数多特长又系其一，其中高向汉人玄理，留学期间三十二年、南渊汉人请安相同三十二年、志贺汉人惠隐三十一年、新汉人旻二十四年、倭汉直福因十五年、新汉人广齐也是十五年。尤其值得重视，他们归朝对指导日本政治向上都具有莫大影响，以及便是大化改新的原动力。高向玄理（留学生）与南渊请安（留学僧）返日已系舒明十二年（纪元 640 年，唐太宗贞观十四年），宫廷内外正弥漫渴望诸制革新的气氛，《日本书纪》明载中大兄皇子与中臣足两人，就南渊请安之住所学"周、孔之教"，请安宅已系改新派密议政变场所，以及国制改革知识与方向直接求自吸收大唐新学问而归的当代知识人代表，今日学界都已充分了解。大化改新实现，基本立场的废止从来带有族制性格的大连、大臣制，创置非世袭的执政上最高官职左、右大臣，足的地位是另一新设官职内臣，而策划政治措置的最高顾问国博士（以后律令制中无此职）两人，起用的便是僧旻与高向玄理。壬申之乱大海人皇子（天武天皇）王权篡夺战争中，汉氏一族大量参加军事行动，《日本书纪》（以及《续日本纪》）记录有天武嘉奖特具勇名的坂上直诏书。大宝律令的制定，《续日本纪》也明记参加修撰人士中，归化系氏族的汉人占了大半。所以，古代日本由天皇—豪族的领地—部民制，向全新的律令国家构想移行，从创意到建立基础，汉裔系归化人协力的贡献至为分明。特别便是这些归化人为中核，返回大陆母国留学又学成归朝，携回中国集权统一大帝国诸文物资料，与在大陆所吸收实务的经验，愈兴起改革自国的强烈愿望与渴求，乃有进步一派组成，以拥护中大兄皇子打倒守旧派而大化改新发端为转机，一系列政治改革遂行。

中国朝代隋唐交代，早自推古次代的舒明二年（纪元630年，唐太宗贞观四年），已以稍早（推古三十一年，纪元623年）归朝的学问僧药师惠日（入隋年次不明）与福因等建言，而有以犬上君御田锹为大使、惠日为副使的第一次遣唐使派出，第三年归朝。大化改新后第七年（纪元653年，孝德朝白雉七年，唐高宗永徽四年）第二次遣唐使出发，大规模留学生随行的浪潮开始兴起，同一年两团分别出发，第一外交团一二一人，第二外交团一二〇人，每团一船，不幸第二团（第二船）于入唐途中遭海难，仅第一团（第一船）平安抵达，次年归朝。紧随又是高向玄理为押使、河边麻吕为大使、药师惠日为副使的第三次遣唐使，于纪元六五四年（白雉五年，唐永徽五年）两船同行，次年归朝。自此以迄仁明朝的承和五年（纪元838年，唐文宗开成三年），两百多年间遣唐使连续派出，每次人员，起初约一百二十人，最多时飞跃增至五百五十至六百人之数（内包括船员、技术者等，实际留学人数约占其中一成左右）。

历次的遣唐使——

回次	年代（西纪）	人数船数	归朝年代	杂载	《唐书》《新唐书》东夷传朝贡年份
1	630		632		贞观五年
2	653 同	121人一条 120人一条	654	入唐途中遭难。	永徽初
3	654	二条	655		
4	659	二条	661		
5	665		667		
6	669				咸亨元年
7	702		704		长安三年
8	717	557人四条	718		开元初
9	733	594人四条	735	第三、四船归朝途中遭难，漂至昆仑。	
10	752	120余人四条	753 754	归途第一船漂向安南，大使藤原清河仕唐不归。	天宝十二年
11	759	99人一条	761	仅大使高元度等十一人抵长安，余在海上遇难获救。	
12（中止）	761	四条		因船破坏中止。	
13（中止）	762	二条		因未得便风中止。	
14	777	四条	778	归途第一船遇难破坏。	
15	779	二条	781		建中元年
16	804	四条	806	第三船入唐途中遭难。	贞元二十年
17	838	600余人四条	839 840	第三船出帆即遭难，140人未入唐。	开成四年
18（中止）	894			以大使菅原道真建议而停。	

烂熟的大唐文化，由是如洪流似输入日本。激起回响，便是完备法典的立于大化改新诸原则上编定，而古代日本律令制度完成。养老律令性质，便是以唐朝迄于永徽年间律令为范式的缩小版，只部分修正以适合日本实情。律令国家的组织，中央政府官制分二官（神祇官、太政官）、八省、一台、五卫府。行政上权力在相当于今日内阁的太政官，长官太政大臣为燮理阴阳，天皇师范，"无其人则阙"的非常置最高荣誉职位，于官位相当制已到达正（从）一位（以后摄关政治的基础即建立于此，"关白"一词由诏书所命政事概行关白太政大臣之语而得）。平时政务由正（从）二位的左、右大臣统括。地方分畿内（大和、山城、摄津、河内、和泉等五国）、七道（东海、东山、北陆、山阳、山阴、南海、西海）而编成国、郡、里三级制。律令支配体制下，天皇以统制畿内地方的中央豪族群与掌握全体国家权力，通过官僚制政治机构，直接支配全国的土地与人民，高度集中权力的中央豪族，则以官僚制的与荫位制结合，以及有位者赋有种种特权而贵族化。与荫位制并行的官人进身之门，系大学（太学）卒业通过秀才、明经、进士、明法等四科国家试验。地方上级官国司由中央付以一定任期赴任，郡司多由地方豪族的旧国造家世袭（改变谱代郡司任用，试行创设官僚化郡司而由朝廷直接把握郡守层，须平安初期）。土地公有，于班田收授法下，以口分田为基础的不同田地名目班给人民，人民设户籍、计账，负担租、庸、调与其他杂徭、杂税。全人民又依身份别区分良、贱，绝大部分均良民，贱民的奴隶集中归寺院、贵族、地方豪族所有。律分笞、杖、徒、流、死五刑，谋叛以下为八虐不赦之罪。八世纪日本律令制度整然形成活泼的国家活动，可以了然，全与唐朝制度对应而以之为蓝本的模仿与移植。包括纪元七〇八年（和铜元年）最初的货币铸造（圆形中间方孔）。

平城京建设，其市街纵横的条坊区划，宫城（大内里）在城内北端中央，正门朱雀门，自此南走的大街名朱雀大街，依此而区别城东、西，分别称左京、右京，也分设东市与西市，所以都制营造，又系完全的唐都长安小型移建，宫殿、佛寺等建筑均唐制模写（今日奈良位于原平城京东北隅而面积仅及十分之一）。其后平安京，又是对平城京同一规制的复制，小型的长安城日本版（纪元792年开始在山背国葛野地方营造，两年后迁都新京时，命名为平安京，山背国也改称山城国。但平安京工事未完成，兴筑逾十年后于桓武天皇去世前的纪元805年中止），今日京都市约略相当其朱雀大路东侧的一半或左京之地。

八世纪前半圣武朝系日本律令政治最显在的时期，正值中国唐朝玄宗在位，其后期，压倒藤原氏势力的光明皇后异父兄橘诸兄政权建立，政界主导僧玄昉与吉备真备（位至右大臣），便同系纪元七一七至七三五年间长期留学唐朝，亲身见闻玄宗盛世初归朝的人物，媒介大陆风习以唐朝文化为师的努力再推进一层。武则天特创的四字年号便自此时传入日本，自圣武末期历孝谦、淳仁以迄孝谦重祚的称德朝（中国玄宗—肃宗—代宗相续在位期），四字年号于是都被引为模范而仿用，"天平胜宝"且是玄宗"天宝"年号的直抄袭。玄宗天宝三年（纪元744年）以后改"年"为"载"，天平胜宝七年（纪元755年）也追随诏命改"年"为"岁"。玄宗改中书省为紫薇省，孝谦女帝便新设"紫薇中台"（"中台"则高宗—武后时代尚书省的更名）。藤原氏权势恢复而独裁者姿态确立，起点正是藤原仲麻吕由紫薇内相于淳仁朝，以太保（右大臣）进位太师（太政大臣）。

日本史学界阐说中日关系史时喜爱引述的阿倍仲麻吕、藤原清河故事，也发生于此时代。阿倍仲麻吕与玄昉、吉备真备，同系随第八使遣唐使（纪元717年，唐玄宗开元五年，日本元正天皇养老元年）渡唐的留学生，仲麻吕时年二十岁，在唐初名朝臣仲满，后改朝衡（晁衡）。太学毕业后应科举进士及第，任左春坊司经局校书。纪元七五二年（唐玄宗天宝十一载，日本孝谦天皇天平胜宝四年），藤原清河（藤原北家之祖房前第四子，光明皇太后之侄）为大使的第十次遣唐使派出，翌年返航，系遣唐使运动中特具意义的盛举，德望隆高的名僧鉴真一行东渡即此次。滞唐已三十六年，官吏生活历左补阙，仪王友累进至秘书监的仲麻吕，也动思乡之情辞归偕行，诗文知交王维、赵骅、包佶、储光义等纷纷赋诗惜别，传为佳话。而四船俱发的海上归途中，憾事独发生于清河、仲麻吕所乘的第一船，遇风向南漂流至交州（越南），仲麻吕海难消息传出，因之又有李白悼惜知友之诗流诵。清河与仲麻吕幸得获救辗转返回长安，纪元七五九年（唐肃宗乾元二年，日本淳仁天皇天平宝字三年）日本以迎迓清河为主任务，归化汉人高元度为大使的第十一次遣唐使抵长安，但清河、仲麻吕均已不愿再回国。仕唐的这两位归化日人，清河（在唐改名河清）位至特进，肃宗时卒；仲麻吕位至散骑常侍、镇南都护，代宗大历五年（纪元770年）以七十三岁高龄卒于任内，前后在唐时间五十三年之久。

衔接奈良时代的平安时代再分期，九世纪末以来约一个世纪间为初期，贵族社会唐风、大陆风的高扬到达极峰期，宫门、宫殿命名既系唐化，官名称呼也流行唐式，公的、私的用词与惯用语唐化风习一般化，用具仿唐式，大陆传入的舶来品普受尊重，服制也循唐朝标准。年中行事自奈良时代已完成皇室中心的元日朝贺、上元、上巳、佛生会（佛诞、浴佛）、端午、乞巧、盂盆、重阳、冬至、除夕大傩等已一概移入，而成自国习俗，平安初期续对宫廷庆贺、祭祀、宴会仪式与典礼形制，加以全盘唐化。唐风文化的憧憬，桓武朝延历四年（纪元785年）祭天之文的直输入乃有名事例，天皇对昊天上帝自称"嗣天子"与"臣"。贵族与文化人以熟读中国古典，崇拜中国历史上伟人，而往往比拟自身为此等人物，或以之推重他人。《史记》《汉书》《后汉书》的当时日本所谓"三史"中人与事，尤所习知，桓武自许便是汉武帝，坂上田村麻吕被同僚譬喻功同汉武帝时名将卫青，边境守备诗句中又用"单于"（匈奴）字样代表虾夷，"都护"代表陆奥守（东北地方长官），"陇头"代表陆奥地方，都堪说明。藤原氏擅行天皇废立，模仿的前例赫然竟是汉朝霍光故事。

　　律令制营运以唐朝制度文物为母体、母法，官人贵族的儒家教养与汉诗文理解自属必需。所以奈良时代，平城京为中心的贵族文化，已以汉文学的成长、熟练与发达为表征。日本现存最古历史书与博文学高评价的《百事记》（纪元712年，和铜五年），全行模仿中国编年史书形式的《日本书纪》（纪元720年，养老四年），以及日本最古的汉诗集《怀风集》（纪元751年，太平胜宝三年），编纂均于其时。成立年代不明，以用万叶假名记录而日本学界称之国文学始兴的《万叶集》歌集，推定也在奈良时代之末的纪元七九〇年左右完成。平安初期文化直承前代的天平文化，代表性文化仍是立于唐朝基盘上风靡的汉文学，唐风的诗与文章制作盛极一时，诗集纷纷编集。尤其纪元八一〇至八四二年嵯峨、淳和、仁明三朝三十余年间，号称太平至极的"崇文之治"（文治政治之意），努力追求中国古典与圣贤之道，文运隆盛，学艺受尊重，乃是学者、文人辈出的平安初期文化的代表性时代。总称"六国史"的古代日本六种史书，《日本书纪》之外，《续日本纪》（纪元997年，延历十六年完成，奈良时代基本史料）与《日本后纪》（纪元840年）、《续日本后纪》（纪元869年）、《日本文德天皇实录》（纪元879年）、《日本三代实录》（纪元901年），也都是平安时代的汉文编年体之作。藤原佐世辑成《日本国见在书目录》，登录自唐携来汉文书籍，千五百七十九部，一万六千七百九十卷，内中颇见后世于中国现地已失传的书目，此等珍本却以当时传入日本而得保存。

奈良律令期的天平文化，佛教文化仍是基盘，日本古代国家的政治佛教化色彩以此时期最为浓厚，也以此时期已受唐朝佛教的直接影响而佛教全盛。镇护国家思想下，源流起自则天武后大云寺运动的国分寺制度全国展开与总国分寺意味的东大寺营造，俨然已系圣武朝最大事业（天平文物，今日奈良历史性诸大寺多有保存，特别便是东大寺附属建筑正仓院的保管物，富圣武天皇御物图书，其中大部分且属大陆舶来品，其余也均日本的唐式仿制文物）。教学研究宗派的后世所谓"南都六宗"，也于此时代由唐朝移植完成，成实宗与三论宗自白凤期以前已为日本所知，法相宗与俱舍宗的输入，纪元七三五年僧侣政治家玄昉自唐留学归来所传之说为有力，另一说的年代较前，主张系随第三次遣唐使（纪元654年）入唐归朝的名僧道昭传入，纪元七〇〇年圆寂时遗言以遗体火化，又是日本最初的火葬，而道昭乃船氏出身，汉系归化人血统可知。华严宗以天平七年（纪元735年，唐玄宗开元二十三年）唐朝大师道璇（与玄昉、吉备真备同来），受日留学僧敦请渡日而成立，华严思想模拟龙门奉先寺卢舍那大佛创建的东大寺本尊卢舍那大佛，于纪元七五二年（圣武天皇以出家为僧让位其女孝谦女帝的太平胜宝四年）开眼供养，主持仪式的导师，又是与道璇偕行两外国僧侣之一的婆罗门（印度）僧菩提仙那（其他一人乃林邑僧佛哲）。最有名的日本佛教史划期性大事，系唐朝高僧鉴真应日本佛教界所恳授戒要求渡日，佛教纪律生活依戒律维系，而日本从无授戒的师僧为正式受戒仪礼，鉴真于纪元七五四年（太平胜宝六年，唐玄宗天宝十三载）到着奈良，同年于东大寺卢舍那佛殿前建戒坛，鉴真亲为戒师，自圣武上皇、光明皇太后、孝谦女帝以下公卿四四〇人受戒的盛典，推动奈良期佛教到达绝顶（其后东大寺戒坛院的建筑即纪念其事）。中国律宗与戒坛制度由是传入日本，纪元七五九年鉴真创建的唐招提寺成立为律宗总本山。鉴真七十六岁圆寂，偕来的诸唐僧弟子继承其师遗志，各地布教，指导学生，持戒第一的真正佛教者念愿，因而实现。这位日本佛教史伟人的事迹，同时期稍后（八世纪后半）的著名学者真人元开（淡水三船），参照鉴真弟子思托所记《大唐传戒师僧名记大和上鉴真传》，而撰有《唐大和上东征传》流传后世。另一圣武朝高名望僧人道昭弟子行基，以教化庶民，普渡众生的民间圣僧受膜拜，八十二岁高龄入灭前数年的纪元七四五年（天平十七年）接受日本最初的佛教最高名位大僧正，又系出生于河内国大鸟郡汉人归化系氏族的豪族高志氏家庭。

奈良时代佛教怒涛，以迁都平安京而渐渐平息。政治与宗教分离，佛教依循行基的努力方向步入人民大众间的阶段，也随南都（便以平城京位于平安京之南而称）六宗而平安二宗续自唐朝传来日本。天台宗与真言宗（密教），各各是最澄、空海，同于纪元八〇四年（唐德宗贞元二十年，日本延历二十三年）入唐求法，又于贞元二十一年（即顺宗永贞元年，最澄），宪宗元和元年（纪元 806 年，空海）分别归朝的结果。中国独有的书法艺术与饮茶之风，都自平安初期自唐朝传入日本，其间连系关系，通说又都谓由最澄、空海的归国携入。之后，天台僧圆仁续于纪元八三八年（承和五年，唐文宗开成三年）渡唐，密教修行生涯十年（亲历纪元 845 年会昌排佛，著有《入唐求法巡礼行记》）返国，由是集天台、密教大成，而取入密教要素与密教化了的天台宗称台密，真言宗密教则别称东密。加注了祈祷与咒术仪礼的密教，于平安初期全盛。

　　古代日本唐化、大陆化的世纪大转换已经成功，而此过程中，对日本最早的文明导入，佛教传来，抑且活泼进出政界，日本战后史学研究界总称之为"古代国家实力者"的归化氏族主流汉人，无论政治上或文化上，色彩却正呈现反方向的渐渐脱落。渡日汉人，原都是四世纪以来因半岛切离中国而形成的半岛流寓者后裔，移住日本浪潮注定存有时间、批数的限制。待六世纪中日本侵略半岛的据点任那丧失，新来既乏后继又加半岛通路断绝，弱势先已明显，七世纪中日本的半岛亲密携手者百济又灭亡，以救援百济为名野心再建任那的企图以白村江干涉战争溃败化为泡影，半岛汉人集体移住记录从此决定性终止。相对方面，已定住日本而土著化、豪族化了的汉系民族，其所代表中国南北朝文化的背景，面对遣隋、遣唐使派出而接触更进步的隋唐文化时，毋宁站立的反而是与前此两个世纪内受其扶植而成长的日本文化同一立场，以及隋唐文化开始冲击下，归化系氏族于原氏族制秩序向律令的官僚制秩序推移期间，已加深其豪族层划一的认同倾向。天智朝对臣、连、伴造、国造等阶层，以简单化为目的的氏族制整备以来，天武朝八色姓制度设定（纪元684年，天武十三年），乃于天皇家为顶点的既已成立诸势力关系上，以旧来氏族秩序调和律令制度为要义，所创设新的身份序列。八色姓第一的"真人"，以示五世以内天皇的子孙，也编入一定规范内的"君"姓准皇族以下依序：此外的皇别之氏为"朝臣"，神别为"宿祢"，各各以之赐与臣、连之姓而当时的实力氏族（如奈良时代的藤原朝臣，大伴宿祢），"忌寸"赐与国造，以上是所谓"上位四姓"，其下则"道师""臣""连""稻置"。汉系归化诸氏的秦造、汉直等，于八色之姓的位置，便是上位四姓中的宿祢（如奈良时代的太秦公宿祢、坂上宿祢等）与忌寸（最为多数）。半岛渡来潮已经平息之后，汉人集体移住固久已绝迹，但特殊情况下个别或少数"唐客"滞在不归之例，也非无发生。纪元七三五年随道璇一行渡日的袁晋卿，在日任官人子弟教育机关首长的大学头，又赐姓清村宿祢；纪元七六一年遣唐使高元度归朝，唐肃宗派遣的护送人员三十九人抵日后，以国内安史之乱阻隔难返，其中沈惟岳被赐姓清海宿祢，另八人均忌寸，但例子据记录不过如此。至此阶段，后继来源断绝了的历史上归化人，存立于日本社会中的意义已非仅"归化"，而系彻底的"同化"了。

但"归化人"濒临消灭命运前夕，仍然回光返照式为日本历史写下继往开来的重要一页。奈良末平安初的桓武朝二十余年历史，要约与平安京建设与虾夷战争两大事业相始终，而此两大事，都正与汉系归化人密结——

平安京迁建地山城国葛野地方，传统便是秦氏势力活跃中心，营建时得其协力最大，大内里（宫城）且即秦河胜邸宅原址。奈良时代以来的当权贵族藤原氏，向与秦氏成立婚姻关系，也立于秦氏雄厚的经济背景之下，由其财力后盾的支持而自身也发达为大财阀。桓武朝初期权势中心与桓武皇后之父，藤原四家之一式家的藤原种继，其妻即皇室财务首长主计头秦朝元之女。政治领导权推移至推动平安新都迁建的藤原四家另一分家北家，新都择定为秦氏势力圈的葛野之地，原因之一，又以决定选择都址与新都营建负责人物藤原小黑麻为（北家之祖房前孙儿），其岳父系秦岛麻吕，所生子以后出任第十六次遣唐大使，取名且便谓葛野麻吕。

关于后者，八世纪系日本史所谓国土开发或版图扩大期，其方向，一是东北地方（北本州的虾夷），一是西南地方（南九州的隼人）。虾夷的叛乱始终未平息，桓武朝与平安京事业平行，乃有虾夷征讨之役兴起。但十年内三度大征伐，前两次一挫败、一无功，第三次东汉氏的坂上田村麻吕受征夷大将军拜命，于纪元八〇一年出师，才全面平定虾夷，俘其魁首凯旋。桓武崩后，再以大将军建皇位纠纷药子之乱的镇压大功。而田村麻吕家世，除自身的政府中枢重臣资望外，其女乃桓武天皇之妃，其父苅田麻吕，又是奈良末扑灭藤原氏最早独裁者仲麻吕（南家）之乱的赫赫名将。

平安时代初期的九世纪，律令制已呈崩坏现象，土地公有原则次第有名无实，与贵族、寺院等权门势家私有地的庄园发达相对，苦于过重负担的公民口分田，以耕种者逃亡而流入庄园的趋向不断扩大，租、庸、调租税制被迫放弃。律令体制解体期的另一注目现象，令外官不断增加，官僚政治无力化，藤原氏抑压站于竞争地位其他贵族诸氏的独占势力全盛。从九世纪到十世纪，已系日本古代国家政治、经济的重要转换期，纪元九〇二年（延喜二年）庄园整理令发布，班田制最后废绝；藤原氏以其庞大的庄园收益力为经济基盘，已变质的律令政治，终向摄关家的独裁贵族政治时代完成推移，而平安时代初期也因而变换面貌为中期。文化方面，安史乱后唐朝黄金时代褪色，九世纪后半国势衰退迹象愈形明显的背景之下，遣唐使以纪元八九四年（宽平六年，唐昭宗乾宁元年）第十八次中止派出为断限而停废。日唐关系自其时中绝，日本学界说明，象征了日本的文化自主倾向得有机缘发生，摆脱汉文学拘束的国风文化渐渐促进形成。平安初期的表音文字万叶假名（假名即与真名的汉字对称而言），以汉字之音为国语，十世纪以来的平安中期，乃续发明了片假名与平假名，而假名文学兴起为代表的国风文化季节展开。虽然正式性的、公的场合，文书仍然应用纯粹汉文。

"归化人"的历史，于此便必须告一总结。仿照唐高宗显庆四年（纪元659年）《姓氏录》，也沿用其名的律令时代诸氏系谱集《新撰姓氏录》，自桓武朝着手编辑，嵯峨朝的纪元八一五年（弘仁六年）完成，编辑理由系以当时氏姓混乱而加考正为目的，相对也正是氏姓时代结束意味。历史上以"古代国家实力者"姿态登场的归化系氏族首长与其所部归化人，经过时间试炼，又经唐风高潮洗涤，已系同一的日本贵族与日本人，同一的日本文化范畴，一切的历史贡献都已平淡，"归化人"性格全行模糊。

中天之日换入斜阳期

盛唐明暗面——八世纪前半

唐朝近三个世纪国运，前半的约一个半世纪值玄宗盛世而结束，次代肃宗已系另外一个半世纪或唐朝后半期的分划点。其世系图——

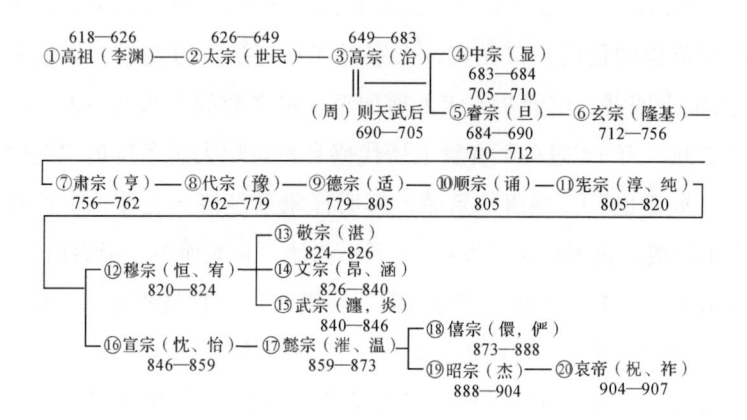

```
         618—626        626—649       649—683
        ①高祖（李渊）——②太宗（世民）——③高宗（治）——④中宗（显）
                                        ‖              683—684
                                    （周）则天武后      705—710
                                     690—705      ——⑤睿宗（旦）——⑥玄宗（隆基）——
                                                     684—690       712—756
        ——⑦肃宗（亨）——⑧代宗（豫）——⑨德宗（适）——⑩顺宗（诵）——⑪宪宗（淳、纯）——
           756—762      762—779       779—805       805          805—820
                                          ——⑬敬宗（湛）
                                             824—826
                    ——⑫穆宗（恒、宥）——⑭文宗（昂、涵）
                       820—824         826—840
                                       ⑮武宗（瀍、炎）
                                        840—846         ——⑱懿宗（漼、漼）
                    ——⑯宣宗（忱、怡）——⑰懿宗（漼、温）    873—888
                       846—859        859—873        ——⑲昭宗（杰）——⑳哀帝（柷、祚）
                                                        888—904      904—907
```

大唐历史剧中最是富丽堂皇的场面在前半场之末，唐朝文化极盛期玄宗时代推出。玄宗乃太宗曾孙，高宗与则天皇后之孙，纪元六八五年诞生为睿宗第三子，母窦氏。睿宗以弟继兄中宗即位第三年，禅位这位二十八岁的青年天子玄宗，翌年或纪元七一三年，先天年号改元开元，开元三十年（纪元 742 年）改元天宝，天宝十五载（天宝三年改"年"为"载"）禅位肃宗，在位四十五年。玄宗登位初期，个人既精勤奋发，宰相中又名臣辈出，最早的政治中心人物姚崇，受征召拜相之初上奏十事：1. 政先仁恕 2. 不幸边功 3. 法行自近 4. 宦竖不预政 5. 租赋外一绝之 6. 戚属不任台省 7. 接大臣以礼 8. 群臣皆得批逆鳞、犯忌讳 9. 绝道佛营造 10. 鉴戒汉之禄、莽、阎、梁（见《全唐文》卷二〇六姚崇十事要说），性质便是开元大半期的施政纲领。姚崇推荐的继任宰相宋璟，又是位稳重而正直的政治家。前后两位贤相，向被史学界比拟为贞观时代的房玄龄与杜如晦，开元之治与贞观之治并加礼赞，玄宗在位期太平盛世景象也媲美太宗时代的大唐金色世界。

然而，开元之治究非全是贞观之治的回复。从正面而言，生产与负担纳税的户口充实，太宗时代户三〇〇万左右，玄宗末（天宝十四载，纪元755年）增加至三倍之数的户八九一万、口五二九一万（《通典》食货七历代盛衰户口项大唐条所谓"此国家之极盛也"）。盛唐的繁荣，鲜明征象系经济力充沛，工商业资本活泼，世界性贸易发达，"天下诸津，舟航所聚，旁通巴汉，前指闽越。七津十数，三江五湖，控引河洛，兼包淮海。弘舸巨舰，千轴万艘，交贸往还，昧旦永日"（《唐书》崔融传武后时上奏之言）的物资流通景象，堪为写照。都市高度消费生活所反映衣、食、住、行、育、乐高水准，经济景气，社会富庶康泰，歌舞升平概观逾于贞观治世。却是，反面而言，玄宗时代又是唐朝政治、社会制度变貌的发端，前此唐朝制度与前朝隋朝一体化，八世纪玄宗时代以来，却已渐渐脱离原规制而出现新的走向。从这层意义说，玄宗以后毋宁才是唐朝独自的制度，唐朝制度影响后代与连接后代的，也以玄宗时代以后为基点。

　　唐朝权力集中化的统一国家完成，根柢在蹈袭隋朝的均田制，由国家以一定均等规模的土地分配人民，固定人民于规制化的土地上而加支配，对土地、人民同时加以掌握，通过强制性组织的单位聚居团体，征集税、役。所以，均田制是土地所有制，也是支配人民的手段，环绕于此中心的军事、兵役制度（府兵制）、租税体系（租庸调制）、村落组织（乡里制），一系列机能组合成一整个的有机体，唐朝中央集权统一国家强大能率，便由此有机体的灵活圆滑运转而发挥。却也得以明了，任何构成环节，不允许出现任何破绽，特别以阻止分配到土地上的农民移动与没落为基本，否则运行定必发生故障。

　　破绽终于玄宗之世已分明存在，《唐书》杨炎传的说明颇为具体："初，租赋庸调法，自开元承平，久不为板籍，法度抗蔽。而丁口转死，田亩换易，悉非向时，而户部岁以空文上"。土地、户口的登记，田土还受，税、役征发等，都因生活安逸的怠惰而紊乱。特别又是"丁口转死、田亩转易"之句含义所包括，土地兼并现象已在加大，均田农民层分解，均田组织的矛盾渐渐明显。而且，矛盾还非玄宗太平盛世极峰期才暴露，陪伴长期承平期展开，玄宗以前的纪元七〇〇年前后，破坏因子已陆续出现与正在汇合，愈随安逸生活的环境、条件腐蚀，而至玄宗时代明朗化。动摇均田组织根本的这些反动力量：

　　——均田制以田土均等分配为稳定社会基础的磐石，但土地面积于长久太平盛世的人口滋长速率下，必然拉大距离而呈现分配不足额状态，如"京畿地狭，民户殷繁，计丁给田，尚犹不足，兼充百官苗子，固难周济"（《唐会要》卷九二内外官职田项，开元二十九年勅）等文字，文献中累累而见，已是制度的创伤。户籍中课户、不课户之分，官人、贵戚豁免课役，当庶民给田不足额现象增大，又鲜明其不公平、不合理印象，而创伤愈形深刻化。

——均田制的健全成长，制造了唐朝以繁盛交换、流通为特色的富庶社会。相对，庞大发展的商业资本、高利贷资本，倒反也形成盘剥农村的均田制强力摧毁力之一。包括政府高利贷"公廨本钱"自身的鼓励，以及"富商大贾多与官吏往还，递相凭嘱，求居（户等）下等"（《唐会要》卷八五定户等第项，开元十八年勅）所提示的弊情。

——法令许可出家免课役，所以则天武后时狄仁杰之言尚是"逃丁避罪，并集沙门"（《唐书》本传），以出家为逋逃薮。中宗时代李峤之言，直接已系"巧诈百情，破役隐身，规脱租赋。今道人私度者几数十万，其中高户多丁、黠商大贾，诡作台符，羼名伪度。且国计军防，并仰丁口，今丁皆出家，兵悉入道，征行租赋，何以备之"（《新唐书》本传），通过滥伪僧之道逃避租役，而且便以大户、富民为多。

——《资治通鉴》唐纪二七开元二年条："中宗以来，贵戚争营佛寺，奏度人为僧，兼以伪妄。富户强丁多削发以避徭役，所在充满"，则滥伪僧流行，又与权贵势力相结合。也因而再引起并发症，如同系中宗时的魏元忠之言："今度人既多，缁衣半道，不行本业，专以重宝附权门，皆有定直。以兹人道，徒为游食"（《新唐书》本传）。

——课户富者有能力、有办法逃避租役，租役的担当者比重向贫者偏倚，而"富户幸免徭役，贫者破产甚众"（《新唐书》食货志五）现象自则天武后时代初现后，八世纪初中宗之世迭遭天灾饥旱，又由《唐书》《新唐书》诸当时人传记均可反映，流民、逃户非只继续发生，抑且增加。

——逃户发生，籍账陪伴混乱，前引李峤奏言下文"又重赂贵近，补府若史，移没籍产，以州县甲等更为下户"事态的背后，伪瞒应受田者户籍而改易不当给田者受领等情事，已容易制造，而对背离本乡的流民没落，再添其刺激作用。

如上的均田制疲相初起，政治感触敏锐人士已有警觉，李峤于武后证圣元年（同年改元天册万岁元年，纪元695年）上奏，力言国家、社会安定的必要条件，第一必须稳定农民土著，流民与户籍紊乱现象应该立加遏止，以免影响国家财政，其文："臣闻黎庶之数，户口之众，而条贯不失，按此可知者，在于各有管统，明其簿籍而已。今天下之人，流散非一，或违背军镇，或因缘逐粮，苟免岁时，偷避徭役。此等浮衣寓食，积岁流年，王役不供，簿籍不挂，或出入关防，或往来山泽，非直课调虚蠲，关于恒赋，亦自诱动愚俗，堪为祸患"。因而建议派遣御史，督察州县逃亡人户，以及提出"逃亡可还，浮寓可绝"的四点具体对策：1.禁令（地方自治团体警戒流民，劝令自首）2.恩德（免咎既往流亡之罪，且嘉惠衣食而协助返乡复业）3.权衡（逃亡他乡的流浪者，如愿于到达所在地定住，允许就地隶名编户）4.制限（免咎附以百日内自首的期限，限满不出，依法科罪）。其后任中宗宰相时，与再度建议取缔滥伪僧的同时，重提遣使"访察括举，使奸猾不得而隐"（参阅《唐书》、《新唐书》李峤传），但都未实行。

朝廷的怠懈不介意，于玄宗登位时，已是"天下户版刓隐，人多去本籍，浮食闾里，诡脱摇赋。豪弱相并，州县莫能制"（《新唐书》宇文融传）现象显见，而不能不立即采取对策。所以开元刷新政治，滥伪僧尼首先以姚崇的建言，而淘汰还俗者一万二千多人。李峤"括举"的主张，继也以监察御史宇文融同性质"请校天下籍，收匿户羡田"提议，于是开元十二年（纪元724年）受命充覆田劝农使，乃有"融遂奏置劝农判官二十九人，并摄御史，分往天下，所在检责田畴，招携户口。……使还，得户八十余万，田亦称是"，《通典》食货七历代盛衰户口大唐条大规模括户推行，与其效果的特笔大书（《新唐书》宇文融传并有"岁终，羡钱数百万缗"之句）。

《通典》接续第二年（开元十三年）的纪事："封泰山，米斗至十三文，青齐谷斗至五文。自后天下无贵物，两京米斗不至二十文，面三十二文，绢一匹二百一十文。东至宋、汴，西至岐州，夹路列店肆，待客酒馔丰溢。每店皆有驴赁客乘，倏忽数十里，谓之驿驴。南诣荆、襄，北至太原、范阳，西至蜀川、凉府，皆有店肆以供商旅，远适数千里不持寸刃"，熙熙攘攘的太平、富裕社会景象描述，与括户政策并无直接关联为可了解，但均田制动摇之兆初现之际，括户对均田组织基础具有稳定作用也可想象。然而，括户政策的适用究竟有其限界，努力维持均田制免于没落的时间效力也非绝对，均田农民层游离、分解因子既已开始崩裂，再大的力量也只能缓和而无从阻止。开元改元天宝的玄宗后半期与再以后，均田制以内在矛盾扩大而剧烈动摇，仍然不可避免。敦煌与吐鲁番发现八世纪唐朝的户、田籍登录实例，乃是凭证：

——敦煌天宝六载（纪元757年）籍，十六户的统计，女多于男为特征，男子三十九人，女子数字至于占全口数三分之二以上的一百二十四人，且女子中四十人均为中女（十八岁以上的未婚女），男子则多注明死亡，死亡者又非全系老人，都是极不正常的户籍构成①。唐朝以丁男、中男任税、役，令男子从户籍中消抹，而改以女子名义伪为登载，当系最容易也最直接逃脱租、役的方法。造成不正常户籍现象的原因，研究者的一般研判，均作如上解释。

——二十多年后，玄宗历肃宗至代宗时的大历四年（纪元769年）诸籍，又已发现，登载人名颇多注明"逃走"。户主安大忠的一户九人，二死六逃走（死者一小男<弟>、一中女<妹>，逃走者一寡母、三中女、一"募"、一小女），全户仅留二十六岁的户主在籍②。又是此时期特征而不正常记载的更进一步，逃亡竟已是公然之事。

——吐鲁番大历四年籍，户主索恩礼的一户，奴婢四人（内一人死亡），拥有土地二百四十三亩。而敦煌天宝六载籍，有同系奴三人而土地三十亩弱之户存在③。二十多年间，大土地所有制如何扩大，均田农民层如何分化，趋势均可概见。

——仍以索恩礼户为例，此户户等仅系"下中户"，索恩礼却拥有"昭武校尉、前行右金吾卫灵州武略府别将、上柱国"衔，并注明："官，天宝十三年十一月二十七日授，甲头张思默；勋，开元十九年四月十八日授，甲头王游仙"。同年另一"下下户"籍，全户五人（二死，余户主与妻、女共三人），有地

---

① 堀敏一《均田制与古代帝国》，筑摩版《世界历史》6. 东亚的变貌，第37页。
② 平凡社版《世界历史大系》5. 东洋中世史第二篇，第156页。
③ 堀敏一《均田制与古代帝国》，筑摩版《世界历史》6. 东亚的变貌，第35—36页。

二十九亩，户主游璟也于开元二十五年获授上柱国勋位①。上柱国原系军功为要件而授予的勋官中最高位，八世纪时却已在农村中滥授。勋官按规定须赐勋田（官人永业田，自上柱国三十顷至武骑尉六十亩），滥授的勋官有名无实固为可了解，替代的意义，获授上柱国勋位的农户，归属私有的土地因是得放宽限额至三十顷，则堪认定，而且以系"勋田"名目而享有免除课、役特典，如索、游两户籍的"不课户"记载。

——吐鲁番所发现堰头文书（"堰"即水利设施的渠，堰头指堰的管理者，堰头文书谓堰头所制作此堰所灌溉各笔田地的面积、所有者与耕作者之名、四至、作物等，以向政府报告的文书），从登录内容可知，土地所有者已不必便是实际的耕作者，佃户制已于此时期流行：

麴武贞贰亩半　　佃人僧智达

（残缺）佃人康守相奴□从②。

如上资料，正都是《通典》食货二田制下大唐条注："开元之季，天宝以来，法令弛坏，兼并之弊，有逾于汉成、哀之间"记事的印证。也便是说，均田法令允许质卖贴赁规定的漏洞加大，权势者、富豪、强人、寺观，以借粮、借钱为饵质押、买卖抑或强夺田地现象加大。玄宗（太上皇）、肃、代相继去世，代宗嗣位的宝应元年（纪元762年）勅，已明言"百姓田地，比者多被殷富之家、官吏吞并，所以逃散，莫不由兹"（《唐会要》卷八五逃户项）。大土地所有制的庄园或庄田也由是兴起。而大所有土

---

① 堀敏一《均田制与古代帝国》，第156—157页。

② 同上，第39页。

地的劳动力，堪注意仍是均田农民层分解过程中，被招致使役的没落或自外地逃亡而来，变更身份了的农民，所谓"佃人"、"佃户"。到均田制崩坏而回复私有地制，佃户成长大方向下，佃农与雇佣人制，后代乃发达为普遍的土地经营方式。

　　唐朝中期以后的任何变貌，都须以此为基点才能解说。然而，世界史上闻名的中国均田制没落，自是不幸，唐朝也以此强大力量泉源受损，国势盛极而衰，却非可以之归结便是唐朝倾覆的原因，玄宗次代肃宗以后的唐朝寿命与自此以前各占全历史之半，乃系事实说明。已非均田制支配的唐朝全历史后半期，政治力固然不振，社会生活一般仍然富裕，社会经济力仍然强劲，十世纪以后宋朝社会秩序、经济形态成立以此为前奏，又是均田制变貌私有田制与庄园经营，并非便是经济萎退之义的指示。任何良法美意都不可能绝无负因子内在，负因子又必产生新生机，所以，笼统比喻玄宗时代唐朝社会系如熟透了的果实，而谓腐败自坏已经开始，仅仅强调其破坏，一笔抹煞建设性新因子也从破坏中萌生，解说上是不周全的。

　　从前引《通典》食货七历代盛衰户口项，开元十三年以来唐朝社会、经济欣欣向荣的记事，流通面的广大与活泼，印象已至深刻。于此，陪伴江南生产力发展，朝廷对江南的财政依存度加高倾向，以及因之而有监督江南税粮与其他物资向京师运输，所谓漕运的转运使专职设置，为特重要。《通典》食货十漕运项大唐条："（开元二十一年，纪元733年，裴耀卿为京兆尹，奏曰）：秦中地狭，收粟不多，倘遇水旱，便即匮乏。往者，贞观永徽之际，禄廪数少，每年转运不过一二十万石，所用便足。今升平日久，国用渐广，每年陕洛漕运数倍于前，支犹不给，……若能更广陕运，支入京仓，廪常有二三年粮，即无忧水旱。今日天下输丁约有四百万人，每丁支出钱百文充陕洛运脚，五十文充营窖等用，贮纳司农及河南府、陕州，以充其费。租米则各随远近任自出脚送纳。东都至陕，河路艰险，既用陆脚，无由广致，若能开通河漕，变陆为水，则所支有余，动盈万计。且江南租船，所在候水始敢进发，吴人不便河漕，由是所在停留日月既淹，遂生隐盗。臣请于河口置一仓，纳江南租米，便令江南船回。其从河口即分入河洛，官自雇船载运河运者，至三门之东置一仓，既属水险，即于河岸傍山，车运十数里至三门之西，又置一仓，每运置仓，即般下贮纳。水通即运，水细便止，渐至太原仓，溯河入渭，更无停留，所省巨万"。建议被接纳，裴耀卿任江南、淮南都转运使主司其事的结果："凡三年，运七百万石，省脚三十万贯"。天宝三年（纪元744年），陕州刺史韦坚兼水陆运使，续自裴耀卿减省陆运费用至仅十余里的末段部分加以改进，自苑西开广运潭入渭，引永丰仓及三门仓米以给京师，乃得稳定"天宝中每岁水陆运米二百五十万石入关"之数（同书同条语）。代宗初的广德二年（纪元764年），唐朝最杰出财政家，其时任京兆尹的刘晏领东都、河南、淮西、江南东西转运、租庸、盐铁、常平使，又在裴耀卿以江南百姓不习河水，改制江南漕丁不必运毕全程，至开封即行返回，由官改雇北方籍人接运的基础上，再推进一步，明了江、淮、河、渭水力均有不同，也应随宜制造运船，而创"转般之法"。其法："江船不入汴，汴船不入河，河船不入渭。江南之运积扬州，汴河之运积河阴，河船之运积渭口，渭船之运入太仓。岁转粟百一十万石，无升斗溺者。轻货自扬子至汴州，每驮费钱二千二百，减九百，岁省十余万缗"（《新唐书》食货三）。隋朝灭亡前莫大投资，政治上、经济上连接黄河、长江两大河川流域为一统合体的大运河机能，便自玄宗时代与其稍后，而开始充分发挥。唐初财政基础仍置于黄河平原，八世纪之半连续整修大运河航道与改善输送方法，南方丰裕物资的大量运输北方，乃得成为可能。后代经济力与富力的全国性比重大幅向南方倾斜，而政治中心仍能稳固站定在北方，其间大运河人体血液流通的大动脉功用，唐朝中期已最初铸定。

盛唐繁荣、高水准精神、物质生活与物畅其流的豪华场面中，裴耀卿"国用渐广"慨叹的涵义包括了官员人数激增，以及所增加除员外官（《唐会要》卷六七员外官项："员外及检校、试官、斜封官，皆神龙＜中宗，纪元705—706年＞以后有之"）外，原缘事而置，事毕则罢的使职大量登场，且多形同常置。新设诸使职玄宗之世压轴宰相杨国忠，任度支郎中时已领十五使（《唐会要》卷七八诸使杂录上，记其衔有九成宫使与木炭使，以及监仓司农、出纳钱物、召募剑南健儿、两京太仓含嘉仓出纳、召募河西陇右健儿、催诸道租庸等使），至任宰相，领四十余使，洪迈《容斋随笔》第二集卷十一杨国忠诸使条说明："其拜相制前衔云：御史大夫判度支、权知太府卿事、兼蜀郡长史、剑南节度支度、营田等副大使、本道兼山南西道采访处置使、两京太府、司农、出纳、监仓、祠祭、木炭、宫市、长春、九成宫等使、关内道及京畿采访处置使。拜右相兼吏部尚书、集贤殿崇文馆学士、修国史、太清太微宫使。自余所领，又有管当租庸、铸钱等使。以是观之，概可见矣"。此等使职，便以性质多适应财政、经济需要为特色，担当者之中，杨国忠固以"聚敛"蒙历史恶名，《唐书》宇文融、韦坚、杨慎矜、王传史臣曰，也对此等人以"奸佞之辈""聚敛之臣"见评,谓"皆开元之倖人也,或以括户取媚,或以漕运承恩,或以聚货得权,或以剥下获宠"(王鉷传:"岁进钱百亿万,使贮于内库,以恣主恩锡赉")。但从另一意义而言,则莫非理财、金融、经济专家。专门化财务行政官员层面,自唐朝中期以来,于官僚结构中新筑成而且厚重,为堪注目,此其一。

其二,后代政治所熟悉的翰林学士始置。《唐会要》卷五七翰林院项:"翰林院者,开元初置,盖天下以艺能技术见召者之所处也(《唐书》职官志二翰林院条:"翰林院……待诏之所,其待诏者有词学经术合练僧道卜祝艺书弈"),考视前代,即无旧名。贞观中,秘书监虞世南等十八人,或秦府故僚,或当时才彦,皆以宏文馆学士会于禁中,内参谋猷,延引讲习,出侍舆辇,入陪宴私,十数年间,多至公辅,当时号为十八学士。其后永徽中,故黄门侍郎顾悰,复有丽正之称;开元初,故中书令张说等,又有集仙之比,日用讨论亲侍,未有典司。玄宗以四隩大同,万枢委积,诏勑文诰,悉由中书,或虑当剧而不周,务速而时滞,宜有编掌,列于宫中,承遵迩言,以通密命。由是始选朝官有词艺学识者,入居翰林,供奉勑旨。于是中书舍人吕向、谏议大夫尹愔元充焉,虽有密近之殊,亦未定名,制诏书勑,或分在集贤。时中书舍人张九龄、中书侍郎徐安贞等迭居其职,皆被恩遇。至二十六年(纪元738年),始以翰林供奉改称学士,由是别建学士院,俾掌内制,于是太常少卿张洎、起居舍人刘光谦等首居之,而集贤所掌于是罢息。自后给事中张淑、中书舍人张渐、窦华等,相继而入焉。其后有韩雄、阎伯玙、孟匡朝、陈兼、蒋镇、李白等,旧在翰林中,但假其名而无所职。至德(玄宗禅位肃宗之初的年号，纪元756—757年）以后，军国务殷，其入直者，并以文词共掌诏勅，自此翰林院始有学士之名"。翰林学士如何自承平之世，与僧、道、书、弈等同一才艺类型，藉文词侍奉皇帝行幸游乐（五坊谓雕、鹘、鹰、鹞、狗，宫苑使的性质也相同），以"职"的方便亲近皇帝而替代"官"的中书舍人诏诰之任，由一般翰林供奉中脱颖，以及自翰林院独立，别称翰林学士与学士院的演变，自上引文字得以概见。所以德宗贞元四年（纪元788年）翰林学士陆贽奏言："学士私臣，玄宗初待诏内廷，止于应和诗赋文章而已。诏诰所出，本中书舍人之职，军兴之际，促迫应务，权令学士代之。今朝野乂宁，合归职分，其命将相制诏，请付中书行遣"（《唐会要》同前）。但三公→尚书、尚书→中书以来，第三度以相同轨迹转移枢机权任的趋向铸定，挽回已不可能，而如《新唐书》百官志一的说明："其后（翰林学士）选用益重，而礼遇益亲，至号为内相"。只是，"充其职者无定员，自诸曹尚书下至校书郎，皆得与选"（《新唐书》同上），则翰林学士于发展初期的唐朝，既不限员额，性质又如同使职，都是差遣而非实官，后世面貌尚未成形（《太平御览》工艺部十围棋项：《唐书》曰：顺宗朝＜纪元805年＞，罢翰林阴阳、星卜、医相、射覆、棋弈诸待诏三十二人。初，王叔文以棋待诏，既用事，恶其与己侪类相乱，故罢之"。明朝再改学士院为翰林院，而如今日印象）。

盛唐讴歌繁荣，因应均田制基盘动摇的变局，制度上最早全面修正部门，系府兵制为根干的军事制度。均田农民减少与游离本籍，抑且府兵制内在的自身矛盾渐渐暴露，直接出自兵役忌避目的的逃役现象加大发生（《通典》职官十一折冲府项注："初置，以成丁而入，六十出役，其家不免征徭，遂渐逃散，年月渐久，逃死者不补"），兵源减缩又召集困难的双重窒息下，府兵制的存立必然也必须加以再检讨。开元十一年（纪元723年）玄宗依宰相张说意见，乃有翌年的兵制改革断行，系划期性转变标志。由于京师诸卫、诸率府卫士多缺，已徒拥形骸而改以募集方式，自京兆、河南两府并三辅诸州管内，额取十二万人志愿壮丁（包括残存府兵的录用），分隶卫、率府，分番入直，称长从宿卫，再翌年（开元十三年）募集完成时正名"骑"。中央禁军由地方兵役单位征调丁男番上宿卫勤务，自此停止，至天宝八载（纪元749年），正式以全国性折冲府都已无兵可交而命令"停折冲府"（《通典》职官十一折冲府项），府兵制名实均废绝。十一载，"卫士"原名，也以适应禁军募兵化新制改名"武士"。

召募制下的中央禁军，体系也已见调整，《新唐书》兵志与《通典》职官武官部分所说明的"十六卫"便已是新制。府兵制时代，与全国所有折冲府分别成立统属关系的，只是左右卫等十二卫，高宗时代，以特定任务而新设左右监门卫（宫门出入巡检）、左右千牛卫（侍从天子供御用武器、武具），所隶卫士由诸卫划拨。骑制成立，便通列此四卫，共十六卫分隶所募。高宗新设四卫的同时与同一方式，又以其父太宗先已以召募方式成立，却是重质不重量，兵士命名"飞骑"的亲卫队左右屯营，扩充为左右羽林军。玄宗发展骑的同时，羽林飞骑另委郡县以身高六尺，阔壮大力为条件特募申送，独立自成北衙禁军（以太宗左右屯营驻屯地玄武门的方位而名）系统，与十六卫的南衙禁军相对称。开元二十六年，左右羽林军又析置左右龙武军，统入北衙系统。相对，南衙十六卫不断衰微至名存实亡，天宝七载定额一万五千人的北衙"军"系禁军,已接替南衙"卫"系担当了天子、东宫宿卫仪仗与京师警备之事。北衙禁军自是全行代表了"禁军"之名,兵士来源也改以卫的方式募取(安史乱起,玄宗次代肃宗至德二载,北衙于破残的四军外再新置左右神武军,共六军,但六军总兵员数字反形减少)。

府兵制没落的影响是全面的,中央禁军变质过程中,地方与边境方面的兵备同样发生变化,步上的也是同一进路,同以召募要素与形式更新兵制。从来统一机能的府兵组织,分解为京师北衙禁军制、地方保安自卫团队意味的团练兵制、边境军镇健儿制等三种各别的新兵制。均田制—租庸调制—府兵制三位一体的"府兵"环节首先宣告脱落,而兵农一致精神由是丧失,又以兵农分离加重了国家负担。

大变化中,原与番上并列府兵两大机能,防人三年交替的边戍停废而其替代制度出现。唐朝空前的世界大帝国成立,直辖领土边缘全线,以"镇""戍"为基点而分布的七八万防人数原感不敷,所以,防人为主力之外,高宗—武后时代已另补充若干佣兵,所谓"健儿",课役全免,又支给家粮与春、冬二季衣服,以较三年为长的驻屯期为要件而成立军镇,同受当地都督府监督。府兵制弛废,玄宗开元之初以来,便循此一方向,应召募的兵数渐渐从客位倒转为主位,且以已职业化(无期限)而"健儿"更名"长征健儿",不但专门的军镇激增,镇、戍也淘汰防人而全成募人化。所以,中央新兵制成立前后,边境驻屯军相与对应完成不退伍的职业佣兵组织,军制与隶属关系一变。以军镇制度为骨干的边境新兵制已与都督府无涉,各具名号的"军"团长官称军使(特遣的部队长则依驻地而名守捉使),统辖数个军的最高司令官称节度使。固定化的节度使制度始自何时,以与前此缘事差遣,经略、镇守、节度诸称谓混见,"使"职原意未变时代通计,而《唐会要》《资治通鉴》《唐书》《新唐书》等诸书说明未能一致。("节度使"名词的由来与解释也颇有异说,如谓都督而带"使持节"衔即为节度使。实则任何细密考订都属多余之事,原意不过临时差遣节制军队、调度军队的简单意味,视"经略""镇守"无特殊不同的用意,所不同惟在"节度"使被采用为固定化设置时的名词),陆续固定化过程中增省与节制地域也颇多变化。但开元—天宝之交的纪元七四二年左右,汉族中国直辖领土内外,除东方沿海之外,自陆上北、西两方向折经南方沿海,全边境十个节度使统辖系统,先后都已定型成立(下表据《资治通鉴》唐纪三一玄宗天宝元年条):

名称	治所	所部	驻防地	兵数(人)
平卢	营州(辽宁·朝阳)	平卢、卢龙二军 榆关守捉 安东都护府	营、平二州境(河北道东北部,今辽宁省)	三七、五〇〇
范阳	幽州(北京)	经略、威武、清夷、静塞、恒阳、北京、高阳、唐兴、横海九军	幽、蓟、妫、檀、易、恒、定、漠、沧九州境(河北道北部,今河北省)	九一、四〇〇
河东	太原府(山西·阳曲)	天成、大同、横野、岢岚四军 云中守捉	太原府、忻、代、岚三州境(河东道北部,今山西省)	五五、〇〇〇
朔方	灵州(甘肃·灵武)	经略、丰安、定远三军 三受降城 安北、单于二都护府	灵、夏、丰三州境(关内道北部,今甘肃省东北部与陕西省北部)	六四、七〇〇

续表

名称	治所	所部	驻防地	兵数（人）
河西	凉州（甘肃·武威）	赤水、大斗、建康、宁寇、玉门、墨离、豆卢、新泉八军张掖、交城、白亭三守捉	凉、肃、瓜、沙、会五州境（陇右道西北部，今甘肃省西北部）	七三、〇〇〇
北庭	北庭都护府（新疆·济木萨）	瀚海、天山、伊吾三军	伊、西二州境（陇右道以西，西突厥之地，今新疆北部）	二〇、〇〇〇
安西	安西都护府（新疆·库车）	龟兹、焉耆、于阗、疏勒四镇	（陇右道以西，四镇之地，今新疆南部）	二四、〇〇〇
陇右	鄯州（青海·西宁）	临洮、河源、白水、安人、振威、威戎、漠门、宁塞、积石、镇西十军绥和、合川、平夷三守捉	鄯、廓、洮、河（陇右道南部，今甘肃省南部）	七五、〇〇〇
剑南	益州（四川·成都）	天宝、平戎、昆明、宁远、澄川、南江六军	益、翼、茂、当、嶲、柘、松、维、恭、雅、黎、姚、悉十三州境（剑南道，今四川省）	三〇、九〇〇
岭南五府经略（肃宗至德二年，纪元757年改岭南节度使）	广州（广东·广州）	经略、清海二军桂、蓉、邕、交四管	（岭南道，今广东省、广西省、越南）	一五、四〇〇

也从而可知，玄宗时代十节度新制度成立，仍是太宗、高宗时代六都护府意义，成立的位置大抵也相同。重大转变，便在防卫军自内地征召赴边，三年一更的兵源断绝，全兵员化为边境各州现地募集的职业性佣兵，而且总兵数已发展至四十九万人之多，支应此等兵士的军费，每岁粟百九十万石，布、绢、绵总额千余万端、匹、屯，与钱若干，较之开元以前边用每岁二百万，国库开支的飞跃增大，已不可同日而语。而当时岁计，每年国库收入额凡户税、地税、租、庸、调，并共五千二百余万端、匹、屯、贯、石（布、绢、绵、钱、粟数量的合计），边境维持费已占相当约四分之一的比例，显然形成国家诸经费中的大宗，此其一。其二，适应募兵新制而变更的部队编组，已系常设的地区最高军团司令官节度使，以负就地自行募兵全责，权力扩大，也以统一事权需要而原设六都护接受指挥。其三，唐朝传统的四海一家意识，全无种族歧视心理，吸引异民族爱好移住中国，周围边境尤其已是众多异民族与汉族混居地区。新成立大部队的应募对象，此等原游牧民族一体包容，也因而大量流入，唐朝边防军成分终以此明显表现为特色。其四，也惟其兵士由长官召募补充，相互间自然的存立了主从关系。其五，承平日久，好逸恶劳乃人同此心之理，将士已系职业性而又须永久驻屯边境，汉人存有能免则免的心理为无可讳言。相对方面的蕃人从军倾向，便非只兵士、将校，甚或军管区司令长官节度使的任命，最后也在政治因素的催生作用下，落到归化异民族出身者之手，而有天宝十四载（纪元755年）安禄山的叛变。

盛世倾斜起点的安史之乱

　　政治意志炽热的玄宗，治世后期已显倦意。事实上，任何英明君主，倾全心全力于国政而二三十年不懈，已为至难，也愈对国家、人民具责任感而身心愈易交瘁，迨开元改元天宝，天宝三年（纪元744年）玄宗六十一岁，活力以渐入老境衰退之际，二十六岁的杨玉环入宫（翌年晋贵妃），历史对玄宗的评价全然转变，社会富力支持下宫廷奢侈的享乐生活代表其以后的事迹。

　　玄宗以疲惫而英断褪色，自《唐书》李林甫、杨国忠传史臣曰："开元任姚崇、宋璟而治，幸林甫、国忠而乱"之语的后期宰相选用可知。今日惯用与"笑里藏刀"同样形容其人阴狠，"口蜜腹剑"典故由来所自的皇族远支（高祖从父弟长平王李叔良曾孙）李林甫，《新唐书》传记称其"善刺上意""善希君欲"而得信任，也以"时帝春秋高，听断稍怠，厌绳检重接对大臣"而夤缘揽权，自开元二十二年（纪元734年）起，"居相位几十九年，固宠市权（开元二十四年，排挤开元之治最后的贤相张九龄成功），蔽欺天子"。传记另一段向被历史界重视，而载入《资治通鉴》唐纪三二天宝六载条的记事："自唐兴以来，边帅皆用忠厚名臣，不久任，不遥领，不兼统，功名著者往往入为宰相（胡三省注：如李靖、李勣、刘仁轨、娄师德之类是也。开元以来，薛讷、郭元振、张嘉贞、王晙、张说、杜暹、萧嵩、李适之等，亦皆自边帅入相）。其四夷之将，虽才略如阿史那社尔、契苾何力，犹不专大将之任，皆以大臣为使以制之。及开元中，天子有吞四夷之志，为边将者十余年不易，始久任矣；皇子则庆、忠诸王，宰相则萧嵩、牛仙客，始遥领矣；盖嘉运、王忠嗣专制数道，始兼统矣。李林甫欲杜边帅入相之路，以胡人不知书，乃奏言：文臣为将，怯当矢石，不若用寒畯胡人。胡人则勇决习战，寒族则孤立无党，陛下诚以恩洽其心，彼必能为朝廷尽死。上悦其言，始用安禄山，至是，诸道节度尽用胡人（胡三省注：安禄山、安思顺、哥舒翰、高仙芝，皆胡人也）"。军管区司令官的方面大将出现蕃人，以及归化蕃人纷纷被拔擢担当此重任，现象的开始，因之都在李林甫执政期，且便与李林甫关系亲密，而接受其控制，如《新唐书》逆臣传安禄山条所述："骆谷（安禄山驻京代表）每奏事还，（禄山）先问：十郎（李林甫小名）何如？有好言辄喜，若谓大夫好检校，则反手撑床曰：吾且死"，为至明显。

杨国忠的个性与发迹背景，视李林甫恰成两种类型的对比，《新唐书》传记的介绍是"嗜饮博，数丐贷于人，无行检，不为姻族齿。年三十从蜀军"，乃杨贵妃同曾祖的从兄，母为鼎鼎大名的武则天面首张易之之妹。杨国忠于堂妹杨贵妃得宠后进京，"以国忠善樗蒲，玄宗引见，擢金吾兵曹参军，闲厩判官"，"稍入供奉，常后出，专主蒲簿，计算钩画，分铢不误，帝悦"。从此一帆风顺，天宝七载（纪元748年）已位至给事中兼御史中丞、判度支，杨氏姊妹兄弟一门荣达，"皆列棨戟而第舍华僭，弥跨都邑。时海内丰炽，州县粟帛举巨万，国忠因请在所出滞积，变轻赍，内富京师。又悉天下义仓及丁租地课易布帛，以充天子禁藏。明年，帝诏百官观库物，积如丘山"。杨国忠锋芒毕露，却也自此与当权宰相李林甫间，由原相得托演化为权力倾轧，新贵杨国忠的反李林甫势力集团形成。天宝十一载（纪元752年），李林甫死，杨国忠终于继登相位，溯自最初接近玄宗，历时仅短短五年左右。而便在此数年时光中，向受李林甫卵翼，对李林甫畏惮如《新唐书》所述"林甫与语，揣其意，迎剖其端，禄山大骇，以为神。每见，虽盛寒必流汗"的安禄山，蒙玄宗宠幸也已到达顶峰。李、杨对立结束，又急激转变为杨国忠对安禄山不断升高的斗争，大乱爆发乃成箭在弦上之势。

安禄山，父为所谓"胡人"的伊朗系（康国）白肤色人种，而母则巫女为职业的突厥人，乃混血儿"杂胡"。父早死，随母改嫁安姓突厥人，所以冠后父之姓为安。成长后能自由操用六国语言，在中国直辖领土东方边境最大国际都市，各民族集居中心的营州（今辽宁省朝阳县）充国际贸易市场互市牙郎，开元二十年（纪元732年，分天下为十五道置采访处置使前一年，李林甫拜相的前二年）以前，已以聪明与勇敢得幽州节度使（范阳、平卢节度使前身）张守珪喜爱，从用为部下而又被收录为养子，不次拔擢重用，未来好运以此开启。张守珪左迁病死后的开元二十八年（纪元740年），安禄山由中央任命为平卢兵马使，开始厚结中央关系，翌年升营州都督、平卢军使，再翌年的天宝元年（纪元742年）又升初置的平卢节度使，翌年首次以节度使身份入朝，翌年的天宝三载（杨玉环入宫之年）兼范阳节度使（范阳郡，幽州改名，安禄山移治于此），七载赐铁券，九载赐爵东平郡王，兼河北道采访处置使，十载（纪元751年）又要求兼河东节度使获准，十年间飞黄腾达至身兼三节度使，支配原长城地带东北边全域而兵力二十万人，最具政治、军事影响力的方面军总司令官，也于同时期同系久在边境，拥有大军团实力的诸归化系异民族出身者节度使：安西（四镇）高仙芝（高句丽人）、河西（后调朔方）安思顺（安禄山后父之侄）、陇右（后兼河西）

哥舒翰（父突厥系突骑族首长后裔，母胡人＝于阗人）等人中，特为突出。

也自觐见玄宗，授予至为良好的第一印象后，宠遇日加，《唐书》《新唐书》安禄山传、《资治通鉴》唐纪三二天宝十载条等描述其情节："（禄山）请为贵妃养儿，入对皆先拜太真（杨贵妃），玄宗怪而问之，对曰：臣是蕃人，蕃人先母而后父。玄宗大悦"；"晚年益肥壮，腹垂过膝，重三百三十斤，每行以肩膊左右抬挽其身，方能移步。至玄宗前作胡旋舞，疾如风焉。帝视其腹曰：胡腹中有何而大？答曰：唯赤心耳"；"上命有司为安禄山起第于亲仁坊，以中人督役，台观沼池，穷极壮丽，以金银为筹筐笊篱。上御勤政楼，幄坐之左张金鸡大障，前置特榻。诏禄山坐，褰其幄，以示尊宠"；"上每食一物稍美，或后苑校猎获鲜物，辄遣中使走马赐之，络绎于路"；"禄山生日，上及贵妃赐衣服、宝器、酒馔甚厚。后三日，召禄山入禁中。贵妃以锦绣为大襁褓裹禄山，使宫人以彩舆舁之。上闻后宫欢笑，问其故，左右以贵妃三日洗禄儿对，上自往观之，喜赐贵妃洗儿金银钱，复厚赐禄山，尽欢而罢"。安禄山如何凭其滑稽风貌与愚直言动，而内存狡黠，较杨贵妃年长十五岁犹甘愿请为养儿，以博玄宗欢心，抵京时得随时出入宫廷，俨然家人，遂其巩固以及发展个人权势的政治欲望。待惟一对之具有权威感的李林甫死，与之同性质暴发户姿态跃进的杨国忠当权，一以义子，一以外戚，邀宠的路线与目的均同，冲突乃所不免，斗争也立即激化。安禄山兼三镇节度使与河北道采访处置使后第五年，杨国忠拜相后第四年，杨国忠屡言安禄山必反，"且曰：陛下试召之，必不来。上使召之，禄山闻命即至。庚子，见上于华清宫，泣曰：臣本胡人，陛下宠擢至此，为国忠所疾，臣死无日矣。上怜之，赏赐巨万，由是帝益亲信禄山，国忠之言不能入矣"（《资治通鉴》天宝十三载条）戏剧性演出第二年，安禄山返归治所范阳（今日北京市），"杨国忠日夜求禄山反状，使京兆尹围其家，捕禄山客束超等"事件发生同年的天宝十四载（纪元755年）十一月，安禄山反旗，乃在"禄山诈为敕书，悉召诸将示之曰：有密旨，令禄山将兵入朝，讨杨国忠"的号召下，于范阳公开竖起，时安禄山五十二岁。

大叛变终以天子老迈颠顶，养成朝内与边境战略要区两大势力对立又放任权势之争激化，而于唐朝最繁荣期导发。安禄山决心造反，所凭藉资本实际也非仅恃雄厚兵力，尚存在其掌握人心的足够条件，又财力雄厚，《新唐书》逆臣传安禄山条几段说明：

"引张通儒、李庭坚、平洌、李史鱼、独孤问俗署幕府，以高尚典书记，严庄掌簿最，阿史那承庆、安太清、安守忠、李归仁、孙孝哲、蔡希德、牛廷玠、向润客、高邈、李钦凑、李立节、崔乾祐、尹子奇、何千年、武令珣、能元皓、田承嗣、田乾真皆拔行伍，署大将。潜遣贾胡行诸道，岁输财百万。"

"凡降蕃夷皆接以恩，有不服者，假兵胁制之。所得士，释缚给汤沐衣服，或重译以达，故蕃夷情伪悉得之。禄山通夷语，躬自慰抚，皆释俘囚为战士。故其下乐输死，所战无前"。

便以安禄山对本据地河北的汉人与东北方面诸异民族均能妥贴照顾，获得军民层广泛拥戴（其于幽州得人心之深，即使乱后六十年，穆宗长庆元年，纪元八二一年，朝廷派遣而莅任被军中囚逐的卢龙节度使张弘靖，发现当地仍"俗谓禄山、思明为二圣"，见《新唐书》张弘靖传）。所以，安禄山动员直辖部下，又加入其支配下突厥、奚、契丹、室韦骑兵，总兵数十五万人，以东都洛阳为第一目标进发，成破竹之势越过河北平野南下，《资治通鉴》唐纪三三天宝十四载条记："上始闻禄山反，河北郡县皆风靡，叹曰：二十四郡，曾无一人义士邪"，可谓有感而发之语，也正是军事行动快速背后更大支持的政治因素说明。

安禄山十一月九日举兵，第二十四天的十二月三日已渡黄河，陷灵昌，两天后陷陈留西进，九日陷荥阳（郑州），十三日的反乱第三十四天陷东都洛阳。黄河以南的河南道已非安禄山影响力所及，而渡河十天便完成洛阳占领，官军抵抗全面崩溃，《唐书》《新唐书》安禄山传记的原因剖析的综合："天下承平日久，人不知战。时兵暴起，州县发官铠仗，皆穿朽钝折不可用，持梃斗，弗能亢，吏皆弃城匿，或自杀，不则就擒，日不绝。朝廷震惊，禁卫皆市井商贩之人，既授甲，不能脱弓韣、剑。乃发左藏库缯帛大募兵，因以高仙芝、封常清等相次为大将以击之。禄山令严肃，得士死力，无不一当百，遇之必败"。而仓卒间所募兵，仍然"皆市井子弟也"，"皆白徒，未更训练"（均《资治通鉴》天宝十四载语），难当压来雷霆万钧的暴风雨乃为当然，所以贼军前官军节节溃退，城池处处失守。洛阳保卫战展开时，指挥官封常清统率下大而无当的乌合之众，自外围虎牢关而外城、皇城门，五战皆大败，东都便如此失守。封常清退陕州，会合以陕州为大本营的战场全线司令长官高仙芝，继续西退，放弃都畿，拒卫京畿以及京师的大门潼关。十二月十九日（洛阳失陷后第七天），朝廷即潼关军中处斩高仙芝、封常清，强迫负威名而素与安禄山敌对，现却老衰又卧病在长安自邸的哥舒翰起身，赴潼关接替总大将之任。

局势已十分危急，不幸中的大幸，安禄山方面以亟图称帝，正面的凌厉攻势转缓。抑且，安禄山的作战方略，届至此时从无掌握河东道全地域的计划，所兼河东节度使司令部所在地的太原府便仍由唐朝保有。所以，京畿北面的威胁减轻，唐朝朝廷获得喘息机会，结集与补充军队，部署战备，哥舒翰隶下河西、陇右汉、胡混合部队便于此期间源源自西北地区开拔，参加潼关防卫，此其一。其二，声势浩大的反乱军，一面倒席卷形势中，也于其时突然迸发了抗拒力，并且力量愈益壮大而蔓延。安禄山谋反前推荐出任常山（今河北省正定）太守的颜杲卿，以一介文士，首先自屈从叛逆势力下在常山反正，常山西隔太行山脉已系河东地区，自河东中央部太原方面进出河北平野的要冲井陉口（土门、娘子关）被颜杲卿由驻屯贼军之手夺取成功，官军自河东向河北出击之道打通。同一时期，后世书法宗师的颜杲卿从弟平原（山东省德州）太守颜真卿，坚拒投降主义而连络平原邻近郡县，募集义兵大规模的反抗也已展开。平原与常山间距离几及三百公里，却已取得联系，两兄弟相互呼应，高举义旗呼唤同志，河北诸郡纷纷响应，切断安禄山根据地范阳与洛阳间连络的希望实现在望，颜杲卿的间谍且已潜入范阳策反，人心振奋，贼军气焰一挫。贼军占领都畿转向河南道东方略地时，便受此影响攻势受阻，密布的阴霾，似乎正在渐渐消散。

但前途仍未乐观，而且更大的冲击到来——

都畿沦陷的次月，天宝十五载或以七月肃宗即位而改元的至德元载（纪元756年），正月元旦，安禄山在洛阳粉墨登台，自称大燕皇帝。唐朝集合蕃、汉二十万大军的都畿通往京畿门户潼关前线，战事竟意外沉寂，统帅哥舒翰健康状况虽恶劣，心志衰退，但其实战经验与丰富战略地理认识为基础的潼关宜守不宜攻主张，仍属正确。安居长安的杨国忠却轻信贼方陕州兵力薄弱的假情报，连连强制命令出击收复都畿，西北诸方面大将与哥舒翰意见相同，并提出潼关固守而从山西引兵直指范阳的建议也被否决。六月，哥舒翰在战略不能自主的窘境中，被迫犯大忌出关，中伏遭首尾夹击，大溃于潼关—陕州间的灵宝，贼军趁胜追击，占领潼关，哥舒翰于出奔途中被降贼的部将劫持，俘往洛阳遇害。潼关陷落，京畿郡县官兵不战而散，唐朝天子、朝廷、宫廷仓皇逃离长安。

河北道方面，常山早于安禄山称帝同月，在贼军洛阳与范阳南、北齐出的强力兵团合围下失陷，苦战六天，城破被捕送洛阳的颜杲卿，面对安禄山骂不绝口，钩断其舌仍骂，被缚柱而剐，壮烈捐躯，乃是中国读书人凛然正气，威武不能屈，成仁取义的最高情操表现，颜氏一族也尽行牺牲。于平原被河北诸郡推为盟主的颜真卿，继续领导义勇军奋战，潼关易手消息的传来是一大打击，局势再度逆转，抗逆熊熊之火以据点一个个失陷而一处处被扑灭。同年十月，平原弃守，颜真卿从河南辗转入后方，同月，最后坚守的饶阳（河北深县）被攻拔，太守赴火自杀，而被擒裨将张兴又是个无视锯杀的惨酷、至死骂贼的义士典范。河北全域陷贼，同样可歌可泣事迹续在河南演出，张巡、许远死守雍丘（杞县）、睢阳（商丘）乃今日家喻户晓的悲壮成仁史剧。张巡为真源县令，奉其降贼长官谯郡太守命往迎安禄山，因得机缘脱出至雍丘拒守，自至德元载二月至十二月，十个月间累被围攻而终不下，将士同心协力，站于城墙指挥拒贼的雷万春，面中六矢仍屹立不动，坚忍沉着的精神堪叹佩。迨贼军大压力下不得不撤退，东守宁陵，再东退与睢阳太守许远合力保睢阳，以两共六千八百人的兵力与城内数万居民，自至德二载正月以来半年间，连番击退怒潮似涌来攻城的贼军，一次面对十三万贼军的攻防战中，且创下昼夜苦战十六天，一日甚至交战达二十次，歼敌二万余人的纪录，奋战的艰苦与士气高昂均可见。七月，城中粮尽，"将士廪米日一合，杂以茶纸树皮为食"，士兵也已消耗仅剩一千六百人。八月，战斗人员数字再降低残余六百人时，张巡部下南霁云奉命率领三十骑，突破当面数万贼众遮挡的重围，向藉睢阳掩护而得安全的南边临淮郡求援，竟遭拒绝，记录载：愤极的南霁云自行啮落一指以示当地大将，曰："霁云既不能达主将之意，请留一指以示信归报。座中往往为泣下"，痛心的是无心肝自私者仍然无动于衷，南霁云失望而归，贼军也知城中援绝，围攻益急。十月，睢阳城中"茶纸既尽，遂食马；马尽，罗雀掘鼠；雀鼠又尽，巡出爱妾，杀以食士，远亦杀其奴，然后括城中妇人食之，继以男子老弱。人知必死，莫有叛者，所余才四百人"（引文均《资治通鉴》），睢阳城终在如此情况下陷落，张巡等均死，总结十个月来大小四百余战，杀贼十二万的热血爱国中国人，如何誓死不屈服的可歌可泣壮烈事迹。而雍丘、睢阳连续近两年独力挺拔的奋战，非只名垂千古，也对延长唐朝命脉具有其决定性，粉碎贼军向唐朝谷仓江南地方进出的梦想，保障唐朝军事反攻所赖南方财政、经济支援的江淮运河畅通。睢阳燃烧自己、照亮全局的蜡炬精神与其所付出代价，自失守上个月（元月）官军已收复西京，同月又收复东都，可谓得偿，可谓不朽。

便于睢阳死守时潼关陷落以来，迄于两京收复的期间，唐朝朝廷巨大政潮从汹涌到平息。玄宗以蜀为目的地西行，随行仅杨贵妃、其姊三人、皇太子李亨以下皇子、妃、公主、皇孙、宰相杨国忠等少数政府首脑、宦官、宫女，由龙武大将军陈玄礼率领部分禁卫军扈从护卫。登途翌日，便演出《长恨歌》以杨贵妃为主角而流传后世民间时，已涂上浓烈哀艳悱恻色调的马嵬驿巨变。马嵬驿位置，《长恨歌》说明在"西出都门百余里"，仍系京师（京兆府）管辖下属县之境而过金城县（至德二载改兴平县）城稍西。《资治通鉴》唐纪三四肃宗至德元载六月条记述事变经过："将士饥疲，皆愤怒。陈玄礼以祸由杨国忠，欲诛之，因东宫宦者李辅国以告太子，太子未决"；"国忠走至西门内，军士追杀之，屠割支体，以枪揭其首于驿门外，并杀其子户部侍郎暄及韩国、秦国夫人"；"军士围驿，上闻喧哗，问外何事，左右以国忠反对。上杖屦出驿门，慰劳军士，令收队，军士不应。上使高力士问之，玄礼对曰：国忠谋反，贵妃不宜供奉，愿陛下割恩正法，上曰：朕当自处之，入门，倚杖倾首而立。久之，京兆司录韦谔前言曰：今众怒难犯，安危在晷刻，愿陛下速决……。（高力士曰）：愿陛下审思之，将士安则陛下安矣。上乃命力士引贵妃于佛堂，缢杀之，舆尸置驿庭，召玄礼等入视之。玄礼等乃免胄释甲，顿首谢罪，上慰劳之"；"国忠妻裴柔与其幼子晞及虢国夫人、夫人子裴徽，皆走……追捕杀之"。

悲剧以杨国忠为中心，且由杨国忠与安禄山之争的延续而演出，为十分明白。杨国忠对安禄山突变的态度，据记录，最初是"扬扬有德色，曰，今反者独禄山耳，将士皆不欲也，不过旬日，必传首诣行在"；洛阳陷落，玄宗拟亲征，已制太子监国，"国忠大惧，谓韩、虢、秦三夫人曰：太子素恶吾家，若一旦得天下，吾与姊妹并命在旦暮矣。因说贵妃，请命于上，事遂寝"；

潼关失守，"国忠曰：人告禄山反状已十年，上不之信，今日之事，非宰相之过"（引文均《资治通鉴》）。安禄山造反，历史界评估为必然，却也如《资治通鉴》天宝十四载十月条所言："（安禄山）以上待之厚，欲俟上晏驾然后作乱。会杨国忠与禄山不相悦，屡言禄山且反，上不听，国忠数以事激之，欲其速反以取信于上，禄山由是决意遽反"，而乱发后，如上引文字，杨国忠洋洋自得，夸夸其言，以及临事懦弱、自私、不负责任又推诿责任的言行，朝臣与将领不满情绪蓄积已达饱和，也可以明了。建议幸蜀也出自杨国忠，四川富饶又地形便于固守，原无不当，但其时杨国忠兼剑南节度使之职，便不免怂恿进入自身势力范围的自利成分，玄宗却同意了。一项文献记载无明示，而颇堪怀疑与马嵬驿事变密切关联之事：潼关败退后，哥舒翰副手王思礼及时赶上已抵达金城县城的队伍，又奉玄宗命接替原哥舒翰河西、陇右两节度使之任，当天赴镇整编部队。而防守潼关期间，《资治通鉴》收录有如下一段对话："王思礼密说哥舒翰，使抗表请诛国忠，翰不应。思礼又请以三十骑劫取以来，至潼关杀之，翰曰：如此，乃翰反，非禄山也"。则王思礼金城县短暂滞留期间，曾否在扈从将士间发生煽火作用，固未易猜测，乃接踵便在次日，以及才过金城县城，将士们积郁胸中对杨国忠的愤怒，已以饥、疲为导火线而爆发。安禄山造反的藉口系"诛奸臣杨国忠"，官军所喊出竟是同一口号，且真已实现，且波及杨氏一门，且波及玄宗至尊。玄宗的痛心让步，牺牲杨贵妃，武装政变巨潮幸得平息。

马嵬驿事变，皇太子李亨即使非参与者，从记录显知，也是事前与闻者。李林甫图拥立寿王瑁而潜诬前太子废死，开元二十六年出其意料，玄宗依长幼序立忠王瑛（即亨，天宝时改名）继为皇太子。自此李林甫（以及安禄山）至杨国忠，当权宰相与皇太子间对立形势益益明显，影响玄宗—太子间意见的不调和，也为可以想象（太子登位为肃宗，至德二载即回复天宝时所改官名、郡名＜复为州＞，次年乾元元年又复"载"为"年"，也都是同一意味）。所以事变过去，行幸目的地再度提出讨论，而玄宗坚持入蜀原议时，太子与其左右便俟行列登上续程，单独行动，奔上与西南蜀地相反方向的西北边境防卫要冲，朔方节度使治所灵武之道。途中，灵武方面已闻讯迎接，待抵达，七月中，皇太子应群臣笺请登位为唐朝第七代肃宗，时年四十六岁，改元至德，遥尊玄宗为太上皇（次月八月，已到成都的玄宗承认此事实），象征了暮气的旧人物、旧时代被扬弃，一个以新生代人物为核心的新纪元开创。

肃宗选择西北方面建设复兴基地，有其必然性，自开元十五年封忠王，领朔方节度大使、单于大都护以来长期间相互存在亲密关系。天宝初，由陇右节度使兼镇河西的皇甫惟明乃肃宗封忠王时期的忠王友；由朔方节度使加河东，天宝五载再以皇甫惟明左迁而接兼河、陇两镇的王忠嗣，《唐书》其传记以"士乐为用，师出必胜"，"塞外晏然，虏不敢入"博"当代名将"评语，又大书"佩四将印，控制万里，劲兵重镇，皆归掌握，自国初已来，未之有也"。如此一位唐朝空前绝后，声望特隆而拥有超过其后安禄山三镇兵力的权力人物，与肃宗关系尤深，最早以父死王事，开元二年九岁时由玄宗赐名忠嗣，领养宫中，与忠王时代的肃宗情同兄弟（结局，皇甫惟明与王忠嗣先后都遭李林甫谮诬贬官以终。堪注意所使用陷害手段，同一的便是利用两人与太子间忠王时代已建立的关系向玄宗挑拨，一石两鸟，以达制造玄宗对太子篡位猜虑，以及打倒大势力的自身反对派双重目的。天宝五载皇甫惟明事件的罪嫌为与太子妃兄韦坚"结谋欲共立太子"，天宝六载王忠嗣事件更直指"欲拥兵以尊奉太子"，李林甫的边将多用蕃人建议提出，《资治通鉴》系其事于天宝六载十二月，紧接十一月的王忠嗣入狱贬官，动机的警惕于王忠嗣权望太重又可想定）。所以，大西北地区警备军对肃宗的感情，自开元十五年起算已维系三十年，欢迎与拥戴都出自衷心，特别是朔方（灵武郡便是节度使治所），又特别是王忠嗣节制四镇时拔擢的隶下诸将领，直接都是唐室回复之业凭藉的关键人物。两位并称的平乱最大功臣于王忠嗣时代，郭子仪为振远军使、安北副都护，李光弼为河西兵马使、赤水军使（哥舒翰受王忠嗣提携升迁最速，先是大斗军使，再充陇右节度副使，王忠嗣事件发生，升陇右节度使）。待天宝十四载安禄山乱起，未来平乱功劳者名单从事实上已预为拟定，其与忠王——王忠嗣嫡系的朔方军团当时负责人名单，已似复印意味：

朔方右厢兵马使郭子仪（华州郑县人）（继任朔方节度使，原任节度使安思顺以乱起被调入京）

左厢兵马使李光弼（移住营州的契丹酋长后裔）（次年天宝十五载即肃宗至德元载正月，郭子仪分朔方兵，奏为河东节度使）

左武锋使仆固怀恩（铁勒九姓仆骨部酋长后裔，世为金徽都督）

右武锋使浑释之（铁勒九姓浑部酋长后裔，世为皋兰都督）

节度判官杜鸿渐（濮州濮阳人）（节度使郭子仪统兵在外，充朔方留后，领导迎肃宗）

朔方—河东系统外的陇右—河西系统，除王忠嗣时代，与哥舒翰对为押衙又充兵马使兼河源军使的前述王思礼（营州归化高丽人第二代）外，哥舒翰兼两镇时代部将于乱起独当一面的，又有讨击使鲁炅（范阳人），于李光弼任河东节度使的同月，以南阳太守充新置的南阳节度使。与睢阳情况相同，也是被围攻下苦守一年，官军收复两京之前才放弃南阳，对维护江、汉物资、财赋的济运，尽其最大责任。其后发展为天子亲卫军的神策军，最早也是边防军诸部队之一，天宝十三载哥舒翰任陇右节度使时初置，以临洮太守成如璆充神策军使，乱起，神策军的一部分入援，乃步上其后大发展的第一步。

常山失陷后，贼军势力一时曾被遏止，原因除了平原为中心的义勇军反抗热潮继续高涨之外，李光弼受命新任河东节度使，紧急支援河北作战，率军出井陉口，夺回常山，朔方节度使郭子仪又紧随来援，都相关联，河北义勇军声势大振。不幸潼关败讯传抵，郭李两兵团的河北作战努力放弃，向河东退兵，包括了常山的河北诸郡此期间以孤立无援而纷纷再度沦陷于贼军。撤退的李光弼停留太原，固守此重要兵站，郭子仪续再往西，返还总根据地灵武，觐见新登位的肃宗，通盘计议大反攻军略部署。

洛阳，于肃宗登位灵武半年后的至德二载（纪元757年）正月发生大变局，安禄山被其生母为婢的失宠次子安庆绪弑害，伪帝位转易。相对的灵武方面，军事指挥系统调整，北庭、安西兵力也已集中，官军以郭子仪由肃宗任命为总大将而统一的领导中心建立。且以仆固怀恩之女嫁回纥可汗为可敬的政治姻缘关系，由仆固怀恩出面，邀得接替突厥发展为统一蒙古高原强大势力的回纥，发兵来援，连同拔汗那、于阗等西域属国征发或自动参加的兵马，以及大食人志愿部队，会同唐朝自身人西北地区诸兵团，动员兵数十万人。九月，由北庭节度使李嗣业统前军（北庭—安西系），名义上元帅的肃宗长子广平王俶与总大将副元帅郭子仪统中军（朔方—河东系，回纥、西域兵团便由朔方左厢兵马仆固怀恩节制而隶此系统），原行在都知兵马使而改任新设关内节度使的王思礼统后军，大举向长安推进。以回纥特为雄健的战马与骑兵协力，凌厉攻势下，官军收复长安。次月（十月），战场形势明显落为下风的安庆绪放弃洛阳北走，官军续又收复洛阳。

两京回复，已进发长安西方凤翔行在的肃宗，十月下旬于民众夹道欢呼声中还都长安，相距追随玄宗离别长安，为时一年四个月。十二月，太上皇（玄宗）继被迎归京师。然而，血腥逆流一波甫平，一波又起，三年后的上元元年（纪元760年）东都洛阳又陷入恐怖大骚动，登场主角则已由安禄山父子转易为史思明父子。

归化突厥人史思明，与安禄山同乡里，同年岁，又同系营州互市牙郎出身，两人自少年便相亲密，安禄山得意，天宝十一载（纪元752年）奏以为平卢兵马使。安禄山举兵南犯，史思明受命留守范阳大本营，常山颜杲卿顽强抵抗以来才调出，自此在河北战场充派遣军司令官，而于官军潼关败后，血手指挥横扫河北全境。凶残的安庆绪洛阳弑父，史思明归范阳，接收安禄山所有兵员、物资，与安庆绪对立之势形成。

两京收复，安庆绪自洛阳逃出，退据邺郡（今河南省安阳），以范阳为本据地的史思明先向唐朝输诚归顺，继于翌年乾元元年（纪元758年）又叛。又次年乾元二年三月，史思明藉救援被围的安庆绪为名，于邺郡城下大败官军郭子仪、李光弼、王思礼、鲁炅等九节度使部队，围解，安庆绪也被史思明所杀而尽并其部众，史思明返范阳自称大燕皇帝。继由河北进犯河南，洛阳于翌年（乾元三年，改元上元元年）再落贼军之手，自是一年余时间被占有。

安禄山的最后命运竟相同的移至史思明之身，僭居帝位第三年的上元二年（纪元761年），原已被史思明憎恶的长子史朝义奉命自洛阳续向西推进，攻略陕州失败将受处分，先发制人的袭击其父洛阳西南方驻屯地而加捕弑，自登帝位。宝应元年（纪元762年），唐朝太上皇（玄宗）、肃宗先后崩逝，太子豫（俶更名）继立为代宗，再得回纥兵团助力，收复洛阳成功。北走的史朝义退至平州（今河北省卢龙县），内讧被杀，贼军自灭。时为宝应二年（纪元763年）正月，上距天宝十四载（纪元755年）十一月，持续前后九年的安史之乱，全行平定。可惜，历史名城与唐朝东都的洛阳，却也以短时间内连续的两度兵燹浩劫，化为破残的废墟。

均田制堕坏期的变貌——八世纪后半

安史之乱以后，唐朝已今非昔比。

今非昔比，并非单单如字面所意味，人类历史上罕见的大唐世界帝国金色衰退，以及续从衰退到解体过程中，回纥、吐蕃势力消长等现象反映的国际局势变换。更重要的，"今""昔"相对所代表中国社会的历史性变化，自八世纪前半开元时代渐渐展现，也须以此划期，而于八世纪后半急激明朗化。申言之，安史之乱大事件爆发的本身，已系均田制动摇，诸连锁机能中府兵制领先以故障而败坏，国家直辖领土边缘拥有大军团的节度使，于替代成立附着主从关系的募兵制度下久在其位，而制造强大军阀根柢的结果。连续九年安史之乱社会大破坏，又对原已渐渐自坏的均田制基盘与其上层架构，直接再形成强力颠簸，唐朝固有社会、经济、政治制度，终在此冲击力下连锁性加速了变貌。

安史之乱的影响，民多流亡，户籍紊乱的到达极度也可想象，账籍上所见农民数，一举跌落至仅余三分之一程度。《唐会要》卷八四户口数项自玄宗末以来三十年间的户数记录：

```
玄宗天宝十三（754）      九、〇六九、一五四户
肃宗至德元（756）        八、〇一八、七一〇户
乾元三（上元元 760）     一、九三一、一四五户
代宗广德二（764）        二、九三三、一二五户
德宗建中元（780）        定天下两税户，凡三、八〇五、〇七六户
```

《通典》食货七历代盛衰户口项大唐条的如下统计（玄宗天宝十四载数字见本文，肃宗乾元三年数字见注文），尤系重要资料：

```
（天宝十四）户 八、九一四、七〇九 ┌ 应不课户  三、五六五、五〇一
                                  └ 应课户    五、三四九、二八〇
            口 五二、九一九、三〇九 ┌ 不课口  四四、七〇〇、九八八
                                    └ 课口    八、二〇八、三二一
（乾元三）户 一、九三三、一七四 ┌ 不课户  一、一七四、五九二
                                └ 课户    七五八、五八二
            口 一六、九九〇、三八六 ┌ 不课口  一四、六一九、五八七
                                    └ 课口    二、三七〇、七九九
```

注文说明之一，"自天宝十四年至乾元三年，损户总五百九十八万二千五百八十四，不课户损二百三十九万一千九百九，课户损三百五十九万六百七十五；损口总三千五百九十三万八千七百三十三，不课口损三千七十二万三百一，课口损五百二十一万四百三十二户"。短短五年间，课户、课口数字剧降程度可见。

之二"至大历（纪元766—779年）中，唯有百二十万户，建中初（两税法施行）命黜陟使往诸道按比户口，约都得土户百八十余万，客户百三十余万"。实际户数与户籍登录数字不符程度，以及实数中"客户"逼近"土户"（原住当地）数的程度，又均可见。均田制崩坏，尤从如此比例客户增加之势，得知当然无可挽回。

户口（尤其是课户、课口）减少非全由于战争中死亡损耗，更大原因系逃匿、流离现象（所谓"逃户""客户"的形成）加大，但无论出自何等缘由，国家掌握户口数字的减少，自乱中以迄乱后而程度愈形严重则一，财源因而萎缩也十分明白。乱前均田租庸调制的纳税泉源，经战乱至乱后，已决定性的枯竭不适用。所以，自肃宗、代宗而德宗初，父、子、孙三代约三十年间，都以疏解财政难题与处理乱后财经困局着眼，税法的整理、新税的成立，是此时期施政重心，具有企划之才与实行力的财政家累有出现，并被拔擢。基于当时社会商品流通异常发达，商业资本雄厚蓄积的形态，而发展盐的专卖制度，便是此等财政家规划所建立新财政政策的中心支柱。

盐于隋文帝开皇三年（纪元583年）开放免税以来，唐朝蹈袭无税制百多年，至开元时代才回复征税。安史乱中颜真卿守平原，于弥补军费不足的需要下，官收民盐运贩附近诸郡，开始局部地区试验专卖，肃宗乾元元年（纪元758年）第五琦任盐铁转运使，盐的专卖制度乃在自由区全面推广实施。接续再以安史乱平前一年，代宗宝应元年（纪元762年）刘晏继任其事时的改革，中国财政经济史上特以完密、健全，能兼顾政府、人民利益闻名，而为后世盐法模仿与再改良基石的专卖制成立。

同以安史之乱影响，北方混乱，天下财赋偏重南方而漕运史上留下不可磨灭功绩，以改良漕运法而东南富庶地带物资通过大运河输送长安，机能得以确实把握的大财政家刘晏，其食盐专卖立法，迥非汉朝制造—运输—贩卖全过程均由国家经营，完全的与直接的专卖精神，也自第五琦（以及颜真卿）产制归民间，而由政府收买后转卖于民的间接专卖，方法上已是再一次跃进。其法：盐仍系纯粹民间制造，也仍系全数官收，但收购后第五琦原制的官运、官销，改归商运、商销。便是说，民生必需品盐的从生产而到达消费者之手，过程系经民制→官收→官卖→商运→商销等五步骤的形态变换，抑且，官便派员驻在制盐场所，以所收之盐，寓税于价，就地转售商人，以取中介之利，商人则缴价领盐后，便得于全国各地自由运输，自由贩卖，不再有重复税负，用现代语说明，此类专卖制度谓之就场专卖[①]。刘晏就场专卖盐法，较之汉朝完全专卖的政府垄断产、运、销全部利益，可以不夺盐民之业，又不夺商贩之利，而政府收益丰厚。配合措置，系距盐产地僻远地方，平时预运官盐贮藏，遇商绝盐贵之际抛售，名谓常平盐，又是"官收厚利而人不知贵"的两皆受惠之

---

① 曾仰丰《中国盐政史》，第95页。

举。所以，刘晏的制度，今日财政史专家赞扬为专卖制度中的最妥善方法①。史书众口交誉刘晏非凡的业绩，用词也属罕见，《唐书》本传："初，（盐利）岁入钱六十万贯，季年（代宗大历末，纪元779年）所入逾十倍，而人无厌苦。大历末，通计一岁征赋所入总一千二百万贯，而盐利且过半"；《新唐书》食货志四："晏之始至也，盐利岁才四十万缗，至大历末，六百余万缗。天下之赋，盐利居半，宫阙服御、军饷、百官禄俸皆仰给焉"；《资治通鉴》唐纪四二德宗建中元年（纪元780年）条更是大书："晏始为转运使，时天下见户不过二百万，其季年乃三百余万，在晏所统则增，非晏所统则不增也。其初财赋岁入不过四百万缗，季年乃千余万缗（时自许、汝、郑、邓之西，皆食河东池盐，度支主之，汴、渭、唐、蔡之东，皆食〈江淮〉海盐，晏主之）。其始江、淮盐利不过四十万缗，季年乃六百余万缗，由是国用充足，而民不困敝。其河东盐利，不过八十万缗，而价复贵于海盐"，堪以全知刘晏对于唐朝中期以来财政整理的贡献。

盐铁使主管专卖事务亘于盐、铁，铁也包括铜，如盐的采掘后均由政府收买，但铜、铁专卖利益对唐朝财政，非似盐具有重大影响，兹从略。一般矿业准百姓自由经营，安史乱后矿税课征情况则不明。

酒于唐朝，乃都市繁荣一大要素，上层社会与庶民生活共同所习好，唐初如盐的非课税对象（亦隋文帝开皇三年开放，任人民自由酿造贩卖）。肃宗之世一度禁断，代宗广德二年（纪元764年）起允许纳税而定量酿贩，十多年后德宗建中三年（纪元

---

① 曾仰丰《中国盐政史》，第95页。

782年）收归官营酒店专卖（继划出京师为不适用专卖法地区）。以后行政方针颇有波动，课税、专卖、放任不定。

饮茶之风，晋—南北朝仅流行于长江沿岸以南，唐朝中期已南、北共通嗜爱，都市中茶店与酒肆并盛。也随栽培技术进步，产地遍于今日江苏、浙江、安徽、江西、湖北、湖南、福建、广东的广大范围，而四川剑南产品为特有名。茶亦原不课税，便以需要量不断增加，建中三年与榷酤（酒的专卖）同时，对茶商开始征税，其后税率且累次加重。

新增把握工商品流通的税收同时，存在土地关系，唐朝立国以来财政收入最重要泉源，与均田法具密接不可分关系，也惟均田组织健全时代才适用的租庸调税法，也正酝酿大变革。均田制颓废，租庸调法的维持已见困难，《新唐书》食货志二说明颇为明晰："租庸调之法，以人丁为本。自开元以后，天下户籍久不更造，丁口转死，田亩卖易，贫富升降不实。其后国家奢费无节，而大盗起，兵兴，财用益屈，而租庸调法弊坏"。安史乱后土地变异与人口的移动激化，希求均田制与租庸调制再编成、再组织为无望，已必须对此矛盾加以根本检讨。于此，《唐会要》卷八三租税上建中元年条有系统性解明：

"其年八月，宰相杨炎上疏奏曰：国家初定令式，有租庸调之法。至开元中，玄宗修道德，以宽仁为治本，故不为版籍之书，人户浸溢，堤防不禁。丁口转死，非旧名矣；田亩移换，非旧额矣；贫富升降，非旧第矣。户部徒以空文，总其故书，盖非得当时之实。旧制，人丁戍边者，蠲其租庸，六岁免归。玄宗方事夷狄，戍者多死不返，边将怙宠而讳败，不以死申，故其贯籍之名不除。至天宝中，王为户口使，方务聚敛，以丁籍且存，则丁身焉往？是隐课而不出耳！遂按旧籍，计除六年之外，积征其家三十年租庸。天下之人，苦而无告，是租庸之法，弊久矣。迨至德之后，天下兵起，始以兵役，因之饥疠。征求运输，百役并作，人户凋耗，版图空虚，军国之用，仰给于度支、转运二使。四方大镇，又自给于节度、团练，使赋敛之司增数而莫相统摄。于是纲目大坏，朝廷不能覆诸使，诸使不能覆诸州，四方贡献，悉入内库，权臣猾吏，缘以为奸，或公托进献，私为赃盗者，动以万计。有重兵处，皆厚自奉养，正赋所入无几，吏之职名，随人署置，俸给厚薄，由其增损。故科敛之名凡数百，废者不削，重者不去，新旧仍积，不知其涯。百姓受命而供之，旬输月送，无有休息，吏因其苛，蚕食于人。凡富人多丁，率为官为僧，以色役免，贫人无所入，则丁存，故课免于上，而赋增于下。是以天下残瘁，荡为浮人。乡居地著者，百不四五，如是者迨三十年。炎遂请作两税法，以一其名。曰：凡百役之费，一钱之敛，先度其数，而赋于人，量出以制入。户无土、客，以见居为籍；人无丁、中，以贫富为差。不居处而行商者，在所州县税三十之一，度所取与居者均，使无侥幸。居人之税，秋、夏两征之，俗有不便者，正之。其租庸杂徭，悉省而丁额不废，申报出入如旧式。其田亩之税，率以大历十四年垦田之数为准，而均征之。夏税无过六月，秋税无过十一月。逾岁之后，有户增而税减轻，及人散而失均者，进退长吏，而以度支总统之。德宗善而行之"。而变化了租庸调性质的新税制，终追随工商诸新税的先后成立，而于唐朝第九代德宗建中元年（纪元780年）登场，均田法与租庸调法的时代正式过去，两税法时代来临。

两税法非建中元年突然发布，实质而言，也非新税而系稍前既已施行诸新税的统一整理。包含的成分：

其一，青苗钱。始自德宗前代代宗大历元年（纪元766年，《资治通鉴》的记录则系年于其上一年的广德二年或纪元765年），谷物未稔，尚系苗青时的增税，每亩税钱十文，另收谓之地头钱的附加税每亩二十文，两者合称青苗钱。大历三年，本税每亩增五文为十五文，所以青苗钱总额改定每亩三十五文。

其二，亩税。大历四年（纪元769年）于上都（京兆府）试征，农家收成时缴纳现物，上等田每亩粟一斗，下等六升，荒田二升。翌年的大历五年，亩税如青苗钱的全国性施行，前者称秋税（纳谷物）而后者称夏税（纳钱），废地头钱之名通入夏税。

两税法便是对已成立夏税、秋税征收方法再进一步的整理，"两税"之名亦即基于每年分夏税、秋税两期缴纳而得。租庸调制度中课税对象均土著户的"土户"，流寓他乡的"客户"不予征税而以遣还本籍为原则，两税法规定中已无主户与客户之别，不问土著抑移住均为担税户，也不涉丁、中，而一括以户的贫富为等差（依资产三年一估定，凭以升降）。由政府编制自地方至中央的年度支出预算，依两税法施行前一年（大历十四年，纪元779年）垦地面积为基准课税。商人另按营业额课税率为三十分之一的现金（钱）税，行商与没有店肆的商人相同。德宗隔顺宗的宪宗时代，地方与中央间依征起税收数额作上供—留使（送使）—留州三段式财政分配的比例也经制定，《新唐书》食货志二对此所说明：自天下各州征起的租税，以其一部分留当地充州的费用，另一部分输送节度使、观察使等供为行政费，其余均上纳于中央朝廷的财务机关中枢度支部门。

两税法施行之年，原所减少的户口数字，已以登录上不分客、土而大量回复。政府收入额数，《通典》食货六赋税下大唐条注尤其大书："建中初（纪元780年）……，每岁天下共敛三千余万贯，其二千五十余万贯以供外费，九百五十余万贯供京师；税米、麦共千六百余万石，其二百余万石供京师，千四百万石给充外费"（《新唐书》食货志二谓"岁敛钱二千五十余万缗、米四百万斛，以供外，钱九百五十余万缗，米千六百余万斛，以供京师"，数字稍有异）大财政家杨炎继刘晏的努力成绩，又系一大突破。却也堪注意，以两税法施行而政府把握的岁入钱米，较天宝世岁出入概算（见本书76—78页），固已相仿佛，纳税户口仍跌落在半数以下，简言之，平均负担每户已加重至一倍以上。

两税法的文献说明，曾留有甚大缺憾，除前引杨炎疏言与所提方案，《唐会要》同卷同年并载施行勅文："宜委黜陟使与观察使及刺史转运所由，计百姓及客户，约丁产，定等第，均率作，年支两税。如当处土风不便，更立一限。其比来征科色目，一切停罢"，却无夏、秋两税法文的具体内容执导（《唐书》《新唐书》食货志、杨炎传等均然）。所以，固可知租庸调、杂徭、比来征科色目，自此一切停罢，但唐初便与租庸调并列重要税目的户税与地税，其与两税法结构的关系，解释上成为不明了。原与义仓制度相结合，供为义仓租米而王公以下至商人均须输纳的地税，两税法以前，记录中最后所见，系代宗广德元年（纪元763年）"地税依旧，每亩税二升"（《唐书》食货志上）。按资产多寡与户等征收的户税，大历四年尚发布大幅增额勅令，天下百姓与王公以下，每年税钱，上上户四千文，上中户三千五百文，上下户三千文，中上户二千五百文，中中户二千文，中下户一千五百文，下上户一千文，下中户七百文，下下户五百文。官吏一品准上上户，类推至九品准下下户，如一户数处任官，亦每处依品纳税。商工业者（所谓"百姓有邸店行铺及炉冶"）加二等收税。寄庄（现住原籍以外的庄园）户官人依七等户税而百姓八等，寄住（现住他乡而当地无土地）户官人依八等户税而百姓九等，浮客（居住地不定）、权时寄住（暂居当地而非永住）户不问有官、无官，富有者均依八等户税，余为九等。如数处有庄田，亦每处纳税，将士庄田则优待减为一切按九等输税。

两税法的一般解说倾向，认为依资产多寡而定自上上至下下九等级，现钱缴纳的户税，便是两税法一大要素。田租不拘贫富，以亩为单位的同额负担，乘所有田土面积而定该户税额，现物缴纳，其萌芽又即地税。然而，大历四年创意的两税法田租原型亩税，固可解释由于义仓制度衰颓，地税因已一般税目化而转变；户税如何介入两税法体系，以及原夏税青苗钱改处如何位置，则乏明晰。所以，今日论析，多依后代已修正其制时形貌作反射，臆测或含糊为难免①，研究上仍待再澄清。

两税法立法精神，两税乃惟一正税，政府不再税外加税。然而，追随两税法实施，新税仍然发生，而且项目繁多，虽然性质均系内乱再起期间应付财政困局的临时税。所增税目与年份——

建中三年（纪元782年）：

1. 借钱　　如今日国债意味，对象为京师富商。
2. 僦柜纳质钱、粟麦巢市　　均所得税的特别税，对象前

---

① 六花谦哉、冈本午一译，鞠清远《唐代经济史》，表明两税法主体即地税与户税（以及各分夏、秋两期缴纳），最是肯定。但对《册府元龟》邦计部所收录诏书与奏文，两税法施行后的九世纪时代，仍多见"地税""户税"名词，也感困惑。对此理论上的矛盾，便惟有解释之为两税法中的户税与地税名目，于两税法施行后仍单独保存（第155页、第169页注④）青苗钱则归之为田亩的附加税（第163页）。

者系专为商客保管财物而收取保管费的柜坊，以及质店（当铺），后者则农民质出其农产物时所征课，税率均四取其一。

3. 阅商贾钱　　于诸道津会处所征特别通行税，计算商人通过财货价值，每贯（一缗＝一千钱）取二十钱之税。

4. 竹木茶漆税　　十税其一。

建中四年（纪元783年）：

5. 税间架　　乃房屋税，每两架为一间，视间架大小与贵贱良否，分三等级课税，上价每间钱二千，中价一千，下价五百。

6. 除陌钱　　交易税的附加部分，凡公私给与、物品买卖，依估定价值或交易价格，每贯旧算二十钱者，加取至五十钱。

所以后世正统的批评家，于两税法多无好感，对杨炎个人毋宁还是抨击，《文献通考》田赋考三历代田赋之制篇收录的两段代表性文章可为范例：

其一，"沙随程氏曰：开元中，豪弱相并，宇文融修旧法，收羡田以招徕浮户而分业之。今炎创以新意，而兼并者不复追正，贫弱者不复田业，姑定额取税而已，始与孟子之论悖"。

其二，"东莱吕氏曰：两税之法既立，三代之制皆不复见。然而两税在德宗一时之间，虽号为整办，然取大历中科徭最多以为数。虽曰自所税之外，并不取之于民，其后如间架、如借商、如除陌，取于民者不一，杨炎所以为千古之罪人"。

相同的两税法反对论，而且德宗当时便已存在，贞元名臣陆贽于立法十余年后，贞元十年（纪元794年）上奏均节财赋事六条，第一即论两税之弊："两税之立，惟以资产为宗，不以丁身为本。曾不寤资产之中，有藏于襟怀囊箧，物虽贵而人莫能窥；其积于场圃囷仓，直虽轻而众以为富。有流通蓄息之货，数虽寡而计日收赢；有庐仓器用之资，价虽高而终岁无利。如此之比，其流实繁，一概计估算缗，宜其失平长伪。由是务轻资而乐转徙者，恒脱于徭税，敦本业而树居产者，每困于征求。此乃诱之为奸，驱之避役"。此外诸条：其二，请二税以布帛为额，不计钱数；其三，论长吏以增户、加税、辟田为课绩；其四，论税限迫促；其五，请以税茶钱置义仓，以备水旱；其六，论兼并之家，私敛重于公税（见《资治通鉴》唐纪五一贞元十年条），也多数环绕于两税法问题周围。

从上引具代表性的议论可以了然，无论当时或后代，所有对杨炎与其两税法的批判与攻击，出发点都是恋旧的保守立场，拘泥于背叛圣贤所定古代课税方法为重心，两税法施行后苛税频繁发生，应与两税法本身的实施无涉，而竟也列为两税法罪状。陆贽条陈诸事多方面是实际的，均田制约制由两税法而解除，大土地所有发展愈益方便，小农民没落倾向愈益增大，没落农民转入兼并之家支配时又负担加重，以及租税以钱额征收，农民须以现物换算缴纳，于物价变动、物轻钱贵而折纳率大幅倾斜时，农民定必负过重负担的情事，都会出现。但均田制复活的可能性，于社会发展潮流中已全不存在的事实，必须正视。现钱征税造成货币价值高而物价暴跌现象，也只对中间介在的商人与高利贷有利，又都因流通社会的货币供应量不足，非可归罪于两税法立法。

相反的意义，背叛圣贤之道正是两税法的创造性革命精神。以均田制宣告崩坏为前提，土地买卖的限制从法令上撤废，承认田土自由转易与庶民阶层分化，丁中制受田—课税原则下的租庸调制，一变而为无分田租、人头税（口赋）、力役等课目的单一租税制度，课征基准已非"人"的丁中而系"户"的贫富，又对应货币经济社会发展而确立纳税货币化（钱）租税体制，都是果断的创新（虽然宪宗次代穆宗时代以来，仍以铜钱不足的原因，改"两税上供、留州，皆易以布帛丝纩，租庸课调不计钱而纳布帛。唯盐酒本以榷率计钱，与两税异，不可去钱"，见《新唐书》食货志二）特别关于缴税总额的决定，依据所估算须要支出的经费，量出为入而赋课，近代预算制度的初立，不能不夸为划期的进步。也惟其如此，两税法税制新方向的开拓，后代税制已不能不沿此线行进，而蹈袭为租税的大系。

　　财政结构大变动期间，转运使乃开元之世初置，长江中、下流域财物，特别是米谷输送中央，比重开始增大，安史之乱以后朝廷财政尤已全仗南方赋税收入。安史乱起时的肃宗至德、乾元年间，又以新财源增辟与收支调整的需要，以及专卖事业展开，分别新置度支使与盐铁使，与原总天下财用经费的户部并立，合而有"三司"称谓的成立，直接便是其后宋朝政治制度中的国家财政总汇，户部、度支、盐铁三司使发源。

　　八世纪后半，唐朝财政、税制全面变革的同时，政治也以安史之乱的发生与平定而引起大变化。强力的集权国家统御力、组织力衰退而急速向地方倾斜，大单位地方势力强化。

　　唐朝地方行政体系，继承的是隋朝州、县两级制度，大单位"道"系监察区，朝廷选派中央官员往返，使职名衔黜陟使、巡察使、巡抚使、按察使等不定，也非定设。边境节度使固定化设置同一期间，"道"由十数增析为十五而使职也转变为常置，《通典》职官十四州县刺史项大唐条："（开元）二十二年，（按察使）改置采访处置使，理于所部之大郡"，注："其有戎旅之地即置节度使"，是其说明（《唐书》地理志一、《新唐书》地理志一、《资治通鉴》唐纪二九，均记其事在开元二十一年，纪元733年。《唐书》原文："开元二十一年，分天下为十五道，每道置采访使，检察非法，如汉刺史之职"。但《唐会要》系年如《通典》），监察意味不变，而权力已扩大如《唐会要》卷七八采访处置使项所记："大历十二年五月，中书门下奏：开元末，置诸采访使，许其专停刺史务，废置由己"。二十多年后安禄山事变勃发，肃宗乾元元年（纪元758年）采访使再改观察使，发展便全脱离了常轨，与性质迥异的节度使已相合流。

安禄山反乱，于府兵制已废止，内地呈现几乎无军备状态下，任由反乱军轻易占领两京，接战地区与内地战略据点立于防卫需要，各各紧急募集兵士而内地开始由朝廷新任命节度使，乱发第七天玄宗才确信安禄山叛变，而应变部署。第十三天，卫尉卿张介然受命捍卫东都出任河南节度使，系最初之例。同日，"诸郡当贼冲者，始置防御使"（《资治通鉴》唐纪三三天宝十四载条），与节度使同格，充任者资位较低，聚兵规模也较小的防御使，以及地方自卫意味的团练使，都因之一处处设置。反乱第三个月已进入天宝十五载或七月以肃宗登位而改元的至德元载，是年中，内地节度使的新置数，潼关失陷前有南阳节度使（鲁炅守南阳）、河北节度使（河东节度使李光弼改任，支援颜真卿为盟主的河北义军），潼关失陷后，又至少有关内节度使（关内采访使改置）、山南东道（襄阳）节度使、黔中节度使（由五溪经略使改置，玄宗十节度中的岭南节度使，亦此时由五府经略使改置）、淮南节度使、淮南西道节度使、江南东道节度使、北海节度使、上党节度使、兴平节度使（以上据《资治通鉴》唐纪

三三、三四、三四。《新唐书》方镇志的统计稍有变异，列是年初置的节度使乃京畿＜同年废＞、河南、淮南西道、青密、泽潞沁、南阳、兴平、淮南诸处，襄阳＜山南东道＞、河中、夔州等均翌年由防御使升节度使，翌年所新置的节度使又另有荆南、剑南东川＜原剑南则改剑南西川＞等）。自此演进形成的结局，从如下文献记录可获致全貌：

"至德之后，中原用兵，刺史皆治军戎，遂有防御、团练、制置之名。要冲大郡，皆有节度之类（额）。寇盗稍息，则易以观察之号"（《唐书》地理志序）。

"至德之后，中原用兵，大将为刺史者，兼治军旅，遂依天宝边将故事，加节度使之号，连制数郡"（《唐书》职官志三上州刺史条注）

"至德后，中原置节度使，又大郡要害之地置防御使，以治军事，刺史兼之。上元后改防御使为团练守捉使，又与团练兼置防御使"（《唐书》职官志三防御团练使条）。

"安禄山反，诸郡当贼冲者，皆置防御守捉使，乾元元年置团练守捉使、都团练守捉使，大者领州十余，小者二三州。建中后，行营亦置节度使、防御使、都团练使。大率节度、观察、防御、团练使，皆兼所治州刺史。都督府则领长史，都护府则领都护，或亦别置都护"（《新唐书》百官志四下都督条注）。

"至德之后，改采访使为观察，观察皆并领都团练使。……分天下为四十余道，大者十余州，小者二三州，各因其山川区域为制，诸道增减不恒，使名沿革不一"（《通典》职官一四州牧刺史项注）。

《唐书》地理志序列举节度（观察）使，为数四十四：东都畿汝防御观察使、河阳三城节度使、宣武军（汴州）节度使、义成军（滑州）节度使、忠武军（许州）节度使、天平军（郓州）节度使、兖海节度使、武宁军（徐州）节度使、平卢军（青州）节度使、陕州节度使、潼关防御镇国军使、同州防御长春宫使、凤翔陇节度使、邠宁节度使、泾原节度使、朔方节度使、河中节度使、昭义军（潞州）节度使、河东节度使、大同军（云州）防御使、魏博节度使、义昌军（沧州）节度使、成德军（恒州）节度使、义武军（定州）节度使、幽州节度使、山南西道节度使、山南东道节度使、荆南节度使、剑南西川节度使、剑南东川节度使、武昌军（鄂州）节度使、淮南节度使、浙江西道节度使（或为观察使）、浙江东道节度使（或为观察使）、福建观察使、宣州观察使、江南西道观察使、湖南观察使、黔中观察使、岭南东道节度使、岭南西道桂管经略观察使、邕管经略使、容管经略使、安南都护节度使，不易考定系以何一年代为记录标的。视其下文续言："上元年后，河西、陇右州郡悉陷吐蕃。大中、咸通之间，陇右遗黎，始以地图归国，又折置节度：秦州节度使、凉州节度使、沙瓜节度使"文意，应系七世纪后半至八世纪中的资料，但淮南西道节度使早自上元二年（纪元761年）已改称淮西节度使，以后再与彰义军节度使或申光蔡节度使混称，宪宗元和十三年（纪元818年）令废；安南管内经略使升节度使系乾元元年（纪元758年），肃宗次代代宗以后改大都护都防御观察经略使，"安南"之名并一度更易"镇南"；邕管经略使至乾元二年升节度使，次年上元元年以后为都防御使；容管经略使乾元二年增领都防御使，上元元年升观察使等（参阅《新唐书》方镇表沿革、增减说明），地理志所载名衔都是安史乱事尚在持续中的肃宗乾元元年至上元元年间之事，所以，这份统计表是前后变迁混淆的，或者说，于最早的基础上修正而成。也惟其如此，节度（观察）使布列全国的态势，随安史乱起而立即铸定，为可认知，与《通典》注"至德之后……，分天下为四十余道"记事符合。却是，原来"道"的监察区划意味已与"镇"合一，"使"的性质一变而系集中了军、民、财全权的地方大单位最高长官，汉朝末年的州牧，唐朝提早自中期便已出现。天宝元年改州为郡，也是至德二载回复原州名（翌年乾元元年又复"载"为"年"）。

节度使、观察使设置自安史乱中而中国全国性"镇""道"合一态势成形，乱后非只不能回缩其权力与势力，权势相反愈益膨胀，关键仍与大反乱密结，而系其后遗的严重绝症。

大反乱的敉平，一方面固仗赖西北诸节度使麾下军团与回纥为主力的外籍兵投入内地，另一方面，也须重视，非唐朝武力其时已足够压倒贼军，而乃叛乱末期贼军首脑部自坏崩裂，削弱了贼势。贼军原便在其势力范围的沦陷区，包括今日河北、山东全省与河南省一部分的地域内，任命了若干节度使，贼势瓦解，因内讧而这些拥有强力大部队，战争经验丰富的贼军大将反正，倒向政府阵营，与官军大反攻同具扭转全局的决定性作用，至代宗广德元年（纪元763年）伪朝末代皇帝史朝义被其留守燕京（范阳）的方面指挥官李怀仙逼死，而最后的场面落幕。朝廷对于如此举足轻重的贼军蕃、汉将帅，因之不得不加以安抚，承认其既得的地位，既有连跨数州的土地、人民、财富支配权。稍早归顺者能元皓、令狐彰等固已改列平乱功劳者，宝应元年十月再复东京至翌年广德元年正月史朝义死的前后四个月贼军土崩瓦解期，贼将摇身一变的显著事例（官职上段乃伪授，下段即朝廷正式任命）：

张献诚（前幽州节度使张守珪之子），陈留（汴州）节度使汴州节度使。

薛嵩（唐初名将薛仁贵之孙，张守珪前任节度使薛楚玉之子），邺郡节度使昭义军（相州）节度使。

张忠志（奚人，为范阳张姓将领养子，故姓张），恒阳节度使→成德军（恒州）节度使，赐姓名李宝臣。

田承嗣，睢阳节度使→魏博节度使。

李怀仙（柳城胡人），范阳（幽州）节度使→幽州卢龙节度使。

唐朝平息反乱战火既如此艰难，不幸，乱中吐蕃又趁唐朝西北之兵尽行调入内地作战，河陇军备呈现真空状态时，轻易并合凤翔以西，陕西西部、甘肃全省、四川西北部广大至数十州的地域，广德元年（纪元763年）且一度侵入长安，演出代宗出奔陕州的事件。安史乱后几乎分割了黄河流域东方全域的诸节度使布列形势，于有目共睹唐朝权威，格段已较乱前明显低落的气压下成立，家世原与朝廷存有感情渊源的投降者节度使，尚可希冀其恭顺，其余便纯系利害的结合，态度倨强在乎意料之中。而且，如下两大事态的朝廷容忍形成，又发生了推波助澜之势：

其一，至德二载便已以安东都护身份领导杀伪署平卢节度使反正，受命继任节度使的王玄志，早自乱中史思明浊涛尚未兴起的肃宗乾元元年（纪元758年）已去世，"上遣中使往抚将士，且就察军中所欲之者，裨将李怀玉与军人共推立侯希逸，朝廷因授侯希逸旌节。节度使由军士废立自此始"（《唐书》《资治通鉴》)。平卢军于范阳背后作战不利,南移山东,候希逸任淄青节度使而仍带平卢军之名,安史乱平第三年代宗永泰元年(纪元765年),已升平卢军兵马使的李怀玉逐侯希逸自代,朝廷承认其事实,且赐名正己。再三年的大历三年(纪元768年),更升高了层次的变局则在幽州发生,节度使李怀仙已非被逐而系被其兵马使朱希彩所杀,朱希彩继任节度使后,大历七年,又被继任兵马使的朱泚杀害取代。包括了节度使父死子继、兄终弟及的军中势力自主决定与转易,恶例以朝廷十余年间一贯的姑息主义,非仅开创,也自此习惯化。

其二,另一类型嚣张之风,开例于大历八年昭义军节度使薛嵩死,诏以其弟崿继任后的大历十年,魏博节度使田承嗣诱昭义将吏作乱,逐崿而并其部分州县,朝廷命令河东、成德、幽州、昭义、淄青、淮西、永平、汴宋诸道发兵讨伐,不了了之。翌年(大历十一年),朝廷幸已接管的汴宋,李灵曜由军中自立后变乱,淄青平卢节度使李正己假借讨伐之名大举扩充地盘,都是朝廷制约力微薄,"力"的越轨行动最显事例。

大浊流中相关联的又一人与事:王玄志推立者与率先统领平卢军渡海来中原的正统平卢系军人董秦,乾元二年(纪元759年)九节度与史思明相州(邺都)会战,以平卢军兵马使代表第十节度使参加后,于史思明大攻击下被俘又脱逃。朝廷赐姓名李忠臣以示嘉勉,宝应元年(纪元762年)任为淮西十一州节度使,而切离平卢军关系(大历十一年攻伐汴宋李灵曜的主角,汴州因是夺归隶下),大历十四年(纪元779年)被少年时即从军平卢军追随李忠臣,蒙提拔并为养子的李希烈推翻自代。

黄河流域东半部以投机军阀的跋扈而特殊化,安史乱平二十年间演变，至代宗次代德宗继位之初，所形成系如下悍镇系统：

河南二镇
- 淄青（治所青州・今山东省益都）——李纳（李正己死，子继）
- 淮西（治所蔡州・今河南省汝南）——李希烈

河北三镇
- 卢龙（治所幽州・今北京市）——朱滔（朱泚入朝，弟继）
- 成德（治所恒州・今河北省正定）——王武俊（李宝臣死，子李惟岳继，王武俊以部将弑代）
- 魏博（治所魏州・今河北省大名）——田悦（田承嗣死，侄继）

悍镇原形固多反乱军，但所有各道声息相通，也容易感患传染病，代宗时代，最早公开抗拒朝命的，便非河南、北诸镇而是上述大历十一年（纪元776年）汴宋（治所汴州）李灵曜，德宗建中二年（纪元781年）又是山南东道（治所襄阳府）梁崇义。两次反乱幸得迅速镇压，但翌年（建中三年，纪元782年）勃发的，却是河南、北五镇各各独立而相互呼应的反乱同盟大骚动，最后，仍以朝廷的委曲求全终结这一幕。

朝廷迁就现实，姑息跋扈骄纵的军阀，螺旋形似愈难制止军阀们骄横。两税法税制已允许诸道（镇）就地保留所领州县赋税的"留使"部分，且自施行第二年（建中二年）又由淮南节度使开例，奏准钱一千加税二百，诸道一概仿效。不拒绝朝廷任命管内地方官，不截扣上供贡赋的军阀已算恭顺，仅合法的、公开的收益便占国家赋税三分配制的最大部分，等于保证军阀权势之源的兵士给与无匮乏，以及鼓励吸收更多破产农民充佣兵，予其军队再强化。各地有才能的不平分子、科举落第的不遇士人等，也集中至其幕下，而军阀为中心的巨大地方势力抬头，外貌已近似古代诸侯（所谓"藩"）。"藩镇""方镇"之名因而出现，各各半独立的藩镇自主化形态也因而成立。

这段演变，《新唐书》有扼要说明："安史乱天下，至肃宗大难略平，君臣皆幸安，故瓜分河北地付授叛将，护养孽萌，以成祸根。乱人乘之，遂擅署吏，以赋税自私，不朝献于廷。效战国肱髀相依，以土地传子孙，胁百姓加锯其颈，利忕逆污，遂使其人自视由羌狄然。一寇死，一贼生，讫唐亡百余年，卒不为王土"（藩镇传序）；以及"方镇之患，始也，各专其地以自世，既则迫于利害之谋，故其喜则连衡以叛上，怒则以力而相并。及其甚，则起而弱王室。唐自中世以后，收功弭乱，虽常倚镇兵，而其亡也，亦终以此"（方镇志序）。

藩镇／宦官／朋党

藩镇跋扈事态，德宗建中三年（纪元782年）河北—河南五镇携手反乱到达发展顶点，也继二十年前上代代宗幸陕后第二度，以及玄宗幸蜀以来三十年间，唐朝天子第三度以京师失陷，而演出出奔事件。

建中三年东方告警，一年多时间战争都呈胶着状态。长安西北方泾川（今甘肃泾川）为治所的泾原节度使麾下部队被调增援作战，建中四年十月间冒隆冬寒雨出发，通过长安时犒师，受到待遇却是粗恶的"粝食菜啖"，兵士群情激愤，鼓噪围攻宫城，德宗在猝不及防下，君皇逃向咸阳西北的奉天（今陕西乾县）。突发的兵变事态扩大，传位其弟朱滔而入朝留居京师的原卢龙节度使朱泚，受乱兵推立，自称大秦皇帝。奉天在朱泚追迫下十分危急，幸东方讨伐的中央禁军与先泾原已赴东方战线的西北诸镇派遣军，闻变还师解围，才合力保全行在。更严重的，上年以来，为讨伐东方五镇而调发诸道兵马，军费每月支出浩大至一百余万贯，国库难以支应，借钱令与僦柜纳质钱等苛重恶税都由是兴起，四年，再增间架税、除陌钱，民心叛离，怨声载道，都被朱泚造反利用为推翻唐朝的藉口。

大局恶化到如此地步，由于翰林学士陆贽进言，乃有翌年（纪元784年）正月元旦，文章也出自这位知无不言，风节博后世大臣典范美誉的陆贽手笔，情词恳切，远近人心感动的千古名文德宗罪己诏发布。罪己诏长文内容分三部分：1. 自我批判，至于"小子长于深宫之中，暗于经国之务，积习易溺，居安忘危，不知稼穑之艰难，不恤征戍之劳苦"的痛切自责；2. 顺应民情，间架税、除陌钱等近年加征恶税，命令一切罢废；3. 颁大赦令，除朱泚一人不赦外，违抗朝命的李希烈等五镇节度使均赦罪。一新人心的诏书转圜，成德王武俊、魏博田悦、淄青李纳分别取消独立，上表谢罪，反乱同盟解体，惟卢龙（幽州）朱滔继续顽抗，最强悍的淮西李希烈且自称大楚皇帝。

意外的波折突又发生，奉天解围最大功劳者与防卫行在中央军、诸道军联合统帅朔方节度使李怀光，受进击朱泚命令而驻屯咸阳不动，反而与朱泚通谋事发，德宗于中央禁军掩护下，再度狼狈逃奔梁州（今陕西省南郑），时为罪己诏颁发的次月。

长安乃是年（兴元元年）六月官军奋战下收复，次月德宗返京，距泾原兵变前后已十个月。朱泚西走被部下杀害，朱滔闻京师收复才归镇待罪，忧死。李怀光出河中，翌年（贞元元年，纪元785年），兵败自杀；再次年（贞元二年），李希烈亦为部将所杀，持续五年的安史之乱以来最大变故，至是始全行平息。东方五镇同盟叛乱，反抗朝命的起因，均由朝廷拒绝"世袭"或领地扩张野心，换言之，朝廷原也具有决心制裁之意。可惜，德宗理想中的回复唐朝威信，结局仍不得以妥协换取一时和平，压制藩镇气焰徒成空想。

抑压藩镇跋扈的理想终于成为事实，惟须二十年后德宗崩逝，四十五岁而已患病的皇太子继位为顺宗，仅八个月又禅位其二十八岁皇太子登位为宪宗之世。宪宗英武整肃纪纲，用贤相杜黄裳"以法度裁判藩镇"的强硬政策，以及后继大臣武元衡、裴垍、李绛、裴度等坚持此原则又能弹性运用方略，元和为年号的十五年治世中，施政中心全时间都在努力实现其祖父德宗所未实现的方针，卒底于成功。夏绥（今陕西延安）、西川（今四川成都）、镇海（今江苏镇江）三道，首先均在讨伐下节度使被捕杀（元和元年、二年，纪元806年、807年），镇海且是皇族出镇者。节度使世袭的势力最强大诸镇，魏博率先于元和七年（纪元812年）归顺，接续使是元和十年（纪元815年）有名的淮西用兵，俘获节度使处斩，十三年（纪元818年），成德归顺，十四年（纪元819年），抗命而已呈孤立无援之势的淄青节度使被部将袭杀归顺。河南、北五悍镇中最后的卢龙，态度犹豫至再两年的穆宗长庆元年（纪元821年），终也被迫自动屈服。朝廷政治的、军事的政策结合而对藩镇施加压力成功时，大局为如何好转，自《资治通鉴》唐纪五七宪宗元和十四年条的特笔大书可见："自广德以来，垂六十年，藩镇跋扈河南、北三十余州，自除官吏，不供贡赋，至是尽遵朝廷约束"。

节度使反服不安定状态，特别是安史之乱以来国家政令所不及，独占赋税，断绝上供，自行任免地方官吏，拒绝朝命的河南、北五悍镇半独立支配，已以反抗瓦解而中止，中央权力一时均于此等地区内复活，所谓"尽遵朝廷约束"。朝廷对此等诸镇节度使的自由任命与移换回复正常运行，辖境辽阔诸藩帅势力的细分化也已得以实现，平卢、淄青与幽州卢龙分别割置三道便自其时，成德也自动请分解，此其一。其二，河南、北藩镇所以能抗拒朝命六十年之久的原因之一，系节度使于管内州县各置镇将领事，侵夺刺史、县令职权。此一大弊，也自元和末年而朝廷得有能力断行改革，便是《资治通鉴》元和十四年的记事："自至德以来，节度使权重，所统诸州各置镇兵，以大将主之，暴横为患。夏四月丙寅，诏诸道节度、都团练、都防御、经略等使所统支郡兵马，并令刺史领之"（唐纪五七）。

宪宗的元和中兴是唐朝历史盛事，与政治上压制藩镇成功，努力回复朝廷权威时期相当，经济的稳定又是一大征象，两税法实施，土地私有制已被确认而农民赋税加重之际，元和七年仍出现"是岁，天下大稔，米斗有直二钱者"（《资治通鉴》唐纪五四），媲美均田制本格化推行期间的物价基准记录。此时期文化，正立于依唐诗作时代区分，安史乱后自代宗以至文宗约八十年的"中唐"时代顶峰，光辉足与盛唐华实相比拟，共同代表唐朝文化的成熟期而视盛唐又具独特风格，诗则白居易、元稹，文则韩愈、柳宗元，都以元和之世开展其活跃期。元和之治的唐朝盛世再创造，《唐书》宪宗纪史臣曰赞美其原动力，系宪宗的知人善任与责任政治实现："军国枢机，尽归之于宰相。由是中外咸理，纪律再张，果能剪削乱阶，诛除群盗。睿谋英断，近古罕俦，唐室中兴，章武（宪宗谥号）而已"，已似贞观之治、开元之治的评价。

可惜，政治效果于后代未能持久，暂曾俯首的河朔诸镇便自宪宗次代穆宗，骄兵悍将杀、逐朝廷所任命节度使而自行推立的故态复萌。朝廷讨伐无力，仍然只有姑息。承认既成事实"以节授之，由是再失河朔，迄于唐亡，不能复取"（《资治通鉴》唐纪五八穆宗长庆二年条）。而且早自宪宗晚年，《唐书》本纪的结尾已是："（元和）十五年（纪元820年）春正月甲戌朔，上以饵金丹小不豫……，（戊戌）上自服药不佳，数不视朝，人情汹惧，……。（庚子）是夕，上崩于大明宫之中和殿，享年四十三。时以暴崩，皆言内官陈弘志弑逆，史氏讳而不书"。明智的政治家又是佛教笃信者（所以宗教排斥论旗手韩愈《迎佛骨表》，激烈反对宪宗迎佛骨入宫中的闻名文章产生于其时），因信仰而浸迷服食长生不老之药，英年便被宦官夺命，多少都出乎意料之外。更严重的，唐朝天子死于宦官暗杀，又开例于宪宗，宦官无君无法的面目显露。唐朝政治史后半期，便如此以藩镇势力与宦官势力为发展主线，以及宦官势力愈到后期从朝廷内部腐蚀愈剧，枯朽的唐朝政权外壳，结局终被藩镇外力摧毁。

《新唐书》宦者传序："太宗诏内侍省不立三品官，以内侍为之长，阶第四，不任以事，惟门守御、廷内扫除、禀食而已。武后时，稍增其人，至中宗，黄衣乃二千员，七品以上员外置千员，然衣朱（=绯）紫者尚少（唐制：三品以上服紫，四品、五品服绯，六品、七品以绿，八品、九品以青，又通服黄）。玄宗承平，财用富足，志大事奢，不爱惜赏赐爵位。开元、天宝中，宫嫔大率至四万（包括长安大内、大明、兴庆三宫，皇子、十宅院，皇孙、百孙院，东都大内、上阳两宫），宦官黄衣以上三千员，衣朱紫者千余人。其称旨者辄拜三品将军，列戟于门。其在殿头供奉，委任华重，持节传命，光焰殷殷动四方。所至郡县奔走，献遗至万计。修功德，市禽鸟，一为之使，犹且数千缗。监军持权，节度返出其下。于是甲舍、名园，上腴之田为中人所名者半京畿矣"，可了然于其员额与职务范围两皆膨胀之势。唐朝宦官权势加重，也便以玄宗太平盛世极峰为起点，或者说，同时期开始，多角度变化的形态之一。触目所在：

之一，适应外国商船与贸易商渡来中国日益加密的管理、征税需要，通商港口新成立市舶司，其主官提举市舶使或简称市舶使（又或押蕃船使），开元以来由宫廷派遣宦官充当成为习惯。以御史监军事且非常例的原所蹈袭隋朝传统，也自开元二十年后（《通典》职官十一监军使条）均改宦官为之，谓之监军使或简称监军，自从来单纯的奉派军中传达诏命再跨越一步。宦官势力，由是开始向财政、军事方面介入。

之二，宦官监军固定化以前，开元十年，骠骑将军兼内侍杨思勖请准玄宗，募兵与安南都护协力讨平安南叛乱，首开宦官实质指挥军队之例。十二年，杨思勖再以监门卫大将军充黔中道招讨使，敉平溪州叛蛮，又系全权的作战司令官委由宦官充当。

之三，唐制，宦官不得过三品，内侍省领导五局的最高阶位内侍四人，仅止从四品上。也自天宝十三载增置正三品的内侍监二员，宦官领袖地位一跃与宰相平等。其侧近天子，得天下宠信，又方便于伺知天子意志的优越条件，已压迫宰相固位必须与之结托。

如上大变化形势初现的玄宗时代，宦官集团最著名人物自是高力士，内侍监特设最早便是以其为对象的因人设事。在此之前，高力士与杨思勖，一以恩宠，一以军功，同已升迁至从一品骠骑大将军，但此系武勋官最高阶位，内侍监才是职事官，而杨思勖非是。内侍监二人中另一被拔擢者袁思艺则无高勋官，所以，权、位俱重厥惟高力士。这位人物出现于《唐书》《新唐书》传中的相貌是："当是时宇文融、李林甫、盖嘉运、韦坚、杨慎矜、王、杨国忠、安禄山、安思顺、高仙芝等虽以才宠进，然皆厚结力士，故能踵至将相"；"肃宗在春宫，呼为二兄，诸王公主皆呼阿翁"，炙手可热之势可见。然而，传记中"力士谨慎无大过""得人誉"的评语，以及如下记事也堪注意（括弧中纪年据《资治通鉴》）：

——"太子瑛既死，李林甫数劝上立寿王瑁。上以肃宗长，意未决，常忽忽不乐，寝膳为之减。高力士乘间请其故，上曰：汝我家老奴，岂不能揣我意？力士曰：嗣君未定邪？推长而立，孰敢争！上曰：汝言是也。储位遂定"（开元二十六年）。

——"上从容谓高力士曰：天下无事，朕欲高居无为，悉以政事委（李）林甫，何如？对曰：天下大柄不可假人，彼威势既成，谁敢复议之者"（天宝三载）。

——"上尝谓高力士曰：朕今老矣，朝事付之宰相，边事付之诸将，夫复何忧？力士对曰：臣间至门，见奏事者言云南数丧师（宰相杨国忠兼剑南节度使，征南诏大败），又边将拥兵太盛（安禄山兼三镇），陛下将何以制之？臣恐一旦祸成不可禁，何得谓无忧也"（天宝十三载，翌年安禄山事变）。

——至德元载，马嵬驿事变，"上使高力士问之，（陈）玄礼对曰：国忠谋反，贵妃不宜供奉，愿陛下割恩正法。上曰：朕当自处之。入门倚杖倾首而立。久之，京兆司录韦谔前言曰：今众怒难犯，安危在晷刻，愿陛下速决！因叩头流血。上曰：贵妃常居深宫，安知国忠反谋？力士曰：贵妃诚无罪，然将士已杀国忠，而贵妃在陛下左右，岂敢自安？愿陛下审思之，将士安、则陛下安矣。上乃命力士引贵妃于佛堂，缢杀之"。

则殊为明晰，公卿无不厚结高力士，系高力士圆滑的一面，贪聚蓄财非可避免，却未达弄权境地，便是所谓"谨慎"。相反，高力士且颇识大体能持正，不以将相的奉承而呵护，对玄宗也非谀词谄媚而克尽其忠言。非惟高力士，《唐书》《新唐书》对杨思勖的评语是"鸷忍敢杀戮，将士望风慑惮"，袁思艺"骄倨甚，士大夫疏畏之"，也都无过分非分的记录，均可代表玄宗时代宦官的行径。

宦官之盛的导源，视《新唐书》宦者传杨思勖传记"从玄宗讨内难，擢左监门卫将军，帝倚为爪牙"，高力士传记"先天中，以诛萧、岑等（太平公主之党）功，为右监门卫将军，知内侍省事"，可知都由参与君主创造个人事业时机密或得其助力，简言之，天子的心腹亲信。而玄宗次代肃宗，形貌已加转变，宦官自我约束的"谨慎"面具剥落，因生理缺陷而注定阴毒残恶的变态男人本性，无忌讳暴露。领先冒进者李辅国，登场前走的还是高力士路子，露面舞台勾划的脸谱便全不相同。

李辅国于肃宗被立为皇太子后拨入东宫，已系五十岁左右的老宦官。安禄山反乱军攻陷潼关，玄宗逃离京师，仓卒间仅少数宫廷与政府人员随行，东宫宦官尤可想象为数无几，此一情况，制造了幸被携出的李辅国上窜机会。马嵬驿前太子预知诛杨国忠密谋便以李辅国中介，太子北上灵武开拓规复新机运与抵达灵武时断然登位为肃宗，也都出自李辅国怂恿。《唐书》、《新唐书》宦官传记中李辅国条与《资治通鉴》，记其因而"暴贵"的一般：肃宗在灵武，"凡四方章奏、军符、禁宝一委之（辅国）"；"辅国"之名也是此时肃宗御赐，原赐名且是"护国"而再改。京师收复，"宰臣百司，不时奏事，皆因辅国上决。常在银台门受事，置察事厅"；"事无大小，辅国口为制勅，写付外施行，事毕闻奏"；"诏书下，辅国署已乃施行，群臣无敢议"。肃宗崩而代宗新继位，李辅国骄横、跋扈、狂妄，至于"谓帝（代宗）曰：大家（天子）但内里坐，外事听老奴处置"，却仍续"尊为尚父，政无巨细率关白，群臣出入皆先诣辅国"，再加司空、兼中书令，封博陆郡王。自至德元载（纪元756年）至宝应元年（纪元762年），前后七年间快速通过辅护天子、钳制天子的阶段向公开动摇帝权发展。代宗即位第七个月"盗杀李辅国"，幸而尚能由不明不白暗杀，作此已难收场的收场。

但天子身边的宦官阴影终已完成笼罩，第一个从背里浮出表面张牙舞爪的鬼蜮倒下，立即便有填补，而且是一化为二姿态。安史之乱延长至代宗时代始平息，以及乱平后又几乎倾覆朝廷，都与狼狈为奸的宦官新贵鱼朝恩、程元振两系统的兴风作浪，密接关联。赵翼《廿二史劄记》卷二〇唐代宦官之祸篇综合说明："鱼朝恩忌郭子仪功高，潜罢其兵柄；程元振潜来瑱赐死，李光弼遂不敢入朝，又潜裴冕罢相贬施州。来瑱名将，裴冕元勋，二人既被诬陷，天下方镇解体。吐蕃入寇，代宗仓皇出奔，征诸道兵，无一至者"，吐蕃便于唐朝如此无抵抗状态下，于广德元年（纪元763年），入无人之境似一时占领长安，仍赖郭子仪击退。程元振因之以"人情归咎"、"公议不与"而罢职放归，结束其仅仅两年，却已是史书称之权甚于李辅国，凶恶犹过之的生涯。鱼朝恩的威福时间较程元振或李辅国都久，自肃宗李辅国时期已发迹，乾元元年（纪元758年）九节度相州大败，便由于不立统一指挥官而以此人充当特设的观军容宣慰处置使监临，督饬九节度各自进击而毋须相互间配合调度的奇怪作战方略下结果，安史乱平的代宗时代，居然还升进一步，天子特命统制的范围扩大而更号天下观军容宣慰处置使，兼领原西北军团之一转化的中央禁军主力神策军。程元振失脚，鱼朝恩军事、政治两方面一人专横之势形成，《新唐书》本传记其放肆无忌惮："朝廷裁决，朝恩或不预者，辄怒曰：天下事有不由我乎？"大历五年（纪元770年）以非善终结束其生命（被诱入宫中袭杀或在宫"言颇悖慢，还第缢经而卒"的记载不一）。

近卫军的中央禁军于此时期介入神策军，禁军组织自玄宗改召募制以来再起大变化，且对宦官凶焰造成如虎添翼之势。《新唐书》兵志的系统性报道："（天宝）末年，禁兵（左右羽林、左右龙武＝北军、北衙）寝耗，及禄山反，天子西驾，禁军从者才千人。肃宗赴灵武，士不满百，及即位，稍复调补北军。至德二载，置左右神武军，补元从扈从官子弟，不足则取它色，带品者同四军，亦曰神武天骑，制如羽林，总曰北衙六军。""初，哥舒翰破吐蕃临洮西之磨环川，即其地置神策军，以成如璆为军使。及安禄山反，如璆以卫伯玉将兵千人赴难，屯于陕州。上元中边土陷蹙（吐蕃入侵），神策故地沦没，即诏伯玉所部兵号神策军，以伯玉为节度使，与陕州节度使郭英乂皆镇陕。其后伯玉罢，以英乂兼神策军节度使，英乂入为仆射，军遂统于观军容使（鱼朝恩，当时监神策军）。广德元年代宗避吐蕃幸陕，朝恩举在陕兵与神策军迎扈，悉号神策军，天子幸其营。及京师平，朝恩遂以军归禁中自将之，然尚未与北军齿也。永泰元年吐蕃复入寇,朝恩又以神策军屯苑中,自是寖盛,分为左右厢,势居禁军右,遂为天子禁军,非它军比,朝恩乃以观军容宣慰处置使知神策军兵马使"。便是说,鱼朝恩以监神策军而于统军大将缺位期间代领部队,正值京师告警,禁军有名无实,(《资治通鉴》唐纪三九广德元年条:"官吏藏窜,六军逃散"),又各地勤王兵不至的情况下,天子幸得神策军保护,以鱼朝恩的特殊身份,而神策军因时际会由地方军变化为中央禁军,抑且是所有无力化禁军中惟一具有实力的天子亲卫部队,神策军从实质上代表了禁军全体。但此阶段,神策军的宦官控制尚只鱼朝恩个人所代表的最高层次,直接统兵的部队长仍系职业军人。全行变质而彻底成为宦官利用的工具,须自鱼朝恩之死,回复军人领导而再经过波折的德宗时代——

《新唐书》兵志续言:"是时神策兵虽处内,而多以裨将将兵征伐,往往有功。及李希烈反,河北盗且起,数出禁军征伐,神策之士多斗死者……神策兵既发殆尽,(白)志贞阴以市人补之,名隶籍而身居市肆(《资治通鉴》唐纪四四建中四年条:"神筑军使白志贞掌召募禁兵,东征死亡者,志贞皆隐不以闻,但受市井富儿赂而补之,名在军籍受给赐,而身居市廛为贩鬻")。及泾卒溃变,皆戢伏不出(《资治通鉴》同条:"至是上召禁兵以御贼,竟无一人至者,贼已斩关而入"),帝遂出奔",神策都虞侯李晟等率领东征在外的神策军闻讯赴难,始稳住奉天行在的局面。也惟其德宗凛于泾原兵变的一幕,如《廿二史劄记》唐代宦官之祸篇论述,还京后,不欲以武臣典禁兵,神策军左右厢扩大编制为左右两军时,各立护军中尉而由宦官统率(贞元十二年,纪元796年,见《新唐书》兵志),于是中央禁军决定性落入宦官之手。兵权的掌握，宦官集团非只取得保固权势的最有力护符，也已随时威胁天子与朝廷。唐朝以彍骑制为转折的兵制改革，仅仅半个世纪，发展会以此作终点，堪谓非始料所及。

陪伴宦官军事权力的加固，宦官也以枢密使之职的新设，而从政治上公然赋有了左右天子的发言权与国家决策权，第二宰相出现。《五代史》职官志内职项枢密使条注引项安世家说："唐于政事堂后列五房，有枢密房，以主曹务。则枢密之任，宰相主之，未始他付，其后宠任宦人，始以枢密归之内侍"。枢密使"内职"何时开始？唐朝并无正式的年代记录遗留，《廿二史劄记》唐代宦官之祸篇推定为德宗之末或宪宗之初；马端临《文献通考》职官考十二枢密院项则移前谓"唐代宗永泰（纪元765年）中，置内枢密使"。不论如何，发展的时间表正与左右神策军护军中尉大致并行或相衔接，为可肯定，出现于文献中的职名，原先"参掌枢密内""枢密使""知枢密中使""知枢密事"等互见，定称"枢密使"系宪宗以后，可供参证。职务最初也惟承受表章，进呈天子，天子有所处分，宣付中书门下施行而已，最后却演变为"堂状贴黄决事，与宰相等"（《廿二史劄记》语）。

宪宗中兴明主，唐朝的宦官侵权史也于其治世停留在低潮期，然而，也因此对所潜伏的危险性并无警惕，元和十五个年头的好时光乃终以宦官弑逆结局。宪宗之崩，已是九世纪二十年代之末，便以弑君恶例之开，未来通九世纪间，宦官凶焰乃一发不可遏止。又值此期间，朝廷人臣间"朋党"大风潮兴起，加速国家政治愈益弱体化。

九世纪汹涌而兴，两派分别以牛僧孺、李德裕为代表的朋党之争,起源原系宪宗时代对藩镇态度强硬或温和?以激烈手段对付,期回复朝廷权威?抑迁就现状,朝廷宁愿牺牲政治利益,继续姑息以换取和平的政见对立,简言之,亦可谓理想主义与现实主义之争。但自穆宗、敬宗之世党争表面化,而文宗以来激化,已脱却主义、主张之争的范畴,全向私人恩怨抑且上代旧嫌隙的报复变质,再复合向来的门第出身与科举出身间敌视因素时,斗争漩涡便愈卷愈广,敌对双方不问是非的相互凭意气倾轧排挤,也于只求打倒反对派而不择手段,各各争结实力宦官作靠山,或便以巴结宦官登宰相之位的无骨气低姿态下,交替当政。不正常政风于再以后的武宗、宣宗两代仍持续,须两败俱伤,两派彼此巨头都已失脚或死亡,始归平息,前后因私害公,堕坏纲纪已四十年。所以传统历史界痛心朋党之争,批判其害对唐朝政治,影响之大同于宦官与藩镇。然而,如果注意党争汹汹与起终又自然退潮,斗争全过程又徒然增长宦官横暴之势,为宦官育成专权更有利的条件,则朋党之祸的意义,毋宁仍是宦官之祸的外延。所以,与其强调大臣朋党,不如重视朋党各自奥援的宦官间分化之势。

　　元和十五年穆宗继位之初的内侍省报告:高品宦官共四千六百一十八人(《唐会要》卷六五内侍省项),尤超过天宝末三千余人之数的事实存在,于其权势益益高涨之际,不可能长久维系此庞大集团的统一意志,为必然之事。于朝廷已全失约束宦官能力,听任继弑宪宗之后,间隔在位四年,三十岁便以饵丹药而死的穆宗,十六岁皇太子登位为敬宗仅二年,立即演出前后七年间第二度宦官弑帝事件的猖狂趋势下,已惟赖宦官自身间倾轧,或者有意制造此等人间的摩擦,以缓和凶焰滋长。宝历二年

（纪元826年）敬宗被弑后一幕便是："（刘克明等弑帝）矫诏召翰林学士路隋作诏书，命绛王（敬宗之叔）领军国事。明日下遗诏，绛王即位。克明等恃功，将易置左右，自引支党专兵柄。于时，枢密使王守澄杨承和、中尉梁守谦魏从简与宰相裴度共迎江王（敬宗弟，登位为文宗），发左右神策及六军飞龙兵讨之，克明投井死，杀其党数十人"（《新唐书》宦者传刘克明条），而王守澄却便是前此陈弘志弑宪宗的帮凶，以及拥立敬宗、文宗之父穆宗功劳者的两面人（《新唐书》宦者传王守澄条："是夜，守澄与内常侍陈弘志弑帝（宪宗）于中和殿，缘所饵，以暴崩告天下，乃与梁守谦、韦元素等定册立穆宗"）。以后，原由王守澄引进得登大臣高位的郑注、李训，太和九年（纪元835年）反噬时任右神策中尉、行右卫上将军（《唐会要》卷七一、十二卫项：德宗兴元元年，六军各加置统军，两年后的贞元二年，十六卫也各加置上将军，秩均从二品，原大将军秩正三品）、知内侍省事的王守澄，方略是：一方面拔擢被王守澄抑压的宦官中另一实力派头子仇士良为左神策中尉，以分王守澄之权，另一方面，又故示安抚王守澄，原"居中用事，与王守澄争权不协"的左神策中尉韦元素，枢密使杨承和、王践言，一概外放监军（实际也是一石两鸟之意，所以接续再加此数人与已贬黜朋党诸领袖交通受贿的罪名，赐死）。部署妥当，九月，乃先自文宗最所忿恨杀其祖父宪宗的陈弘志，自当时山南东道监军任上召还，于途中杖杀，王守澄升充为之特设而徒拥虚名的左右神策观军容使，从实质上削其兵权，十月，于其自宅赐鸩令自杀。但次月（十一月），已系宰相的李训，图对宦官展开彻底大整肃时，激起的却是怵目惊心的"甘露之变"流血大惨案——

李训与其同谋大臣假借左金吾衙门石榴树夜降甘露的祥瑞名义，藉邀文宗观看而引诱宦官首脑部全体至衙内，由预伏的甲兵一举加以歼灭的计划，临场被狡猾又机警的宦官集团识破，新任右神策中尉仇士良、左神策中尉鱼弘志发动禁军反包围，宰相四人：李训与知情的舒元舆，不知情的王涯、贾𫗋以下，朝廷官员与金吾兵一千六百余人都在兵锋下被屠杀，《新唐书》宦者传仇士良条的记录是："士良因纵兵捕，无轻重悉毙两军，公卿半空"。又大搜索长安全城，京师骚动，颐指气使的仇士良一时已系事实上独裁者，天子等于俘虏，继任宰相唯唯诺诺奉行公事而已，最后系藩镇愤怒不成体统，出面干涉才结束此变态的行政局面（《资治通鉴》唐纪六一收录开成元年＜政变翌年＞昭义节度使刘从谏两次表文，一则谓："设若宰相实有异图，当委之有司，正其刑典，岂有内臣擅领甲兵，恣行剽劫，延及士庶，僵尸万计"，再则谓："安有死冤不申而生者荷禄"，因之强硬威胁："谨当修饰封疆，训练士卒，内为陛下心腹，外为陛下藩垣。如奸臣难制，誓以死清君侧"。乃得以"表至，士良等惮之。由是郑覃、李石粗能秉政"）。

大风暴已过去，文宗郁郁去世而其弟武宗嗣位，已加观军容使而位至开府仪同三司、左卫上将军、知内侍监事的仇士良年老致仕时，对拥其归自宅的宦官群别教诲，可谓标准的宦官作恶教科书，《新唐书》宦者传仇士良条与《资治通鉴》唐纪六三会昌三年条均记其言："士良曰：'天子不可令闲暇，暇必观书，见儒臣，则又纳谏，智深虑远，减玩好，省游幸，吾属恩且薄而权轻矣。为诸君计，莫若殖财货，盛鹰马，日以毬猎声色蛊其心，极侈靡，使悦不知息，则必斥经术，暗外事，万机在我，恩泽权力欲焉往哉？'众再拜"。可以全显宦官可恶、可鄙又可恨的嘴脸与其蛇蝎心脏，也正是唐朝宦官如何如《新唐书》宦者传序所记："狎则无威，习则不疑。故昏君蔽于所昵，英主祸生所忽"，玩弄天子于股掌之上的自白。

但宦官盗窃权力，最重要的凭藉还是自恃拥立之功，从而挟制被拥立天子得以随心所欲。不幸，唐朝后期，自穆宗因陈弘志、王守澄之力登位以来，《新唐书》僖宗本纪赞赫然指明："唐自穆宗以来八世，而为宦官所立者七君"，惟一例外仅穆宗次代敬宗循正常储位程序的皇太子继承。事态的严重性，其一，明白表现了国家权力本源，帝位传受已丧失有秩序运转机能；其二，导演者宦官多数便是具有军事实力后盾的宦官头子：

文宗←枢密使王守澄	懿宗←中尉王宗实
武宗←中尉仇士良	僖宗←中尉刘行深
宣宗←中尉马元贽	昭宗←中尉杨复恭

宦官张牙舞爪的舞台自中枢向四方展开，随藩镇布列全国之势成立，而宦官监军又由战时延长至平时成为惯性，流毒也遍布所有诸道，所以《唐书》宦官传序以"内则参秉戎权，外则监临藩岳"并称。《廿二史劄记》中官出使及监军之弊篇引《唐书》、《新唐书》诸传记的例证内容，都可供为注脚，其言宦官出使军中，徒纵其纳贿而无益于国事，且反以酿祸，监军方面，谓"临战时用以监察，尚有说也。其寻常无事时，各藩镇亦必有中使监军。在河朔诸镇者，既不能制其叛乱，徒为之请封请袭，而在中州各镇者则肆暴作威，或侵挠事权，或诬构罪戾"。文内"刘承偕监泽潞（即昭义）军，侮节度使刘悟（即前引刘从谏之父，亦

父死子继），三军愤噪，欲杀承偕，悟救而免。穆宗问裴度何以处之，度奏惟有斩承偕耳。此激变军士之弊也"所示事例为特耸人听闻。避免激起藩镇不必要的叛变，究竟当权宦官顾忌也相同，惟此才是平衡监军宦官权势，不致超过洪峰警戒线的力量。

关于藩镇，元和中兴驯服的河北诸镇，穆宗以后回复桀骜，续呈国中之国的半独立状态。然而，藩镇统御权威却正向大幅削弱的方向逆转，藩帅个人地位，即使传统权力最强固，对朝廷而言态度最跋扈的河北诸镇，也自穆宗长庆年间恢复嚣张以来便不安定。如记录所载："魏牙军，起田承嗣募军中子弟为之，父子世袭，姻党盘亘，悍骄不顾法令。（长庆二年逼死朝廷所派节度使田弘正后史）宪诚等皆所立，有不慊，辄害之无噍类。厚给廪，姑息不能制。时语曰：长安天子，魏府牙军！言其势强也"（《新唐书》罗绍威传）。情势转变的关键，主要便在所谓"牙军"——

藩镇军阀体制的从事实上出现，系以其据地自雄，拥兵自重，势力根本在于所挟大兵团出于召募而私兵化。此等私兵化的藩镇治所之州所驻屯正规兵力，谓之"官健"，又于节度使府署所在成立"牙军"（其名因节度使开府谓"建牙"而得，府门谓之"牙门"，渐渐文职官厅也仿效此名词，再转化如后代所习知的"衙门"），分布此外管内地域的则为"外镇军"，其中牙军系藩镇兵力的枢干，节度使亲卫军意味。惟其如此，牙军与节度使个人间关系特为亲密，且往往以连结强烈的家族意识而支配，便是说，从唐朝中期以来流行养子关系延伸而以拟制亲子关系的假子集团为特征。安禄山"曳落河"集团已是，藩镇布列期，淮西节度使李希烈假子千余人，昭义节度使卢从史假子三千人，都属有名，浙西李锜的"挽硬随身""蕃落健儿"同系假子集团类型。

但牙军又以父子世袭，节度使的集团型假子时潮仍须退回个人型原型，而"牙军"单位体转化为党徒意识所团结的特权集团，以及凝固足以对抗节度使，抑且钳制节度使的力量。此一现象，传染病似蔓延普遍化后，印象便愈以违抗朝命的悍镇为愈强烈，如前引魏博之例。

藩帅父子世袭，将领互推，以及逐杀主帅之事，自安史乱中便已发生而非此时始，但演出主角均系"将"。待牙军将领培植个人势力以谋夺帅，获得兵士拥护系最大资本，决定性力量因而下移至兵士。将帅争结兵士，姑息兵士，"骄兵悍将"名词由是并立，《新唐书》兵志所谓"姑息起于兵骄，兵骄由于方镇，姑息愈甚，兵将俱愈骄"。而且"骄兵"接替"悍将"的主轴态势，于安史乱平的代宗次代德宗之世已经屡现，"汴之卒，始于李忠臣，讫于刘玄佐而日益骄恣，多逐杀主帅，以利剽劫"（《唐书》刘玄佐传）已系明言，刘玄佐自德宗建中二年以宋州刺史任节度使，同年，汴宋赐宣武军号。自此，德宗一代二十余年间，《唐书》德宗纪与《资治通鉴》记载宣武军乱至六次：1. 贞元八年刘玄佐卒，朝廷遣使即军中问以陕虢观察使吴凑为代可乎？监军孟介、行军司马卢瑗皆以为便，然后除之。将士怒，拥玄佐之子汴州长史刘士宁为留后，请剸吴凑者二人，瑗逃免，士宁以财赏将士，劫孟介以请于朝，乃以士宁为节度使，吴凑行至汜水闻变而还。2. 九年，军又乱，都知兵马使李万荣逐刘士宁，朝廷任万荣为节度使。3. 十年，亲兵三百人作乱，攻万荣，万荣击破之，亲兵掠而溃。4. 十二年，李万荣病笃，掌神策禁军宦官荐宣武押牙刘沐为行军司马，上遣中使第五守进至汴宣慰始毕，军士十余人呼曰：刘沐何人，为行军司马！沐惧，阳中风舁出，军士又呼曰：仓官刘叔何给纳有奸。杀而食之，又欲斫守进，万荣子兵马使李乃止之，而李乃续又被都虞侯邓惟恭所逐。5. 李万荣卒，东都留守董晋继任节度使，邓惟恭潜结将士二百余人谋作乱，事发，董晋悉捕斩其党。6. 十五年董晋卒，原与宣武军素无关系，由汝州刺史调任宣武行军司马的陆长源为留后。或劝之发财以劳军，长源曰：我岂河北贼，以钱买健儿求节钺邪？且扬言：将士弛慢日久，当以峻法绳骄兵。兵士大怒，当日军乱，杀而脔食之，放火大掠。监军俱文珍急召久为宣武士将的宋州刺史刘全谅（逸淮）入汴州，乱乃定，以全谅为节度使。同年，全谅卒，军中推刘玄佐甥都知兵马使韩弘为留后，邀朝命为节度使。也以韩弘到任，陈兵牙门，悉斩累次倡乱的骄兵三百余人，而暂时中止已全无军纪的一幕。

从《资治通鉴》唐纪五一贞元十五年条批判"士卒益骄纵，轻其主帅"恶风猛袭，十分明白，《新唐书》兵志所述"兵骄则逐帅，帅强则叛上"双重下克上事态，自八世纪末，前一形态显已压倒后一形态。亲兵或特定名词的牙军小不遂愿，便利用集团压力逐杀与废立节度使，而推出的新人物，却往往轻易凭一时好恶或是收受其钱财笼络的将校，世袭的场合落入同一模式，以取得此辈承认为条件，然后报朝廷追认任命。惟其藩帅资望自骄兵悍将心目中大为跌落，所以待九世纪时所见，除河北诸镇尚珍惜帅出本镇的传统外，一般藩镇，只要仰承将士颜色，主帅何人与来自何方，已不关心，冷漠视之。则此等藩镇自身间下克上变态的确定性存立，对朝廷而言，毋宁反而等于藩帅势力的抵消力量，安禄山事件得以避免重演，此其一。其二，也因而自元和中兴以来，多数藩镇能从表面维持了朝廷任命节度使机能的不受阻碍。继服食丹药而崩之侄武宗登位,又同蹈服食丹药而崩覆辙的宣宗(宪宗子)之世,原安史乱中被吐蕃占领近百年的河西—陇右地区,大中三至五年(纪元849—851年)由当地汉族居民推翻吐蕃统治,领袖张义潮领导下以河湟十一州复归唐朝,沙州(今甘肃省敦煌)置归义军节度使,朝廷声势且曾稍振。

八世纪后半以来约百年间的唐朝政治,便于如上中央、地方多角化矛盾相互制衡之下,呈现平稳。

九世纪社会·经济新境界

安史乱后的唐朝后半期,朝廷政治力固然以反动又反常的藩镇、宦官势力抬头而削弱,但藩镇倔强、宦官跋扈,其相互间的勾结与斗争,以及各自内部的矛盾,所引发制衡作用也为莫大。国内出现的因之反而是长期和平局面,迄于唐朝国祚延续的最后半个世纪前,并无大规模战事发生,社会、经济与人民生活的一般都倾向安定,抑且欣欣向荣,与政治的不振,正呈现强烈对照。

与社会生活存在密接关系的物价,堪资供为两税法社会安定繁荣的举证。米价于唐初太宗贞观年间,最低时一斗(以下均为一斗之价)钱四、五文,高宗麟德二年(纪元665年)丰年调查亦系五文,玄宗开元十三年(纪元725年)丰穰,东都十五文,青、齐之间五文,同二十八年(纪元740年)丰年,长安二十文。经过安史之乱战祸影响,又加淫雨、蝗害天灾频频,代宗广德二年(纪元764年)九月,长安千文;大历四年(纪元769年)

八月，八百文；翌年七月，千文。德宗时代两税法成立初期，贞元元年（纪元785年）河南、河北饥馑，千文，同三年十一月大丰收，回跌至百五十文后，渐向安定状态回复。九世纪时，穆宗长庆初五十文，宣宗、懿宗时代四十文光景，约百年间，价格惟受天灾影响才起波动，否则大体都无显著变化。此一现象的成立，非全以两税法施行而钱贵物贱的原因，视唐朝具有货币机能的绢价便可了解。贞观初年绢一匹当米一斗，即当时的四、五文，玄宗天宝五载（纪元746年）左右二百文，安史乱后急激腾贵，德宗建中初两税法立法时三千二百文，贞元年间一千六百文，以后下落至穆宗长庆初年的八百文。绢价变动与米价的场合相同，所表达正是社会、经济稳定的意义。

两税法时代，以土地私有制获得国家法律上承认，而大土地所有者的庄园经营形成特色。庄园非其时创始，自汉朝已发生，江南六朝渐次流行，均田制时代也只隐藏其性格而非消灭，至唐朝中期以后，乃续自均田制经营背后脱出，回复形象且大为发达①。庄园又名庄田，原包含庄（别庄，汉朝以来也称墅或别墅，别庄或别墅指同时具有林泉、亭榭等设备的场合）与田园两项各别的标的，但"庄"通常便均拥有附着的广大田园，所以"庄"与"庄园"，解释上已就事实而归于同一。唐朝（以及其后宋朝）时代庄园、庄田的同义字，除了墅、别墅、别庄之外，又有庄墅、庄宅、庄居、别业等名词。

---

① 关于唐朝庄园的发达状况，三岛一就庄园意义、组织等均有详记，平凡社《世界历史大系》5. 东洋中世史第二篇铃木俊《土地制度及财政》章（第179—180页）补记部分，曾加系统的摘要记述，可供参阅。加藤繁《中国经济史考证》(1953年版)尤具丰富资料。

唐朝庄园，所有主区分官、私，官有庄园的政府所属部分，总管机关系工部与司农寺；《通典》职官五工部尚书项屯田郎中款注："掌屯田、官田、诸司公廨、官人职分赐田及官园宅等事"，职官八司农卿项诸屯监款："掌营种屯田勾当功课畜产等事。畿内者隶司农，自外者隶诸州"的说明便是。另一系统，散布京畿内外，贷放民间耕种而属宫廷所有的庄田，则由庄宅使或内庄宅使管理，诸"宫使"似亦具此职掌，《唐会要》卷五九长春宫使条："开元九年十二月十七日勅，同、蒲、绛、河东、西，并沙苑内，无问新旧注田蒲葦，并宜收入长春宫，仍令长春宫使检校"，可资参证。但官有庄园，为数虽多，究非官人、寺庙、以商业发达而大资本的商人、由均田农民自身成长的富户等所拥有私有庄园的普遍。规模宏大或主人具社会地位者，往往且付以嘉祥式、自然式的题名，著名之例如裴度的午桥庄、王维的辋川庄、李德裕的平泉庄等[①]，都是。

各地农村间的庄园，依存于自给自足的自然经济而成立，田庄主人的地主，其所有耕作地、劳动手段农具与牛、马等之外，农田水利权、渔猎等山泽采取权、碾硙（利用水力的碓）使用权等，也依所有权所属而归之支配，一般自耕农的小农民需用时须向庄园主给付代价。庄园也非限种植作物（农田、果园、菜圃）与渔猎薪材，方式上系多角化经营，包括制粉、精谷、制油业等，高利贷[②]，以及车坊（广义即马车租贷业）、店铺（当时用语为邸店，兼含仓库、旅馆、商店多重意义）[③]庄园模规的寄有重大经济意义。已可想象，但此大经济组织的基础财产仍系田地，

[①][③] 平凡社版《世界历史大系》5.东洋中世史第二篇，第180页；第182页。
[②] 人物往来社《东洋历史》5.隋唐世界帝国，第349页。

则亦显知。庄园内部组织，大体均由庄院（主人所居第宅）、田园、客坊之三要素构成，所谓客坊，乃佃户、来往商人与庄外自耕农寄寓所在。劳动力来源，其一是奴婢，其二便是人格平等，身体自由，只以丧失自己土地而入庄园，领耕田土佃作以维生计，由田庄主人贷予种子、农具、耕牛，供给住所（客坊），按所佃作田地收谷成数提供庄课为报酬的佃户。

兼指男女奴隶的奴婢，不禁买卖，而须立正式的交易文券，私卖系属违法。唐朝中期以后，奴婢供应源主要在南方，而且多数出自掠卖，《唐会要》卷八六奴婢项如下记载都颇明晰：

——代宗大历十四年（纪元779年），诏罢邕府岁贡奴婢。

——宪宗元和四年（纪元809年）勅：岭南、黔中、福建等道百姓，多罹掠夺，宜令所在长吏切加捉搦。

——同八年，诏岭南诸道，不得以良口饷遗贩易。

——文宗太和二年（纪元828年）勅：重申元和四年、八年前令，岭南、福建、桂管、邕管、安南等道百姓，禁断掠卖饷遗良口。

——武宗会昌五年（纪元845年）四月中书门下奏："天下诸寺奴婢，江淮人数至多。其间有寺已破废，全无僧众，奴婢既无衣食，皆自营生，或闻洪、潭管内，人数倍一千人以下，五百人以上处，计必不少。臣等商量，且望各委本道观察使，差请强官与本州刺史、县令同点检……。深恐无良吏及富豪、商人、百姓纲维，潜计会藏隐，事须稍峻法令，如有犯者，便以奴婢计估，当二十千以上，并处极法；官人及衣冠，奏听进止"，勅旨依奏。

——同年八月重申前令："如有依前隐蔽，有人纠告，官人已下远贩商人百姓，并处极法。其告事人，每一口赏钱一百千，便以官钱充给"。

——宣宗大中九年（纪元855年）勅："岭南诸州，货卖男女，奸人乘之，倍射其利。今后无问公私土客，一切禁断。若潜出券书，暗过州县，所在搜获，以强盗论。如以男女佣赁与人，贵分口食，任于当年立年限为约，不得将出外界"。

自上引文献，唐末奴隶价格标准，以及依于契约，立定年限的契约奴隶流行，也均可反映。

《唐会要》同卷同项值得注意的另一方面记事，系奴隶来源且多指向异民族。七世纪末武后时代禁令，已明示当时西北缘边州县蓄突厥奴婢成为风习，唐朝后半，山东地方海贼，又往往渡海向新罗掠回良民，卖与登州、莱州与缘海诸道民间为奴婢之事炽盛。所以穆宗长庆元年（纪元821年）曾以"新罗国虽是外夷，常禀正朔，朝贡不绝，与内地无殊"为理由，颁发掠卖新罗人民的禁令，三年，又应新罗国使之请，命令放此等被掠者回新罗。然而，从文宗太和二年（纪元828年）掠卖新罗奴婢"虽有明勅，尚未止绝"的地方官奏文，以及再颁禁止勅旨，可以明了，此风习的根绝，虽以国家之力而不可得。以后宣宗大中五年（纪元851年）勅边上诸州镇，吐蕃、回鹘奴婢等宜并配岭外，不得隶内地，说明的事实相同。因南方海上交通、贸易盛大展开而携来的海洋产昆仑奴，尤于文献中为有名商业致富与货币利润的泉源。

唐朝奴婢，已系中国奴隶史的最后盛用时代。唐朝后半，大土地所有的发展结果所成立庄园劳动力，其另一主要部分的佃户，历唐迄宋的演进过程中，由"佃户"此一通用名词又赋有佃人、佃客、佃家、佃民、客户、庄户、寄庄户、庄客等众多异称,或单称为"客",可明了其普遍性,而终发达为经济史上后代农业经营最大特征的佃农制,或与庄园经营对称的雇佣制,奴隶与土地的关系被替代。唐朝此一方向开启,贫乏化的自耕农与他乡流亡者,一部分流向都市,一部分应募充当兵士,一部分便投入庄园,非质、卖为奴隶,即转变身份为佃户。今日学界的研究发现,庄园内部的客坊,呈佃户集合寄寓状态,与各别所佃耕土地多相远离,系庄园制一大特质,而庄园大者面积可达五十顷以上,多数佃户聚居一地,已自然的形成其村落性①。所以,唐宋佃农制与村落制间具有密切关系,申言之,村落成长力量之一,也是庄园数增加、地域扩大,以及佃户人口繁衍的结果②。宋朝市镇的小商业都市产生,又与庄、乡的农村需要两者都有关联。

德宗时陆贽《均节财赋六条陈事》之六论兼并之家私敛重于公税之言:"今京畿之内,每田一亩,官税五升,而私家收租殆有亩至一石者,是二十倍于官税也。降及中等,租犹半之"(《资治通鉴》唐纪五一贞元十年条)。约略收获量二分之一的庄课诚然较官税为重,但庄园非可豁免租税,庄主仍须按土地所有额总缴官税,而佃户生产与生活手段的居处等,又均由庄主供给。所以,佃户境遇实质并不比自耕农为劣,相反,进入庄园的佃户生活还存有安定感,而且佃户也非全时间束缚于庄主,佃耕土地以外仍具剩余时间自由支配的权利。佃户与庄主间的关系,被剥削与压迫意味因之非如若干著作中所强调的强烈,相互间感情,相反且颇和融,否则,宋朝以来雇佣劳动的佃农制成熟基盘,系自唐朝初建的此一历史发展,将无由解释其成立理由。佃户如经营

---

① 六花谦哉、冈本午一译,鞠清远著《唐代经济史》,第56页。
② 平凡社版《世界历史大系》5.东洋中世史第二篇,第229页。

得法而又愿意，仍得回复自耕农身份，《唐会要》卷八五籍账项代宗宝应二年（纪元763年）勅曾有明文："客户若住经一年以上，自贴买得田地，有农桑者，无问于庄荫家住及自造屋舍，勒一切编附为百姓差科"。

寺院经济，系私有庄园之一的特殊形态。所谓寺田、寺庄的寺院（包括道观）所有庄园，由于布施与兼并而不断增大之势，唐朝中期以后已与官人、富家庄园土地面积得以相埒。王公官人对寺院、道观田园的喜舍、布施之风，固非始自唐朝，南北朝时代开其风气，却至其时而益益流行。唐初建寺已多喜舍旧宅，贞观元年以高祖仕隋朝时京师居第（所谓潜龙旧宅），武德元年所改通义宫立为兴圣寺（尼寺）系其例之一。其余著名寺院相似的由来：西明寺本隋朝杨素宅，武德初万春公主居住，贞观中赐濮王，死后立以为寺；慈恩寺，于隋朝乃无漏废寺，贞观二二年由当时系皇太子的高宗为母文德皇后所立寺（其大雁塔则高宗永徽三年玄奘所建）；荐福寺，其一部分为隋炀帝在藩旧宅，武德初赐萧瑀为园，襄城公主嫁瑀子后于园后造宅，公主死，转移为英王宅，则天武后时为高宗立献福寺后又赐额改名（均见《唐会要》卷四八寺项）。寺院、道观增加，僧尼陪伴增加为无疑义，但均田制下，道、僧每人法定给田三十亩，女冠与尼二十亩，公给寺田对寺庄发达原未存有何等重大关系为可知。而便自均田制崩坏又唐朝政治力衰退，第一，贵戚官人富家模仿朝廷喜舍已非仅邸宅而且是田庄，《唐会要》寺项"章敬寺，通化门外，（代宗）大历二年（纪元767年）七月十九日，内侍鱼朝恩请以城东庄为章敬皇后立为寺，因拆哥舒翰宅及曲江百司看屋及观风楼造焉"。第二，布施原立于祈愿来世功德之意，而以僧道具有免除课役的特权，富家喜舍、寄附寺庄乃被变质利用其美名，以达逃避课税的目的。第三，私有地制获得国家承认，富裕寺院自身收买、典贷田地也大开方便之门，而寺庄急激发展。抑且，寺产除田地外，碾硙、店肆、仓库、车坊等经营事业，全与一般私有庄园财富循环膨胀的轨迹相同。

度牒的泛滥，与寺院经济发达两相对应，《廿二史劄记》卷一九度牒篇说明："宋时，凡赈荒兴役，动请度牒数十百道济用，其价值钞一二百贯至三百贯不等，不知缁流何所利而买之，及观《李德裕传》而知唐以来度牒之足重也。徐州节度使王智兴奏准，在淮泗置坛，度人为僧，每人纳二绢，即给牒令回。李德裕时为浙西观察使，奏言江淮之人闻之，户有三丁者，必令一丁往落发，意在规避徭役，影庇资产。今蒜山渡日过百余人，若不禁止，一年之内，即当失却六十万丁矣。据此则一得度牒，即可免丁钱，庇家产，因而影射包揽可知，此民所以趋之若鹜也。然国家售卖度牒，虽可得钱，而实暗亏丁田之赋，则亦何所利哉"。滥发度牒现象的加大，也衬托开元二年《百官家不得辄容僧尼至家》勅令所纠正"百官家多以僧尼道士等为门徒往还，妻子等无所避忌"（《唐会要》卷四九杂录项）事态的故态复萌。官人与寺院僧尼两相勾结，姑不论度牒问题的国家财政得不偿失，仅就官人与僧人两皆豁免课役而言，两税法立法前已如杨炎所言"凡富人多丁者，率为官、为僧，以免色役"的情况，杨炎两税法施行，对此漏洞的堵塞，仍然无能为力。没落小农民流入寺院为寺奴婢，以及传承自北魏时代僧祇户（似系国家佃户性质，而寺院受委任赋有僧祇粟的征收权与管理权，唐朝已无）与佛图（寺）户系统，多量客户、佃户的补充力提供寺院，又如同所有庄园对国家纳税户口的减损发生严重影响。两税法施行初期朝廷财政收入曾经好转，而以后又走向下坡，原因之一在此。武宗会昌五年（纪元845年）毁佛令发布，表面固以信仰之事所触发，实质便基于增多纳税户的理由，视"其天下所拆寺四千六百余所，还俗僧尼二十六万余人，收充两税户，拆招提、兰若四万余所，收膏腴上田数千万顷，收奴婢为两税户十五万人"的制文（见《唐会要》卷四七议释教上）可以明了。没收寺田至数千万顷，以及回复编入两税户的僧尼、奴隶数字于是年户籍总计四九五万户（《资治通鉴》唐纪六四会昌五年条）中总占四十多万人，隐匿入寺院的佃户尚未列入，比例之大又可显见。

然而，寺院于唐朝展开的社会事业也不容轻视，仓库是其一。仓库非单纯的钱、粟、布等收藏功用而已，也利用所储藏的金钱、谷物赁贷，一方面利殖，一方面调节供需。寺库、僧库、寺仓、库院等种种名词，同一的都指此类仓库，乃寺院经济重要一环节，性质上便是民间的金融事业。土木方面，修桥、铺路、穿沟、凿义井以利旅人解渴等，均系寺院功德之举。特别关于贫苦病患施疗，以及收容老残人等的救济事业，唐朝专门委由寺院办理，所谓"悲田养病"，设立药藏（药园）与病坊（开元二十二年且"断京师乞儿，悉令病坊收管"）。所以会昌五年废佛，十一月敕："悲田养病坊，缘僧尼还俗，无人主持。恐残疾无以取给，两京量给寺田拯济，诸州府七顷至十顷，各于本置选耆寿一人勾当，以充粥料"（引文均见《唐会要》卷四九病坊项）。寺院又以公共场所性格，其场地于节日开放为交易、娱乐之所。寺院宿房，也非限外地而来的僧人住入，自唐朝已许一般俗人旅行者投宿，风气渐渐加盛，至宋朝而士人寄居僧房苦读成为美谈。

不论如何,两税法时代的唐朝社会、经济,庄园经营发达已渐形成特征,但国家财政收入的主泉源,仍是自耕农的小农民,此其一。其二,商业繁盛曲线愈益向上,尤其形成时代特色。

均田制下的唐朝初年,对商业发展原已特加奖励,此自田令中禁卖所分配田地而因购买住宅、邸店、碾硙而卖田的场合,却予宽容,可获明证。由是不断升进至唐朝中期以后的商业概观,如下诸方面都授人以深刻印象:

第一,繁盛的外国贸易吸引西方商人前来中国,活跃地非限两京,也以允许赴各地自由贸易而居留诸大都市的外侨、外商数字惊人。两项今日常被引用的资料:其一,尚系史思明乱中的肃宗上元元年(纪元760年),新任都统淮南东、江南西、浙西三道节度使刘展反乱,据扬州,平卢兵马使田神功受命征伐入扬州,史书已出现"大掠居人资产,杀胡商波斯数千人"(《新唐书》田神功传)的记录。其二,唐末黄巢之乱,僖宗乾符五年(纪元878年)攻陷广州时,居住广州的外国商人(包括阿拉伯人、犹太人、波斯人的回教徒、犹太教徒、基督教徒、袄教徒)被贼兵杀戮而死者,依在住的目击者阿拉伯人 Abu Zeid Hassan 统计,为数尤至十二万人,甚或更多①。此报导如无夸张成分,则九世纪广州,足当今日世界第一国际之大都市纽约的地位而无愧。

第二,唐朝于中国货币、金融史上的划期性位置也以适应商

---

① 刘伯骥《中西文化交通小史》第46页据 Broomhall marshall, Islam in China, p.50 转译为"十二万人";方豪《中西交通史》第二册第38页,据 Reinaud 编 Relation des voyages, L., pp61—68 转译,谓"数达十二万人至二十万人"。

业发达之势而立定,"宝钞"信用纸钞的自唐初便已成立系其一,汇兑制度的原型,或者说,已近似今日通行的汇兑方式,也继于九世纪初的宪宗元和初年发生,谓之"飞钱"。《新唐书》食货志四所说明:"时商贾至京师,委钱诸道进奏院及诸军、诸使富家,以轻装趋四方,合券乃取之"便是,所以当时又称"便换"或"便钱"。意义至为明显,乃是较宝钞更大额钱财的利用处理方法,可避免远地经商时现钱以重量而携带不方便,以及运输巨额铜钱时途中的不安全。此类业务经营的值得注意处,预纳钱于所拟到达地节度使的京师进奏院,至目的地时凭票兑现,自可藉官府统辖系统的支付之便与其保证,委托富商私人之手也相同,京师民间的大金融家,在海内各地都有分支单位设立,其财富集积已至如何程度,为可想定。元和六年(纪元811年)曾认飞钱为非法而加禁止(《唐会要》卷八七泉货项,是年制:"茶商等公私便换见钱,并须禁断"),但次年便在大量现金活泼转移的现实需要下,先是规定由商人给付定额手续费,转移归政府经营便换,实施后又以商人不愿缴纳手续费而仍行回复原貌,飞钱制度终获得正式承认。见于《新唐书》食货志四的记事是:"自京师禁飞钱,家有滞藏,物价浸轻。判度支卢坦、兵部尚书判户部事王绍、盐铁使王播请许商人于户部、度支、盐铁三司飞钱,每千钱增给百钱。然商人无至者。复许与商人敌贯而易之"。

第三,大资本商人来往各地,经营大宗货物交易,所谓"商客""估客"或后世所指的行商,系唐朝特为发达的商业行为(前来中国的外国商人也属此一形态)。买卖场所乃各大都市中兼具货物仓库与旅馆意味的邸店,商客住宿亦即在此。交易形式与政府所征收交易税,依《唐会要》卷八四杂税项德宗建中四年

（纪元 783 年）条记述实施除陌法之例："天下公私给与贸易，率一贯旧算二十，益加算为五十。给与他物，或两换者，约钱为率算之。市牙各给印纸，人有买卖，随自署记，翌日合算之。有自贸易，不用市牙者，给其私簿；无私簿者，投状自集"。而商客交易所得货币，或为购入货物而准备的货币，以及货物，大抵均由所住邸店辟室保管，但便自除陌钱施行上年的建中三年，先已实施僦柜纳质钱，对"柜""质"行业经营者开始征税。得知一类由邸店分离，专门性出租场所，代商客保管钱物而收取保管费的柜场营业，或者说，如今日的保险箱与保管金制度，于唐朝中期已甚流行。储柜现金或现物，随时凭来人所持预给商客的验帖或其他信用物交付[1]。柜场以外，寺院、店肆也多代人经管钱物[2]。

第四，受产铜量不敷的限制，而货币供应率始终落在需求度之后，现象自唐初已经铸定，中期以后尤其形成发达的商业经济一大矛盾。惟其如此，如下消极方面的货币政策，都被采用（《新唐书》食货志四、《唐会要》卷八九泉货项）：

——禁止或限制制用铜器（包括禁止熔销与流出国外），如德宗大历七年（纪元 772 年）禁天下铸铜器；贞元元年（纪元 785 年）禁江淮镜鉴以外铸铜为器；贞元十年（纪元 794 年）诏天下铸铜器每器限一斤以内，价值不得过一百六十钱，销钱者以盗铸论；宪宗元和初（纪元 806 年）以钱少复禁用铜器。

——恢复现物货币与金属货币并用政策，如德宗贞元二十年

---

[1] 六花谦哉、冈本午一译，鞠清远著《唐代经济史》，第 112—113 页，引加藤繁《唐宋柜坊考》，《东洋学报》第十二卷第四号。

[2] 六花谦哉、冈本午一译，鞠清远著《唐代经济史》第 112 页。

（纪元 804 年）命市井交易以绫、罗、绢、布、杂货与钱兼用；宪宗元和六年（纪元 811 年）命贸易钱十贯（缗）以上者参用布帛；文宗太和四年（纪元 830 年）命交易百贯以上者匹帛、米粟居半。

——限制现钱储藏，如宪宗元和三年（纪元 808 年）命商贾蓄钱者皆出以市货；元和十二年（纪元 817 年）勅京城内自文武官僚不问品秩高下并公郡县主、中使以下至士庶、商旅等，寺观坊市所私贮现钱，并不得过五千贯，违者死，王公重贬，没入于官，以五之一赏告者；文宗太和四年（纪元 830 年），诏积钱以七千贯为率，一万贯至十万贯者期以一年出之，十万贯至二十万贯者以二年。河南府、扬州、江陵府以都会之剧，约束如京师（但此类诏勅的发布，结果均徒成具文，元和间，"富贾倚左右神策军官钱为名，府县不敢劾问，法竟不行"；太和间，又是"未几皆罢"）。

——铜钱成贯使用时升值计准，如宪宗元和四年（纪元 809 年）京师用钱，每贯实除二十文；穆宗长庆元年（纪元 821 年）勅内外公私给用钱，每贯一例除垫八十，以九百二十文成贯；唐末哀帝天祐二年（纪元 905 年）京师用钱，以八百五十文为贯，每陌八十五文，河南府以八十为百。

第五，唐朝高利贷，以政府采取放任主义，抑且便是政府公廨本钱（食利本钱）的鼓励，而形特殊发展。《唐会要》卷九三诸司诸色本钱下会昌元年（纪元 841 年）"量县大小，各置本钱，逐月四分收利"与"赐诸司食利本钱共八万四千五百贯文，四分收利，一年租当四万九百九十二贯文"，乃文献中有关利率的最后年代记录。堪重视系高利贷的发展至唐朝中期以后，非仅

"富",且已与"贵"结合,如下文字都是印证:

——"自大历以来,节度使多出禁军。其禁军大将资高者,皆以倍称之息,贷钱于富室,以赂中尉,动逾亿万,然后得之,未尝由执政。至镇,则重敛以偿所负(中外谓之"债帅")"(《资治通鉴》唐纪五九太和元年条)。

——"会昌元年中书门下奏……,选人官成后,(外官)皆于城中举债,到任填还。致其贪求,罔不由此"(《唐会要》卷九二内外官料钱下)。

所以唐朝后半,经济变化态势的展开,节度使以下地方长官多附着金钱关系,抑且自身便是商业、金融圈人物,为一大特色。前述扮演飞钱制度中角色之外,自"诸道节度、观察使,以广陵(扬州)当南北大冲,百货所集,多以军储货贩,列置邸肆,名托军用,实私其利息"(《唐会要》卷八六关市项德宗大历十四年条);"诸道节度使、观察使,置店停止茶商,每斤收拓地钱,并税经过商人"(《唐会要》卷八四杂税项宣宗大中六年条),以及宪宗元和十二年蓄钱禁令颁布时,"京师里闾区肆所积,多方镇钱,少不下五十万贯"(《唐会要》卷八九泉货项)等记录,都可获致印象。而如上现象的发生与强化,正是中央政治力萎退,藩镇所代表地方权势抬头的反映,朝廷约束效率松弛的必然结果。

惟其中央统一权力已向地方分散,而商业资本又正飞跃发展,两京之外,节度使治所因之也各各崛起为新兴地方性繁荣都市,特别便以商人资本蓄积为基础的经济性大都市,发达为尤深一层。九世纪前半河南府、扬州、江陵府(荆州)博"都会之剧"之誉,而与京师等观,其中河南府的洛阳历经兵燹之后,仅维持东都外貌而已。扬州自隋朝已以繁华闻名，宋朝洪迈《容斋随笔》初集卷九唐扬州之盛篇的生动追忆："唐世盐铁转运使在扬州，尽斡利权，判官多至数十人，商贾如织。故谚称扬一益二，谓天下之盛，扬为一而蜀次之也。杜牧之有春风十里珠帘之句；张祜诗云：十里长街市井连，月明桥上看神仙，人生只合扬州死，禅智山光好墓田；王建诗云：夜市千灯照碧云，高楼红袖客纷纷。如今不似时平日（德宗末、宪宗初正值淮西等变动），犹自笙歌彻晓闻！徐凝诗云：天下三分明月夜，二分无赖是扬州。其盛可知矣"。扬州的富力、财力，与其不夜城欢乐景象，上自官人、富豪，下迄一般市民，经济能力均得以涉足的妓院、酒楼等娱乐、游兴场所，其所指示的消费生活水准为可想象。江陵府则安史乱后最具代表性的新兴大都市举证，《唐书》地理志二山南东道项荆州江陵府条有"自至德后，中原多故，襄、邓百姓，两京衣冠，尽投江湘，故荆南井邑，十倍其初"的介绍。另一著名大都市四川省的成都府，物资之富、商业之繁、人口之众，视"扬一益二"之语，得知足与扬州相当。

唐末，江陵三十万户（《资治通鉴》唐纪六九僖宗乾符五年条），成都十万户[①]的户数统计，又系重要资料。唐朝户口，两税法施行以来历次调查的保存入文献者：

基准：1. 安史乱前玄宗天宝十三载（纪元754年）统计，户九、六一九、二五四，口五二、八八〇、四八〇（《唐书》玄宗纪下）（《唐会要》九、〇六九、一五四户）

2. 德宗建中元年（纪元780年）户部记账户总三、〇八五、

[①] 严耕望《中国历史地理》唐代篇，第19页。

〇七六(《唐书》德宗纪上)(《唐会要》定天下两税户凡三、八〇五、〇七六)

——宪宗元和(806—820)户二、四七三、九六三
——穆宗长庆(821—824)户三、九四四、九五九
——敬宗宝历(825—826)户三、九七八、九八二 　(《唐会要》卷八
——文宗太和(827—835)户四、三五七、五七五 　四户口数项)
——文宗开成(836—840)户四、九九六、七五二
——武宗会昌(841—846)户四、九五五、一五一

即：元和户数约当天宝时四分之一，会昌户数增至二分之一。各州户口数以《唐书》(天宝时)、《新唐书》(开元时)地理志统计为基准，得以参照的则惟宪宗元和八年(纪元813年)撰定《元和志》地理书所载列(但扬州所属的淮南道与荆州所属山南东道析置的荆南道等已缺)，一项据以整理玄宗至宪宗约六十年间变化的资料，对总户数跌落在极盛期四分之一时期的诸道户数比例说明[①]：

关内道——约当旧十之一。

河南道——约当旧五之一至十之一，河南府尤自旧十九万余减至一万余户。

河东道——约当旧三之一至五六分之一。

河北道——约当旧三之一至十余分之一。

山南道——西道略减，东道反而多有增加，襄州两倍，郢、唐各一倍。

江南道——东、西道增、减互见，增加者之例，饶州三倍、鄂州一倍、洪州三之二、苏州二之一。

---

① 同上，第18页统计。

剑南道——约当旧五之一至十之一，成都府亦仅存三之一。

岭南道——约当旧五六分之一，但广州、安南均增。

即：户口急激减少地区，便是安史之乱与其余波影响最剧地区的淮水、汉水流域以北，距离战火边缘虽近，却也是避祸最便利地区的长江中、下游，则户口非只稳定，反而多能增加（自战乱北方以迄远离兵灾的岭南，全国性户口数字普遍都降低，原因非全出自死难，也由于隐匿，换言之，户籍中纳税户口的脱落，因之亦可获得证明）。《元和志》户数最多诸府州，依序是：京兆府二十四万余，太原府十二万余，襄、苏二州各十万余，洪州九万余，广州七万余，润、常、杭、宣四州各五万余，唐、湖、婺、饶、吉五州与成都府各四万余①，十六府州中除京师的京兆府与太原外，全部都位于长江流域与其以南。比较《新唐书》地理志统计所显示玄宗时代顺位：京兆府三十六万余户，河南府十九万余户，益州成都府十六万余户，魏州十五万余户，婺州十四万余户，宋、沧、宣三州与太原府各十二万余户，冀州十一万余户，汴、曹、相、贝、润、常六州各十万余户，同数的十六府州中，北占十一而南仅占五，乃鲜明对照。也正与《唐书》宪宗纪上元和二年条收录是年国计簿资料，天下方镇凡四十八，管州府二百九十五，户二百四十四万二百五十四，而"每岁赋入倚办，止于浙江东、西、宣歙、淮南、江西、鄂岳、福建、湖南等八道，合四十九州，一百四十四万户"，南方户数占全国比重，以及中央财政倚仗南方赋税收入的程度说明，相互呼应。纪元八〇〇年左右，中国社会、经济的南北偏倚已完成倒

---

① 严耕望《中国历史地理》唐代篇，第16—17页统计。

易之势，为可全知，而九〇〇年左右唐末，江陵府与以一倍半速率回复的成都府户数，又十分明白浮现了南方加大发达的倾向。

唐朝中期以来，盐税已与正赋同系国家重要税收的基本，茶税也是，所以记录中已往往茶、盐并称。活泼的商业交易进行，茶商与盐商又同等的大资本为不可缺少。特别是盐商的豪富，白居易《盐商妇》诗篇："盐商妇，多金帛，不事田农与蚕绩。南北东西不失家，风水为乡船作宅。本是扬州小家女，嫁得西江大商客。绿鬟富去金钗多，皓腕肥来银钏窄。前呼苍头后叱婢。问尔因何得如此？婿作盐商十五年，不属州县属天子。（中略）何况江头鱼米贱，红鲙黄橙香稻饭。饱食浓妆倚柁楼，两朵红腮花欲绽。盐商妇，有幸嫁盐商。终朝美饭食，终岁好衣裳（下略）"，足资写照。

大资本商客，每年一次外地买卖或连亘数年间周历各地大量贩卖商品，不但邸店遍设，登上商旅之途时也非单独成行而多聚众移动，且拥有相当武力。《唐会要》卷八六关市项则天武后长安二年（纪元702年）条："富商大贾、豪宗恶少，轻死重气，结党连群，喑呜则弯刀，睢眦则挺剑"，可知唐初已与"洪舸巨舰，千轴万艘，交货往还，昧旦永日"的商贸盛况相结。此一态势，于茶、盐大商业资本家兴起时为尤甚，势力堪与官府对等，以及特权富商层便以商业资本、高利贷资本的媒介而受地方藩镇庇护，藩镇基于维持自身武力，发展武力的需要，也不能不与当时又已与大土地所有结合的富商层维系经济上密切关系，而存立相互依赖与提携的相貌。而富商中的盐商于专卖制度下，纳税后容许自由运输贩卖全国，不问数量多少，政府别无何等通行税之类名目的课征，利润特厚，财富循环蓄积特快，盐却又是民生日常必不可缺的商品。所以，不被政府承认的不缴税盐商私贩者，尽管严加取缔重罚至处死，甘于犯法也敢于犯法，盐的大资本走私集团却愈到后来愈猖獗，武装愈演愈盛，而其立场，则与一般官盐商的与官府结合全然倒反。九世纪后半激发社会骚动而最终藩镇支解唐朝的导火线，堪注目便在唐朝后半期财赋之源的南方，以及便由武装私盐商王仙芝、黄巢之乱所引燃。

巨大帝国崩裂的震力与转运期开创

黄巢之乱前后的唐朝五十年暮运

黄巢之乱勃发，唐朝的最终命运由是决定——拖延仅仅最后五十年暮运。

这一史实，颇似蹈入七百年前汉末黄巾之乱覆辙。后半期唐朝历史发展，表象也颇多似于后汉后半，实则多似是而非。宦官非中国特产品，形成令人恶心的庞大势力集团而严重损害国家、社会利益，则惟中国史上发生的大问题，也是汉、唐历史惟一共通所在，却是唐朝为害程度之剧较汉朝已有区别。汉朝外戚的实体与唐朝藩镇全异，藩镇本质视汉末州牧才相同，但汉末州牧是黄巾乱后产物，唐朝藩镇历史之始却须上溯至黄巢乱前一百年。唐朝朋党依附宦官势力，形象又是朝臣自身间的互斗，后汉党人却是后期制裁宦官的主力。汉末黄巾之乱乃长时期社会、经济问题恶化到顶点不得不然的结果，唐朝黄巢之乱并无长时间社会经济剧烈波动的背景，乱祸被煽动愈演愈烈固不能避免天灾与农民流亡的触媒因素，根源却是累积政治矛盾的藉天变之际总爆发，简言之，百年政治僵化的突破，而非汉末社会的经济破产再现。相反，是黄巢大动乱引发社会秩序混乱至不可收拾，续以政治上宦官—藩镇的最后大决斗，而结束唐朝的朝代生命。所以，如果比拟黄巢之乱，毋宁须是秦末陈胜、吴广起义为恰当，隋末混乱也相似。政治创伤，复原非如社会、经济基底溃坏又重建的艰难，唐朝灭亡原因的主要便是政治的而非经济的。这层历史区别必须判明，则为何藩镇蜕化五代十国，离乱五十四年又回复到统一宋朝。汉朝倾覆，出现的却是时间持续四个世纪的大分裂局面，问题才能获致解答。进一步说，惟其汉朝灭亡由社会秩序脱轴与经济结构瓦解，所以重建出现的均田制社会，已是全非汉朝旧貌的彻底改造，宋朝社会基盘庄园制，却直接导源自唐朝两税法时代，抑且便是加大步伐的再发展与成熟期，又是汉、唐历史研究堪加判别所在。

黄巢之乱，《新唐书》懿宗纪赞："懿、僖当唐政之始衰，而以昏庸相继。乾符（僖宗年号）之际，岁大旱蝗，民愁盗起，其乱遂不可复支"，可概要说明其成因。《新唐书》列懿宗为唐朝政治衰败的起点，应由于上代宣宗奏收复河湟之效，并博"大中之政，讫于唐亡，人思咏之，谓之小太宗"（《资治通鉴》语）美评之故。但藩镇、宦官的唐朝政治痼疾久已罹患又愈陷愈深，也无可否定。直接的严重影响是朝廷财政，税源限制与支出浩大的双重打击，财政家努力增加税收，殚心机实现的专卖法、两税法成绩，包括执行偏差人为因素，明显的无从挽救其向穷乏化沉沦。早自黄巢乱前六七十年的元和中兴时代，《唐书》宪宗纪已有如下两段记录：

元和二年（纪元807年）条："史官李吉甫撰《元和国计簿》，总计天下方镇凡四十八，管州府二百九十五，县一千四百五十三，户二百四十四万二百五十四。其凤翔、鄜坊、邠宁、振武、泾原、银夏、灵盐、河东、易定、魏博、镇冀、范阳、沧景、淮西、淄青十五道，凡七十一州，不申户口（《唐会要》卷八四杂录项元和二年条文字同，而原注说明：河东以上，皆被边，易定以下，皆藩镇世袭，故并不申户口）。每岁赋入倚办，止于浙江东西、宣歙、淮南、江西、鄂岳、福建、湖南等八道，合四十九州，一百四十四万户。比量天宝供税之户，则四分有一。天下兵戎仰给县官者八十三万余人，比量天宝士马，则三分加一，率以两户资一兵。其他水旱所损，征科发敛，又在常役之外。"

元和六年（纪元 811 年）条："中书门下奏：国家自天宝已后，中原宿兵，见在军士可使者八十余万。其余浮为商贩，度为僧道，杂入色役，不归农桑者，又十有五六。则是天下常以三分劳筋苦骨之人，奉七分坐衣待食之辈。今内外官给俸料者不下一万余员，其间有职出异名，奉离本局，府寺旷废，簪组因循者甚众。况敛财日寡而授禄至多，设官有限而入色无数，九流安得不杂，万物安得不烦。……今天下三百郡，一千四百县，故有一邑之地，虚设群司；一乡之氓，徒分县职（《资治通鉴》元和六年条亦收录此文，而此处作'或以一县之地而为州，一乡之民而为县'，文意尤为明显），所费至广，所制全轻。伏请错综利病，详定废置，吏员可并省者并省之，州县可并合者并合之，每年入仕者可停减者停减之。此则利广而易求，官少而易理，稍减冗食，足宽疲氓。又国家旧章，依品制俸，官一品月俸三十千，其余职田禄米，大约不过千石，自一品以下，多少可知。艰难已来，禁网渐弛，于是增置使额，厚请俸钱。故大历中权臣月俸有至九千贯者，列郡刺史无大无小给皆千贯。……犹有名存职废，额去俸存，闲剧之间，厚薄顿异。将为永式，须立常规。"

则即使平时，设官（包括州县数）冗烦（包括其高待遇）与养兵太多，已是国家财政沉重包袱，了解甚明，战时军费支出尚未计列。养兵问题容后述，先言设官——

奏文中"一万余员"之数，不包括"诸色胥吏"，《通典》记录玄宗天宝时官吏数，便是"内外文武官员凡万八千八百五（内中央文武官或所谓内官二千六百二十），内职掌斋郎、府史……并折冲府旅帅、队正、队副等（内外）总三十四万九千八百六十三，都计文武官及诸色胥吏等总三十六万八千六百六十八人"（职官二二秩品五大唐条）。天宝如上内外文武官数字，较约百年前玄宗祖父高宗初的一万三千四百六十五员，增长率约百分之二十五（高宗之父太宗贞观初中枢"省内官"六百余员，仅天宝时的四分之一尚不足，其不敷肆应政务需要而必须扩充，也可理解）。元和时代上距天宝末只半个世纪，于已庞大发展的官府编制未能回缩，玄宗伯父中宗时代开始大量增置的员外（员外置）、同正（员外同正）、试、摄、检校、判、知之官成为常制如旧，"开元后置使甚众"（《新唐书》食货志五语）之势也如旧的情况下，经过安史之乱（所谓"艰难以来"），依《新唐书》食货志五的两项统计：1.宪宗曾祖代宗大历时代文官千八百五十四员，武官九百四十二员（共二、七九六员）；2.宪宗祖父德宗建中时代文官千八百九十二员，武官八百九十六员（共二、七八八员），至少关于中央"内官"，数字反而已超过了天宝时代。"外官"虽无统计留存，但如杜佑于其大著《通典》职官二二篇末议论所指，德宗建中时代"一州无三数千户，置五、六十官员，十羊九牧"，人民离散而州数维持原制的现象反映,官员数同样得知未较乱前减少。德宗贞元之末仅隔顺宗永贞一年便接宪宗元和之初。则"一万余员"内外文武官的约数,可能仅表示未满二万员而已,换言之,约略的继续维持了玄宗天宝时代之数。这是员额。

关于俸给,不涉贪污所得,仅合法待遇,唐朝向来优厚,安史乱后且续增加。特别是对其时已有名无实的六军、十六卫,非只加置统军、上将军更高官职,德宗贞元二年且堂堂颁下勅书:"自天宝艰艰以后,虽卫兵废缺,而品秩本高,宜增禄秩,以示优崇"(《唐会要》卷九一内外官料钱上项)。《新唐书》食货志五补充说明,其时百官及畿内官增加的除月俸外,一般又给手力资课,左右卫上将军以下便是愈为优待的"六杂给:一曰粮米、二曰盐、三曰私马(五匹至二匹)、四曰手力(七人至三人)、五曰随身(十八人至八人)、六曰春冬服。私马则有刍豆,手力则有资钱,随身则有粮米、盐,春冬服则有布绢绸绵"。

官员数额未紧缩也未能紧缩,累议裁减都以雷大雨小结局,官员待遇却不断增加,人事费支出较天宝时代膨胀为可想见,而纳税户如《元和国计簿》所估列,反已较天宝时代减少达四分之三,人事费的压力便只能听任加大了。抑且,赋税征收以方式不正常而潜在的危机,安史乱后最正常的宪宗时代便已暴露,如下两文献内容都是:

其一,"(元和)六年二月制:自定两税法以来,刺史以户口增减为其殿最,故有析户以张虚数,或分产以系户名,兼招引浮客,用为增益。至于税额,一无所加。徒使人心易摇,土著者寡。观察使严加访察,必令指实"(《唐会要》卷八四杂录项)。

其二,元和十四年库部员外郎李渤出使吊祭藩镇之丧返京奏言:"渭南县长源乡旧四百户,今才百余户;闵乡县旧三千户,今才千户,其他州县大率相似。迹其所以然,皆由以逃户税摊以比邻,致驱迫俱逃,此皆聚敛之臣,剥下媚上,惟思竭泽,不虞无鱼。乞降诏书,绝摊逃之弊"(《资治通鉴》唐纪五七)。

穆宗长庆之初,时代性质尚系元和之续,二年(纪元822年)正月户部侍郎判度支王彦威进所撰《供军图略》序言:"至德、乾元之后,迄于贞元、元和之际,天下有观察者十、节度二十有九、防御者四、经略者三。犄角之师,犬牙相制;大都通邑,无不有兵,约计中外兵额至八十余万。长庆户口凡三百三十五万,而兵额又约九十九万,通计三户资奉一兵。今计天下租赋,一岁所入,总不过三千五百余万,而上供之数三之一焉。三分之中,二给衣赐,自留州、留使兵士衣食之外,其余四十万众,仰给度支焉"(《唐书》穆宗纪长庆二年条)。户数与赋税以朝廷收入(上供)数字,与四十年前两税法初施行之年的德宗建中元年(纪元780年)约略都相等(《唐书》德宗纪建中元年条:"是岁,户部计帐,户总三百八万五千七十有六,赋入一千三百五万六千七十贯,盐利不在此限";《资治通鉴》唐纪四二建中元年条:"天下税户三百八万五千七十六,籍兵七十六万八千余人,税钱一千八十九万八千余缗,谷二百一十五万七千余斛")。但再约三十年与历穆宗三子敬宗、文宗、武宗,而至媲美宪宗元和之治的宪宗之子与穆宗之弟,宣宗大中之治时,载入史书中的文字,意义已经全变——

《新唐书》食货志二:"宣宗既复河湟,天下两税、榷酒、茶、盐钱岁入九百二十二万缗(贯)(《资治通鉴》唐纪六五大中七年或纪元853年条列其细数:"度支奏,自河湟平,每岁天下所纳钱九百二十五万缗，内五百五十万余缗租税，八十二万余缗榷酤，二百七十八万余缗盐利"）。岁之常费，率少三百余万。有司远取后年，乃济"。便是说，财政上严重赤字已经出现。关于江淮漕米，文宗时代以来，每年通过运河北输的不过四十万斛，经侵盗沉没，实际运入渭仓时仅剩"十不三四"的情况，宣宗时代虽努力回复，仍止于每年百二十万斛之数（《资治通鉴》唐纪六五大中五年条）。唐朝最后户口统计记录系距大中五年前六年的武宗会昌五年或纪元八四五年，计户四百九十五万五千一百五十一，宣宗之世增减应不致太多。比较德宗之初抑或穆宗之初，户数增加百余万，而朝廷岁入无论钱、米均相反减少，明显系不正常现象。不正常现象的造成，明白的又是元和时代早已暴露，州县一方面浮列户数，一方面强摊迫逃，弊端愈加深刻的原因，终致影响岁收短少将近三分之一，国家不得不出自杀鸡取卵的预征租税手段以弥补财政赤字，已是危机，元和时代州县激起"人心易摇"、"驱迫俱逃"之势不能中止而续发展，更是危机。内在潜伏的火团，经不起外来火种导燃之势为铸定。

黄巢大乱，正便是引发爆炸的最烈火种，又不幸，其先兆早随宣宗崩于丹药便已展现。大中十三年（纪元859年）八月，宣宗二十七岁的公子哥儿式挥霍骄奢之子懿宗受宦官拥立继位，十二月，裘甫指导下的浙东民变发生，约略同时，原为唐朝牵制吐蕃，并因之与四川连结亲密关系而文明化的"云南蛮"南诏，一反恭顺态度攻击四川。裘甫之乱虽于翌年咸通元年（纪元860年）即行平定，南诏反叛形态却发展为四川、西康、贵州、广西、越南全边线此退彼进、此落彼起的不断大破坏，逼迫唐朝军队疲于奔命,也于此唐朝广大边境地域,吸盘似拖住唐朝必须调来更多军队旷日费时戒备。南诏突击连续十多年后,至懿宗之子十二岁顽童型僖宗嗣位后的乾符四年(纪元877年)议和,而参与围堵南诏,自徐州(江苏省铜山)募调至桂州(广西桂林)的戍卒,已先以忿怒交替期限一再延长,裘甫乱后八年的咸通九年(纪元868年)于受骗感觉之下激起反乱,推牙兵首领之一庞勋为领袖。庞勋之乱虽也于翌年咸通十年便扑灭,国内不安定气氛已形浓厚,再五年或南诏停止攻击同年的乾符元年,黄巢大动乱序幕终于掀开。所以《新唐书》南蛮传中(南诏)赞一则说:"南诏内侮,屯戍思乱,庞勋乘之,倡戈横行。虽凶渠歼夷,兵连不解,唐遂以亡";再则说:"汉亡于董卓,而兵兆于冀州;唐亡于黄巢,而祸基于桂林"。

黄巢之乱两次预演,裘甫之起,攻陷象山(今浙江象山)后,记录称其"有众百人,浙东骚动"(《资治通鉴》唐纪六五大中十三年条),何以致此?又何以坐令贼众续攻陷郯县(今浙江嵊县)前后,发展至千人、数千人?《资治通鉴》唐纪六六咸通元年条的记事堪注视:"时二浙久安,人不习战,甲兵朽钝,见卒不满二百。(浙东观察使)郑祗德更募新卒以益之,军吏受赂,率皆得孱弱者。祗德遣子将沈君纵、副将张公署、望海镇将李珪,将新卒五百人击裘甫,战于郯西,官军大败,三将皆死,官军既尽。于是山海诸盗及他道无赖亡命之徒,四面云集,众至三万,声震中原。郑祗德累表告急,且求救于邻道,浙西(润州)遣牙将凌茂贞将四百人,宣歙(宣州)遣牙将白琮将三百人赴之。祗德馈之,比度支常馈多十三倍,而宣、润将士犹以为不足。宣、润将士请土军为导,以与贼战,诸将或称病,或阳坠马，其肯行者必先邀职级，竟不果遣。贼游骑至（浙江东道治所越州，今浙江绍兴）平水东小江，城中士民储舟裹粮，夜坐待旦，各谋逃溃"。反乱分子多数是所谓逃户的没落农民已可知，裘甫个人的身份不详，推测也是。失却或放弃了土地的小农民，或投入庄园为佃户，或投靠强大藩镇为佣兵，或往都市转业小工商，否则，只有形成浪流都市的游民，逃亡他乡的流民，所谓"无赖与亡命之徒"，而化为群盗。裘甫之乱，正是进入九世纪以来粉饰太平的"剥下媚上"政治，长时间累积其矛盾届崩裂阶段的最早警告。

令人诧异是政府所维持兵额，战斗力，与相关联的"养兵"问题。聚众百人已能陷城略地，大镇如浙江东道常时兵力仅二百人，都不可想象。此固可解释为江南富庶地带社会向来安谧的单独现象，但兵额虚浮问题，则北方藩镇，抑或宦官控制下中央禁军，为共同存在，且非只承平的九世纪中以前，八世纪后半尚系动乱时期已如《唐书》郭子仪传郭子仪所言："六军之兵，素非精练，皆市肆屠沽之人，务挂虚名，苟避征赋，及驱以就战，百无一堪。亦有潜输货财，因以求免"，神策军代表中央禁军时代的前后尤甚（参阅"藩镇／宦官／朋党"节）。元和中兴之世，而也出现《资治通鉴》唐纪五五元和八年条，宰相李绛怵目惊心之语："边军徒有其数而无其实，虚费衣粮，将帅但缘私役使，聚货财以结权幸而已"，以及所记载"时受降城兵籍旧四百人，及天德军交兵，止有五十人，器械止有一弓"的事实。所以，两户养一兵或三户养一兵的平时兵员维持费，部分如同民国初年北洋军阀时代"吃空额"的已被落入私囊，可谓最大的财政浪费，较唐朝当时冗官尤为严重。以空额太多而临事无从应变，仓卒召募乌合之众的结果，便是前引《资治通鉴》的浙东记述。朝命征发藩镇兵，出本道境外的补给均由朝廷供应，另加赏赐，本道求援邻道派兵至境亦然。届临出战时相互推诿，勒索长官却理直气壮，又由浙东之例可见。官军既不可恃，也不堪用，新任浙东观察使王式的镇压裘甫之乱成功，一方面固凭其前任安南都护经略使"咸服华夷，名闻远近"，对朝廷调发移向江南平乱的北方诸镇部队，先声夺人的震慑力与个人指挥调度的统御能力，另一方面，又是其解放原所虏配江淮地方为奴隶的吐蕃人与回纥人，选其骁健者百余人组成骑兵队为作战主轴（参阅《资治通鉴》唐纪六六咸通元年条），情况正似同平定安史之乱利用回纥兵团的小型模仿。

裘甫乱中，右拾遗薛调上奏指陈："兵兴以来，赋敛无度，所在群盗，半是逃户，固须蕫灭，亦可闵伤。望勒州县，税外毋得科率"（《资治通鉴》唐纪六六咸通元年条），是紧急避免政治问题向社会问题逆转仅剩的最后之策。而建议虽被表面接受，显然未加重视，所以黄巢之乱第二次预演，庞勋以戍卒八百人举兵桂州，叛乱的态势与性格都已变化。第一，骚动范围惊人扩大，从广西波及湖南、江西，向淮南推进而攻陷徐州，淮水流域与中原均为之震动。第二，已脱却单纯的掠夺与破坏路线而加深了政治意味，如《资治通鉴》唐纪六七咸通九年条载，攻陷宿州时，"悉聚城中货财，令百姓来取之"，攻陷徐州时，"贼至城下，众六七千人，鼓噪动地，民居在城外者，贼皆慰抚，无所侵扰，由是人争归之"。对付这数万人反乱集团，朝廷动员义成、魏博、鄜延、义武、凤翔、横海、泰宁、宣武、忠武、天平十镇兵力七万三千多人，北面行营、南面行营两招讨使分统夹击，再由一都招讨使统一指挥，而旷日持久。收场则仍如裘甫之乱，而且已是予安史之乱前例的正式翻版，服属唐朝被安置宁夏盐州方面居住的西突厥新兴一支沙陀部族，其酋长朱邪赤心与族人受命来援，写下了此页叛乱章篇的结论。战斗行动展开时官军扮演的角色乃是欣赏者，如《资治通鉴》唐纪六七咸通十年条所记："朱邪赤心将沙陀三千骑为前锋，陷阵却敌。十镇之兵，伏其骁勇"。唐朝北方回纥与西方吐蕃约略同时期都告式微之后，接替吐蕃的新兴势力是南诏，沙陀继承回纥地位之势也已形成。

懿宗、僖宗父子两代，都是宦官选择拥立最符合窃权、弄权教科书标准的天子，国家纲纪败坏又朝廷财政窘迫的当时，《资治通鉴》先后介绍两父子的作为是：

"上（懿宗）好音乐宴游，殿前供奉乐工常近五百人，每月宴设不减十余。听乐观优，不知厌倦，赐与动及千缗。每行幸，内外诸司扈从者十余万人，所费不可胜记"（唐纪六六咸通七年条）。

"上（僖宗）时年十四，专事游戏，政事一委（知枢密神策中尉田）令孜，呼为阿父。上与内园小儿狎昵，赏赐乐工伎儿，所费动以万计"（唐纪六八乾符二年条）。

而同书同系乾符元、二年（纪元874—875年）条的一系列记事又是：

——"自懿宗以来，奢侈日甚，用兵不息，赋敛愈急。关东连年水旱，州县不以实闻，上下相蒙。百姓流殍，无所控诉，相聚为盗，所在蜂起。州县兵少，加以承平日久，人不习战，每与盗遇，官军多败"。

——"翰林学士卢携上言：关东去年旱灾，自虢至海，麦才半收，秋收几无，冬菜至少。贫者碾蓬实为面，蓄槐叶为齑。常年不稔，则散之邻境，今所在皆饥，无所依投，坐守乡间，待尽沟壑。其蠲免余税，实无可征。而州县以有上供及三司钱，督促甚急，动加捶挞，虽撤屋伐木，雇妻鬻子，止可供所由酒食之费，未得至于府库也。或租税之外，更有他徭，朝廷倘不抚存，百姓实无生计。乞勅州县，应所欠残税，并一切停征，以俟蚕麦。仍发所在义仓，亟加赈给，行之不可稽缓。敕从其言，而有司竟不能行，徒为空文而已"。

——"（朝廷）府藏空竭，（田）令孜说上籍两市商旅宝货悉输内库。有陈诉者，付京兆杖杀之，宰相以下钳口莫敢言"。

——"商州刺史王枢以军州空窘，减折籴钱，民相率以白梃殴之，又殴杀官吏二人。朝廷更除刺史，李诰到官，收捕民李叔汶等三十余人，斩之"。

——"浙西狼山镇遏使王郢等六十九人有战功，节度使赵隐赏以职名而不给衣粮，郢等论诉不获，遂劫库兵作乱，行收党众近万人，攻陷苏、常。乘舟往来，泛江入海，转掠二浙，南及福建"（乾符五年平其乱）。

——"是岁（乾符元年），濮州人王仙芝，始聚众数千，起于长垣"；"（二年）王仙芝及其党攻陷濮州、曹州，众至数万。冤句人黄巢亦聚众数千人应仙芝……与仙芝攻剽州县，横行山东。民之困于重敛者争归之，数月之间，众至数万"。

——"群盗侵淫，剽掠十余州，至于淮南。多者千余人，少者数百人"。

中国历史上最大规模民众武装暴动之一的黄巢之乱，便于上引文献资料指示的背景下勃发。可以明了，其系衰败政治听任恶化到顶点，非只无视已连连敲起社会秩序动摇的警钟巨响，反而朝廷于原便捉襟见肘的财政收支愈加浪费，愈以动乱发生，税收减少又军费增大而对人民横征暴敛，以苛酷压榨肆应财政危局的结果。苛政制造社会不安，社会不安再加大高压的循环发展，一旦严重天变，民变乃注定不可收拾，前引资料所述便是"自虢至海"广域灾区内暴动频频，所在蜂起。抑且，暴动或造反者已非限群盗、饥民与亡命之徒，也如商州之"民"例子，一般善良农民也加入了暴动行列，以及被视同盗贼被残酷镇压，换言之，反乱已突破饥寒起盗心的原始型态。愤怒小农民对苛政忍无可忍，直接以重税压迫为导因的反抗，政治问题转变为社会问题而爆炸性扩大滋长，正是九世纪七十年代民变的一大特征。蜂起烈焰中，自毗邻河北、河南两省的山东省一角初起时已声势浩大，濮州（今山东濮县）人王仙芝点燃火头，前后十一年间几乎烧遍全中国的最大野火，便以后期指导者曹州冤句（今山东菏泽）人黄巢之名，而称黄巢之乱。

　　黄巢出身，《资治通鉴》与《新唐书》逆臣传下的说明是："少与仙芝皆以贩私盐为事，富于赀。善击剑骑射，稍通书记辩给，累举进士不第。喜任侠，养亡命"，个人背景可谓与群盗迥异，相反还是豪富。唐朝后期，经济史上富商势力为特色，也因之与藩镇势力以相互需要而密切结合，盐商的大资本尤系众所周知。盐价于安史乱前玄宗天宝时代一斗十钱，专卖后的德宗贞元四年（纪元788年）曾暴涨至三七〇钱，适应人民苦于日常生活不可缺少的食盐需求，所以自此以来走私活跃。私盐贩卖利润之丰为可想象，却愈以拥有雄厚资本为必要，包括其采取与官盐商抑且官府对抗的态势，必须组织一定规模的徒众武装行商。盐的走私，因而平时已形成一支以私盐商为中心，富冒险精神又反抗意识强烈的武装集团，黄巢便是其中具备杰出领导才能如记录所描述的人物，加以累次进士试验落第，心理上塑定为怨恨政府的不满分子。揭开大乱序幕的黄巢同乡友人与同业王仙芝同一类型，气味相投，所以王仙芝率先把握社会混乱局势，大规模煽动饥饿与受重税压迫的人民追随，从事个人更大的政治交易冒险投资时，黄巢立即响应，卷入叛乱旋涡而推动汹汹逆流愈形广阔。两人同系卓越的组织家与群众运动家，却自登场，也已明了勾划了大投机家与大野心家的面影，人民成为其伪善面具下被利用的工具，其成功乃因戴上了这付面具，失败又以此一面具的剥落。

祸乱自长垣（山东濮县邻县而属河南濮阳）发端，结集三千人部队于原始根据地山东省西南部的流动势力，突入河南省境辗转剽掠时，组织性动员力已如雪球似在扩大到数万人。《新唐书》逆臣传下黄巢条记述"咸通末，仍岁饥，盗兴河南"的小股盗贼，多数已合流接受统一指导，乃成燎原之势。流动化掠夺与破坏，乾符五年（纪元878年）由河南郑州又转向湖北省时，王仙芝在黄梅阵亡，残党与在湖北分兵出安徽，还指山东的黄巢部队会合，黄巢自此被推举接替王仙芝为共同领袖，开始树立政权，称王，号冲天大将军。于河南、山东的移动中组织十万人军团，渡江经今江西、浙江、福建诸省，续南进广东，攻陷广州，时为乾符六年（纪元879年）。由是，黄巢集团挟南方丰富财货充军需物资，意气飞扬的大举北伐展开，迂回广西从湖南省入湖北省，夺下战略据点江陵府时，声势浩大至号称五十万众。骚动续沿长江向淮河地域蔓延，由江西、浙江、安徽、江苏折回河南。翌年的广明元年（纪元880年）下洛阳，怒潮似的贼众西叩潼关时已六十万人，关陷，黄巢于官军无抵抗状态下兵不血刃占领长安入城，称帝建国号为"齐"。此为起兵以来第七年，黄巢领导以来第三年，其时汉族中国也除山西、四川之外，全域均已被排山倒海的破坏力波及。

贼军形成绝对优势而人数又愈汇为洪流，史书中如下的文字都值得注视：

（王仙芝初起时）"檄诸道，言吏贪沓，赋重，赏罚不平"（《新唐书》逆臣传下黄巢条）。

（黄巢被推为领袖时）"时多朋党，小人谗胜，君子道消，贤豪忌愤，退之草泽，既一朝有变，天下离心。巢之起也，人士从而附之，或巢驰檄四方，章奏论列，皆指目朝政之弊，盖士不逞者之辞也"（《唐书》黄巢传）。

（黄巢在广州）"自号义军都统，露表告将入关，因诋宦竖柄朝，垢蠹纪纲。指诸臣与中人赂遗交构状，铨贡失才，禁刺史殖财产，县令犯赃者族，皆当时极敝"（《新唐书》逆臣传下黄巢条）。

（淮北相继告急将入河南时）"黄巢自称天补大将军，转牒（河南）诸军云，各宜守垒，勿犯吾锋，吾将入东都，即至京邑，自欲问罪，无预众人"（《资治通鉴》唐纪七〇广明元年条）。

（长安陷落）"金吾大将军张直方率在京两班迎贼灞上。时巢众累年为盗，行伍不胜其富，遇穷民于路，争行施遗。既入春明门，坊市聚观，尚让慰晓市人曰：黄王为生灵，不似李家不恤汝辈，但各安家。巢贼众竞投物遗人"（《唐书》黄巢传）。

可以觉察，强烈的政治号召争取基层民众，正是庞勋之乱路线的延长与扩大活用。《资治通鉴》唐纪六九广明元年条黄巢自湖北东犯江南之际的记事："度支以用度不足，奏借富户及胡商货财，勅借其半，盐铁转运使高骈上言：天下盗贼蜂起，皆出于饥寒，独富户、胡商未耳。乃止"，可知滔滔浊流中，未淌入的已仅地主与富商而已，余外的社会诸阶层均已随从。而其流动掠夺的暴动方式，也自中国历史上开创所谓"流贼"或"流寇"的范式。以大吃小、避实攻虚、突袭速退，机动出没，令官军疲于奔命与攻击得手后彻底大破坏，以及不利时伪降邀官，而喘息已定时又翻脸的政略与战略、游击战与阵地战熟练交互运用，都已与二十世纪世界的叛乱形态一般无二。

相对方面，官军的防剿态度，却如黄巢之乱初起时宰相郑畋所言："国家久不用兵，士皆忘战，所在节将，闭门自守，尚不能支"（《唐书》本传），仍是庞勋之乱，抑且裘甫之乱时旧貌。实战之例：

（黄巢部队将至江陵时）守将刘汉宏"大掠江陵，焚荡殆尽，士民逃窜山谷。会大雪，僵尸满野。（汉宏）帅其众北归为群盗"（《资治通鉴》唐纪六九乾符六年条）。

（黄巢将攻潼关时）"神策军士皆长安富家子，赂宦官窜名军籍，厚得禀赐，但华衣怒马，凭势使气，未尝更战阵。闻当出征，父子聚泣，多以金帛雇病坊贫人代行，往往不能操兵"（《资治通鉴》唐纪七〇广明元年条）。

藩镇兵、中央禁军各皆如此，加以《资治通鉴》续述潼关失陷后，"博野、凤翔军还至渭桥，见所募新军（观军容使田令孜临时召募补充的神策左、右两军），衣裘温新，怒曰：此辈何功而然，我曹反冻馁。遂掠之，更为贼向导，以趣长安"，事态的不可为已属显见。而便在局势急转直下的同年稍早，见于《资治通鉴》唐纪六九广明元年条的宫廷与朝廷记事却是："上好骑射剑槊法算，至于音律蒲博，无不精妙。好蹴鞠斗鸡，与诸王赌鹅，鹅一头至五十缗。尤善击球，尝谓优人石野猪曰：朕若应击球进士举，须为状元"；"陈敬瑄，田令孜兄也（田令孜咸通中随义父入内侍省，遂冒田姓），因令孜得隶左神策军，数岁，累迁至大将军。令孜见关东群盗日炽，阴为幸蜀之计，奏以敬瑄及其腹心左神策大将军杨师立、牛勖、罗元杲镇三川。上令四人击球，赌三川，敬瑄得第一筹，即以为西川节度使。以杨师立为东川节度使，牛勖为山南西道节度使"。好整以暇又国事儿戏至此，其届临黄巢入长安前一刻，才惊变狼狈逃奔四川的一幕："（当天）百官退朝，（官军）闻乱兵入城，布路窜匿。令孜帅神策兵五百奉帝自金光门出，惟福、穆、泽、寿四王及妃嫔数人从行，百官皆莫知之。……晡时，黄巢前锋将柴存入长安"（《资治通鉴》唐纪七〇广明元年条），已无从博人同情。

　　黄巢的结局仍是失败，其特有的运动能力与流动中惊人发挥的威力，待陷长安已形收缩甚且停止，转向立定长安，依存唐朝残留固定化，却也形骸化了的既存机构而称帝，系其致命伤。运动战非着眼于"面"抑或"线"的控制，系以一个个繁华都市的"点"为目标，无休止的移动与攻击，必须掠夺一个都市又立即放弃此一都市，继续前进，不断升进的破坏力才是威力所寄托，以及组织化动员力得以愈滚愈大又财富愈聚愈多，确保占领地则全然损害此项利益。也惟其如此，黄巢长安称帝的指导原则变化，前此攻陷的都市均已复归唐朝控制，回头再对中原地区加以占领，且是线、面而不能单选择点，性质迥异，便感费力。不能突破凤翔以西唐朝防线乃是安史之乱败因之一的重演，支配圈愈缩愈小，终沦为地方性孤立形势。中和二年（纪元882年）时，黄巢政权已仅保持长安以东的周围地带，如此狭小土地上拥挤数十万部下，食粮匮乏，长安城中斗米三十千，内部矛盾激化。黄巢军初入长安，"缚棰居人索财，富家皆跣而驱"、"捕得官吏悉斩之，宗室侯王屠之无类"（《新唐书》黄巢传），民众与包括了群盗的破产小农民，为一体参加此一反抗唐朝上流社会的大洪流，而团结力便在生活条件恶化下两相乖离。特别自上一年（中和元年）唐朝突击队一度攻入长安城又被逐出，"巢复入京师，怒民迎王师，纵击杀八万人，血流于路可涉也，谓之洗城"（引同上书）的血手大屠杀以来，民众离心，政权基础崩裂之势已早铸定。但最后敉平黄巢之乱仍非官军，如上述官军侥幸突袭长安城得手，进入城中却是"竞掠货财子女"，而致被贼军扫荡时，以"军士得珍贿，不胜载，闻贼至，重负不能走，是以甚败"（《新唐书》黄巢传），以及翌年长安城中米价腾贵之际，"官军皆执山寨百姓，鬻于贼为食，人获数十万"（《唐书》逆臣传下黄巢条），这付嘴脸与这般勾当的官军，冀其平乱成功也纯属奢望，抑且空想。唐朝镇压大内乱无望于恃汉族自身或汉蕃混合部队，必须赖其世界帝国有力成员的独立兵团为主力，方向自一个世纪前安史之乱已立定，十多年前庞勋之乱续加肯定。黄巢之乱的收场，便是扑灭庞勋之乱经验的延续，以及当时功劳者沙陀兵力的增大利用。

沙陀部族领袖朱邪赤心以平定庞勋之功，受朝廷任命治所在云州（今山西省大同）的大同军节度使，赐姓名李国昌，本据地因而自内蒙古伸展至山西省北部，再改任振武节度使（治所在今山西朔县），势力愈益南移。其子李克用杀接替大同军的朝廷所派防御使自立，父子兼有二镇，朝廷不承认此一既成事实，感情因而破裂，双方各走极端。结局是朝廷恕其叛乱侵寇之罪，招以讨伐黄巢为交换条件。李克用代其年迈之父允诺，受命来援，任朝廷为之新设的雁门节度使职，管领地便是其南侵所夺，南面已邻接河东节度使治所太原府的忻、代等州。中和二年（纪元882年），沙陀骑兵与其携手者鞑靼诸部军团，在李克用率领下大举南移，会合四方诸道齐已到达关中的兵力，翌年中和三年之初，李克用为前锋的大反攻展开。贼军在李克用兵锋下节节败退，长安收复成功，黄巢与其残众溃向东方，威风凛凛的第一大功者二十八岁青年英雄李克用，立即登上河东节度使的最重要方镇之一位置。再次年中和四年（纪元884年），退入河南方面的黄巢残部续被李克用兵团追击，连续败退至黄巢东方故乡附近的瑕丘（今山东滋阳），黄巢被部下所杀，乱平，李克用的节度使管辖地区也自此回复扩大为大河东统一统制。翌年（光启元年，纪元885年），僖宗由四川返长安。

十一年黄巢之乱坐令发展至不可收拾，朝廷姑息加以招抚而又吝啬官位，犯下最大的错误。伪降固系流寇擅长的伎俩，王仙芝、黄巢使用且非一次，但《唐书》《新唐书》黄巢传与《资治通鉴》对黄巢已得贼军领导权，而大乱尚非绝对不可避免前的乾符六年间记事综合了解：" 时，高骈镇淮南，表请招讨贼。许之，议加都统。巢乃渡淮伪降于骈。骈遣将张璘率兵受降于天长镇，巢擒璘杀之，因虏其众。寻南陷湖湘，遂据交广。乃与浙东观察使崔璆、岭南东道节度使李迢书，求天平节度使（管郓、曹、濮等州，黄巢故乡之地），两人为之奏闻。宰臣郑畋与枢密使杨复恭欲许之，卢携（另一宰相）与田令孜（观军容使）执不可。巢复上表求广州节度使,上命大臣议之,左仆射于琮以为广州市舶宝货所聚,岂可令贼得之,亦不许。乃议别除官,郑畋请除同正员将军,卢携驳其议,请授率府率,从之"。此过程的《资治通鉴》唐纪六九注引实录补充说明又是:"诏、璆上表论请,词甚恳激,乃诏公卿集议。巢又自表乞广州节度,安南都护。巢自春夏其众大疫,死者什三四,欲据有岭表,永为巢穴,乃继有是请"。可以猜测,求天平节钺诚然可能仍是伪装,乞镇广州却未必非确有其意,至少愿意暂时停留在广州,而跋扈又无知的宦官与其附和大臣不能衡量轻重利害,惟以商业交易的杀价为能,乃终如《资治通鉴》所续记:"黄巢得率府率告身,大怒,诟执政,急攻广州,即日陷之"。滞在广州富于资财的外国商人首当其冲遭遇大杀戮厄运。否则,惨酷的这一幕,以及便以广州占领为起点的北上攻陷长安悲痛事件,都可以延缓出现,抑且,时间因素下局势可能变换而避免发生。

同样便以朝廷的愚昧,黄巢之乱近尾声时的中和二年,穷迫而降的黄巢同州(今陕西大荔)防御使朱温,反被重用为同华节度使,赐名全忠。翌年收复长安,又令移兵驻屯黄河—运河交会点的汴州(今河南省开封),改任宣武节度使,预为培育了唐朝自掘坟墓的埋葬经手人。而且,黄巢之乱以来"关东仍岁无耕稼,人饿倚墙壁间,贼俘人而食,日杀数千。贼有舂磨寨,为巨碓数百,生纳人于臼碎之,合骨而食"(《唐书》逆臣传下黄巢条),人间地狱,悲惨世界的令人酸鼻景象,也未随黄巢之诛中止。朱温背叛黄巢的翌年(中和三年,纪元883年),唐朝蔡州节度使秦宗权倒反投降了黄巢,也继承甫行停止的黄巢之乱余势,再兴汹汹巨浪,迄于文德元年(纪元888年)末,秦宗权被叛变的部下执送其时四面讨伐军总指挥朱全忠，翌年（昭宗龙纪元年）解京师斩决而乱事再度平定以前，《资治通鉴》唐纪七二中和四年条的惊心动魄记述："（秦宗权）所至屠翦焚荡，殆无孑遗。其残暴又甚于巢。军行未始转粮，车载盐尸以从。州镇存者仅保一城，极目千里，无复烟火"；《唐书》昭宗纪龙纪元年条也说明："巢贼虽平，而宗权之凶徒大集。西至金、商、陕、虢，南极荆、襄，东过淮甸，北侵徐、兖、汴、郑，幅员数十州。五六年间，民无耕织，千室之邑，不存一二。岁既凶荒，皆脍人而食，丧乱之酷，未之前闻"，人类大浩劫如此，良可慨叹。

尤堪注目，也尤所扼腕的，九世纪中以来三十年未间断的连续大反乱，自裘甫起于浙东与南诏反叛侵入西南边境开始，都发生在安史乱中战火未波及，安史乱后一个世纪来唐朝命脉所系，政治支配力最强，社会经济力最富裕而国家财政最大依赖地带的南方，黄巢之乱形成翻天覆地局面，且便以南方转进为实力增大的温床。南方资源宝库连连被摧残与斫伤，黄巢北伐之始的广明元年（纪元880年）正月改元制书，已有"江右、海南、疮痍既甚；湖湘荆汉，耕织屡空"之语（《唐书》僖宗纪），是年黄巢逆向渡江以至秦宗权乱平的大祸乱最后近十年，汉族中国全域沸腾，南方破坏更甚。对唐朝朝廷而言，如下的文献记录，已如一道道愈益加紧的催命符：

——"自咸通以来，蛮（南诏）两陷安南、邕管，一入黔中，四犯西川。征兵运粮，天下疲弊，逾十五年，租赋太半不入京师。三使、内库，由兹空竭"（《资治通鉴》唐纪六九广明元年条）。

——"时朝廷号令所行，惟河西、山南、剑南、岭南数十州而已"；"初，田令孜在蜀，募新军五十四都，每都千人，分隶两神策，为十军以统之，又南牙北司官共万余员。是时藩镇各专租税，河南北、江淮无复上供，三司转运无调发之所。度支惟收京畿、同、华、凤翔等数州租税，不能赡"（《资治通鉴》唐纪七二光启元年条）。

——"至光启中，所在征镇，自擅兵赋，皆不上供，岁时但贡举而已。由是江淮转运路绝，国命所能制者，唯河西、山南、剑南、岭南四道"（《唐会要》卷八七转运盐铁总叙项）。

《新唐书》食货志二，且便以"及群盗起，诸镇不复上计"为全篇结语。财源涸竭，唐朝没落无可逃避的到达了覆亡边缘。自黄巢、秦宗权乱平，虽然朝廷外壳仍然勉强维持，唐朝命运已不绝如缕，容许苟延残喘的时间不过十七年而已。

其时，僖宗先秦宗权之诛而死，继位的僖宗之弟昭宗乃历史界尊敬的英猷奋发之君，却是狂澜既倒之势已成。非僖宗为唐朝殉葬而系昭宗，固留存历史界无限惆怅与惋惜，但昭宗之为怒海漏舟努力掌舵失败的牺牲者，由于通黄巢之乱前后，近半个世纪唐朝暮运的背景已注定。黄巢之乱既是前此逐次加大的动乱再升高，黄巢乱中，也是地区性的各处动乱与黄巢之乱同时并发，黄巢乱后，频频动乱仍然未歇，兵革之兴，迄于唐亡。讨贼官军又呈现亦官亦贼姿态，非只掠夺行径如同盗贼，身份也相转化如前引文，以及贼军受招抚也变官军，官、盗难以判然区别，愈加大动乱形态与增添其复杂性。前《资治通鉴》引文所述乾符六年末黄巢陷江陵府，率部兵大掠城内引去为盗的江陵守将刘汉宏，翌年广明元年间见诸记录系"寇掠荆襄""侵掠宋兖""南掠申光"，而同年朝廷授以宿州刺史之职，年末升浙东观察使（治所越州），再三年的中和三年，续以浙东升义胜军而任节度使。黄巢之乱过渡至秦宗权之乱的期间，刘汉宏在浙东，累次兵侵浙西图并吞，却于光启二年倒转被浙西的杭州刺史董昌反消灭。董昌继据浙东之位，朝廷无力约束，只有听任甚或纵容，事态愈益恶化。黄巢乱后，动乱所以无从停歇，类此，也因而转变以藩镇间的私相火并为动乱主要形貌。另一方面意义，藩镇地位的取得，因而加开凭"力"自立与恃势推荐其党羽之门，而胁迫朝廷承认。一度表面平静的藩镇威势再现飓风怒涛，宦官—藩镇势力对冲下的天子，纯然下沦为任由此双方摆布的傀儡。

九世纪来已形成常态的藩镇形相，徐州武宁军可列为标本："兵浸骄，小不如意，一夫大呼，其众皆和之，节度使辄自后门逃去。前节度使田牟至与之杂坐饮酒，把臂拊背，或为之执板唱歌，犒赐之费，日以万计，风雨寒暑，复加劳来，犹时喧哗，邀求不已"（《资治通鉴》唐纪六六懿宗咸通三年条）。军中姑息骄兵悍将风习，成长至已系长官谄媚部下，朝命新任藩帅笼络又犹超过旧任的情况下，朝廷的藩帅任命机能因而反得不受阻碍。王仙芝、黄巢作乱愈陷愈烈期间，与田令孜一党的宰相卢携相结，自身又便是宦官所领导神策军出身的军阀高骈，由懿宗咸通年间秦州防御使、安南都护经略招讨使，其时再自天平（郓州）节度使调剑南西川（成都府），调荆南（江陵府），调镇海（浙江西道，润州）以迄乾符六年黄巢南犯时再调淮南（扬州），充镇压黄巢之乱诸道兵统帅而托言"风痹不复出战"的阶段，几乎已历任大半个汉族中国域内方镇，仅西川任内，遭遇"突将（南诏围成都时，前任节度使特别召募的突击队）作乱，大哗，突入府廷，骈走匿于厕间，突将索之不获"的一次波折，余均相安无事，可供说明。届黄巢已没而秦宗权之乱续起的光启三年，淮南在外牙将毕师铎倒戈，联合宣歙观察使秦彦攻入扬州，高骈先遭囚禁后被杀，秦彦自称淮南节度使，任毕师铎为行军司马。淮南治下庐州刺史杨行密夺回扬州，并交结汴州朱全忠被荐为留后，逃走的毕师铎、秦彦引秦宗权贼将孙儒再攻陷扬州，而毕、秦两人也被孙儒所杀，孙儒自是脱离秦宗权支配，同样由勾结朱全忠而被推荐任淮南节度使。逃出扬州的杨行密转夺宣州，朝命继任宣歙观察使，再以宣歙加号宁国军改任节度使，后一度趁孙儒外侵之隙袭取扬州，孙儒还师再逐杨行密，而于秦宗权败亡三年后的大顺二年，以"属江淮疾疫，师人多死，儒亦卧病，为部下所执，送于行密，杀之"（《五代史》僭伪传一杨行密条）而朝命杨行密为淮南节度使，才结束五六年未停息的扬州拉锯战，以及各别以扬州（孙儒）、宣州（杨行密）、杭州（钱镠）为据点，江南润、常等诸州的三角激烈争夺形势暂时减缓。而出现在上述事态中的诸主角出身，毕师铎乃王仙芝同乡与随从最早参与造反分子，秦彦本徐州卒，聚众杀下邳令投入黄巢军，两人同时于黄巢大举南犯前的乾符六年初，脱离贼军阵营投降高骈，秦彦且以高骈奏授和州刺史，后攻夺宣州取代观察使之位而经朝廷追认。杨行密也曾沦为盗贼，后从军淮南，典型行伍出身者的藩镇将士。孙儒原系忠武军（陈州）部将，黄巢乱中以所统部队隶秦宗权指挥，而随同反叛，与毕师铎、秦彦情况恰相倒反。仅如上淮南一例，其时朝廷任命节度使如何又为何频频改易，以及"力"的时代来临，藩帅系何等人得具资格，可以全行知晓。"纵兵大掠"乃民乱以来记录中惯见之词，意味了藩帅纵容姑息而士卒索赏无厌的军中上下关系维系，变态已升进至最高层次，一方面是彻底的允诺，一方面是直接的取得。杨行密已系五代十国的建国者之一，另一建国者王建夺取四川，《资治通鉴》唐纪七四昭宗大顺二年条便赫然大书："建常诱其将士曰：成都城中繁盛如花锦，一朝得之，金帛子女恣汝曹所取"。军事指挥与行动力量都出之于此，民无噍类已为当然之事。

　　唐末五十年的藩镇形势大变化，向来最强悍的河北三镇，于全局势激烈波动之际，反而以主帅世袭化的保守性而显式微。混乱中先是窃盗了天子威权的宦官浑水摸鱼，势力发展至如《新唐书》宦者传序所指"膘士奇材，则养以为子；巨镇强藩，则争出我门"的态势，自僖宗至昭宗初，杨复光"诸假子，守亮，兴元（山南西道）节度使，守宗，忠武节度使，守信，商州防御使，守忠，洋州节度使；其余以守为名者数十人，皆为牧守将帅"（《唐书》宦官传杨复光条），以及杨复恭"诸假子皆为节度使、刺史，又养子六百人皆为监军，假子龙剑节度使守贞，武定节度使守忠，不输贡赋"（《资治通鉴》唐纪七四大顺二年条）。杨复恭假子镇海节度使守立，且赐姓名李顺节（《新唐书》宦者传下杨复恭条）都是代表性事例。而待大叛乱终熄，藩帅之座已全归前后大小乱事有关者据有，其布列态势的严重性，又由《新唐书》兵志的综合报导见出："及其末，朱全忠以梁兵，李克用以晋兵更犯京师，而李茂贞、韩建近据岐、华，妄一喜怒，兵已至于国门，天子为杀大臣，罪己悔过，然后去。及昭宗用崔胤召梁兵以诛宦官，（而宦官）劫天子奔岐，梁兵围之逾年。当此之时，天下之兵无复勤王者。向之所谓（河北）三镇者，徒能始祸而已。其他大镇，南则吴、浙、荆、湖、闽、广，西则岐、蜀，北则燕、晋，而梁盗据其中，自国门以外，皆分裂于方镇矣"。

崛起的新兴独立势力，以唐初功臣最高封爵国公，安史乱起已多郡王，唐末昭宗之世再进国王时的获封此等爵位者为标志，最早是乾宁二年（纪元895年）李克用的晋王，依次天复元年（纪元901年）李茂贞岐王，翌年杨行密吴王、钱镠越王，三年朱全忠梁王、王建蜀王。其中，杨行密、钱镠均本道藩镇将士出身，显然的在地势力抬头意味。李茂贞、王建均起自地方军卒而转为禁军发迹，因之与宦官具有渊源，且都便是僖宗时代第一号权力宦官，专断威福的田令孜假子（养子）集团中人。关于李茂贞，《新唐书》宦者传田令孜条记载："右神策统军宋文通为诸军所疾，令孜因事召见，欲杀之。既见，乃欣然更养为子，名彦宾（田令孜假子均"彦"字辈），即李茂贞也"，李茂贞系朝廷赐名；关于王建，同书同条记载："（中和四年黄巢败，僖宗自蜀准备还京时），王建率义勇四军迎帝西县，复以建及韩建等主之，号随驾五都。令孜皆养为子"。势力最强大的两系统则脱离以上轨迹，粉碎黄巢叛乱最大功劳者，本据地太原又在大反乱战火圈外的河东节度使李克用，其所领导归化沙陀人为中核的蕃—汉联合统制阵线，于黄巢乱平之初，以最是实力雄厚而气焰万丈。但扼运河咽喉而物资转运便捷的汴州为本据，农民出身的黄巢反乱军投降者，宣武节度使朱全忠，继于朝廷的牵制李克用政策下受扶植，势力迅速壮大。总负敉平秦宗权乱事之责系其事业起点，十多年间，对中原藩镇已完成其统一号令。《资治通鉴》唐纪七八昭宗天复元年条记："以全忠为宣武、宣义（义成军改名，滑州）、天平（郓州）、护国（河中府）四镇节度使"，注："当是时，自蒲、陕以东至于海，南距淮，北距河，诸镇皆为朱全忠所有"，又说明介在宣义、护国两镇间的佑国（洛阳）、河阳、陕虢三镇，虽非兼领而实质相仿佛，河北诸镇也已被慑服，朱全忠于群雄割据形势中，建立了绝对优势。

如上过程中，宦官凶焰也正愈燃愈烈至不可遏止状态。田令孜"颛威福，斫丧天下，中外莫敢亢"（《新唐书》宦者传下杨复恭条语），黄巢陷京师，中央禁军的左右神策军尽散，田令孜在蜀召募神策新军五十四都，分为十军，左右神策大将军改左右神策诸都指挥使，诸都领以称为"都头"的都将，军制再度变化，田令孜以左神策护军中尉领十军兼十二卫观军容使，于僖宗时代系第一号炙手可热人物。同时期在外监军而与田令孜持敌对立场的杨复光，黄巢乱中以天下兵马都监总诸军，系战时统一的全国藩镇最高监临者，以及召用李克用沙陀部队为平乱主力的建议人，黄巢乱平前卒于军中，诸史书均给以"慷慨喜忠义，善抚士卒"的对宦官少见好评，谓其死，"军中恸哭累日"。杨复光"从兄"（各别的养父为"兄弟"）枢密使杨复恭，以杨复光之死失恃被田令孜排挤，僖宗末李克用表诛田令孜引起一连串藩镇以京师为目标的攻杀展开，田令孜解职出外为西川监军，依其兄陈敬瑄，接替其职的便是杨复恭，僖宗崩时拥兵迎立昭宗的，也便是杨复恭。杨复恭盛气凌人如同田令孜，结局的失脚也如同田令孜，投靠兴元（原梁州，山南西道治所，今陕西南郑）其"侄"杨守亮。景福元年（纪元892年），凤翔（府，原岐州）节度使李茂贞发动联合诸藩镇兵攻略兴元得手，杨复恭、守亮等北行图奔太原途中，被镇国军（华州）节度使韩建部下截获处死。李茂贞、韩建均田令孜义子，太原李克用又系杨复光推介得志与推倒田令孜的实力分子，杨复恭下场的这一幕演出，固可视为宦官集团间田派、杨派两系统内讧的延长，然而，压迫杨复恭倒台，却便出自受其提拔而青云直上至其时已跻身宰相的假子李顺节反噬，"尽以复恭阴事告上"（《资治通鉴》大顺二年条）。前一年大顺元年西川藩帅易座，尤其是义儿王建对义父田令孜、陈敬瑄兄弟的公然反逆，田令孜下场是落在王建手中下狱死。所以，宦官以控制禁军与发展假子集团为威福自擅，牵天子似玩物的手段，但大乱平定的九世纪九十年代之初，控制不稳的端倪也已显露。

而宦官对自身危机迸发的预兆全无警觉，《资治通鉴》唐纪七八记述继起的宦官首脑左神策中尉观军容使刘季述，竟已嚣张到"适少阳院，季述以银挝划地数上曰：某时某事，汝不从我言，其罪一也，如此数十不止，乃手锁其门，熔铁锢之，矫诏令太子嗣位，以上为太上皇"。幸便以宦官与禁军间矛盾正逐渐扩大，宰相崔胤得在宦官自恃兵力，威慑百官服从伪命的表面胜利下，秘密策反神策军将校，以迅雷不及掩耳的行动，捕杀政变主谋的左、右神策中尉与两枢密使，两个月的大风波平息，时为光化三年（纪元900年）末与翌年天复元年初。政变过去，宦官领导班子立即填补其新主脑，仍然严重压迫朝廷，乃终追随朱全忠气吞中原之势已成，于天复元年当年冬爆发了不可思议的反常事件："昭宗召朱全忠兵入诛宦官，宦官觉，劫天子幸凤翔。全忠围之岁余，天子乃诛中尉韩全诲、张弘彦等二十余人，以解梁兵，乃还长安。于是悉诛宦官，而神策左右军由此废矣"（《新唐书》兵志）。召朱全忠兵诛宦官的一般记录均谓出自崔胤主意，宦官劫昭宗奔凤翔，又由于新任左右神策中尉韩全诲乃前任凤翔监军，张弘彦则接韩全诲凤翔监军之任，与李茂贞关系均亲密。最后，"帝既恶宦人胁迁，而茂贞又其党，全忠虽外示顺，终悖逆，皆不可倚"，无可选择下的选择，昭宗"乃定计归全忠"（均

《新唐书》宦者传下韩全诲条），而天复三年初归回长安时，听任尽诛宦官八百余人于内侍省，冤号之声彻于内外，诸道监军所在赐死，止留黄衣幼弱者三十人以备洒扫的宦官大悲剧上演。其后果，却也是天子、朝廷、唐朝的共同大悲剧：

——朱全忠大发所领四镇兵西进，原与李茂贞同等跋扈而近在京师东邻的华州韩建被逼降，朱全忠势力直入长安已畅通无阻。

——凤翔自光复元年（纪元901年）十一月被围至三年（纪元903年）正月，李茂贞系在窘迫至本镇外领地全失，城内食尽，主动要求昭宗牺牲密友宦官首领，并以前后所杀此等人二十余颗首级送朱全忠示信的屈辱条件下，求得和平，势力从此一蹶不振。

——韩建、李茂贞各别以华、岐为本据而对帝都虎视眈眈之势消失，李克用势力又以朱全忠自兼河中镇而从地理形势上隔断。于是，已如朱全忠囊中物的昭宗于第二年（纪元904年），被轻易自长安东移以靠近本据大梁（汴州）的洛阳。同年，三十八岁的昭帝被朱全忠弑害，立其十三岁之子哀帝，纪元天祐。

——天祐四年（纪元907年），黄巢之乱前后近半个世纪唐朝暮运的风中之烛，烛光终于熄灭。朱全忠于大杀唐朝宗室诸王与大臣（且便系以崔胤开刀）后，于大梁受继即遇害的哀帝禅，正式登位为皇帝，新朝代的国号"梁"，改元开平。

唐朝国运，自其支配体制与财政基础，以黄巢大乱而从事实上崩坏，便已宣告为死亡绝症的癌症。如今，命脉的扼杀者虽非直接是黄巢，仍系黄巢的化身阴魅，而且所托附还是唐朝赐名

"全忠"的人之手。传世二十代,二九〇年,安史之乱以来十四代,一五二年的唐朝全历史,于焉结束,另一阶段以登大位改名晃的朱全忠梁朝为始,连续五朝代而总年数仅五十四年的五代离乱时代展开。

堪浩叹的,颇多历史名城,也随生民涂炭中唐朝生命之火熄灭而堕坏,昔日繁华,仅留文献供追忆。《容斋随笔》初集唐扬州之盛篇缅怀"扬一益二"的隋唐最大都市之一扬州,已称"自毕师铎、孙儒之乱,荡为丘墟,杨行密复葺之,稍成壮藩,又毁于显德。本朝(宋朝)承平百七十年,尚不能及唐之什一,今日真可酸鼻也"。更痛心是长安,《廿二史劄记》长安地气篇附录述长安雄丽帝都,历经安禄山、吐蕃、朱泚之乱,至"黄巢之乱,九衢三内,宫室尚宛然,自诸道勤王兵破贼后入城,争货相攻,纵火焚掠,市肆十去六七,大内惟含元殿独存,此外惟西内、南内及光启宫而已",昭宗时"田令孜劫帝出奔,焚坊市,并火宫城,仅存昭阳、蓬莱二宫。还京后,坐席未暖,又因李茂贞之逼奔华州,岐军入京,宫室廛闾,鞠为灰烬"。从而总结中国历史上长安立为国家京城的时代。

新时代诞生的阵痛期——五代十国

以纪元九〇七年(唐天祐四年或后梁开平元年)朱全忠篡唐所展开的五代离乱期,就其时代性格而言,不能独立为另一个自成单元的历史时代,而只是唐末离乱的延续。明白言之,如果便以"离乱"为特征,则此时代的上限也须推前设定在黄巢之乱勃发，再区分动乱全过程为前、后阶段。前一阶段社会、政治剧烈颠簸到达顶点，颠簸又渐渐减缓与稳定而转换为后一阶段，两个阶段的中间高峰位置才是朱全忠篡位，以及对应前一阶段的唐末，后一阶段便是"五代"。唐末紊乱之极的藩镇火并，五代转变由藩镇蜕化的少数"国"的对立，且非如估测中全然是离乱的时代，倒反已系离乱收场意味，汉族中国再统一的曙光自此时期透露。

"五代"系从统一到再统一，汉族中国分解期的纪元九〇七至九六〇年半个世纪间，北方连续五个朝代名词袭用历史上曾已出现的旧名，因而记录中各各加"后"字辨别的政权交替。后梁二代十六年，后唐四代十三年，后晋二代十一年，后汉二代四年，后周三代十年，通计五四年中十三代君主更易，每一君主平均在位四年，每一朝代兴亡未满十一年，都可谓创短命纪录。

以汴京（大梁，河南开封）为国都的朱全忠建立五代最初朝代后梁，于五朝代中领域却最狭小，未及唐朝原版图之半。于唐朝便是朱全忠最大政敌沙陀系归化部族领袖的晋（河东，山西）李克用，以及岐（凤翔，长安以西）李茂贞，吴（淮南，淮河以南）杨行密，蜀（西川，四川）王建，都不承认后梁政权，于唐亡后公开独立，唐时原已服从朱全忠领导的燕（卢龙，河北）刘仁恭也变换态度对抗。朱全忠的下场乃被其诸子之一所弑，此子又被其弟所杀而由弟继位。时李克用已死，其子天才战术家李存勖一举灭燕，定魏（魏博），在魏州（河北大名）登皇帝位后，趁后梁内讧，自河北南下灭亡后梁，所建朝代以已归化"李"氏的再兴唐朝意味，而恢复名"唐"（后唐），国都也回复到洛阳。

接续又并合岐、蜀，急速发展为五代时统治圈最广大的朝代，保有唐朝直辖领土三分之二程度的范围，只是四川旋仍回复独立。汉族中国北方域外领导势力，自唐末离乱中沙陀移住内地接受汉化，已完成嬗代，原长期服属唐朝与散布唐朝直辖领土东北外缘的契丹，勃兴为东临日本海，西至天山，北有外蒙古的广域统一势力，后唐与最后之君不和的发源地太原镇守大将河东节度使归化沙陀人石敬塘，便以向契丹请求援助，由契丹册立之为中国皇帝，相对则石敬塘承诺对契丹：1. 称臣又事以父礼 2. 割让中国北方领土燕、云十六州 3. 每年定额献赠绢三十六万匹的巨大代价付出为约束，而得契丹助力推翻后唐，建国后晋。包括汉族中国最成熟土地的今日北京（燕州，原幽州，卢龙节度使治所）、蓟县（蓟州）、涿县（涿州）、密云（檀州）、顺义（顺州）、河间（瀛州）、任邱（莫州），唐朝河北三镇之地的河北省中、北部，察哈尔南部与大同（云州）等地的山西省北部燕云十六州被牺牲，自此遗留为以后宋朝困难回复的痛苦大问题。但后晋"儿皇帝"次代孙皇帝时代所遭命运竟是被祖父之国，已立国号"辽"的契丹灭亡（纪元946年），随即由同系沙陀系归化人出身，也同系河东节度使身份的刘知远，建国后汉。再迅被镇守邺都（原魏州）的魏博节度使汉人大将郭威，替代为后周。后晋、后汉、后周三朝代国都，再度迁回后梁的汴京。后汉—后周交替之际，刘知远之弟河东节度使刘崇拒绝服从新朝代，倚恃契丹势力，于山西省独立而另分解为地方性割据政权，仍维持"汉"的国号，史称北汉。

后晋亡国与后汉立国，时间并非衔接为堪注意，中间尚介入了契丹的短暂征服统治。其过程：后晋次代或末代皇帝对契丹的态度,片面转变为仅称"孙"而不连带称"臣",契丹以之为侵略藉口,纪元九四六年十二月,南陷汴京,翌年正月契丹主正式君临中国,以大辽会同十年纪年,孙皇帝被俘往契丹本据,所有后晋藩镇皆降,纷纷奉表贺贡承认契丹统治。二月,藩镇中蒙契丹主亲于其姓名上加"儿"字以示恩宠的刘知远,悄然在太原自立为帝,三月,契丹主不惯中原正渐来临的暑热气候,改汴京为节度使管辖后,胁中国文武百官尽随北归。俟契丹主北归,刘知远自太原南下,是年六月从洛阳东入汴京,帝位才获藩镇承认而立国号为汉。所以,"五代"的时代名词,正确而言,须加列短暂中介的契丹称"六代",以及君主增至十四人。契丹统治区别于五代的,惟在其性格系外力征服,而五代均汉族中国内部的朝代交替,尽管其中三个朝代的建国者出自原沙陀系后裔,本质上已同化与汉族合一而为"中国人",较之契丹人仍是住居汉族中国以外的异民族,意义迥异。

石敬塘受契丹册立,臣事契丹又是契丹的儿皇帝,向被历史界认系中国与汉族的奇耻大辱,然而,"臣事""父事"究竟是否耻辱宜加分辨。父子名份的设定,固同时存在尊卑之义,却须注意,无论游牧民族或古代汉族的观念,毋宁都示以为感情亲密的表征而不含侮辱意味。唐朝天可汗秩序便以此为连结关系的感情因素之一,后晋—契丹间关系不过唐朝北、西异民族与唐朝间关系的倒转。关于游牧传统的移动律,包括力强时主盟,力弱时服属的组合变换,因之臣伏也原非为辱,但此则非固定社会意识能接受。石敬塘之子愿向契丹称"孙"而不愿称"臣",契丹主视不称臣便是背盟反抗行为,缘由都基于社会生活的习俗不同,后晋悲剧因而酿成。但拟制亲子关系的被汉族重视,五代也已系最后时代，相对，又是抵达最高峰的时代——

　　君主非一朝代一姓相续，五代中后梁、后晋、后汉由父及子即行灭亡可无论，传世四代的后唐第二代明帝系李克用养子，末代又系明帝养子，后周三代的第二代世宗也系养子继统，所以，五代乃五朝代而君主八姓。此一事实，与五代君臣两无廉耻的后代批判，常被相提并论，引为五代政治特征。无耻之尤的举证，一即上述石敬塘，另一则冯道为相历五朝八姓（胡三省注：五朝，谓唐、晋、辽、汉、周。八姓，谓唐庄宗、明宗、潞王各为一姓，石晋、耶律、刘汉、周太祖、世宗各为一姓），"若逆旅之视过客"（《资治通鉴》后周纪三臣光曰），尚自炫长乐老。但如果注意，养子之风于唐朝后半已形炽盛，唐初已然的赐姓频频也同一意味，而且投牒自进，不羞自荐，依附为荣，不尚气节，史学界久已了解便是唐朝向来的习俗。则至为明显，习俗都系唐朝延续，不过五代到达极端而已。而风气所以养成，大唐四海一家的世界帝国所展开文化国际性与风靡的自由国际思想，乃是背景。由五代过渡到宋朝，儒学的伦理道德观重建，才有《新五代史》所指通五代仅得"全节之士三"、"死事之臣十有五"、全节、死事诸人又均武夫战卒而无一儒者（见死节传、死事传、杂传四二序），以及同书义儿传序："世道衰，人伦坏，而亲疏之理反其常，干戈起于骨肉，异类合为父子。开平、显德五十年间，天下五代而实八姓，其三出于丐养"的慨叹。以《资治通鉴》司马光立于"正女不从二夫，忠臣不事二君"道德伦理基准对冯道的批判，对照《廿二史劄记》张全义、冯道篇述冯道当时，"四方谈士，无贤不肖皆以（冯道）为长者。道死年七十三，论者至谓与孔子同寿"，时代评价差距如何之大可见。

五代立国的基底，便是唐朝藩镇，所以《廿二史劄记》五代诸帝多由军士拥立篇，说明后唐明宗李嗣源与废帝潞王从珂、周太祖郭威，以迄宋太祖赵匡胤陈桥兵变，黄袍加身，前后四度演出，仍然都蹈袭唐朝旧路线，乃是骄兵悍将自择藩镇主帅事件，升高至极致的形态。因之此事态不能解释之为五代特有的混乱现象，如同义儿、无廉耻的非是一般无二。

　　五代立国地域限制在北方黄河流域与汉水地带，淮河以南的南方，由同系唐朝藩镇后身的各个地方性独立政权分割，非北方五代的主权支配所及。这些南方割据势力相互并合的结果，屹立国家前后凡九，加五代末期新自太原一带分出，北方惟一的地域性政权与契丹附庸国家北汉，历史界通称"十国"。十国一览——

立国者	国号	国都	领有地	变迁	存在年数（前蜀、吴越、吴以唐亡计准）	
唐昭宗时蜀王王建	①蜀（前蜀）	成都	四川省与陕西、甘肃一部分（灭于后唐）	⑧蜀（后蜀）前蜀灭后八年，后唐节度使孟知祥叛唐，独立建国。	（前蜀）19	（后蜀）32
唐昭宗时越王钱镠	②吴越	杭州（钱镠任浙西镇海军节度使时治所由润州移此）	浙江省与江苏省一部分		70	

续表

立国者	国号	国都	领有地	变迁	存在年数（前蜀、吴越、吴以唐亡计准）	
唐昭宗时吴王杨行密	⑧吴	扬州	江苏、安徽、江西三省与河南、湖北一部分	⑨唐（南唐）杨行密养子李升（赐姓名徐知诰，立国时复姓更名）篡代杨行密后裔，改国号，移都金陵（润州、升江宁府）	（吴）31	（南唐）39
唐末武安节度留后马殷	④楚	长沙（潭州）	湖南省与广西省北部（灭于南唐）		45	
唐末威武节度使王审知	⑤闽	福州	福建省（灭于南唐）		36	
唐末清海节度使刘隐	⑥汉（南汉）	广州	广东与广西一部分		66	
后梁荆南节度使高季兴	⑦荆南（南平）	江陵	湖北西部		51	
刘崇	⑩汉（北汉）	晋阳（太原府）	山西大部分		29	

十国立国，最短的国家寿命也超过五代中任何一朝代，抑且，十国（依地域别应系"八"数，或减北方北汉又系"七"）中吴—南唐，中断八年又连续的前后蜀、吴越、南汉，存立年数均超过五代总年数。其意义，正是唐朝中期以来，政治力所倚恃日益增大的南方经济潜力，十世纪时，已继三世纪三国蜀、吴两国再一度的政治突破反映，且除早期持续的成都、金陵（六朝时代建康）之外，领导中心于大南方各个方位已能平均分布，特别是雄厚资源开发力南移时湖南、广东的跃进。然而，领导中心分

散的态势，究竟也指示南方政治成长的速率与效率，于中国历史演进过程的十世纪阶段，仍然不能与先进的北方匹敌，汉族中国南北再统一的力量仍然必须自北方产生，追随"五代"向宋朝嬗代才结束"十国"历史。这也是五代所以被列为中国历史正统朝代，以及"五代十国"尽管共同代表十世纪中国从分裂到再统一政治过渡期形态，而时代名词，通常仍以"五代"为称谓的理由。

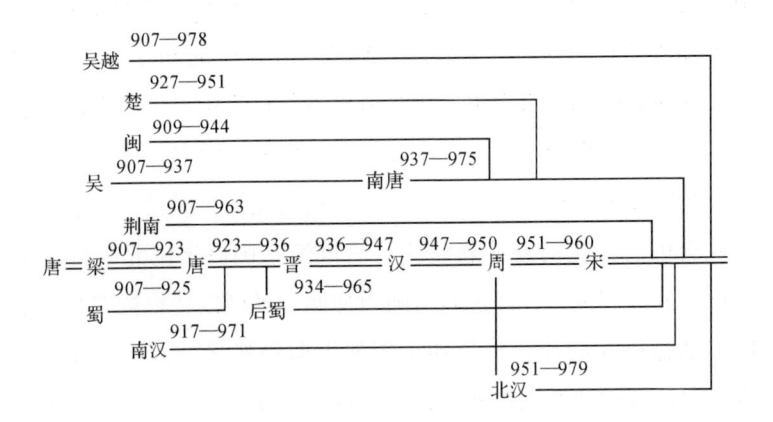

```
吴越    907—978
    楚   927—951
   闽    909—944
吴  907—937
             937—975
            南唐
   荆南
   907—963
唐＝梁   907—923   923—936   936—947   947—950   951—960
   唐＝   唐  ＝   晋  ＝   汉  ＝   周  ＝   宋
   907—925          934—965
   蜀              后蜀
         917—971
         南汉
                   951—979
                   北汉
```

五代十国的兴亡——

五代固仍在离乱中，但从大破坏回复安定社会秩序与统一政治的契机，也自此时期展现。南方国家立国一般都颇长久已是说明，南唐且初步展开了稳定的并合运动。北方虽然朝代频频更替，《新五代史》也曾对半世纪中两位明君的治绩加以特笔："（后唐明宗）为人纯厚，宽仁爱人。于五代之君有足称也。自初即位，减罢宫人、伶官，废内藏库，四方所上物，悉归之有司。不迩声色，不乐游畋。在位十（七）年，于五代之君，最为长世，兵革粗息，年屡丰登，生民实赖以休息"（唐纪第六）：

"(后周)世宗区区五、六年间,取秦陇,平淮右,复三关,威武之声震慑夷夏,而方内延儒学文章之士,考制度,修通礼,定正乐,议刑统,其制作之法皆可施于后世。其英武之材可谓雄杰,及其虚心听纳,用人不疑,岂非所谓贤主哉"(周纪第十二),都不能不叹为可喜的活泼新气象,迎接新时代已跨出第一步。治世中分别并合南唐淮水以南、后蜀的陕西、甘肃方面土地,又北征契丹,收复燕云十六州最南端与今日河北省中部的莫、瀛二州,中国再统一态势已自其手拨云见日的五代最杰出人物周世宗,三十九岁英年而逝。其七岁之子继位翌年(纪元960年),归德军节度使赵匡胤(宋太祖)于受命出御契丹途中,由军士拥立登皇帝位,还汴京行禅让,完成汉族中国再统一的宋朝乃告建立。

五代过渡期意义,非只政治上回复南北统一而已,而系全面性社会的、文化的迎接新时代。三世纪三国以迄南北朝根深蒂固形成的门阀世族,经过隋唐强力抑制,虽已以特权被剥夺而不振,基盘所在的社会地位却于唐朝中期仍然强劲,仍受社会尊重,门第族望的意识仍然是社会结构维系重心,非人为的政治压力可以转变。便须待安史之乱,特别再是黄巢之乱以来,社会自身的激烈波动,望族观念才自发的激起大变化。《新唐书》兵志"武夫战卒,以功起行阵,列为侯、王,皆除节度使"的说明尚系起点,离乱局面展现,节度使层尤已流为群盗、流亡农民、无赖之徒、逃亡兵士等底子的大杂烩,便是说,造反者与造反镇压者素质相同也相互通。五代十国君主中,荆南高季兴出身且是奴隶(汴州富人李让家僮,李让于朱全忠镇汴时被收为养子,改姓名为朱友让),西川王建从军前在许州家乡,"少无赖,以屠牛、盗驴、贩私盐为事,里人谓之贼王八"。无一出自缙绅之家或读书人。此等人向在族望尊重的社会传统下被卑视，相对的，此等人反抗传统的轻蔑族望心理也必然强烈潜在，此其一。其二，炽热的假子、义儿之风此际正煽起最盛，朱全忠、李茂贞、王建等各别大量养子之名出现于史书，李克用养子且于《新唐书》中专录义儿传，家族拟制又严重破坏血统观念。如上两方面夹击态势于战乱一波接连一波扩大的社会剧烈颠簸中持续，门第族望社会意识与其社会地位，终于尽行丧失维持能力而彻底坠毁，隋唐的理想实现。而如"五季以来，取士不问家世，婚姻不问阀阅"的郑樵《通志》氏族略序所叙，净化了观念的真正平等社会得自宋朝展现。

马上得天下，不能马上治天下，即使出身低贱的实力主义者唐末藩镇与五代十国君主厌恶旧传统，旧传统的统治方法却不能否定，行政管理的人才仍然不能不重视。所以，陪伴八世纪后半唐朝朝廷权威萎退而地方势力抬头倾向初现，已见"大凡才能之士，名位未遂，多在方镇"（德宗时赵憬之言，《唐书》本传）的现象。九世纪以来愈益显著，视"两河诸侯竞引豪英，士之喜利者多趋之，用为谋主。故藩镇日横，天子为旰食"（文宗时李石之言，《新唐书》本传）；"懿、僖以来，王道日失厥序，腐尹塞朝，贤人遁逃，四方豪英，各附所合而奋。天子块然，所与者惟佞惾庸奴，乃欲鄣横流，支已颠，宁不殆哉"（《新唐书》毕诚等合传赞）等文献记录可知。也明了文化人、知识分子以对中央离心而向地方倒流，同系加速唐朝解体的因素之一，至五代仍如《廿二史劄记》五代幕僚之祸篇所说："五代之初，各方镇犹重掌书记之官，盖群雄割据，各务争胜，虽书檄往来，亦耻居人下，觇国者并于此观其国之能得士与否。一时遂各延致名士，以光幕府。"

才能与学问之士志愿分散四方，尚系个别的、家族的播迁，黄巢乱起而全国性大骚动中，贼军、官军、集体逃避战乱者、受反乱军驱迫迁移者，移动人数之众，包括社会层面之复杂，流动范围之广，全属空前，而且又以中原南移为主方向。五代十国的南方国家立国主之中，除杨行密、钱镠代表现地势力外，几乎所有原籍均系河南省，追随的伙伴，所统率创业部队与移民，同一的中原来源也可想象。《新五代史》两段记录足资说明，其一，"蜀恃险而富，当唐之末，士人多欲依（王）建避乱。建虽起盗贼，而为人多智诈，善待士，故其僭号，所用皆唐名臣世族"（前蜀世家）；"天下已乱，中朝士人以岭外最远，可以避地，多游焉"（南汉世家）。五代十国已系大乱初步回复稳定的时代，移民潮固渐渐平息，其另一方面的历史意义，正也是闪耀荣华之光的大唐文化已向地方完成普及。

惟其如此，五代十国于人文方面固存有黑暗面，却非可谓其文化便是黑暗时代，与社会、政治的非可纯然以离乱为特征，正相配当。汉朝以来经济、文化俱已发达的四川盆地前、后蜀国，笔、墨、纸等文房具精品制作，字画、佛经、历本、诗文集等印刷本书籍刊行，均为有名。绘画（人物画、山水画、花鸟画）与纯文学方面的词，前、后蜀与唐朝中期以来，固定为统一国家财源区域的江淮谷仓地带南唐，作品同登圆熟境界，南唐末代君主李后主煜尤其是中国文学史上最伟大的天才之一，词的艺术由他发扬至极致。以金陵为都城，又是音乐、戏剧都市文明发达之国的南唐，与以钱塘（杭州）为都城，十国中国祚最长久，也因之比较最为和平而文化稳定向上的吴越国，共同代表了江南文化，渐渐成长如今日印象的中国文化最盛之地，基础便立于此际。妇女缠足历史，通说也起源于南唐宫廷，以爱好婀娜多姿的纤弱美，由当时尝试步步生金莲，而发展为后世的大流行，只是如何以及何时变质为强迫性社会习俗的过程，则不能确知。

北方朝代文物，也未可一笔抹煞其成绩，后梁的绘画，后唐的石经，后汉与后周的经书印刷，后周的柴窑（河南）制青瓷等，影响均及于后世。冯道始任后唐宰相时已从事而于后周时代完成的木版印刷九经（三经＝易、书、诗，三礼＝周礼、仪礼、礼记，以及春秋、论语、孝经），对儒学发展尤给予莫大方便，所以，五代之世，中国印刷史上系占有重要位置的时代，为所周知。自后周末至宋初活跃学术界的陈抟（希夷先生）融合儒、佛、道思想，唱三教调和说，于宋朝性理学的成立存有深切关系。

中国文化至宋朝而再一次向世界炫耀灿烂光辉，其光源固隔代传承自唐朝，直接的系谱则连结自五代人文。便以唐末五代的离乱为契机，五代十国地域开发与承受分散传播地方的唐朝文化，区域小单位经济、文化各别的、齐头的，却又是平均的与坚实的展开，特别是江南开发突飞猛进，乃有宋朝社会、经济、文化的发展基础铸定。几乎宋朝受禅立即展开有名的杯酒释兵权戏剧性一幕，也是唐朝中期以来两个世纪变态性格的地方分权态势，由盛而衰，由疲而息，定必来临的结果，而以宋朝建国把握此时机。节度使行政权被限制在治所之州，此外原管诸州统一的直接收归中央，派出文人为长官。前代遗留至其时的有力节度使也相继引退，改由中央任命文臣接替，州以上新设大区划的"路"，置转运使掌握路的财政权，原节度使征税权也被解除。藩镇割据与武人跋扈之势，乃以裁军问题解决，节度使制解体，军阀势力被打倒，而总结其反动历史。唐朝后半显著成长的庄园经营与佃户制，也以经历唐末五代混乱期，地方上完成新兴的地主层再编成，以及雇佣劳动再发展，宋朝已系庄园制本格化盛行时代。抑且，对应社会安定秩序出现时的流通经济发展，商业与手工业发达，货币收入确立为政府主要财源。都市的近代化消费倾向增大，居民一般生活水准均形向上，游兴、娱乐向庶民大众广泛开放，门第族望的社会根底永绝。所以宋朝中国回复强力的中央集权机能时，政治、社会新生力的登场，都已以平等的通过科举考试为条件，却也是纯然悬要求于文学与古典教养的新型科举。于是，一类修身、齐家循序以进，以治国、平天下为己任的士大夫身份，自新的历史舞台展开时明显于社会形成。新时代也便以读书为底子的新身份者士大夫为中核，由士大夫经科举之途取得官位的文臣，固定其国家建设指导地位，文治主义成立为国家根本方针。惟其如此，士大夫与新兴都市居民共同代表了宋朝展开的新文化，对照唐朝文化性质之为国际的、贵族式的，宋朝文化已全然相异，转变以国粹的、庶民的为特色。

　　社会、经济、政治、文化诸形态，宋朝视唐朝巅峰期均非同型，而下迄明清却已无大变化的事实，指示中国历史的时代区分，前后也已异质。唐朝于历史分期列中世，历史界通常无异论，则宋朝以后，便均须归属近代范畴，或者说，十世纪中宋朝已开启近代中国的历史之页。人类世界各地域的历史进程，步伐原非齐一，时代区分的标准与其时间表，因之均不能强其全同。然则，立于唐宋中间位置的五代，其性格便是时代转换的中间位置，五代抑或推前至唐末，社会诚然混乱，却正是新时代胎动，为近代中国催生的阵痛意味。

八至十世纪的东方世界

一部日本历史著作记述："宽平六年（纪元894年）遣唐使停止，日本透视世界之窗固已关闭，中国也终究失却日本"[①]。事实上，非只日本，所有前此蒙受中国文明的德泽庇护，或以宗主—属国关系平衡国际秩序的中国周围诸民族，相与都于约略同时期，对中国断绝了关系。此一现象，说明的正是大唐世界帝国解体。

大唐——东方太阳之国[②]的阳光淡灭，威容俯临东方世界的国际统一体纽带崩裂，而巍然巨人颓倒，国内、外事情为相对应，步调也相同。申言之，世界帝国从繁荣走向下坡，东方世界变貌，起点都须置之八世纪中安史之乱，而系唐朝内政变化的外延。

北方突厥自六世纪中的中国南北朝之末强大，建设东起兴安岭、西及咸海的北亚细亚大版图统一游牧国家后，隋朝利用其分裂时机，征服据有内、外蒙古的东突厥，也对伊犁地方为中心的西突厥怀柔成功。形势转换入七世纪唐朝时，太宗灭东突厥，高宗灭西突厥，八世纪中突厥确定性覆亡而政治体瓦解，蒙古高原由原突厥系统中新兴崛起而制霸的回纥，接替为统治天地。建立北方领导势力后的回纥又因参预平定中原安禄山之乱，与唐朝间

[①] 读卖新闻社《日本历史》3. 平安贵族，第250页。

[②] 同上 2. 飞鸟与奈良，第258页的唐朝形容词。

前后连结兄弟、舅甥、父子三阶段关系，而屹立为大唐世界帝国后期最重要的加盟国家。却是，唐朝已必须向回纥承诺每年无偿给付绢二万匹的代价，以及应其要求互市，另以马匹交易大数量的绢，才得换取可汗的忠诚，又听任其贪婪中国物资的获得而舍外蒙古本据南移内蒙古，唐朝对属国约束力大为减弱也已可知。容忍回纥的再一重大原因，也是唐朝制造当回纥下方，亦即唐朝自身西方位置的吐蕃间，两"大"势力的均衡，相互牵制抗争以解消吐蕃对唐朝压力的外交运用。

吐蕃自七世纪初统一汉族中国领土以西的西藏高原，便以舅甥关系的成立，加入为唐朝世界帝国一成员，履行其国际义务，王玄策便宜动员其国军队征伐印度是有名的事例。唐朝高宗时代，弃宗弄赞死后当国权臣对外扩张，侵略吐谷浑（青海）得手，势力伸向新疆，一度攻占安西四镇而仍被唐朝回复。但安史乱起，吐蕃气焰终于获得机缘大升，趁唐朝西北边境军队调入内地平乱，防卫空虚的间隙，一举并合甘肃河西之地，唐朝却已无力回复。乱后德宗建中四年（纪元783年）与穆宗长庆元年（纪元821年）的两次缔结和约会盟，使从来的双方关系一变，站立到对等立场，名、实俱已脱离中国世界。唐朝制衡独立不再接受领导的吐蕃，力量也惟有依恃北方新兴势力回纥，西方如日之升，接收了唐朝中亚细亚支配权的阿拉伯大食，以及从吐蕃东南或唐朝自身西南方面，汉朝一度收入版图而其后又已放弃的云南、贵州之地，提携富有发达潜力的现住民藏缅系部族南诏，建立大包围形势。

大变局以安史之乱而展开，固系唐朝社会基础已发生破绽，浮面却长期沉湎于太平盛世安适生活所育成政治懈怠与社会惰性的矛盾滋长，不能肆应安史之乱大冲击的突发为主要原因，另一原因又是马匹问题。《新唐书》兵志的记事："安禄山以内外闲厩都使兼知楼烦监，阴选胜甲马归范阳，故其兵力倾天下而卒反。……其后边无重兵，吐蕃乘隙陷陇右，苑牧畜马皆没矣。乾元后，回纥恃功，岁入马取缯，马皆病弱不可用"。南方沼泽地带作战可以降低骑兵重要性，黄河大平原与北方沙漠边缘，马匹却是战场决胜的绝对条件。安史之乱马匹损失殆尽，平乱自惟恃保有庞大强力骑兵部队的回纥与其他游牧化异民族。乱后回纥以马易绢要挟也便针对此一弱点，相对意义，又是唐朝战斗力已被操纵在回纥之手，此其一。其二，与回纥交换所得却均为无用马匹，而面对大陆东、北、西三方面，又都是马为基本生存手段的民族，一旦战争，唐朝制胜希望注定极微。这应是安史乱后唐朝势力不得不自中国域外各个方位后退，而依凭主要已以熟练又雄大的外交魄力，才继续维持世界帝国面貌于不堕的直接原因。

对吐蕃的围堵战略是成功的，压迫吐蕃对外侵略到达限界时，内乱频发，吐蕃势力渐渐衰落。其东方占领地河西方面的支配权，纪元八四九年（宣宗大中三年）起被在地汉族居民武力夺回，翌年，领导中心继在沙州（甘肃省敦煌）成立，领袖张义潮以甘肃全域回复唐朝归属，再次年的纪元八五一年或大中五年，由唐朝任命之为节度使。而其意义，只是唐朝变态为地方分权性格的半独立藩镇连锁上，再增添一环节而已。另一方面，受唐朝积极扶植的云南地方异民族南诏，以地理形势与四川毗连，快速自四川摄取中国文化而文明化的结果，吐蕃完全丧失河西地方后十年的纪元八五九年（宣宗大中十三年懿宗即位后），呈现与河西倒反现象的背叛唐朝，独立建设大礼国，连年交替从北、东、南三方对唐朝攻击骚扰。而便与之同时，唐朝国内，黄巢之乱前奏意味的浙东裘甫之乱已经登场。

吐蕃没落的同时期稍早，同样以内部频频纷争的原因，北方回纥步上同一衰败命运。纪元八四〇年（文宗开成五年）被勃兴于蒙古西北隅阿尔泰山方面，同系突厥种族系统的黠戛斯南下击破，而沿天山方面西进，改据中亚细亚与新疆。回纥大退却或相对意义的再前进稍后，盘据宁夏方面的另一支同种族沙陀部开始茁壮，填补回纥撤退了的内蒙古势力。纪元八六九年（懿宗咸通十年），沙陀部奉召平庞勋之乱后开始整族移住山西，续平黄巢之乱而愈南移中国内地，蹈袭回纥路线放弃蒙古故乡。

汉族中国域外与唐朝世界帝国域内，继起的大变化在东方发生。东方中国世界最早出现新生力尚系唐朝盛世，通古斯系靺鞨种族联合被唐朝灭亡的高句丽遗民，八世纪前半已于今日中国东北中部辉发河流域立国，自称震国，得玄宗册封渤海郡王（开元元年，纪元 731 年）而改以渤海为国号。但其意义，毋宁与朝鲜半岛新罗同等存立为大唐世界帝国最忠实政治一员，另外再加日本，共同代表中国世界内，吸收中国文化成熟最堪夸傲的三个国家。九至十世纪之交巨大影响东方局势的力量，虽也出自原已存在的民族，乃是旧民族而开新机运意味，却非任何较早便已文明化的民族，系五世纪已知其名，先后服属突厥、回纥（游牧）与北魏、隋、唐（农耕），辽北省、热河省一带为活动舞台的文化后进民族契丹。黄巢乱后的九世纪末，契丹部族之一骤然增大，且努力跃向文明，纪元九〇七年（后梁推翻唐朝的同一年）统合契丹诸部后，纪元九一六年称皇帝，暴雷似横扫中国大陆北方，接替退出了的回纥、沙陀势力，进出内、外蒙古，汉族中国五代后晋时代的纪元九三七年定国号为"辽"。

唐朝倾覆前后，陪伴系亚洲局势一连串的波动，波动特形强烈地区便在东方。史学界曾以"为大唐帝国殉死的小唐帝国"[①]形容，唐朝中国延长型的三个小中国，无一不追随唐朝灭亡而国内发生大变故：

——纪元九一八年，朝鲜半岛高丽立国，十七年后灭新罗统一半岛。

——纪元九二六年，契丹并灭渤海。

——纪元九三九年，日本平将门之乱勃兴，自称"新皇"。

然而，此非汉族中国域外中国文化的传与受，都已发生阻碍或后退之谓，相反的续在增长，契丹或辽，便是后起特以中国文化立国享盛誉的范例。契丹原是中国世界一员，文化上的汉化虽曾长期停滞，却素具渊源，跃进期立国号、年号，称皇帝，热心输入中国制度而迎头赶上，自为顺理成章。然而，学习中国文化的精神，契丹已一变，文字系其表征。契丹文字，与突厥、回纥、吐蕃等文字的非汉式系统迥异，仍是汉字基础，却也避免直接移用汉字、汉文为其自身文字，乃依据汉字方式、原理，制成独立的自国文字，已非传统性格的纯粹是中国文化移植，以及中国文化忠实的模仿者，系有能力加以消化的意味。此与日本同时期也已作出假名文字似乎仿佛，但日本仅日常生活中使用假名文字，正式场合包括官文书与史书撰定，仍然全用纯正汉字与汉文，契丹文字却是真正的国字，毋宁乃为进步。

与契丹全然相同的进步性中国化例子，又是原先从属吐蕃，

---

① 每日新闻社《世界历史》东洋篇，第158页语。

也与吐蕃同系西藏系种族，吐蕃衰弱时解放的党项（唐古特）族，以今宁夏为中心独立的（西）夏国，与所制作的西夏文。西夏正式建国虽须延至十一世纪宋朝，唐末以追随沙陀部平黄巢而受任节度使，也与沙陀同样受唐朝赐国姓"李"，自此如同河西汉族政权似成立世袭割据形态。地理形势被回纥、吐蕃、吐谷浑、党项等族包围的河西敦煌政权，纪元一〇三八年（宋仁宗宝元元年），且便以西夏立国而被并合。

西夏切割汉族中国领土独立，而最后复归汉族中国为领土的一部分，与西夏历史轨迹相同，结局却不同的例子是今日越南。唐朝安南都护改设节度使，时间须迟至南诏侵扰交州以后，五代十国时代属南汉版图而汉人节度使的传统一变，开始代表了土豪势力抬头。已同入中国内地藩镇割据模式的交州，于中国总结五代时代的宋朝消灭南汉政权前三年，已自南汉治下节度使独立，国号大瞿越，正式展开越南自主历史第一页，时为宋太祖开宝元年与纪元九六八年，自此确定脱离中国主权统治。惟其如此，中国历史上两次大分裂期间，每一次都有领土边际的过分突出部分，于分裂形势展开后，以地理位置特殊而未能随中国再统一回复原状。第一次是五胡乱华期的极东方朝鲜半岛，第二次便是五代十国时代的极南方越南，这是唐朝覆亡与其世界帝国崩坏的永久性影响之一。

摩尼教保护者游牧回纥丧失北亚细亚霸权，大规模向西移动，通过准噶尔盆地定着伊犁河谷与中亚细亚，重新发展其大势力支配圈时，开始接触回教文化，渐渐信仰上改宗回教，也因十世纪中所建政权的全有帕米尔高原东、西之地，而在各个沃洲上，改变其生活形态为农耕文明化。同一期间，八世纪西突厥倾覆后留住中亚细亚以北诸种族，也已向南播迁，在回教世界中纷纷抬头与回教化。突厥系的各个政权自此在中亚细亚相继成立，十一世纪又完成突厥人一扫西亚细亚、小亚细亚之势。相对的回纥人方面，则势力退出中亚细亚而席卷新疆塔里木盆地，分布到天山以南塔克拉玛干大沙漠周围全域，人种、文化博览会性格与佛教温床的古代新疆面貌，由是一变，净化为突厥化、回教化，最早铸定回教维吾尔（回纥）人为主要居民的今日新疆人文。向由印欧语族与西方系雅利安白色人种分布的中亚细亚，也便以回纥人亡命移住行动的决定性契机，同血缘突厥人压倒性大移动，而今日所见中亚细亚（以及土耳其）系黄肤色北方系突厥诸种族天地的历史性转变成立，西洋著作中乃有土耳其斯坦（Turkestan），意即土耳其（突厥）人所居住土地的名词出现与惯用，这又是唐朝覆亡与其世界帝国崩坏的永久性影响之二。

《辽史》于"廿二史"成立的时代已列正史，所以辽朝也被承认为中国正统朝代。虽然纪元九四六年（辽太宗会同九年，五代后晋出帝开运三年）末至翌年初，辽主入汴京君临中国的时间至为短暂，其余时间领有中国农耕文明世界的部分，限于燕云十六州与勃兴期最早占领的辽河流域，而汉族中国未以支配地域广狭问题否定其朝代地位，中国修史态度的客观，立场的公正，可以显见。堪注意的，起源自北方草原系统的民族，在汉族中国北方成立政权，虽然早自四至五世纪五胡十六国以迄南北朝北朝的场合均然，辽朝的性格却与此等朝代迥异，也自辽朝开端而以后所有发源于北方异民族的汉族中国朝代，均已脱离早期朝代轨迹。南北朝北朝以前，都是异民族以投降形式被允诺移住汉族中国文明地带，在汉族中国领土上与汉族混居，受本格的汉族文化同化已成熟阶层，以及至少第二代后裔时，追随汉族自身的建国运动而建国，所以，本质上，此等国家或朝代的历史，仍是汉族中国的，仅此等建国者留有原异民族祖先系谱为残存痕迹。辽朝已非是，尽管以往也早已蒙受中国文化培育，居住地则始终立于汉族中国域外，系自外而来，用武力征服所建立的汉族中国朝代，简言之，征服朝代。以后，十二世纪时灭亡辽朝而广大支配黄河流域全域的金朝，以及十三世纪时灭金又灭宋的蒙古人元朝，接连都是征服朝代，且是规模愈到以后愈大的征服现象。而无论于中国史或东亚史都是划期性转折的征服朝代最早出现，便是十世纪中国混乱期的契丹或辽，这又是唐朝灭亡与其世界帝国崩坏的永久性影响之三。

所以，唐朝坏灭时巨大影响东亚世界的历史意义，固于今日的亚洲史学界间尚多不同观点，而呈各具见解的状态，譬如，以唐朝统制力衰退而契丹人崛起建设辽国，其性格的理论上解释，以及越南立场的越南独立史实剖析等，都是。但唐朝之为包含了东亚诸民族共同形成的世界帝国，因而其崩坏也是东亚世界全体的变貌，非仅汉族中国社会自身划期的变革而已，则历史界一般意见，都是一致的，也都是肯定的。

主要参考书

筑摩版《世界历史》6. 东亚世界的变貌，1968年新版。
诚文堂新光社版《世界史大系》3. 东亚Ⅰ，昭和三九年。
平凡社版《世界历史大系》5. 东洋中世史第二篇，昭和九年。
学生社版《古代史讲座》第十卷《世界帝国诸问题》，昭和四一年。
西嶋定生《六至八世纪的东亚》（岩波讲座《日本历史》2. 古代（2）），1962年。
石母田正《中世世界的形成》附录诸篇，东京大学出版会，一九五七年。
藤问生大《东亚世界的形成》，春秋社，一九六六年。
和田清《中国史概说》（上）（岩波全书），一九五一年。
铃木俊《中国史》（世界各国史9.），山川社，一九六四年。
加藤繁《中国经济史概说》，弘文堂，一九四四年。